ACCESO GRATIS ***a la Lectura en la Nube***

Para visualizar el libro electrónico en la nube de lectura envíe junto a su nombre y apellidos una fotografía del código de barras situado en la contraportada del libro y otra del ticket de compra a la dirección:

ebooktirant@tirant.com

En un máximo de 72 horas laborales le enviaremos el código de acceso con sus instrucciones.

La visualización del libro en **NUBE DE LECTURA** excluye los usos bibliotecarios y públicos que puedan poner el archivo electrónico a disposición de una comunidad de lectores. Se permite tan solo un uso individual y privado

ANÁLISIS TOTAL DE EMPRESAS

Económico – Financiero, Estratégico, Control y KPIs

ANÁLISIS TOTAL DE EMPRESAS

Económico – Financiero, Estratégico, Control y KPIs

Josu Imanol Delgado y Ugarte
Alejandro Cruzado Rey

tirant lo blanch
Valencia, 2026

En caso de erratas y actualizaciones, la Editorial Tirant lo Blanch publicará la pertinente corrección en la página web www.tirant.com.

EDITA: TIRANT LO BLANCH
C/ Artes Gráficas, 14 - 46010 - Valencia
TELFS.: 96/361 00 48 - 50
FAX: 96/369 41 51
Email: tlb@tirant.com
www.tirant.com
Librería virtual: www.tirant.es
DEPÓSITO LEGAL: V-616-2026
ISBN: 979-13-7021-833-1

Si tiene alguna queja o sugerencia, envíenos un mail a: *atencioncliente@tirant.com*. En caso de no ser atendida su sugerencia, por favor, lea en *www.tirant.net/index.php/empresa/politicas-de-empresa* nuestro procedimiento de quejas.

Responsabilidad Social Corporativa: http://www.tirant.net/Docs/RSCTirant.pdf

DEDICATORIA

JOSU IMANOL DELGADO y UGARTE

"a mis padres por todo el Amor, Enseñanzas y Apoyo que me dieron durante todo el tiempo que estuvieron a mi lado. A mi esposa, Imanol y Matxalen. Además la hago extensiva, también, a todas aquellas personas que me ha brindado su ayuda, a lo largo de mi Vida"

(Semper Gratias Ago)

ALEJANDRO CRUZADO REY

"a mi madre, por haberme enseñado el valor inestimable que tiene la constancia. Y también, al resto de mi familia, amigos y colaboradores por haber enriquecido mi experiencia de aprendizaje y madurez prestándome grandes consejos y perspectivas desde la mayor de las escuelas, la experiencia vital"

AGRADECIMIENTOS

Quisiéramos, además, agradecer a Javier García Bononato por su implicación con esta obra no solo aportando innumerables ejemplos y casos prácticos basados en la realidad del día a día de las compañías sino, quizá lo más importante, por haber sido el nexo de unión que ha hecho posible la colaboración entre los autores de la presente obra.
Y a la Profesora Laura Fernández Durán por la revisión exhaustiva que ha realizado de este trabajo.

Índice

Introducción

Las Empresas, tenidas como unidades económicas de producción de Bienes y Servicios que lógicamente atienden la Demanda existente, no cabe ninguna duda que son el motor económico de cualquier sociedad. Y que indudablemente vertebra no sólo la Economía, sino que además lo hace también con la propia sociedad.

Y en toda empresa es indiscutible que se debe tener un control de ella a través del análisis de ciertos datos que hacen que se pueda llegar a conocer mejor a esa empresa, así como también su evolución. Y poder de esta manera realizar una Gestión adecuada de la empresa que yo discerniría entre la MACROGESTIÓN EMPRESARIAL que engloba la Estrategia, el Análisis, las Finanzas Corporativas y la MICROGESTIÓN EMPRESARIAL que engloba los Procesos Administrativos, las Compras, la Atención al Cliente.

Este libro pretende ser el más completo en lengua castellana sobre la materia de Análisis y Control empresarial. Por ello trata con ejemplos ilustradores el análisis económico – financiero, el análisis estratégico, el control, los KPIs y el estudio anticipativo de posibles quiebras.

Me gustaría decir que hay que tener presente que realmente el Análisis de Empresas tiene más de Arte que de Ciencia. Y precisamente esto tiene una base fundamental en la Depuración que se haga de los datos que sean manejables. Pues después de tener claro la manera en que se va a realizar cualquier análisis, los datos irrefutablemente son su fundamento.

Esta Obra va dirigida a profesionales que están en esa área, estudioso y a todo aquel que tenga inquietud por saber todo lo necesario sobre esta importante materia, absolutamente necesaria en la gestión de cualquier empresa para poder llegar a conocer como está y también hacia donde puede ir cualquier tipo de empresa por pequeña o grande que sea.

Una digresión antes de finalizar esta introducción.

Me gustaría señalar claramente, que, pues es evidente, sin duda alguna, que resulta ser bien conocido y ya aceptado por todos que la Vivienda desde siempre es algo importantísimo, en cualquier tipo de Sociedad, obviamente sin duda alguna, porque resulta ser del todo precisa, para que pueda realizar su adecuada vertebración, a través de sus integrantes. Y, además, el Capital Humano que precisa toda empresa debe gozar de los factores necesarios para poder ser más eficiente en sus empresas y uno de ellos, irrefutablemente, es la Vivienda. Pues es algo necesario, indiscutiblemente, para que todos sus integrantes puedan poder alcanzar su óptimo. Resulta ser obvio, que toda persona, tiene necesidad de tener a su disposición una vivienda, con las condiciones suficientes para que así de esta manera, las Sociedades, puedan llegar a alcanzar un desarrollo que sea mínimamente adecuado, a través de encontrarse sustentado en los integrantes de esa Sociedad. Pues de no poder alcanzar una vivienda adecuada, dichos integrantes, sin lugar a ninguna duda, ellos no podrán aportar lo necesario para que esa Sociedad, pueda llegar a alcanzar su óptimo posible. Por lo tanto, se debe ser muy escrupuloso en todo lo relativo a ello, y decir que lo dicho en relación a la intervención de los precios en dicho Mercado, no contempla la total realidad del horizonte temporal y por eso, ese sesgo, permite sustentar que resulta ser totalmente pernicioso para el devenir del Mercado.

Y es por lo que es del todo necesario señalar claramente con total sinceridad, que la intervención en el Mercado de la Vivienda, poniendo unos precios máximos, en realidad sólo distorsiona dicho Mercado, a corto plazo de tiempo, hasta que evidentemente de manera irrefutable, termina siempre en un nuevo reequilibrio la Oferta y Demanda a un plazo de tiempo más largo.

Pues irrefutablemente, al final cuando Oferentes y Demandantes comprenden la nueva situación, el Mercado viene a tener el mismo equilibrio de antes, mediatizados lógicamente, por la Oferta y la Demanda. Pues la Cantidad agregada de Viviendas del Mercado tendrá las mismas condiciones, en su cantidad que tendría anteriormente, considerando que se disponga de la misma seguridad jurídica, restricciones de construcción etc., antes y después de la intervención que sea realizada en los precios, como se suele decir en Economía, ceteris paribus.

Y obviamente por supuesto, además esto es así también, para el Mercado del Alquiler de Viviendas. Pues se debe hacer notar que esto se ha demostrado palmariamente en Francia, donde desde hace décadas, los precios de venta de los inmuebles se vienen encontrando limitados y sigue existiendo la Oferta Inmobiliaria, sin existir ninguna carencia en ella derivada de Intervención en los Precios.

Por lo que se debe decir, en orden a no hacer seguidismo de hipótesis con un sesgo evidente, que se debe considerar el horizonte temporal, en este concreto caso, para poder exponer, con una consistencia real, las hipótesis que se exponen en relación a lo que se viene entendiendo como intervención del Estado, en la limitación de los precios de la Vivienda.

JOSU IMANOL DELGADO Y UGARTE

Capítulo 1.

Análisis Económico Financiero

Resumen: El análisis económico – financiero es el análisis básico que como mínimo se debe realizar para conocer la situación de una empresa derivada de los libros contables que ofrezcan una información fiable en un preciso determinado momento. Cabe decir que este análisis deberá contener también los análisis de los ejercicios anteriores. Y además sería conveniente tener también el presupuesto de los siguientes para poder así tener una visión holística del pasado, presente y futuro, para así poder observar de dónde venimos y hacia donde pudiéramos ir.

A lo largo de este capítulo se realizará un recorrido por la mayor parte de herramientas, así como elementos a analizar de la empresa desde una perspectiva económica y financiera. De esta forma se comenzaría con la presentación de los estados contables básicos como son el balance, la cuenta de pérdidas y ganancias, así como el estado de flujos de caja, siendo estas las fuentes, provenientes de la contabilidad financiera, en base a la que se elaborarán gran parte de los análisis posteriores.

Tras ello, se realizará un recorrido por las diferentes áreas del análisis financiero de la empresa, así como las diferentes herramientas disponibles para llevarlo a cabo. Por ello, se analizarán aspectos de vital importancia como la liquidez y la solvencia de la empresa, así como factores relacionados con la rentabilidad y rendimiento generado por la empresa. En este sentido, también se dedicará un apartado completo al análisis del rendimiento de las inversiones por ser parte importante de la gestión financiera de la empresa y por tener tanta importancia al representar muchas veces decisiones de un gran calado estratégico para las compañías.

Por último, se terminará el capítulo con un breve comentario acerca de otras métricas, herramientas e indicadores que, a pesar de no ser estrictamente financieros, complementan a la perfección el análisis previo.

Tras la lectura de este capítulo, usted como lector será capaz de dominar un amplio vocabulario relacionado con las finanzas empresariales que le servirá tanto para potenciar la aplicación de esos conceptos en sus trabajo diario o en la gestión de su empresa, incluso aunque no se dedique profesionalmente a la gestión financiera o empresarial, tendrá la capacidad de interpretar la inmensa mayoría de a información de este tipo que se le presente, ganado así una interesante capacidad de razonamiento crítico que tan escasa es hoy día.

Conceptos clave: Activos, Pasivos, Patrimonio Neto, Solvencia, Liquidez, Rentabilidad, Beneficios, Gastos, Ingresos, Costes, Capital de Trabajo, Flujos de Caja, Generación de Fondos, Análisis Vertical, Análisis Horizontal, Umbral de Rentabilidad, Payback, WACC, Tasas de Descuento, Valor de Empresa, Capitalización Bursátil...

1.1. INTRODUCCIÓN A LOS ESTADOS CONTABLES COMO HERRAMIENTA PARA LA TOMA DE DECISIONES

La importancia de la información financiera, principios que debe cumplir

Como un acto común a toda actividad intelectual humana se encuentra la de medir y de contar. Ya sea en cualquier obra arquitectónica, científica o en la gestión de una empresa, las mediciones de aquellos factores que intervienen como variables críticas de cualquier sistema resulta esencial para poder tomar las decisiones que correspondan respecto a dicha materia. En este sentido, la contabilidad financiera se impone como la herramienta de medición indispensable (aunque a la par que la contabilidad de costes) en la gestión diaria de las empresas, sin importar su tamaño, sector o cifra de ventas.

La utilidad de conocer adecuadamente los diferentes estados contables y su preparación excedería pues la labor del propio departamento de contabilidad de una empresa ya que sirve a al resto de grupos de interés (o más comúnmente conocidos como *stakeholders* en inglés) ya sea para la rendición de cuentas de los directivos frente al consejo de administración, o el resto de accionistas y propietarios de la empresa o para informar a los gestores acerca de la evolución de la compañía y las diversas opciones de inversión.

La información financiera, pues aporta conocimientos sobre dos procesos que están consecuentemente unidos a una empresa y que como se verá más adelante forman las dos caras de una misma moneda. Concretamente, informan sobre los procesos económicos y los procesos financieros de la empresa. El primero de ellos, tiene que ver con la operativa principal del negocio y los facilitadores de esta, es decir, la propia prestación de servicios, compra de materiales o mercaderías, alquiler de inmuebles donde se realizará la actividad o los gastos relacionados con el transporte. Por su parte, dichos movimientos económicos, deben ser financiados de alguna manera, precisamente es en este punto donde entra el ciclo financiero, que tiene que ver con todas las operaciones de transmisión de fondos entre la empresa y terceros o hacia si misma en el caso de la autofinanciación. En este último punto, se podría dividir a dicha financiación en dos grandes bloques, la financiación propia, que es aquella que hacen los accionistas o socios de la empresa y la financiación ajena, que es aquella que realizan terceros, principalmente los bancos en el caso de las PYMEs y por ejemplo mediante la emisión de deuda corporativa (pagarés, bonos y obligaciones) a la cual suelen tener acceso únicamente empresas de mayor tamaño.

Como se puede notar, al estar imbuida en todas las actividades que realiza la empresa, el conjunto de usuarios de dicha información debería pues ampliarse a un mayor número perfiles más allá de los accionistas, directivos y acreedores, sino que también podría afectar a empleados, en cuanto a estos les interesa conocer la evolución de la actividad y la solvencia que tiene la empresa para mantener los puestos de trabajo y mantener o mejorar las condiciones salariales, clientes o incluso la administración pública en lo que concierne a la imposición del impuesto de sociedades (IS) o el resto de tasas correspondiente.

Por tanto, al ser la información financiera algo tan vital en el transcurso de las operaciones de una empresa y afectar a un conjunto amplio de grupos de interés, esta debe cumplir una serie de requisitos o características tal y como se recogen en el Marco Conceptual de la Contabilidad Financiera y que se dividen en fundamentales y de mejora.

Principios fundamentales:

- Relevancia: se relaciona con la importancia y capacidad de influencia que tiene la información en la toma de decisiones ya que permite confirmar supuestos sobre el pasado o aproximar la evolución futura de la actividad.
- Imagen fiel: tiene que ver con el nivel de completitud, transparencia y omisión de errores que presente la información contable y que permite representar una imagen verídica de la actividad económica subyacente.

Principios de mejora:

- Comparabilidad: hace referencia a la característica deseable de que, ante hechos económicos del mismo tipo, se refleje la información financiera usando los mismos criterios de medición, de forma que se mantenga una cierta uniformidad a la hora de evaluar hechos similares. Véase el ejemplo de la Figura 1.1.
- Verificabilidad: Indica la capacidad que tienen terceros de realizar la información en base a unos mismos documentos y llegar a un resultado equivalente.
- Oportunidad: se refiere a la capacidad de disponer de la información necesaria en un momento oportuno.
- Comprensibilidad: tiene que ver con la facilidad de entendimiento de la información cuando es recibida por terceros que no han participado de su elaboración.

Figura 1.1. Ejemplo de incongruencias y deficiencias en el principio de comparabilidad

Supongamos a dos empresas AAA y BBB que a 01/01/2025 poseen una cartera de acciones por valor de 100.000€. La empresa AAA esta valorando dicho activo a valor de mercado, es decir al que fluctúen las acciones diariamente en la bolsa de valores. Por otra parte, la empresa BBB está contabilizando dichas acciones a valor de compra (ya que son mantenidas a largo plazo).

A 31/12/2025, el precio de mercado de la cartera de acciones ha disminuido a 80.000€, sin embargo, los resultados a nivel contable van a ser diferentes en ambas empresas, a pesar de tener un mismo activo:

La empresa AAA deberá registrar una pérdida de 20.000€ en sus libros.

La empresa BBB se mantendrá igual.

Por tanto, se observa que a pesar poseer un mismo activo e incluso respetando la normativa contable, muchas veces la información financiera sobre un mismo hecho económico no es comparable directamente.

Algo similar, sucedió con la quiebra del *Sillicon Valley Bank* en 2023. Dicha entidad bancaria poseía miles de millones en bonos del tesoro, los cuales sufrieron una fuerte disminución de precios como consecuencia de las subidas de tipos de interés para frenar la inflación. Sin embargo, el banco mantenía dichos bonos a valor de compra por lo que acumulaba millones en pérdidas no realizadas lo que generó un pánico bancario y la consiguiente fuga de capitales que daría lugar a la quiebra de la entidad.

Con este ejemplo, se demuestra cómo, si bien la información contable era acorde a la legislación, el hecho de adoptar unos criterios u otros puede repercutir en una menor comparabilidad o representación fiel de los estados financieros

Además, se suelen requerir otros principios como el clásico de coste/beneficio que menciona que el coste de analizar una determinada información nunca debería ser superior a la utilidad que la misma pudiera aportar en virtud de las características mencionadas anteriormente.

Conceptos básicos de contabilidad

Una vez se ha presentado la importancia de la información contable, así como la principal normativa que la regula y las características o principios que debe seguir, se procederá a definir los principales términos sobre los que se construyen los estados contables y que son fundacionales a la hora de interpretarlos.

Los tres primeros conceptos que se presentan son los de Activos, Pasivos y Capital o Patrimonio Neto, los cuales ayudarán a entender la composición del balance de situación en el apartado siguiente. Podemos definir estos conceptos de la siguiente forma:

- Activos: Se pueden definir como el conjunto de todas las inversiones, capitales herramientas y recursos económicos que controla la empresa para la realización de su actividad económica. Por ejemplo, las cámaras de congelado de una empresa de pescados procesados formarían parte de su activo.
- Pasivos: Se compone de todas las obligaciones frente a terceros que la empresa tiene actualmente. Son las deudas que una empresa debe a sus acreedores aquellas personas que han financiado la actividad económica o los activos de la empresa y que no son propietarios de esta. Como ejemplos, se encuentran los bancos, tenedores de deuda a largo plazo, proveedores o administración pública.
- Patrimonio Neto: Se define como la diferencia entre los activos y los pasivos de una empresa. Es decir, como la parte del activo que le queda a los propietarios de una empresa tras ha cumplido con todas sus obligaciones.

Asimismo, los activos se suelen clasificar principalmente en base a su liquidez de menos líquido como podría ser la nave de una fábrica o más líquido como los instrumentos financieros de inversión o el dinero de curso legal como el activo de mato liquidez. En el siguiente capítulo se aborda más profundamente el concepto de liquidez, pero podría definirse como la capacidad de convertir en efectivo una inversión o activo sin riesgo de pérdidas. Por otra parte, los pasivos se suelen clasificar según su fecha de vencimiento, ya sea esta a corto plazo, cuando el principal de la deuda debe ser devuelto en un plazo igual e inferior a un año, o a largo plazo cuando las fechas de vencimiento exceden el año.

Otros conceptos de interés serían los de cuenta y saldos. Normalmente, las anotaciones contables se realizan en lo que se conoce como libros diarios y posteriormente se registran en el libro mayor o libro de cuentas en el que se asocian los movimientos diarios generados por la actividad con diversas partidas que formarán parte de los estados financieros (ej. cuentas en el balance). Toda cuenta debe contar don dos partes, donde se anotan los movimientos, que finalmente generan un saldo, esta división se hace entre el debe y el haber. Donde se anoten los movimientos dependería del tipo de cuentas ya que existen cuentas de balance (Activos, Pasivos y Patrimonio Neto) y cuentas de resultados (Ingresos y Gastos). Entre los principales términos relacionados con las cuentas podemos encontrar:

- Apertura de cuenta: Creación de la cuenta y asignación de un código para recibir los datos anotados en el libro diario.

- Cargo: Todo movimiento que incluye una cantidad denominada en u.m. en el debe de la cuenta.
- Abono: Todo movimiento que incluye una cantidad denominada en u.m. en el haber de la cuenta.
- Débito: Suma de todos los cargos.
- Crédito: Suma de todos los abonos.

Basándonos en estas definiciones una cuenta puede tener tres tipos de saldos, cuando el débito de una cuenta es mayor que el crédito se dice que una cuenta tiene saldo deudor, cuando débito y crédito son iguales se dice que la cuenta tiene saldo nulo, y finalmente cuando el crédito es mayor que el débito se dice que la cuenta presenta un sado acreedor.

Hasta ahora se han mencionado variables de stock (cuentas de balance), pero también sería conveniente definir las cuentas que actúan como flujo o que generan los movimientos que afectan a los cambios en el balance a lo largo del año y que se acaban plasmando en la cuenta de resultados, estos son:

- Ingresos: se definen como incrementos en el activo o bien como disminuciones en el pasivo que tienen como efecto directo el aumento del patrimonio neto, el cual se genera mediante la actividad económica y no a través de aportaciones de los socios.
- Gastos: al contrario que los ingresos, un gasto es un incremento de pasivo o una disminución del activo que tienen como efecto una reducción en el patrimonio neto.
- Cobro: Es importante marcar su diferencia con los ingresos ya que, aunque suelen estar relacionados, no siempre se dan juntos ni en el mismo periodo (ej. piénsese en las ventas a plazo en las que la empresa vendedora estaría financiando con días de carencia a la compradora). La diferencia clave, está en que un cobro siempre implica una entrada de efectivo, de caja, en las cuentas de la empresa.
- Pago: De forma similar a los cobros, se da un pago cuando sale efectivo de la tesorería de una empresa, y no siempre va aparejado a un gasto o en la misma fecha.

Una vez se han presentado los principales términos sobre los que se construye de forma general la contabilidad financiera, en el siguiente apartado se explicarán los movimientos generados mediante estos usando el tradicional método de la partida doble.

El método de la partida doble

El método de la partida doble representa una forma de representar los movimientos contables y desde su primera aparición bajo los escritos del monje Fray Lucca Pacioli en 1494, se fue extendiendo al resto de países de Europa hasta llegar a la actualidad. Aunque existen diferentes métodos de explicar dicho método el más común es el de la teoría matemática como se expone a continuación.

En primer lugar, recuérdese que las cuentas se pueden dividir en el Debe y en el Haber, y además que toda operación económica tiene un destino y un origen. Precisamente, se dice que los recursos o cuentas que generan el movimiento se anotan en el Haber y los elementos que actúan como destino se representan en el Debe. En la Figura 1.3. se presenta un esquema de dicha relación.

Figura 1.3. Diagrama ejemplo de las anotaciones en el Debe y Haber de una cuenta

Debe Destino de los recursos	Haber Origen de los recursos
Ejemplo: • Si se realiza una inversión en maquinaria para una planta de embotellado que ha sido pagado con dinero de una cuenta bancaria de la tesorería, dicho movimiento tiene dos caras: Por un lado ha salido dinero de la cuenta de efectivo o caja, lo que representa un abono o anotación en el Haber, mientras que la partida de maquinaria (normalmente bajo el nombre PPE (Propiedad, Planta y Equipos) ha aumentado por dicho valor, debiéndose anotar un cargo en el debe de esa cuenta.	

Una vez se comprende que todo movimiento económico en el que intervengan alguna de las unidades de cuenta antes mencionadas, Activo (A), Pasivo (P), Patrimonio Neto (PT), Ingresos (I) o Gastos (G) debe ser anotado doblemente, una en el Haber de la cuenta origen y otra en Debe de la cuenta destino. En este sentido, basándose en la teoría matemática se puede realizar el siguiente desarrollo.

Partiendo de la identidad contable básica en la que se afirma que Activo es igual a Pasivo más Patrimonio Neto:

$$A=P+PT$$

Se puede afirmar que dicha relación se mantiene en dos momentos distintos del tiempo, por ejemplo, el momento 0, coincidiendo con el inicio del ejercicio, un momento 1, al llegar a su finalización. Asimismo, sabemos que cada una de las cuentas en el momento 1 será iguales a las del año 0 + sus incrementos – sus disminuciones, siendo esta última en valores absolutos tal y como se muestra a continuación:

$$A_1 = A_0 + \Delta A - \nabla A$$

$$P_1 = P_0 + \Delta P - \nabla P$$

$$PT_1 = PT_0 + \Delta PT - \nabla PT$$

Por lo que expandiendo la identidad para el Año 1 se tiene que:

$$A_1 = P_1 + PT_1$$
$$A_0 + \Delta A - \nabla A = P_0 + \Delta P - \nabla P + PT_0 + \Delta PT - \nabla PT$$

Y reordenando los términos para que no quede ningún signo negativo

$$A_0 + \Delta A + \nabla P + \nabla PT = P_0 + \Delta P + PT_0 + \Delta PT + \nabla A$$

La anterior expresión se conoce como ecuación fundamental de la contabilidad, en donde el lado izquierdo de la igualdad representa el debe (destino) y el derecho el haber (origen). A continuación, se presentan varios ejemplos de asientos que ayudaran a entender de forma general el funcionamiento de los movimientos contables

Figura 1.4. Casos de anotaciones de asientos contables donde interviene cuentas de activo

Retomando el ejemplo de la empresa de pescados que compraba una nueva máquina de congelados, supongamos que dicha máquina se adquiere a un precio de 150.000€ y se paga un 50% al contado en efectivo y el resto se aplaza 3 meses cuando deberá ser pagado al contado. La operación de aplazamiento se realizará a interés 0 por lo que no se incurrirá en gastos de intereses. ¿Qué anotaciones se deberían hacer tras haber sucedido la operación?

A ojos de alguien que no este familiarizado con la anotación de asientos, podría parecer que dicha operación supone un gasto para la empresa. Sin embargo, si nos atenemos a la ecuación fundamental anterior, se observa que se esta primero, cambiando un activo (caja) por otro a largo plazo (máquina) y parte de ese incremento de activo se ve compensado por un incremento de pasivo por lo que el saldo entre el debe y el haber se sigue manteniendo neto.

Tal y como se muestra en la siguiente anotación

Cuenta afectada	Debe	Haber
Activo a corto plazo–Caja		75.000€
Pasivo a corto plazo – Proveedores (Cuentas a pagar)		75.000€
Activo a largo plazo–PPE	150.000€	

Figura 1.5. Casos de anotaciones de asientos contables donde interviene cuentas de pasivo

Supongamos, ahora que el equipo directivo de la empresa decide diversificar su producción, y además de pescado congelado, desean producir marisco, por lo que necesitaría invertir en un nuevo cocedero. La empresa ha decidió recurrir a un prestamos bancario a 3 años por un nominal de 500.000€ para adquirir el terreno donde se edificará la nueva planta. Dicho préstamo, se pagará con cuotas constantes postpagables a un interés efectivo del 10%, ¿cómo sería los correspondientes asientos?

En primer lugar, se debe calcular el importe de la cuota que, al ser **constante**, usa el método de amortización francés tal y como se observa en la siguiente fórmula (*se excluyen las explicaciones de estas expresiones al exceder el interés de esta obra*):

Es decir, la cuota ascendería a 201.057€, así mismo, sabemos que el interés que se paga e primer año es 50.000€ por lo que el capital a devolver, en el momento 0 (sin que se hayan devengado intereses) sería de 151.057€. Por tanto, las primeras anotaciones serían:

Cuenta afectada	Debe	Haber
Pasivo a corto plazo–Bancos		151.057€
Pasivo a largo plazo–Bancos		348.943€
Activo a largo plazo–PPE	500.000€	

Tal y como se definió anteriormente, ahora la empresa tiene dos cuentas de pasivo y no una, debido a que dos de las cuotas se pagarán a más de un año. Asimismo, los 50.000 euros que componen los intereses de la primera cuota se irán acumulando a lo largo del año, de forma que cuando llegue el fin del año 1 se deberán hacer los siguientes asientos:

En primer lugar, el pago de la cuota y reducción del principal de la deuda:

Cuenta afectada	Debe	Haber
Activo a corto plazo–Caja		201.057€
Gastos financieros (reducción de PT)	50.000	
Pasivo a largo plazo–Bancos	151.057€	

Y con efecto posterior, se debería reclasficar la deuda ya que la cuota correspondiente al año 2 pasaría a ser a corto plazo, restando el interés del año 2 de 34.894€ (no devengado al cierre del año 1), se tiene:

Cuenta afectada	Debe	Haber
Pasivo a corto plazo–Bancos		166.161€
Pasivo a largo plazo–Bancos	166.161€	

Tras ello, el interés se iría devengando generando gastos financieros y el mismo proceso se repetiría de forma iterativa año a año hasta que el principal de la deuda quedase saldado.

Figura 1.4. Casos de anotaciones de asientos contables donde interviene cuentas de patrimonio

La empresa de pescados, para consolidad su expansión al mercado del marisco decide hacer una ampliación de capital para gozar de unos mayores recursos propios. Asimismo, al final de ese año, como la expansión ha sido un éxito decide repartir dividendos entre sus accionistas.

Respecto a la ampliación de capital se tiene que la empresa realiza una ampliación de capital por valor de 200.000 €, totalmente suscrita y desembolsada en efectivo. Se emiten 20.000 nuevas acciones de 10 € de valor nominal, sin prima de emisión.

Por su parte, el reparto de dividendos sería de la siguiente forma, la empresa acuerda repartir dividendos por un total de 90.000 €. El pago se hace en efectivo. Exponga los asientos contables que registran dicha operación.

A diferencia de otros incrementos en el patrimonio neto como los ingresos que irían al resultado del ejercicio, en este caso, aumenta la cuenta de **capital social**, tal y como se presenta a continuación:

Cuenta afectada	Debe	Haber
Activo a corto plazo–Caja	200.000€	
Patrimonio neto – Capital social		200.000€

Asimismo, para la entrega del dividendo, se deberían anotar dos asientos, uno que reconoce el dividendo, y el correspondiente a su pagos:

Cuenta afectada	Debe	Haber
Patrimonio neto – Resultado del ejercicio	90.000€	
Patrimonio neto – Dividendos a pagar		90.000€

Cuenta afectada	Debe	Haber
Patrimonio neto – Dividendos a pagar	90.000€	
Activo a corto plazo–Caja		90.000€

Nótese que en el momento en que se reconoce el dividendo, sucedería como si se creara un pasivo, que se salda con una reducción simultánea del activo, ya que el dinero de caja sale de la empresa al ser entregado a los propietarios.

Los estados financieros

En este último apartado se presentarán cuáles son los principales estados financieros que deben presentar anualmente todas las compañías, además el apartado se irá apoyando en el análisis de los datos reales de una empresa cotizada en IBEX 35, que es el índice bursátil donde cotizan las 35 empresas de mayor capitalización en España. Así se dispondrá de una primera aproximación a los datos contables sobre los que se construye el resto de los capítulos de esta primera parte del libro.

Las empresas en España, deben presentar los siguientes cinco estados financieros tal y como se definen a continuación, aunque el análisis se centrará principalmente en tres: el balance de situación, la cuenta de resultados o de pérdidas y ganancias y el estado de flujos de caja.

Los estados financieros se componen de:

- Balance de situación: informa sobre los recursos y obligaciones que una empresa presenta en un momento concreto. Normalmente se usa el símil de la fotografía, ya que muestra variables de tipo stock, es decir a cuánto ascienden las diferentes los saldos de las diferentes cuentas de activo, pasivo y patrimonio neto en un momento determinado. Como se mención anteriormente, el activo se ordena de menor a mayor liquidez y el pasivo de mayor a menor plazo de devolución de la deuda. En la figura 1.5. se muestra un ejemplo ilustrativo de cómo sería el balance.
- Cuenta de resultados: muestra el rendimiento financiero de la actividad empresarial, para ello desglosa los diferentes conceptos de ingresos y gastos, además de la reducción de los beneficios debido al pago de impuestos. El resultado final da lugar a los incrementos o decrementos del patrimonio neto, y se conecta directamente con el balance a través de la partida de resultado del ejercicio. En la figura 1.6. se muestra un ejemplo ilustrativo de cómo sería la cuenta de resultados.

- Estado de flujos de caja: ofrece información sobre la capacidad que tienen una compañía de generar efectivo o equivalentes a él. Es decir, de como de líquidos es la operativa de la empresa. Lo que acaba influyendo en el fondo de maniobra o (working capital) necesario para mantener las operaciones y que es un concepto de interés cuando se valoran adquisiciones de empresas. Asimismo, este estado se puede desglosar en los flujos de efectivo derivados de la explotación económica, inversiones (CAPEX) y amortizaciones o los derivados de operaciones financieras.
- Notas o memoria: Muchas veces resultan de interés ya que aportan datos de carácter cuantitativo y cualitativo los cuales no se representan en los tres estados principales y que pueden ser de interés para tener un mayor entendimiento del fondo de la situación económica y empresarial que se pretende representar.
- Estado de cambios en el patrimonio neto: informa sobre la composición del patrimonio y los movimientos entre sus componentes a lo largo del ejercicio. Además de informar de posibles efectos por cambios en políticas contables, u otros cambies que afecten a la estructura del patrimonio neto.

Figura 1.5. Ejemplo de la estructura del balance de situación

Activo	Patrimonio Neto
Activo no corriente–a largo plazo • Activos Intangibles • PPE • Inversiones financieras a largo plazo	• Capital social • Reservas • Resultado del ejercicio
	Pasivo no corriente
	• Deudas financieras a largo plazo • Otros pasivos a largo plazo
Activos corrientes–a corto plazo	Pasivo corriente
• Existencias (Mercaderías) • Cuentas a cobrar • Inversiones a corto plazo (*cash equivalents*) • Bancos – Tesorería	• Deudas financieras a corto plazo • Cuentas a pagar–proveedores

El activo no corriente se compone de inversiones en capital, o en instrumentos financieros que se van a mantener a más de un año vista, por ejemplo, obligaciones del estado 10 años. Por su parte, los activos intangibles pueden incluir patentes, programas informáticos propios, la imagen de marca lo que se conoce como fondo de comercio o goodwill que se incluye en las operaciones de compraventa de empresas y representa elementos como la reputación, el capital humano etc., los cuales no son reconocidos en los estados financieros. El activo corriente, incluye principalmente, las mercaderías o materias primas necesarias para operación económica (es decir todo aquello que genera costes variables y no fijos) además de los productos semielaborados. Por otra parte se incluyen las inversiones más líquidas y el efectivo.

El pasivo, incluye principalmente las deudas que la empresa tiene a largo y a corto plazo con las entidades bancarias u otros acreedores, así como las cuentas a pagar a los proveedores principalmente. Asimismo, las cuentas de patrimonio incluirían el capital social desembolsado a la hora de crear la empresa y aumentado con las sucesivas ampliaciones de capital. Los resultados del ejercicio y las reservas que son la acumulación de los beneficios que no se han invertido o redistribuido en forma de dividendos.

Figura 1.6. Ejemplo de la estructura de la cuenta de pérdidas y ganancias

Incremento/ disminución (+ o -)	Concepto
+	Ventas
+	Otros ingresos de explotación
=	*Ingresos de explotación*
-	Gastos de explotación
=	Beneficio antes de intereses impuestos depreciaciones y amortizaciones–BAIIDA o EBITDA
-	Amortizaciones
-	Depreciaciones
=	Resultado de explotación – BAII
+	Ingresos financieros
-	Gastos financieros
+-	Resultado financiero
=	Resultado antes de impuestos–BAI
-	Gastos por impuestos
=	Beneficio Neto

Del análisis de la cuenta de resultados se puede destacar como cada resultado previo indica como opera la empresa en los diferentes procesos o ciclos como anteriormente se comentó. Concretamente los resultados de explotación indican, usando como principal métrica el EBITDA indican como es el funcionamiento operativo del negocio y como de efectivo es a la hora de generar resultados. Esta cifra puede ser la que principalmente interese a un equipo directivo que desea mejorar el comportamiento operativo de la empresa. Así mismo, se considera que el EBITDA es el corazón de los beneficios, por lo que un crecimiento sostenido del EBITDA indicaría que la base operativa del negocio mantiene una buena marcha. Por su parte, del ciclo de financiación se puede observar el resultado financiero, el cual dependerá de la estructura de pasivo que seleccione la empresa y de los resultados que den las inversiones que realice. Por último, el beneficio neto es aquel que verdaderamente percibe el accionista tras haber saldado las cuentas con sus acreedores y el Estado.

En el próximo apartado, se comentarán de forma breve un ejemplo con los estados financieros reales de una compañía cotizada.

Ejemplo real. Análisis de las cuentas de INDITEX

A continuación, se presenta un breve comentario sobre los estados financieros de INDITEX en el que se podrán ir asimilando los conceptos anteriormente presentados sobre los estados financieros. Concretamente se usará la información recogida por la CNMV con la información concerniente al año fiscal 2025 cuyo cierre es presentado por la empresa a 31 de enero del año siguiente al del cierre.

En las Figuras 1.6 a 1.8 se observan el balance, cuenta de resultados y estado de flujos de caja consolidados del grupo INDITEX dueño de diversas marcas de moda mundialmente conocidas como ZARA, Massimo Duti, Oysho, ZARA Home o Lefties entre otras.

Figura 1.6. Balance consolidado INDITEX a 31/01/2025

(Cifras en millones de euros)	(Notas)	31/01/2025	31/01/2024
ACTIVO			
ACTIVOS NO CORRIENTES		**18.358**	**16.719**
Derecho de uso	(16)	5.269	5.097
Otros activos intangibles	(15)	1.411	1.223
Fondo de comercio	(17)	196	197
Inmovilizado material	(14)	10.005	8.337
Propiedades de inversión		9	24
Inversiones financieras	(18)	450	398
Otros activos no corrientes	(19)	217	269
Activos por impuestos diferidos	(25)	800	1.174
ACTIVOS CORRIENTES		**16.356**	**16.016**
Existencias	(13)	3.321	2.966
Deudores	(12)	1.088	1.038
Activos por impuestos sobre beneficios corriente	(25)	326	483
Otros activos corrientes		94	100
Otros activos financieros	(26)	25	7
Inversiones financieras temporales	(21)	5.120	4.415
Efectivo y equivalentes	(21)	6.382	7.007
TOTAL ACTIVO		**34.714**	**32.735**
PASIVO Y PATRIMONIO NETO			
PATRIMONIO NETO		**19.676**	**18.672**
Patrimonio neto atribuido a la dominante		19.676	18.642
Patrimonio neto atribuido a los minoritarios		-	30
PASIVOS NO CORRIENTES		**4.851**	**5.126**
Provisiones	(22)	348	362
Otros pasivos a largo plazo	(23)	251	248
Deuda financiera	(21)	-	-
Pasivo por arrendamiento a largo plazo	(16)	4.180	4.123
Pasivos por impuestos diferidos	(25)	72	394
PASIVOS CORRIENTES		**10.187**	**8.937**
Deuda financiera	(21)	7	16
Otros pasivos financieros	(26)	48	26
Pasivo por arrendamiento a corto plazo	(16)	1.542	1.428
Pasivos por impuestos sobre beneficios corriente	(25)	312	395
Acreedores	(20)	8.278	7.072
TOTAL PASIVO Y PATRIMONIO NETO		**34.714**	**32.735**

Como se puede observar, al cierre del ejercicio 2024, la empresa presentaba unos activos valorados en 34.714 millones de euros los cuales estaban financiados en un 57% (19.676 M€) por el capital propio de la entidad y el resto (15.038 M€) por financiación ajena (deuda). Asimismo, la mayor parte de esa deuda, un 68% estaba formada por deudas que deberán ser saldadas en menos de un año, lo que, en caso de no tener una cantidad de activos corrientes adecuada, podría afectar la liquidez de la empresa como se explicará en el apartado siguiente.

Asimismo, se observa que la mayor partida de deuda (8.278 M€) se denomina "Acreedores", lo cual, a priori no aporta mucha información de a quién se debe esa cantidad, sin embargo, al estar dicha partida referenciada las notas, es posible consultarla para tener un mayor entendimiento de lo que sustenta esa cifra. Al consultar dichas notas, se observa que los 8.278 M€ se dividen en deudas con acreedores comerciales, personal, administraciones públicas y otros.

Siendo la mayor partida la de acreedores comerciales. Asimismo, se amplía esta información con otros datos de carácter operativo como el periodo medio de pago de las facturas a proveedores que en 2024 fue de 37,5 días o que el 98% del importe de las facturas fue pagado en el plazo legal. Como vemos, las notas tienen el efecto de añadir información de valor para mejorar la interpretación de los estados contables.

En cuanto a las cuentas de activo, se puede observar que una de sus principales partidas es la de inmovilizado material, que consonancia con las notas incluye terrenos y construcciones, instalaciones mobiliario y maquinaria y otros inmovilizados. Es decir, las tiendas y centros de fabricación de las prendas y productos que el grupo vende en todo el mundo. Por último, resulta interesante observar como los modelos de negocio se acaban plasmando en las cuentas financieras, tal y como se observa en los altos valores del efectivo y equivalentes y de las inversiones financieras. Esto se debe a que al ser un negocio orientado al consumo retail, la mayoría de los pagos se realizan al contado en momento de la adquisición, además la firma lleva años apostando por el modelo de *fast fashion* que impulsa a los compradores a realizar compras de forma periódica lo que hace que este negocio pueda generar mucha caja en poco tiempo.

Figura 1.7. Cuenta de resultados consolidada INDITEX a 31/01/2025

Incremento/ disminución (+ o -)	Concepto
+	Ventas
+	Otros ingresos de explotación
=	*Ingresos de explotación*
-	Gastos de explotación
=	Beneficio antes de intereses impuestos depreciaciones y amortizaciones - BAIIDA o EBITDA
-	Amortizaciones
-	Depreciaciones
=	Resultado de explotación – BAII
+	Ingresos financieros
-	Gastos financieros
+-	Resultado financiero
=	Resultado antes de impuestos - BAI
-	Gastos por impuestos
=	Beneficio Neto

Si pasamos ahora a observar la cuenta de resultados, notaremos que el grupo obtuvo un aumento del 7,5% en sus ventas (+2685 M€), y como estas crecieron más que los costes de las mercancías o COGS (Cost of Goods Sold en inglés) hicieron que el margen bruto se viera aumentado. Por su parte, los gastos de explotación ascendieron a 11.555 M€ siendo el 49% de estos correspondientes a los gastos de personal. De nuevo, al aumentar dichos costes menos que el margen bruto se obtuvo un incremento del EBITDA 8,9% lo que indica una mejora de la eficiencia operativa con respecto al año anterior.

En cuanto al resultado financiero, solo se desglosan el neto, es decir la diferencia entre los ingresos y los gastos financieros, y al ir restando sabemos que los últimos fueron 99 M€ superiores a los anteriores. Finalmente, sabemos que el grupo pagó un impuesto de sociedades medio del 22, 4%, 1 p.p. superior al que se pagó el año anterior, lo que está influido por el mix geográfico de donde provengan los beneficios de la empresa, al tener los diferentes países, tasas impositivas diferentes.

Por ende, se podría concluir, fue beneficioso para la compañía, ya que no solo consiguió expandir sus ventas, sino capturar un mayor valor de dicho crecimiento con un leve aumento del margen de beneficio neto pasando del 14,9% al 16,0% a finales de 2024.

Figura 1.8. Estado de flujos de caja consolidados INDITEX a 31/01/2025

(Cifras en millones de euros)	(Notas)	31/01/2025	31/01/2024
ACTIVO			
ACTIVOS NO CORRIENTES		**18.358**	**16.719**
Derecho de uso	(16)	5.269	5.097
Otros activos intangibles	(15)	1.411	1.223
Fondo de comercio	(17)	196	197
Inmovilizado material	(14)	10.005	8.337
Propiedades de inversión		9	24
Inversiones financieras	(18)	450	398
Otros activos no corrientes	(19)	217	269
Activos por impuestos diferidos	(25)	800	1.174
ACTIVOS CORRIENTES		**16.356**	**16.016**
Existencias	(13)	3.321	2.966
Deudores	(12)	1.088	1.038
Activos por impuestos sobre beneficios corriente	(25)	326	483
Otros activos corrientes		94	100
Otros activos financieros	(26)	25	7
Inversiones financieras temporales	(21)	5.120	4.415
Efectivo y equivalentes	(21)	6.382	7.007
TOTAL ACTIVO		**34.714**	**32.735**
PASIVO Y PATRIMONIO NETO			
PATRIMONIO NETO		**19.676**	**18.672**
Patrimonio neto atribuido a la dominante		19.676	18.642
Patrimonio neto atribuido a los minoritarios		-	30
PASIVOS NO CORRIENTES		**4.851**	**5.126**
Provisiones	(22)	348	362
Otros pasivos a largo plazo	(23)	251	248
Deuda financiera	(21)	-	-
Pasivo por arrendamiento a largo plazo	(16)	4.180	4.123
Pasivos por impuestos diferidos	(25)	72	394
PASIVOS CORRIENTES		**10.187**	**8.937**
Deuda financiera	(21)	7	16
Otros pasivos financieros	(26)	48	26
Pasivo por arrendamiento a corto plazo	(16)	1.542	1.428
Pasivos por impuestos sobre beneficios corriente	(25)	312	395
Acreedores	(20)	8.278	7.072
TOTAL PASIVO Y PATRIMONIO NETO		**34.714**	**32.735**

El punto de partida del flujo de caja operativo es el Resultado antes de impuestos y minoritarios (BAI), que en 2024 fue de 7.577 millones de euros. A partir de este resultado contable, se realizan ajustes que no implican salida o entrada real de caja, como amortizaciones, provisiones, resultados por puesta en equivalencia o impuestos devengados no pagados. Estos ajustes (como los 3.174 millones de amortizaciones y depreciaciones en 2024) transforman el beneficio contable en un flujo de caja bruto. A esto se suma o resta la variación del capital circulante (existencias, deudores, acreedores), que refleja cambios en el uso operativo de caja en el corto plazo. El resultado es el flujo de caja de explotación (FCL operativo), que en 2024 ascendió a 9.288 millones. Una vez calculado este flujo operativo, se deducen los flujos de inversión (por ejemplo, pagos por inversiones en inmovilizado material o financiero) y los flujos de financiación (como dividendos o amortización de deuda), que en conjunto representan las salidas de caja que no están directamente ligadas a la operativa, pero que son fundamentales para el crecimiento y retorno al accionista. En 2024, los flujos de inversión (-3.288 M€) y los flujos de financiación (-6.607 M€) redujeron el efectivo disponible.

El Free Cash Flow (FCF) o flujo de caja libre es el excedente de efectivo tras cubrir la inversión necesaria para mantener y expandir el negocio. Es el flujo que verdaderamente "llega" a los inversores, y permite pagar dividendos, recomprar acciones o amortizar deuda. En este caso, se puede calcular como el flujo operativo (9.288 M€) menos los flujos de inversión (3.288 M€), dando un FCF de unos 6.000 millones de euros, antes de atender pagos financieros.

Finalmente, el efectivo y equivalentes al cierre del ejercicio (6.382 M€ en 2024) conecta directamente con el balance de situación, donde aparece en el activo corriente como liquidez disponible. Así, el estado de flujos de efectivo actúa como puente entre la cuenta de resultados (generación de beneficios) y el balance (posición financiera final), explicando cómo se ha movido el dinero a lo largo del año.

1.2. ANÁLISIS DE LA LIQUIDEZ DE LA EMPRESA

El concepto de liquidez, también conocido como Solvencia a corto plazo, tiene que ver con la capacidad que posee la empresa de pagar sus cuentas a corto plazo sin experimentar grandes tensiones. Es por ello, porque la liquidez trata del corto plazo, que la principal información financiera de análisis es la que se relaciona con el activo y el pasivo corriente. Existen diversa manera de definir a la liquidez, ya que depende de si está hablando de una inversión, es decir, de un activo o de la situación general de la empresa. Por ejemplo, cuando hablamos de la liquidez de una inversión, la entendemos como la capacidad que tiene dicho activo en convertirse en efectivo de forma rápida y sin que el poseedor de este asuma riesgo de pérdida.

El análisis de la liquidez es una de las gestiones principales del departamento financiero, tanto de los *controller* como del propio director financiero o CFO. El control de esta métrica resulta relevante ya que informa sobre la salud al más corto plazo de la empresa. Asimismo, al estar constante contacto con las operaciones de financiación a corto plazo, los bancos que actúan como acreedores de la compañía están interesados en conocer el estado y evolución de la liquidez como condicionante para seguir aportando recursos financieros a la empresa.

Existen diversas herramientas para la evaluación de los niveles de liquidez de una compañía y para la comparación con el resto de los competidores, o la media de su sector de actividad. La primera que se presentará será el análisis del capital de trabajo (Working Capital en inglés) o fondo de maniobra y sus requisitos. Tras ello, para poder habilitar la comparación entre compañías donde las escalas de magnitud pueden ser diferentes, se usarán un conjunto de ratios que permiten realizar dichas comparaciones, así como resumir el estado de liquidez de la empresa en un momento fijo de forma sencilla. Asimismo, otra de las técnicas usadas consiste en la realización de previsiones de liquidez por el departamento financiero las cuales presentan una doble función, primero como objetivo a corto plazo y segundo como herramienta de control sobre la que se van comparando la evolución de la empresa permitiendo responder a los desvíos de forma rápida.

Capital de trabajo o fondo de maniobra

De forma simple, se puede definir al capital de trabajo o fondo de maniobra como la diferencia entre el Activo Corriente y el Pasivo Corriente.

$$Capital\ de\ trabajo = Activo\ corriente - Pasivo\ corriente$$

El resultado de esta diferencia indica en un momento concreto, el sobrante de efectivo o similares que una empresa tendrá al final de un año una vez haya pagado todas sus deudas a corto plazo, en caso de la diferencia sea positiva o el déficit de efectivo que la empresa tienen en un momento dado para pagar las deudas con un vencimiento inferior a un año, por lo que se requerirá que la empresa aumente su activo corriente.

A pesar de ser simple a nivel conceptual, el concepto de capital de trabajo tiene una importancia gran importancia operativa ya que condiciona las operaciones al limitar los diferentes flujos de inversión que pueden estar demandado otras áreas de la empresa con el objetivo de mantener los niveles de liquidez necesario, y asimismo, es una imagen de cómo se realizan diversos procesos operativos en la empresa, más allá del departamento financiero. Algunos ejemplos de cómo se puede mejorar el fondo de maniobra de la empresa pasan por una mejor gestión de la oferta de productos que se venden, la realización de previsiones de ventas por el equipo comercial, la optimización de la gestión de compras, una mejor gestión de los pedidos y del proceso de O2C (Order to cash) o incluso la gestión de almacenes y productos semielaborados.

De forma general, pues, podríamos entender al capital de trabajo como al capital que la empresa necesita para poder mantener su actividad de forma habitual a lo largo de un año. Además, dicha influencia va a depender de lo que se conoce como el ciclo de explotación y el ciclo de efectivo, a veces conocidos como periodos medios de maduración. El primero, tiene que ver con el tiempo que transcurre desde que se reciben las materias primas o mercaderías necesarias para producir el producto final hasta que se entrega al cliente. Por su parte, el ciclo de efectivo se refiere al plazo que transcurre desde que se realiza el pago a los proveedores hasta que se ejecutan los cobros de los productos vendidos al cliente final. Otra forma de resumirlo sería mediante el ciclo de conversión de caja que agrupa todas las operaciones del ciclo de explotación e indica los tiempos medios hasta que se han realizado los correspondientes cobros tras la venta. Tal y como se observa:

$$CCC = \textit{Días de inventario} + \textit{Días de cobro} - \textit{Días de pago}$$

Donde a su vez, se pueden obtener estos plazos medios con la información del balance y de la cuenta de resultados:

$$\textit{Días de inventario} = \frac{\textit{Inventario medio del periodo}}{\textit{Costes de inventario total}} \times 365$$

$$\textit{Días de cobro} = \frac{\textit{Importe medio cuentas a cobrar}}{\textit{Importe total venta a crédito}} \times 365$$

$$\textit{Días de pago} = \frac{\textit{Importe medio cuentas a pagar}}{COGS} \times 365$$

Como se puede observar, todas las acciones que reduzcan los días de inventario y de cobro y aumenten los días de pago acabarán mejorando el ciclo de conversión de caja haciendo que el fondo de maniobra mejore al acabar generando un mayor número de activos a corto plazo con unos mismos pasivos corrientes.

De forma equivalente a la anterior expresión, se puede obtener otra forma de calcular el capital de trabajo como la suma de las existencias y las cuentas a cobrar, restándoles las cuentas a pagar.

$$Capital\ de\ trabajo = Existencias + Cuentas\ a\ cobrar - Cuentas\ a\ cobrar$$

Además, dependiendo del modelo de negocio se deberían en algunos casos restar las ventas diferidas ya que estarían incrementando las cuentas a cobrar por servicios que no se han prestado lo que es común en los servicios de suscripción a servicios online (ej. Netflix o HBO) donde se suelen ofrecer promociones en los que los clientes pagan por adelantado un año. Otro ejemplo, serían algunas cadenas de gimnasio como Basic-Fit o algunos servicios odontológicos y estéticos que se venden como paquetes de varias sesiones de tratamiento pero que se cobran al contado.

Tras haber comprendido la noción de lo que es el capital de trabajo y como se relaciona con el modelo de negocio, cabría preguntarse qué es mejor, tener un alto capital de trabajo, uno cercano a cero o incluso negativo. De nuevo, la respuesta dependerá del modelo de negocio. Por ejemplo, si bien una de las visiones del capital de trabajo es la que se enfoca en la solvencia a corto plazo y la liquidez, es decir, la capacidad de poder pagar todos los compromisos a corto plazo con los activos corrientes. Cuando se adopta la visión de que se trata del capital permanente necesario para que el negocio puede operar, surgen dudas respecto a que es lo más eficiente o rentable, tal y como se explica con el siguiente ejemplo.

Figura 1.9. Toyota y la reducción del capital de trabajo

Uno de los ejemplos más ilustrativos de cómo un modelo de negocio bien diseñado puede operar con un capital de trabajo mínimo es el caso de Toyota y su sistema de producción Just-in-Time (JIT). Tradicionalmente, los fabricantes de automóviles mantenían grandes cantidades de componentes y productos intermedios en sus almacenes, lo que generaba un elevado capital de trabajo inmovilizado en inventarios. Toyota, en cambio, desarrolló un sistema que sincroniza la producción con la demanda real, fabricando solo lo necesario, en el momento justo, y en la cantidad exacta.

La reducción del capital de trabajo se estructuraba en base a tres palancas principales:

Inventarios mínimos: Las plantas de Toyota apenas almacenan piezas. Estas llegan desde los proveedores prácticamente en el momento exacto en que se necesitan.

Ciclos operativos cortos: Al reducir el tiempo entre el inicio de la producción y la entrega del producto final, se necesita menos liquidez en el proceso.

Mejora en la rotación de activos: Al tener activos circulantes menores y ventas sostenidas, la eficiencia del capital invertido mejora (tal y como se mostrará más adelante en este capítulo).

Este caso demuestra que una empresa no necesita necesariamente un alto capital de trabajo para ser solvente o rentable. De hecho, en algunos modelos de negocio, reducir el capital de trabajo puede ser una ventaja competitiva. Al liberar recursos antes inmovilizados en existencias o cuentas por cobrar, la empresa puede, reinvertir en innovación o expansión, mejorar su rentabilidad y además reducir otros riesgos como la obsolescencia de sus inventarios entre otras ventajas.

Sin embargo, es importante tener en cuenta que estas ventajas de un capital de trabajo reducido no son posibles en todos los sectores ni modelos de negocio, por lo que la gestión de este deberá adaptarse a las necesidades específicas de cada empresa.

Asimismo, cuando se están comparando empresas o se trabaja con grandes magnitudes, muchas veces se puede acabar desorientado o perder el significado de lo que verdaderamente señala la cifra a analizar, por lo que la relativización de dichas cifras puede ser de gran ayuda para obtener conclusiones de valor. Respecto al capital de trabajo, una métrica común que se suele usar es la ratio entre las ventas y el capital de trabajo también conocida como rotación de capital de trabajo.

$$\textit{Rotación capital de trabajo} = \frac{\textit{Ventas del periodo}}{\textit{Capital de trabajo medio del periodo}}$$

El resultado de esta operación indica la eficiencia con la que se usa el capital de trabajo a la hora de generar ventas. Cuanto más cercano a uno es se trataría de negocios con una amplia necesidad de capital de trabajo, como podría ser un negocio dedicado a la producción de vino que necesita tener unas grandes cantidades de existencias almacenadas por mucho tiempo antes de realizar la venta. Por el contrario, cuando el resultado es cada vez mayor significa que el capital necesario para efectuar el ciclo completo de explotación es cada vez menor, es decir, con cada euro invertido en el fondo de maniobra la empresa es capaz de generar cada vez más euros de ventas. Es por ello, que empresas comerciales que operan de forma online pueden tener altas cifras de esta ratio ya que no necesitan mantener grandes inventarios y además cobran al contado, principalmente a través de pagos electrónicos. En este sentido, estos negocios pueden ser capaces de liberar estos recursos del capital de trabajo y reinvertirlos en otros activos que acaben generando mayores rendimientos en el futuro. Para completar este análisis en la Figura 1.10 se muestra un ejemplo con dos empresas cotizadas españolas, para mayor información sobre esta, y otras compañías cotizadas en el IBEX 35 conviene remitirse a la web oficial de la Comisión Nacional del Mercado de Valores (CNMV) donde se pueden encontrar las últimas cuentas anuales presentadas por estas compañías.

En resumen, cuando se trata de la gestión del fondo de maniobra, se debe reconocer la importancia fundamental que tiene sobre la empresa ya que, aunque su mejora y optimización no van a desarrollar grandes cambios y transformaciones en la compañía. Una mala gestión de este podría acarrear importantes consecuencias debido a los impagos que podrían acabar en la suspensión de pagos y declaración de quiebra.

Figura 1.9. Ejemplo comparativo del capital de trabajo entre empresas cotizadas

A continuación, se procederá a calcular los capitales de trabajo de dos grandes empresas españolas del sector de las telecomunicaciones Telefónica e Iberdrola. A cierre de 31 de diciembre de 2024 ambas compañías presentaban las siguientes cifras:

Partida	Telefónica (2024; M€)	ACS (2024; M€)
Activo corriente	22.369	26.949
Pasivo corriente	25.734	23.116
Ventas	41.315	41.633

Hallando el capital de trabajo como Activo Corriente menos pasivo corriente se obtiene que:

Telefónica: -3.365 M€

ACS: 3.833 M€

Telefónica presenta un pasivo corriente superior al activo corriente, lo que implica que no dispone de suficientes activos líquidos para cubrir sus deudas a corto plazo. Este capital de trabajo negativo no debe interpretarse necesariamente como señal de debilidad financiera. En sectores como el de las telecomunicaciones, con ingresos estables, recurrentes y previsibles, es habitual operar con capital circulante negativo de forma eficiente. La empresa puede estar financiando parte de su actividad a través de pasivos corrientes (por ejemplo, cuentas a pagar a proveedores), reduciendo así la necesidad de inversión en activos corrientes.

En contraste, ACS presenta un capital de trabajo elevado. Esto significa que su activo corriente supera al pasivo corriente, lo que le otorga mayor margen para afrontar obligaciones de corto plazo. Este modelo es coherente con la naturaleza de su negocio, donde la actividad constructora e industrial requiere importantes inversiones en inventarios, anticipos a proveedores y cuentas por cobrar. El capital de trabajo positivo es más conservador desde el punto de vista financiero, pero también puede implicar una mayor inmovilización de recursos, con impacto en la rentabilidad y eficiencia operativa.

Si calculamos la rotación de capital de trabajo para el caso de ACS (ya que al en Telefónica pierde el sentido al ser negativo) se obtiene:

Rotación capital de trabajo de ACS: 10.86

Lo que indica que por cada euro que ACS mantiene invertido en capital de trabajo, se están generando aproximadamente 11 en ventas. Este dato es una señal de eficiencia operativa: la empresa logra una alta rotación de su capital circulante, lo que sugiere que mantiene un equilibrio adecuado entre solvencia y rentabilidad.

Este ejemplo evidencia que no existe un valor "óptimo" universal del capital de trabajo, sino que su interpretación debe hacerse en el contexto del modelo de negocio, la estructura del ciclo operativo y las necesidades de liquidez de cada empresa. Mientras que negocios como el de ACS requieren mantener un colchón de recursos líquidos por la complejidad de sus operaciones, otras empresas como Telefónica pueden permitirse operar con un fondo de maniobra negativo sin poner en riesgo su continuidad, aprovechando estructuras de ingresos más predecibles y relaciones comerciales estables con proveedores.

Como se ha comentado anteriormente, una forma útil de analizar las cifras presentes en los estados contables es mediante su relativización, para ello, los analistas se pueden servir diferentes métodos de entre los cuales el uso de ratios es el principal. A continuación, se muestran los más usados para medir la liquidez de una empresa, concretamente la ratio de liquidez general, la prueba ácida (Acid test) y la prueba de tesorería. Para una mayor profundización se irán complementado las presentaciones de estas métricas usando los datos de INDITEX del apartado anterior

Requisitos del capital de trabajo

Una vez se ha comprendido el concepto de capital de trabajo o fondo de maniobra, se puede profundizar en la diferencia entre capital de trabajo y el requisito de capital trabajo, cuya diferencia se traduce en la tesorería neta de la empresa tal y como se indica la siguiente expresión:

$$Tesorería\ neta = Capital\ de\ trabajo - Requisito\ de\ capital\ de\ trabajo$$

De forma equivalente, se puede entender al capital de trabajo de la empresa como la suma de la tesorería neta y el requisito de capital de trabajo. Ambos conceptos se pueden definir de la siguiente forma:

- Requisito de capital de trabajo (RCT): También conocido como Working Capital Requirement (WCR) en inglés, indica la cantidad de recursos que necesita el negocio para financiar su ciclo de explotación (compras, producción, logística y ventas). Se calcula como la diferencia entre la cantidad que la empresa espera convertir en efectivo (inventarios + cuentas a cobrar) y las cuentas a pagar a proveedores y otras deudas no financieras.

$$Requisito\ de\ capital\ de\ trabajo = Inventarios + Cuentas\ a\ cobrar - Proveedores$$

- Tesorería neta: Muestra las disponibilidades netas, una vez descontados los pasivos financieros a corto plazo, de liquidez con los que opera el negocio. Representa un colchón de liquidez con el que cuenta el negocio para cubrir posibles eventualidades no previstas o para dedicar a inversiones.

$$Tesorería\ Neta = Disponible\ (Caja + Bancos + Equivalentes) - Deuda\ financiera\ a\ C/P$$

El análisis conjunto de estos tres conceptos mediante la información del balance nos puede dar una gran información tanto del estado de liquidez de una empresa, así como de la viabilidad de un modelo de negocio concreto a largo plazo. En una situación ideal, en la que los plazos de cobro y pago estuvieran completamente sincronizados, se vendieran todos los inventarios previstos y los deudores de la empresa pagaran todas las cantidades adeudadas a la empresa. Se podría decir que el requisito de capital de trabajo sería cero ya que con el efectivo obtenido una de la venta de los inventarios y del cobro de las cuentas a pagar se estarían obteniendo los recursos necesarios para pagar a los acreedores comerciales. Es decir, todos los excedentes de tesorería que se obtuviesen podrían ser invertidos, o simplemente almacenados en la caja sin la necesidad de que estos respondan a los requisitos de capital de trabajo no cubiertos mediante el realizable. En este caso, se observaría que la tesorería neta sería exactamente igual al capital de trabajo o fondo de maniobra.

Sin embargo, lo usual es que el requisito de capital de trabajo sea distinto de cero. Cuando esto sucede, resulta de interés comparar el RCT con el fondo de maniobra para así determinar si la empresa presenta una tesorería neta positiva o negativa. En los casos en los que el requisito de capital de trabajo sea mayor que el capital de trabajo, se dice que la empresa tendrá una tesorería neta negativa, lo que indica que va a necesitar financiación a corto plazo o ampliaciones de capital para poder seguir operando. Por su parte, cuando el capital de trabajo supera a los requisitos de capital de trabajo, se tiene que la tesorería neta es positiva lo que indica una mayor liquidez y capacidad de respuesta ante imprevistos o posibilidad de invertir cuando surjan nuevas oportunidades. Para tener una mayor comprensión de estos conceptos, en el siguiente ejemplo se muestran las posibilidades que se pueden dar, así como su significado y el tiempo de empresa que suele presentar este tipo de situaciones.

En primer lugar, evaluaremos los distintos resultados que puede tener el RCT en diferentes empresas:

- RCT > 0: Indica que el ciclo de explotación del negocio no está completamente financiado por sus proveedores, por lo que la empresa va a necesitar financiar la parte sobrante de su ciclo operativo. Empresas como las constructoras, industriales o con baja rotación de inventarios suelen tener estos resultados.
- RCT = 0: Como ya se ha comentado, el ciclo de explotación está completamente financiado por los proveedores. Suele ser un ejemplo atípico, aunque posible.
- RCT < 0: Muestra que los proveedores financian una mayor parte del ciclo operativo, generando liquidez sin necesidad de capital propio. Normalmente esto se consigue mediante ventas diferidas, el cual es un modelo en el que los clientes pagan una cantidad mayor por adelantado de servicios que se irán ofreciendo con el paso del tiempo. Aunque a nivel contable, no se reconocen como ingresos, si generan liquidez en la empresa. Piénsese, por ejemplo, gimnasios con pagos anticipados o en tratamientos clínicos que se pagan por adelantado.

Asimismo, esto guarda relación con la tesorería neta ya que para un capital de trabajo dado, conforme requisito de capital de trabajo se haga más negativo generará aumentos de en la tesorería neta, convirtiendo a este tipo de modelos de negocio en los más escalables, al tener menos necesidades de capital operativo conforme se expande.

Ratio de liquidez general

La ratio de liquidez general se puede definir como el cociente entre el activo y el pasivo corrientes. De forma que podría ser una medida similar al fondo de maniobra expresando cuantas veces la empresa es capaz de saldar sus deudas a corto plazo usando como garantía sus activos a corrientes.

$$Ratio\ de\ liquidez\ general = \frac{Activo\ corriente}{Pasivo\ corriente}$$

Según el resultado de dicho cálculo se pueden obtener las siguientes conclusiones:

- Si la ratio tiene un valor superior a 1: Significa que los activos corrientes de la empresa son superiores a los pasivos corrientes, por lo que se espera que la empresa no sufra ningún problema para pagar sus deudas en un periodo de un año. Asimismo, una ratio alta se relaciona de igual forma con un alto fondo de maniobra, con las repercusiones que se han visto anteriormente.
- Si la ratio es igual o cercana a 1: Significa que la empresa tiene un activo corriente suficiente para cubrir sus pasivos circulantes. Sin embargo, cambios repentinos en la actividad podrían resultar en un empeoramiento de la solvencia a corto plazo debido, o bien al deterioro del activo corriente (ejemplo, cuentas a cobrar que se declaran incobrables) o bien por un aumento repentino de la financiación del activo corriente mediante pasivo corriente.
- Si la ratio es inferior a 1: Significa que, actualmente, los recursos a corto plazo de la empresa no son suficientes para cubrir su pasivo circulante. Otra interpretación es la que indica que empresa con una ratio inferior a 1 estarían llegando a financiar parte de su activo no corriente con recursos que deberá devolver en menos de un año, generando así mayores riesgos de impago debido a la falta de liquidez en el negocio.

En la Figura 1.10 se calculan las ratios para algunas de las principales empresas españolas y se comentan sus resultados.

Figura 1.10. Ejemplo de cálculo de la ratio de liquidez general

A continuación, se presentan las cifras de Activo y Pasivo corriente, así como las ratios de liquidez general para una serie de empresas en millones de euros para el ejercicio 2024.

Empresa	Sector económico	Activo corriente (M€)	Pasivo corriente (M€)	Ratio
INDITEX	Textil	16.356	10.187	1,61
Telefónica	Telecom.	22.369	25.734	0,87
ACS	Construcción	26.949	23.116	1,17
Iberdrola	Energía	20.835	30.139	0,69
Naturgy	Energía	10.745	8.229	1,31
Repsol	Energía	21.264	15.683	1,36
Merlin	Inmobiliario	1.701	840	2,02

Del análisis de los datos anteriores se puede obtener algunas conclusiones que concuerdan con la teoría, por ejemplo, se observa que las empresas situadas en el sector inmobiliario, de construcción o energía tienden a operar con unas mayores ratios de liquidez, esto es necesario para su operativa y además está relacionado de forma directa con su capital de trabajo ya que son sectores en los que los ciclos de conversión de caja suelen ser muy largos. Por ejemplo, cuando una gran energética desea construir un nuevo parque eólico, está anunciando un proyecto que va a tener unas necesidades financieras bastante amplias durante bastante tiempo hasta que comience a tener resultados. Por ello, muchos de estos proyectos se realizan en colaboración con grandes bancos de inversión donde especialistas en financiación de proyectos (project finance) buscan la manera de financiar esas iniciativas de la forma más eficiente. Sin embargo, un requisito exigible es que la empresa cuente de por sí con una ratio de liquidez razonable ya que los prestamistas (que suelen operar bajo un préstamo sindicado donde participan varias entidades bancarias) necesitan contar con la seguridad de que al menos a corto plazo, se realizaran las devoluciones de parte de los capitales concedidos.

Asimismo, se observa como el grupo Merlin Properties que opera en el sector inmobiliario también goza de las mayores ratios de liquidez. Sin embargo, resulta importante mencionar que aunque parezca ideal estar totalmente cubierto a corto plazo frente a las deudas para el mismo periodo. Por ejemplo, Merlin podría pagar 2 veces todos sus pasivos a corto plazo, muchas veces el exceso de liquidez también puede ser perjudicial. En este sentido conviene retomar el concepto de Coste de Oportunidad, el cual es un coste económico y no contable. Se puede entender como coste de oportunidad al coste de las alternativas que se dejan de escoger cuando se decida tomar un curso de acción dado. Por ejemplo, cuando una persona se e está decidiendo entre ir de vacaciones a Nueva York o a Londres, además de los costes y beneficios de cada opción, deberá ponderar el coste de no ir al otro lugar en su toma de decisiones. Este coste resulta muchas veces difícil de cuantificar ya que, en el momento de la toma de decisión, no se sabe las consecuencias que tendrán las acciones a futuro. Sin embargo, cuando se trata de finanzas, el ejemplo resulta más sencillo de entender.

Piense que es usted el CFO de otro grupo inmobiliario como Merlín, y actualmente tiene una ratio de liquidez de 3, asumamos que una ratio óptima en el sector es de 2. En un primer momento podría pensar que su cifra es mejor ya que esta mucho más cubierto frente a su deuda a corto plazo que el resto de los competidores. Sin embargo, piense que su activo corriente como si fuera una inversión, digamos que la mayor parte de se sitúa en efectivo o equivalentes. Estos activos al tener muy poco riesgo y ser totalmente liquidez ofrecen un 0% de rentabilidad anual. Por lo que, a final de año, no le han generado nada de valor, incluso su rentabilidad real sería negativa si se tiene en cuenta la inflación. Por otra parte, dicho excedente de liquidez podría ser invertido en otros productos financieros, o en nuevo capital de su propia empresa generando así un mayor crecimiento y rentabilidad. En este sentido, el coste de oportunidad de ese exceso de liquidez sería lo que se conoce como recursos ociosos, siendo estos todas estas inversiones que, aunque mejoran las ratios de liquidez, no son usadas para invertir en mejorar la empresa, sus operaciones o en otros activos financieros emitidos por terceros por lo que a largo plazo no están generando ningún valor. Por ello, tal vez la opción más inteligente sería buscar nuevas salidas d para ese exceso de liquidez más rentables que mantenerlo en tesorería o en inventarios.

Prueba ácida

Esta prueba, también conocida como test ácido, es una derivada de la ratio de liquidez general. Sin embargo, trata de profundizar más en la solvencia a corto plazo eliminando de la ecuación a las existencias. Es decir, la expresión pasaría a ser:

$$Prueba\ ácida = \frac{Activo\ corriente - Existencias}{Pasivo\ corriente}$$

o

$$Prueba\ ácida = \frac{Disponible + Realizable}{Pasivo\ corriente}$$

Otra forma de obtener dicha ratio sería mediante la suma del disponible (efectivo en caja o bancos + equivalentes al mismo) y el realizable (principalmente cuentas a cobrar) y dividendo entre el pasivo corriente. De esta forma se dejan de tener en cuenta a las existencias o mercaderías ya que, en cierta forma son los activos menos líquidos dentro de los activos corrientes y muchas veces una venta rápida para cubrir obligaciones a corto plazo puede acarrear pérdidas. Incluso muchas veces, las existencias para ciertos sectores no son tan líquidas como parece ya que muchas si son muy específicos para la empresa, su venta será prácticamente imposible. Por ejemplo, en una empresa envasadora, los tapones de las botellas que vende podrían tener un diámetro diferente dependiendo de cada cliente por lo que su venta a otra compañía podría ser muy difícil a menos que compartan ese cliente en concreto.

En resumen, si bien la interpretación de este cociente es similar al de la liquidez general, la prueba ácida estaría permitiendo profundizar más en la liquidez real de la empresa. A continuación, se presentan los resultados de dicha prueba para las empresas del IBEX anteriormente comentadas.

Figura 1.11. Ejemplo de cálculo de la prueba ácida

A continuación, se presentan las cifras de Activo y Pasivo corriente, así como de existencias junto a los resultados de la prueba ácida para las empresas anteriormente analizadas al cierre del ejercicio 2024.

Empresa	Activo corriente (M€)	Existencias (M€)	Pasivo corriente (M€)	Ratio
INDITEX	16.356	3.321	10.187	1,28
Telefónica	22.369	954	25.734	0,83
ACS	26.949	1.024	23.116	1,12
Iberdrola	20.835	2.987	30.139	0,59
Naturgy	10.745	807	8.229	1,21
Repsol	21.264	6.211	15.683	0,96
Merlin	1.701	54	840	1,96

Como se puede notar, todos los resultados se ven disminuidos debido a que se está reduciendo el numerador de la ratio de liquidez general. Sin embargo, dependiendo del peso que las existencias tengan en el balance de la empresa, la reducción de la ratio de liquidez será mayor o menor. Un ejemplo, que salta a la vista es el de Repsol, que pasa de una ratio de liquidez general de 1,36 a un valor de la prueba ácida inferior a 1. Esta reducción se debe a que Repsol mantiene en su balance unas existencias por valor de 6.211 M€, casi un tercio de su activo corriente. Sin embargo, cuando se analizan las notas de sus estados financieros, dicha reducción no resulta tan preocupante ya que dichas existencias están compuestas en su mayor parte por materias primas como crudo, gas natural o derechos de emisión de Co2 entre otros. Estos productos se conocen en los mercados financieros como *Commodities* y muchos de ellos cotizan en bolsas de valores a un precio dado, por lo que se podría presumir que son productos de alta liquidez, aunque si se debieran vender de forma apresurada, si se estaría manteniendo un riesgo de mercado el cual se materializaría en una venta a un precio de cotización inferior al que se adquirieron dichas mercancías.

Prueba de tesorería

Finalmente, esta ratio consiste en una aminoración sucesiva de los activos que se consideran líquidos para el cálculo de la ratio, al igual que en la herramienta anterior. En este caso solo se tendrán cuenta aquellos activos corrientes que, o bien ya son efectivos, o tienen una liquidez casi inmediata, es decir, aquellos que se han denominado como disponible. Entre las principales partidas que se incluirían en el cálculo estarían el efectivo en bancos y en cajas, es decir la tesorería de la empresa, los activos equivalentes al efectivos, que pueden incluir inversiones financieras corto plazo como participaciones en fondos del mercado monetario, y solo en algunos casos algunas cuentas a cobrar a muy corto plazo.

Matemáticamente se podría calcular la ratio de la siguiente manera:

$$Ratio\ de\ tesorería = \frac{Disponible}{Pasivo\ corriente}$$

Como se muestra en el ejemplo, un mayor o menor valor de esta ratio, nos indica el peso que tiene el efectivo y sus activos equivalentes en la composición del activo corriente, ya que cuanto mayor sea este menor será la reducción de la ratio con respecto a la ratio de liquidez o a la prueba ácida.

Figura 1.12. Ejemplo de cálculo de la ratio de tesorería

En la siguiente tabla se puede observar la cifra del Disponible, calculada como la suma del efectivo, equivalente e inversiones a corto plazo para las compañías anteriormente analizadas, así como sus ratios de tesorería.

Empresa	Disponible (M€)	Pasivo corriente (M€)	Ratio
INDITEX	11.527	10.187	1,13
Telefónica	9.862	25.734	0,38
ACS	12.495	23.116	0,54
Iberdrola	6.349	30.139	0,21
Naturgy	6.097	8.229	0,74
Repsol	6.869	15.683	0,44
Merlin	1.564	840	1,86

En este caso, se puede observar como las ratios disminuyen considerablemente en todos los casos, excepto en el caso de Merlin y de Inditex. Respecto a la primera, las razones de que mantenga un alto porcentaje de sus activo a corto plazo invertido en disponible se han explicado anteriormente. INDITEX por su parte, mantiene unas altas ratios de tesorería debido a que su modelo de negocio le permite aprovecharse de un ciclo de conversión de caja muy favorable ya que mientras que la compañía puede aplazar los pagos a sus proveedores, cobra al contado a sus clientes por lo que en cierta forma, serían los proveedores los que estarían financiando parte de la venta. Eso hace que este tipo de negocios acumulen mucha caja que, de nuevo, deberán, o bien reinvertir en la empresa para seguir creciendo o en otras inversiones financieras para evitar mantener recursos ociosos.

Previsión de tesorería

Tras haber analizado las principales herramientas para evaluar el estado de liquidez de una empresa de forma estática mediante el uso de ratios, se procederá a comentar otra de las herramientas más usadas por los gestores financieros de las empresas, las previsiones de tesorería. Esta herramienta permitirá agregar una visión prospectiva al análisis, no solo evaluando un momento determinado sino la evolución futura de las necesidades y excedentes de caja que la compañía pudiera tener. De esta forma se consiguen evitar posibles impagos y rentabilizar los excedentes optimizando la cantidad de recursos que mantenemos en tesorería en cada momento.

Cuando hablamos de tesorería nos estamos refiriendo al disponible de la empresa, entendido como el efectivo y los equivalentes del mismo. Por ello, una herramienta que nos ayudará en el análisis es el estado de flujos de caja, ya que nos aportará información histórica sobre las variaciones de efectivo en el pasado. Cuando se realizan este tipo de previsiones se pueden seguir dos principales aproximaciones:

- De abajo arriba (bottom-up): esta parte de cada una de las operaciones de cobro y pago que se registran diariamente y las van agregando para así entender como es la evolución de las entradas y salidas de efectivo a lo largo del tiempo en el negocio. Normalmente se evalúan para un plazo más corto no superior a varios meses.
- De arriba abajo (top-down): Parte de la información de los estados contables, principalmente el estado de flujos de caja para analizar los cambios de las necesidades de caja en un plazo más largo.

Asimismo, el estado de flujos de caja, como ya se vio presenta los flujos de carácter operacional, de inversión y de financiación, siendo el operacional el que normalmente suele tenerse en cuenta para las previsiones de caja ya que los flujos de inversión muchas veces carecen del carácter recurrente necesario para realizar su previsión de forma adecuada, de hecho, a estos flujos se los suele conocer como *one-offs* en inglés, que literalmente se traduce como únicos de su tipo.

Aunque existen diversos métodos y con la llegada de las nuevas herramientas de software, estas previsiones están muy automatizadas, la mayoría de ellas comparten una serie de características en las que se debe basar una buena previsión de tesorería, en concreto son:

- Recopilación de datos históricos: Si bien algunos softwares están comenzando a implantar modelos que son capaces de ponderar shocks externos no esperados, la mayoría de las previsiones se realizan en base a las entradas y salidas de caja efectuadas en el pasado.
- Identificación de salidas de efectivo: La identificación de todos los gastos y demás movimientos que acaban generando pagos o salidas de efectivo deben ser identificados para que la previsión goce de una mayor exactitud. Por ejemplo, se deberán tener en cuenta las salidas de caja debidas al pago a acreedores, a trabajadores, gastos fijos por suministros, aumentos previstos en los costes variables por aumentos de la producción etc.
- Identificación de entradas de efectivo: al igual que las salidas, se deberá reñaizar un mapeo exhaustivo de todas las posibles causas que

entradas de efectivo en la empresa, incluyendo algunas como los cobros a los clientes, devoluciones de proveedores, saldos deudores con las administraciones públicas etc.

Asimismo, si bien es cierto que una correcta identificación de las variables que generan entradas y salidas de efectivo es esencial para realizar una buena previsión. Un desglose excesivo de las mismas puede acabar resultando perjudicial ya que se podría llegar a perder la calidad de la información y el sentido práctico con el que se realiza este ejercicio.

A continuación, se presenta un ejemplo simple de realización de la previsión de tesorería.

Figura 1.13. Ejemplo de previsión de tesorería

Supongamos una empresa de comercio minorista que concentra gran parte de sus ventas anuales entre noviembre y diciembre, mientras que el resto de año mantiene un ritmo mucho más estable. Además, en septiembre realizará una inversión puntual de 15.000€ en la renovación de su sistema de gestión de almacenes.

Se han identificado las siguientes causas de entradas y salidas de efectivo:

Salidas de efectivo:

Salarios mensuales del personal: 8.000€ al mes

Costes fijos (alquiler, suministros, seguros...): 5.000€ al mes

Asimismo, se asume un margen bruto del 50% por lo que el coste variable de mercaderías (COGS) será el 50% de las ventas de dicho mes.

Entradas de efectivo:

Cobros medios de enero a octubre: 20.000€ al mes

Previsión de venta (se cobra al contado) noviembre: 50.000€

Previsión de cobro diciembre: 90.000€

Asimismo, se considera que el saldo inicial de enero es de 12.000€.

Teniendo en cuenta estos datos se puede realizar la siguiente previsión de tesorería de cara los próximos 12 meses:

Figura 1.13. Ejemplo de previsión de tesorería (cont.)

Mes	Saldo inicial	Cobros	COGS	Fijos + Salarios	Inversión	Saldo Final
Enero	***12,000***	20,000	- 10,000	- 12,000		*10,000*
Febrero	*10,000*	20,000	- 10,000	- 12,000		*8,000*
Marzo	*8,000*	20,000	- 10,000	- 12,000		*6,000*
Abril	*6,000*	20,000	- 10,000	- 12,000		*4,000*
Mayo	*4,000*	20,000	- 10,000	- 12,000		*2,000*
Junio	*2,000*	20,000	- 10,000	- 12,000		-
Julio	-	20,000	- 10,000	- 12,000		- *2,000*
Agosto	- *2,000*	20,000	- 10,000	- 12,000		- *4,000*
Septiembre	- *4,000*	20,000	- 10,000	- 12,000	- 15,000	- *21,000*
Octubre	- *21,000*	20,000	- 10,000	- 12,000		- *23,000*
Noviembre	- *23,000*	50,000	- 25,000	- 12,000		- *10,000*
Diciembre	- *10,000*	90,000	- 45,000	- 12,000		***23,000***

Como se puede observar, debido al modelo de negocio, se van acumulando déficits de caja mensuales por valor de 2.000€ hasta que llega la campaña de noviembre y diciembre. Dicho déficit acumulado sería de 20.000€ por lo que a partir del mes Junio, la empresa se habría quedado sin efectivo para poder ejecutar sus operaciones. De ahí que los saldos desde julio hasta octubre sean negativos. Además, el hecho de contar con la inversión extraordinaria de septiembre genera una tensión añadida en la gestión de la tesorería.

Sin embargo, el hecho de contar con esta información permitiría al gestor de tesorería adelantarse a esa situación de falta de liquidez, de forma que podría solicitar un préstamo antes de comenzar el ejercicio para asegurar que en ningún momento la empresa se quede sin efectivo.

De la observación del ejemplo anterior, se ha visto que la previsión de los flujos de efectivo es esencial para poder adelantarse a posibles quebrantos de caja, cubriendo las necesidades de liquidez en los momentos óptimos. El estudio de la mejor respuesta frente a estas situaciones, por ejemplo, estudiando las mejores formas de financiar esa necesidad de caja, será tarea del gestor de tesorería y excede en parte las motivaciones de esta obra, ya que se estaría profundizando en el campo de las finanzas corporativas.

Sin embargo, algunas de las buenas prácticas que se pueden implementar gracias al uso de previsiones de tesorería y que pueden ayudar al director financiero en su día a día serían:

- Mejora en el control de cobros e ingresos: mediante una mejor selección y evaluación de clientes, además de una gestión activa del crédito comercial otorgado y los impagados, ya que ahora tendrían un mayor seguimiento basado en las previsiones de tesorería.
- Optimización en la gestión de pagos: Saber de antemano la cifra aproximada de los pagos que se irán realizando a lo largo del año puede facilitar y automatizar en gran medida la gestión de los pagos a proveedores, trabajadores y acreedores, reduciendo el riesgo de impagos y mora.
- Mejora en la posición negociadora frente a los bancos: El hecho de contar con una previsión fiable de los flujos de tesorería ofrece mayores garantías al banco de que la empresa es fiable y sabe las necesidades de liquidez necesarias con mayor precisión, lo cual puede jugar a favor de la empresa a la hora de negociar unos mejores términos de financiación.
- Mayor control del cumplimiento de objetivos financieros: La elaboración de estas previsiones de tesorería deberían ir de la mano con el resto de presupuestos de la empresa, partiendo de las expectativas que aporte el equipo de ventas y con el visto bueno del resto de departamentos en relación a posibles costes (materias primas, laborales , legales, impositivos...) de forma que la previsión de tesorería esté integrada con los presupuestos de la empresa y a su vez sirvan como guía al departamento financiero de los objetivos de liquidez que se deben lograr a lo largo del ejercicio.

1.3. ANÁLISIS DE LA SOLVENCIA DE LA EMPRESA

Tras haber analizado el concepto de liquidez de la empresa, el cual está definido para el corto plazo y se relaciona con la mayor o menor tenencia y necesidad de recursos líquidos como el efectivo. En este apartado se presenta un concepto similar, aunque con importantes diferencias como se verá a continuación, para el largo plazo el cual se conoce como solvencia.

Se puede entender como solvencia a la capacidad que tiene una compañía de hacer frente a los diversos compromisos de pago con sus grupos de interés, destacándose principalmente el estado, los trabajadores, acreedores y accionistas, además en ese orden siguiendo el orden de prelación de créditos que marca la ley. Este indica que en casos en los que una empresa se declara en quiebra y entra en concurso de acreedores, en qué orden deberá saldar las deudas pendientes. Es decir, se dice que una empresa es solvente si se evalúa positivamente que puede responder ante sus obligaciones ya que cuenta con unos recursos o expectativas de generación de fondos suficientes para atenderlos.

Dentro del análisis de la solvencia empresarial se pueden diferenciar dos grandes conceptos que son:

- Solvencia técnica: se refiere a la capacidad de garantizar la respuesta de las obligaciones asumidas únicamente mediante los fondos generados durante el ciclo de explotación.
- Solvencia efectiva: al contrario que la técnica, es más amplia ya que no tiene en cuenta la forma mediante la que se han obtenido los recursos, por ejemplo, una ampliación de capital en las que los accionistas actuales de la compañía deban aportar nuevos recursos para saldar una deuda, entraría dentro del concepto de solvencia efectiva, pero no computaría en el cálculo de la solvencia técnica al no ser parte de la actividad económica a la que la empresa se dedica.

Entonces, parecería que la principal diferencia entre solvencia y liquidez es el plazo. Sin embargo, ambos conceptos tienen ciertas diferencias más allá del plazo.

Diferencias clave entre la solvencia y la liquidez

Una de las principales diferencias entre ambos conceptos es el objeto de la medición. Es decir, que variables o partidas del balance y del resto de los estados financieros se están midiendo para poder evaluar el grado de solvencia o liquidez de la empresa. En el caso de la liquidez como antes se ha visto, se miden principalmente los elementos del activo corriente, en concreto las existencias, el realizable y el disponible, siendo estos últimos los activos más líquidos que forman la tesorería neta.

Por su parte, la solvencia evalúa un conjunto de partidas más amplio. Concretamente trata de evaluar la estructura financiera global y a largo plazo, así como la capacidad de generación de fondos. Para entender el concepto de estructura financiera de la empresa se debe entender el balance como dos caras de la misma moneda, siendo estas inversión y financiación. Por ello, el activo es el conjunto de inversiones que la empresa realiza para poder completar con éxito su actividad principal, mientras que el pasivo y el capital de la empresa conforman los recursos los cuales han financiado al activo. Por ello, cuando se habla de estructura financiera, se habla principalmente de cómo se reparten los recursos financieros entre capital (aportaciones realizadas por los socios o autofinanciación) y pasivo o financiación ajena.

Como se verá a continuación, existen una serie de ratios que permiten evaluar dicha estructura o composición del pasivo desde diferentes ángulos lo que permite tener un mayor conocimiento de los diferentes riesgos financieros estructurales que podría afrontar la empresa. Además, también se presentará el análisis de la generación de fondos ya que aporta un punto de vista dinámico al análisis de la solvencia.

Otra de las diferencias clave, se encuentra en el riesgo que refleja ya que si bien la liquidez analiza la posibilidad de tensionamientos de caja en determinados puntos del año (recuérdese el ejemplo de la empresa que tenía ventas estacionales concentradas en la campaña de navidad), mientras que a su vez solvencia analiza la solidez de la empresa en el largo plazo para seguir creciendo de forma sostenible e ir saldando y refinanciando su deuda conforme las necesidades del negocio y la estrategia empresarial lo vayan requiriendo.

En general, la diferencia clave entre ambos conceptos se resume en que la liquidez mide la capacidad de una empresa de sobrevivir hoy mientras que la solvencia mide la capacidad de la empresa de perdurar en el tiempo de forma sostenible. Asimismo, es importante mencionar que ambos conceptos no siempre tienen que ir de la mano. Puede darse el caso de empresas que sean muy líquidas pero insolventes y empresas con tensiones de liquidez, pero solventes al largo plazo. Un resumen de toda esta casuística se puede observar a continuación.

Figura 1.14. Situaciones que puede enfrentar una empresa respecto a la liquidez y la solvencia

Solvencia \ Liquidez	Alta	Baja
Alta	Fortaleza financiera Se trata de empresas que operan con una estructura financiera sostenible y que además tiene un ciclo operativo con buenas tasas de conversión de caja que le permiten mantener unos altos niveles de liquidez acumulada.	Tensiones puntuales / periódicas Empresas que pueden ser viables a largo plazo, pero que a lo largo del año o en momentos puntuales van a tener que recurrir al aumento de su financiación debido a la menor liquidez de sus activos o el desfase temporal entre sus cobros y pagos.
Baja	Debilidad a largo plazo Se trata de empresas que, si bien, hoy tienen mucha caja van a deber pivotar su modelo de negocio al condenar las previsiones de este a un endeudamiento excesivo a largo plazo.	Zona de alto riesgo Empresas que tienen un modelo de negocio inviable tanto en el corto como largo plazo ya que nos capaces de obtener los fondos necesarios para mantener la estructura, entrando la empresa en riesgo de quiebra.

Principales ratios para la medición de la solvencia

Como se ha comentado anteriormente, se van a presentar algunas de las ratios más comunes para el análisis de la solvencia de la empresa en un momento determinado, usando para ello la información presente en los principales estados contables.

La primera de las herramientas sería la ratio de endeudamiento, la cual se obtiene como el cociente entre el pasivo total (es decir, la suma de pasivo corriente y no corriente) y el activo total, o lo que es lo mismo la suma entre el pasivo total y el patrimonio neto. Por tanto, el resultado de dicho cociente informa sobre la importancia relativa de la financiación ajena en la estructura financiera, en otras palabras, esta ratio informa sobre qué porcentaje de los activos de la empresa han sido financiados mediante deuda. Por el contrario, su complementario indicaría el porcentaje que ha sido financiado con capital, es decir, cuanto mayor es la ratio de endeudamiento de la empresa, menor es el peso que su capital o patrimonio neto tiene en la estructura financiera y al revés. Para hallar la ratio se puede aplicar la siguiente expresión.

$$Ratio\ de\ endeudamiento = \frac{Pasivo\ total\ (Corriente + No\ corriente)}{Activo\ Total}$$

Al igual que la ratio de liquidez informa sobre el peso relativo del activo corriente sobre el pasivo corriente, la ratio de solvencia o garantía añade en el cálculo los activos y pasivos no corrientes de forma que tiene en cuenta el total del activo sobre el total del pasivo tal y como se muestra a continuación.

$$Ratio\ de\ solvencia = \frac{Activo\ Total}{Pasivo\ Total}$$

Un resultado superior a 1 indica que la empresa se encuentra en una situación donde el activo el superior al pasivo por el patrimonio neto es positivo. A medida que esta ratio se va acercando a una, significa que el capital propio de la empresa se está reduciendo hasta que cuando es menor que 1, el pasivo supera al activo. Cuando esto sucede, la empresa entra en lo que se conoce como una situación de insolvencia en la que el patrimonio neto pasa a ser negativo. Esto significa, que los accionistas, de forma neta, no solo no tienen técnicamente posesión sobre ninguno de los activos, sino que ni si quiera con la enajenación o venta de todos los activos al precio al cual han sido valorados en el balance serían capaces de saldar todas las deudas de la empresa. Cuando gran parte de esta deuda es a corto plazo, o los acreedores no confían en la capacidad de la empresa para generar los fondos necesarios para su pago, la empresa puede entrar en concurso de acreedores tanto si lo pide de forma voluntaria la propia empresa como si lo solicitan los acreedores de la empresa. Por ello, valores para esta ratio cercanos a uno se suelen considerar peligrosos, siendo lo más recomendable en que la mayoría de los negocios supere el valor de 1,5.

Relacionada con las anteriores se encuentra la ratio de autonomía financiera. Esta ratio informa sobre cuanto del negocio depende de la financiación propia, es decir, como de autónomo es el modelo de negocio respecto de la financiación ajena. Se calcula como el cociente entre el patrimonio neto y el pasivo total, de forma que cuanto mayor es el resultado, mayor es la autonomía financiera de la empresa. Se dice que esta es mayor ya que, proporcionalmente, la cantidad financiada por distintos acreedores y no por los accionistas de la empresa es cada vez menor por lo que la importancia relativa de estos grupos de interés se reduce. Tal y como se muestra a continuación:

$$Ratio\ de\ autonomía\ financiera = \frac{Patrimonio\ Neto}{Pasivo\ Total}$$

Se puede decir, que esta ratio es un indicador de independencia de la empresa frente a las presiones de sus acreedores en el largo plazo. Lógicamente, lo más preferible es que la empresa no debería enfrentar ningún condicionante impuesto por parte de sus acreedores por lo que un valor superior a uno en este indicador muestra esa mayor independencia.

Por otra parte, la ratio de apalancamiento financiero muestra el tamaño relativo de la deuda financiera que asume la empresa en relación con el tamaño de su capital propio. Si bien existe la ratio de apalancamiento general, en la cual el numerador sería el pasivo total y no solo la deuda financiera, a veces, suele ser de mayor interés computar únicamente las deudas financieras e ignorar otras posibles deudas con proveedores que se suelen dar más en el corto plazo o la eliminación de las provisiones que son pasivos (deudas) artificiales que la empresa se autoimpone porque sabe que en un momento futuro indeterminado va a tener que asumir el pago de alguna cantidad (un ejemplo se da cuando una empresa enfrenta un proceso judicial sin saber si deberá responder económicamente o no, por ello lo prudente suele ser la creación de provisiones). De esta forma, la ratio de apalancamiento financiero indica la cantidad de euros que se piden prestados, ya sea a los bancos o mediante emisiones de deuda, por cada euro de capital propio que tiene la empresa. Es decir:

$$Ratio\ de\ apalancamiento\ financiero = \frac{Pasvivo\ financiero}{Patrimonio\ Neto}$$

Finalmente, aunque en este caso no se analice información del balance, puede ser de interés comentar la ratio de cobertura de intereses ya que suele ser de utilidad en negocios que tienen un alto apalancamiento. Debido a que la combinación de ambas ratios nos puede informar de la sostenibilidad a largo plazo de dicho apalancamiento. En concreto, esta ratio se calcula como la división entre los beneficios antes de intereses e impuestos (BAII o EBIT en inglés) y los gastos financieros como muestra la siguiente expresión.

$$Ratio\ de\ cobertura\ de\ intereses = \frac{BAII\ o\ EBIT}{Gastos\ financieros}$$

Asimismo, en empresas que tienen una gestión activa de tesorería, podría de ser de interés realizar dicha ratio, no sobre los gastos financieros, sino sobre el resultado financieros ya que si la empresa obtiene un importante beneficio financiero que aminore el efecto negativo de los intereses de la deuda, la comparación con el resultado neto daría una imagen más fiel de la solvencia de la empresa o capacidad de cobertura de intereses con los fondos generados por la actividad empresarial.

Para profundizar más en el sentido de estos indicadores de solvencia, en el siguiente ejemplo se puede observar los resultados para las empresas anteriormente analizadas, usando de nuevo la información pública de sus cuentas anuales disponible a través de la CNMV.

Figura 1.14. Ejemplo de cálculo de las principales ratios de solvencia para empresas del IBEX 35

En la siguiente tabla se muestran las anteriores ratios solvencia calculadas para algunas empresa del IBEX 35 usando la información publicada en sus cuentas anuales para el ejercicio 2024.

Empresa	Endeudamiento	Solvencia o garantía	Autonomía financiera	Apalancamien-to	Cobertura de intereses
INDITEX	0,43	2,31	1,31	0,76	12,67
Telefónica	0,54	1,84	0,29	3,42	0,80
ACS	0,88	1,14	0,14	7,21	1,71
Iberdrola	0,61	1,63	0,63	1,59	2,46
Naturgy	0,71	1,40	0,40	2,50	4,21
Repsol	0,54	1,85	0,85	1,17	6,42
Merlin	0,44	2,26	1,26	0,79	2,79

Atendiendo al primero de los indicadores calculados, la ratio de endeudamiento, se puede observar como en la mayoría de los casos se encuentra por encima de 0,5 salvo para Merlin e Inditex. Esto significa que en estas empresas la mayor parte del activo esta siendo financiado con pasivo y no con patrimonio neto. Más adelante, cuando se comenten las herramientas de evaluación de inversiones, esta composición de la estructura financiera será de interés ya que determinará en parte el coste de los recursos, lo que determinará la rentabilidad exigida por los acreedores e inversores cuando se evalúe una inversión. La empresa ACS sería la que presente una mayor ratio de endeudamiento seguida por Naturgy mientras que Merlin e INDITEX son las empresas que menor ratio de endeudamiento presentan. De hecho, en ambos casos se observa que como el resultado es inferior a 0,5 más de la mitad de la financiación estaría siendo aportada por los accionistas de la empresa o por la misma empresa mediante el capital social y la autofinanciación respectivamente.

De forma similar, se puede observar que la ratio de solvencia es la inversa a la de ratio de endeudamiento e indica cuantas veces la empresa podría pagar su pasivo, su deuda, mediante la enajenación sus activos en un momento determinado. Como, se comentó anteriormente, ninguna de las empresas presenta un resultado inferior a uno ya que eso las situaría en riesgo de quiebra. Sin embargo, se observar algunas diferencias al igual que con el anterior indicador ya que mientras empresas como INDITEX podrían pagar más de dos veces su deuda, otras como ACS estarían rozando la unidad, siendo la participación del patrimonio neto en la empresa mucho menor.

Asimismo, el apalancamiento y la autonomía financiera son de nuevo dos caras de la misma moneda ya que una ratio es la inversa de la otra y ofrecen la misma información observada desde dos perspectivas distintas. Por un lado se observa como según el apalancamiento hay empresa como Telefónica, Naturgy o ACS que por cada euro que tienen de patrimonio, se financian con 3, 7 o 2 respectivamente, estas empresas debido a que creen contar con un plan de negocio solvente y atractivo para los próximos años, usan la financiación ajena como palanca (se apalancan) para que sus accionistas, mediante una menor inversión puedan lograr un mayor crecimiento en un plazo, que sin la ayuda de la financiación ajena sería del todo inviable. Por el contrario, empresas como INDITEX que gozan de un apalancamiento inferior a la unidad, presentan a su vez una elevada ratio de autonomía financiero que se complementa con la información obtenida de la ratio de endeudamiento y que nos indica la poca necesidad de la empresa de recurrir a financiación ajena debido a la mayor solvencia de su negocio.

Finalmente, cuando se observa la ratio de cobertura de intereses para las empresas mas endeudadas se observa lo que ya comentamos, por ejemplo, ACS tienen la capacidad de cubrir 1,71 veces los intereses generados por la deuda que presenta lo cual indica una cierta mejoría respecto de la ratio solvencia, a pesar de que no se estén tendiendo en cuenta las reducciones del principal de la deuda. Además, empresas que parecían no tener un endeudamiento tan elevado en comparación con las demás como Telefónica, resulta que tienen una ratio de cobertura de intereses inferior a uno por lo que su situación de solvencia no parecería tan atractiva como antes. A pesar de ello, Telefónica generó unos ingresos financieros por valor de 980 millones de euros en 2024, por lo que cuando se calcula la ratio de cobertura sobre el resultado financiero neto se pasaría a 1,18 cubriendo, ahora sí, sus gastos financieros con su BAII.

Generación de fondos

Hasta el momento, se ha analiza la solvencia mediante el uso de ratios, sin embargo, existen otras herramientas que informan sobre la evolución de carácter dinámico que se espera de dicha solvencia. Un ejemplo de ello es el análisis de la capacidad de generación de fondos, concretamente a través del flujo de caja operativo que es aquel flujo de caja con el que la empresa dispone antes de acometer sus operaciones de inversión y financiación.

Que una empresa genera suficientes fondos operativos es primordial para supervivencia en el largo plazo ya que, aunque si bien las tensiones de liquidez inmediatas las podría sufragar mediante la acumulación de deuda, cuando este tipo de acciones se vuelven crónicas, el perfil de riesgo de la empresa se deteriora y lo único que la compañía estaría haciendo es retrasar su quiebra. Asimismo, cuando un negocio es capaz de generar un flujo de caja suficiente y que además se va acrecentado en el tiempo conforme la empresa crece, se estaría ante un modelo de negocio escalable y con potencial de generación de amplios beneficios en el futuro.

A nivel contable existen diversas formas de calcular la generación de fondos de la empresa y además ciertas nomenclaturas puede resultar diferentes, sin embargo, todas mantienen la misma lógica subyacente que consiste en la resta entre las entradas de efectivos generadas por la actividad comercial primaria de la compañía y todas las salidas generadas para efectuar dicha actividad comercial, como por ejemplo las salidas de efectivo relacionadas con la compra de materias primas. Asimismo, este concepto diferirá del beneficio contable ya que para la imputación de este se tienen en cuenta gastos contables que no llevan aparejada una salida de efectivo como tal, como es el caso de las amortizaciones y las depreciaciones, o por el contrario no se incluyen salidas de efectivo que no incluyen como gastos como serían por ejemplo las inversiones en activo fijo (recuérdense que en los ejemplos anteriores, podría salir caja del haber y cargarse una cuenta de activo no corriente en el debe sin que se haya anotado ningún gasto). Teniendo lo anterior en cuenta, la forma de cálculo que se usará en este libro será la siguiente:

$$\begin{aligned} &\textit{Ingresos} - \textit{Gastos de explotación} = \textit{Beneficio bruto (BAIIDA)} - \textit{Amortizaciones y depreciaciones} \\ &= \textit{BAII} - \textit{Impuestos} = \textit{BAIDI} - \textit{Fondo de maniobra} + \textit{Amortizaciones} \\ &= \textit{Generación de fondos operativos} \end{aligned}$$

A continuación, se irá comentando paso a paso el cálculo y significado de cada uno de los pasos, mediante un ejemplo, hipotético.

Figura 1.15. Ejemplo de cálculo de la generación de fondos

Supongamos que es usted un analista del departamento financiero de la empresa Softwareplus, la cual se dedica a la comercialización de licencias anuales de diversos programas para empresas como CRMs y ERPs. En cuanto a su modelo de negocio, Sofwareplus no produce físicamente nada por lo que no tiene inventarios, siendo sus principales gastos operativos los de personal, consumo energético de sus servidores y de marketing. Asimismo, sus negocios son otras empresas, operando en el segmento de B2B para PYMES.

Para la estimación de dicha generación de fondos se deberá consultar la información financiera más reciente de la empresa. En las cuentas anuales del último año, obtiene la siguiente información:

- De la cuenta de resultados observar que los ingresos ascendieron a 2M€ y los gastos de explotación a 1,1M€. Además, los gastos derivados de las amortizaciones de su activo inmovilizado (servidores de desarrollo) fue de 200.000€. Finalmente, nota que los impuestos pagados fueron de unos 210.000€ (suponiendo un Impuesto de Sociedades del 30%).

En base a esta información se pueden ir sacando las siguientes conclusiones sobre la capacidad de generación de fondos de la compañía respecto al último año:

1. Ingresos – Gastos = 2M€ - 1,1M€ = 0,9M€ = BAIIDA o EBITDA, esta sería cantidad que la empresa genera mediante su actividad de explotación, previa a la inclusión de los movimientos financieros, amortizaciones o el pago de impuestos. Muchas veces se dice que es el corazón del negocio ya que una empresa que tiene un EBITDA sano y creciente no será capaz de mantener una evolución sostenible en el tiempo. Sin embargo, podría no ser tan realista como el flujo de caja operativo al no tener en cuenta todas las entradas y salidas de efectivo reales.
2. BAIIDA – Amortizaciones = 900.000€ - 200.000€ = 700.000€ = BAII o EBIT, una vez se restan las amortizaciones se llega al beneficio antes de intereses e impuestos que señala los recursos que puede destinar la empresa al pago de sus acreedores, del estado y finalmente de sus accionistas con la cantidad remanente.
3. BAII – Impuestos = 700.000€ - 210.000€ = 490.000€ = BAIDI o Beneficio antes de intereses y después de impuestos. Esta cifra indica los recursos verdaderos con los que la empresa cuenta para devolver el principal de su deuda, así como para pagar a sus acreedores. En resumen, es el dinero que la empresa ha generado mediante el uso de su activo y con el que deberá compensar a su estructura financiera o pasivo.
4. BAIDI – Variación del fondo de maniobra = 490.000€ - 150.000€ = 340.000€, se debe aminorar esta cantidad que correspondería con el aumento de las inversiones en capital de trabajo a lo largo del año y que son necesarias para mantener la operativa ordinaria del negocio como se comentó al hablar del capital de trabajo

Figura 1.15. Ejemplo de cálculo de la generación de fondos (cont.)

5. Suma de amortizaciones = 340.000€ + 200.000€ = 540.000€ = Generación de fondos, de nuevo se deben sumar las amortizaciones y depreciaciones ya que como tal no generan una salida de efectivo. Por otra parte, en el ejemplo no se mencionaban inversiones en activo fijo, sin embargo, dando el carácter extraordinario de las mismas, su inclusión en un ejemplo podría dar una imagen poco fiel a la capacidad de generación de fondos de la compañía. Por ejemplo, si la compañía hubiera acometido la compra al contado de maquinaria por valor de 500.000€ en ese periodo, el flujo de caja final sería de 40.000€, mucho menor al actual, sin embargo, dichas salidas de efectivo, al no ser recurrentes no dicen mucho de la capacidad ordinaria de la generación de recursos de la empresa, aunque lógicamente deberían ser tenidas en cuenta para una mayor riqueza en el análisis.

Finalmente, se debe tener en cuenta que dependiendo de que actor analice las cuentas podrá tener un mayor o menor interés en algunos de los indicadores anteriores. Si bien la mayoría de los gestores empresariales prefieren ceñirse al EBITDA ya que esta cifra informa sobre la operativa del negocio, los inversores o prestamistas de la empresa no solo podrían estar interesados en esa cifra, sino que les interesaría profundizar más en la tesorería. Al fin y al cabo, lo que le interesa al inversor y al prestamista es aumentar su rentabilidad gracias al aumento del valor de su inversión inicial en la compañía, lo cual se consigue gracias a la capacidad de devolución de la deuda con el efectivo neto generado. Sin embargo, todavía le puede interesar a los inversores dos conceptos más, los cuales parten del flujo de caja operativo, concretamente el flujo de inversión y el de financiación que acaban generando el flujo de caja libre o Free Cash Flow (FCF) en inglés:

- Flujo de caja de inversión: Normalmente denominado como CAPEX (Capital Expenditure en inglés) serían aquellas inversiones más allá de las realizadas en capital de trabajo y que la empresa realiza con el objetivo de mejorar sus niveles de producción y productividad, mejorando así si rentabilidad vía reducción de costes.

- Flujo de caja de financiación: es la caja que la empresa destina a las operaciones relacionadas con la estructura de su pasivo, como refinanciaciones de deuda o reducción de esta. Por ejemplo, tras un periodo de inicio de una nueva compañía (ramp-up) y comienza a alcanzar sus ventas potenciales, es muy común que decida usar sus excedentes de tesorería para ir reduciendo su deuda neta, lo que repercute a una mejor imagen de solvencia y posiblemente en unos costes de financiación más reducidos.

Muchas veces en el entorno empresarial se menciona el CAPEX sin precisar del todo en que consiste o qué se está incluyendo en su cálculo. Una forma sencilla de entender en que consiste el CAPEX es la que lo asemeja a la inversión, entendida como inversión económica que la empresa realiza en activo a largo plazo con el objetivo de aumentar su volumen de producción y mejorar la eficiencia de esta. Además, debe diferenciarse claramente de los gastos corrientes u operativos (OPEX) los cuales son realizados a corto plazo para mantener el curso de la actividad. Cuando se habla de CAPEX lo primero que se puede diferenciar es el tipo de inversión, es decir, el objetivo de esta, de esta forma se tiene:

- CAPEX de mantenimiento: Es decir, aquellos gastos que la empresa debe realizar en reparaciones, recambios y cualquier otro tipo de necesidades que los activos en los que se ha invertido requieran. En sectores como el de las refinerías de petróleo donde periódicamente se deben realizar paradas para reparar o revisar el estado de las plantas se realizan una serie de gastos que se podrían considerar como CAPEX de mantenimiento, ya que sin dicho gasto o bien el activo dejaría de producir eficientemente o bien no sería apto para su uso. Normalmente, dichos gastos en mantenimientos son cubiertos por las llamadas amortizaciones.
- CAPEX de expansión: Se trata de todos aquellos gastos en capital que exceden del necesario para mantener el inmovilizado actual y que tienen el objetivo de aumentar la capacidad de producción de la empresa, su productividad. Muchas veces este tipo de inversiones se dan en mercados en empresas que operan en mercados nacientes o en expansión o empresas en fases jóvenes y de crecimiento ya que se debe atender una demanda creciente para la que no se cuenta con los recursos disponibles.

Por tanto, se puede entender al CAPEX como la suma de ambos conceptos, es decir:

$$CAPEX = CAPEX\ de\ Mantenimiento + CAPEX\ de\ expansión$$

Además de para conocer los valores absolutos de inversión que la empresa está realizando, y hacia qué proyectos de están destinando esos recursos, el CAPEX sirve para elaborar diversas métricas que resultan de gran utilidad a los analistas empresariales ya que puede informar tanto de la eficiencia con la que la empresa está gestionando sus inversiones como de las necesidades de inversión históricas que una empresa o un sector tienen.

En el primero de los casos estaríamos ante ratios como en los que el denominador es el CAPEX de un año, comparado con otra variable flujo (es decir, que representa una cantidad acumulada para un periodo de tiempo) que indique alguna clase rendimiento para la empresa. Algunos ejemplos son:

$$\frac{Ventas}{CAPEX}, \frac{EBITDA}{CAPEX} \text{ o } \frac{Beneficio\ Neto}{CAPEX}$$

De esta forma se pueden obtener conclusiones del tipo: "la empresa ABC generó en el ultimo año un total de X euros por cada euro que se decidió gastar en CAPEX". Cuando estas métricas son comparadas de forma retrospectiva para varios años o con otras empresas del sector, se pueden obtener conclusiones de respecto a la capacidad de generación de beneficio de la inversión que la empresa realiza en expandir y mantener sus actividades.

Asimismo, en el segundo de los casos, se pueden calcular ratios en los que se compararan los activos fijos medios de un periodo con el CAPEX de ese mismo periodo de forma que se puede saber que porcentaje de esos activos se amplia o debe mantenerse según se use como denominador el CAPEX total o alguno de sus subdivisiones.

Respecto al cálculo del CAPEX, en primer lugar, se deben diferenciar tres grandes metodologías para hallarlo, el método retrospectivo, el basado en los flujos de caja y el prospectivo. Los dos primeros se basan en la información de los estados financieros más reciente, aunque se diferencian por los conceptos que observar para su cálculo siendo el método de observación de los flujos de caja el más directo ya que en muchos casos suele aparecer desglosado en los flujos de caja destinados a CAPEX. En cambio los métodos prospectivos son de utilidad cuando se realizan planes a futuro, por ejemplo, cuando una empresa realiza sus planes estratégicos para los próximos 3 a 5 años, muchas veces debe incluir en sus planes el CAPEX que será necesario y para su estimación existen diversos métodos como el uso de regresiones basadas en datos históricos, estimaciones basadas en múltiplos como pueden ser ratios de CAPEX sobre activo fijo o incluso la construcción directa (bottom-up) de dichos gastos en base a cada una de las inversiones que el plan requiera y sus costes estimados.

Al ser estimaciones, lógicamente con el paso del tiempo existirán desviaciones respecto a las cifras de CAPEX que se estimaron, por lo que se deberán ir ajustando las asunciones para mantener así un control exhaustivo de dicha cifra. Sin embargo, lo que si se puede conocer son los datos pasados que quedan registrados en los estados contables, es decir, las cifras de CAPEX calculadas mediante el método retrospectivo, para ello se presentan dos formas de cálculo, si bien en ambas se deberán observar los balances de situación para dos momentos del tiempo, por ejemplo, el dos años consecutivos para estudiar así la evolución a largo de ese periodo.

La primera forma de calcularlo se ciñe a la información contable del activo fijo, por lo que es una vía más directa, además normalmente se calculó sobre los activos tangibles por lo que una de sus desventajas sería que no tiene en cuenta el gasto en activos intangibles de gran valor, como las capacidades organizativas de la empresa o la imagen de marca. De esta forma:

$$CAPEX = Activo\ Fijo\ Tangible\ Neto\ (Año\ 1) - Activo\ Fijo\ Tangible\ Neto\ (Año\ 0) + Amortizaciones$$

Respecto a esta expresión es importante entender que se deben usar los valores netos de dichos activos tangibles, es decir, el valor al que se registraron menos las depreciaciones acumuladas. Como se puede observar, la primera diferencia corresponde a lo que se ha denominado CAPEX de expansión y el segundo sumando al CAPEX de mantenimiento.

Si bien, hoy en día el acceso a la información detallada de las compañías tanto propias como externas es cada vez mas sencillo, existe otro método de carácter más indirecto que también puede ser de utilidad para la estimación del CAPEX en base a los estados contables de la empresa, aunque solo será necesario conocer el Activo y el Pasivo de la empresa en dos momentos de tiempo:

$$CAPEX = \Delta\ Activos\ durante\ el\ año - \Delta\ Paivos\ durante\ el\ año$$

Dicha formula expresa el CAPEX como el excedente del incremento de activo que no ha sido generado con un incremento en el pasivo, por ejemplo, con una compra a crédito, sino que ha generado con una salida neta de recursos, es decir, las salidas netas de caja por inversión. La ventaja de esta formula más indirecta está en la identificación de los activos de inversión y los pasivos de inversión, por ejemplo, si se asume que la empresa mantiene una gestión financiera responsable y financia su activo fijo exclusivamente con pasivo no corriente, se puede delimitar el activo y pasivo de esa formula al fijo, e incluso delimitar los pasivos que se usan para financiar inversiones, de esta forma se delimita mucho más el cálculo de las salidas netas de recursos destinadas a inversión que acaban dando lugar a la cifra que se puede encontrar en el estado de flujos de caja como flujo de caja de inversión.

1.4. ESTRUCTURA DE LOS ESTADOS FINANCIEROS

Hasta el momento se analizado el balance y la cuenta de resultados desde un punto de vista absoluto, o mediante el uso de ratios. Otra de las herramientas que los gestores empresariales tienen a su disposición es el análisis de estados financieros de base 100 o porcentuales, también conocidos en la literatura como análisis vertical y horizontal.

Se entiende por análisis vertical a aquel que estudia la composición y desagregación de las diferentes partidas y subpartidas contables a nivel porcentual, es decir del peso que ocupan sobre una agregación contable superior. Por ejemplo, si sabemos que el total de pasivo de una empres es de 100M€ y que su pasivo no corriente de 27M€ sabemos pues que esa empresa tiene un pasivo no corriente equivalente al 27% de su pasivo total. Este mismo ejercicio se puede hacer a su vez con el resto de las partidas del balance, e incluso se puede seguir profundizando para entender como están compuestas estos grupos contables, siguiendo con el ejemplo anterior, si de los 27M€, sabemos que 20M€ equivalen a financiación bancaria a largo plazo, podremos decir que la mayor parte (un 74%) de la financiación ajena a largo plazo es con bancos.

Por su parte, otra de las utilidades que permite el análisis de estados financieros de base 100 es el análisis horizontal. Este consiste en el estudio de la evolución de las diferentes partidas del balance y la cuenta de resultados mediante el uso índices de base 100 en los que se va viendo el aumento porcentual de cada partida de un año a otro, así como su evolución porcentual en el tiempo.

Los beneficios que reporta el uso de este tipo de análisis se basan principalmente en la posibilidad de comparar los estados financieros de empresas de un mismo o diferentes sectores y que tienen unas magnitudes muy dispares, por lo que la comparación en números absolutos sería del todo ineficiente. Muchas empresas realizan este tipo de análisis dentro de una misma industria para evaluar a los competidores e identificar los puntos en los que estos están teniendo mejores resultados que la compañía o donde se encuentra sus mayores diferencias. Asimismo, muchos inversores y gestores de fondos de inversión realizan este tipo de análisis con la información de compañía de diferentes sectores o geografías con el objetivo de entender las principales diferencias y fuentes de riesgos y oportunidades que cada uno de ellos enfrentan. Por ejemplo, se podría observar si un determinado sector empresarial suele operar con mayores apalancamientos o si determinados países confían más en la financiación bancaria o en las ampliaciones de capital.

Finalmente, este tipo de análisis también servirán a sus usuarios para la toma de decisiones estratégicas como aquellas relativas a la estructura del pasivo debido a un mayor o menor peso de la financiación ajena o de la propia tendrán un efecto diferente en la rentabilidad y perfil de riesgo de las inversiones al igual que para la evaluación de inversiones.

Análisis vertical

En el mundo de los negocios actual se conoce como las 7 Magníficas a una serie de compañías del sector tecnológico que dada a su alta capitalización bursátil (valor de la empresa en bolsa) así como a sus fuertes crecimientos desde su creación han llegado a obtener ese nombre por parte de la prensa financiera y empresarial global. Concretamente se trata de las siguientes empresas: Apple, Microsoft, Amazon, Google, Meta, Nvidia y Tesla. Para ir desglosando el análisis vertical y horizontal antes comentado se procederá a comentar la información financiera del balance y las cuentas de resultados de estas compañías. Dicha información se encuentra disponible tanto en los sitios web de relación con los inversores de cada una de las compañías como en el buscador de cuentas anuales EDGAR de la SEC (Securities Exchange Comssion) de los Estados Unidos, la cual guarda un papel equivalente al de la CNMV en España.

Comenzando con el análisis vertical para el balance de situación correspondiente al ejercicio 2024, en las siguientes figuras se muestran, en primer lugar, los valores absolutos para las siete empresas y posteriormente el cálculo de los valores porcentuales de cada una de las partidas sobre el total de la anteriormente más general, es decir, del activo corriente sobre el activo total y por ejemplo del efectivo sobre el activo corriente.

En términos generales se puede entender el porque del apelativo de estas empresas si se observa su cifra de activo total la cual es superior a los 50 mil M€ en todos los casos y superior a los 100 mil M€ en seis de las siete compañías. De entre todas ellas, Amazon es la que en dicha fecha si situó con una mayor cifra de activo total alcanzando los 625 mil M€ en 2024. De entre ellas, Nvidia, la empresa especializada en la fabricación de unidades de procesamiento gráfico (GPUs) y que además se está introduciendo en el mercado de los chips de procesamiento y la Inteligencia Artificial (IA) es la que cuenta con una menor cifra de activos totales en comparación con el resto.

Otra de las particularidades que se pueden observar de estas empresas es que en su mayoría tienen unas altas partidas de tesorería las cuales resumen, el efectivo mantenido por las mismas, los equivalentes al efectivo, algunas inversiones financieras a corto plazo y ciertos productos derivados que se pueden asemejar al efectivo dados sus niveles de riesgo y liquidez. Estas empresas, suelen tener un fuerte potencial de generación de caja la cual usan para reinvertir constantemente en nuevos proyectos de investigación con el objetivo de innovar en nuevos productos, servicios y soluciones tal y como típicamente exigen las dinámicas competitivas en el sector de la alta tecnología.

Figura 1.16. Balance de situación resumido de las 7 magníficas para 2024
*Algunas cifras podrían no sumar exactamente debido al redondeo

Miles de millones de dólares							
Año	**2024**						
Partida Balance	**Apple**	**Microsoft**	**Amazon**	**Google**	**Meta**	**Nvida**	**Tesla**
Activo Total	353	512	625	450	276	66	122
Total Activo Corriente	144	160	191	164	100	44	58
Tesorería	62	76	101	96	78	26	37
Inventarios	6	1	34	-	-	5	12
Cuentas a cobrar	61	57	55	52	17	10	4
Otros Activos Corrientes	15	26	-	16	5	3	5
Activos fiscales diferidos, C/P	-	-	-	-	-	-	-
Total Activo No Corriente	209	352	434	287	176	21	64
Propiedad Planta y Equipos	44	155	329	185	136	5	52
Inversiones a largo plazo	101	15	-	38	6	2	-
Activos fiscales diferidos, L/P	18	-	-	17	-	6	7
Otros Activos No Corrientes	47	36	74	15	12	3	4
Intangibles	-	147	32	32	22	6	1
Total Pasivos	290	244	339	125	93	23	48
Total Pasivo Corriente	145	125	179	89	34	11	29
Cuentas a pagar	71	27	161	60	19	8	18
Pasivos financieros, C/P	17	9	-	3	2	1	3
Pasivos diferidos, C/P	8	58	18	5	-	1	4
Otros pasivos corrientes	48	32	-	21	12	1	4
Total Pasivo No Corriente	145	118	159	36	60	12	20
Pasivos financieros, L/P	107	58	131	23	47	10	10
Cuentas a pagar a L/P	15	28	-	9	10	1	-
Otros Pasivos No Corrientes	23	27	29	5	3	0	6
Pasivos Fiscales No Corrientes	-	3	-	-	-	0	-
Pasivos diferidos, L/P	-	3	-	-	-	1	3
Total Patrimonio Neto	62	268	286	325	183	43	74
Capital Social	74	101	113	85	83	13	39
Resulatdos Retenidos	- 0	173	173	245	103	30	35
Reservas	- 11	- 6	- 0	- 5	- 3	0	- 1

Sin embargo, con este análisis, no se estaría profundizando completamente en la estructura de estas empresas, ciertamente, se puede comparar una cifra de activo corriente de Apple con la de Amazon e inferir que estas es de aproximadamente la mitad que la de Amazon, pero, sin embargo, dicha información, si bien puede resultar curiosa no aporta información de utilidad que pueda ser puesta en práctica por los gestores empresariales.

Como es habitual, muchas veces en economía y en el mundo de la empresa, al tratar con cifras tan exorbitantes como miles de millones de dólares, trabajar con los números absolutos directamente se puede hacer pesado y no generar mensajes claros que permitan a los directivos tomar acciones empresariales acordes a esos resultados. Por ello, una de las principales utilidades del análisis vertical no es solo conocer el negocio propio de una manera estructural sino habilitar la comparación directa entre empresas del mismo sector que permitan entender como otros están operando y si consiguen o no mejores resultados que nosotros.

Comenzando con la evaluación del activo, se puede notar como estas empresas mantienen una división bastante equilibrada entre activo corriente y no corriente, de media, el 41% es activo corriente mientras que 59% se corresponde con los activos fijos. A pesar, de ello, dicha media podría estar sesgada por el mayor porcentaje del activo corriente de Nvidia, mientras que otras como Microsoft, Amazon o Google mantienen niveles de activo corriente cercanos al 30%. Si se profundiza con el análisis del activo corriente, se puede desglosar su composición en varias partidas como tesorería, inventarios o cuentas a cobrar entre otras. Precisamente, al observar el porcentaje medio que representa la tesorería sobre su activo corriente se nota que en estas empresas entorno a la mitad de sus activos a corto plazo tienen la forma de tesorería, lo cual repercutirá en mejores ratios de liquidez tal y como se ha explicado en apartados anteriores.

Figura 1.17. Análisis vertical del balance de situación de las siete magníficas en 2024

Porcentajes							
Año	**2024**						
Partida Balance	**Apple**	**Microsoft**	**Amazon**	**Google**	**Meta**	**Nvida**	**Tesla**
Activo Total	100%	100%	100%	100%	100%	100%	100%
Total Activo Corriente	41%	31%	31%	36%	36%	67%	48%
Tesorería	43%	47%	53%	58%	78%	59%	63%
Inventarios	4%	1%	18%	-	-	12%	21%
Cuentas a cobrar	42%	36%	29%	32%	17%	23%	8%
Otros Activos Corrientes	10%	16%	-	10%	5%	7%	9%
Activos fiscales diferidos, C/P	-	-	-	-	-	-	-
Total Activo No Corriente	59%	69%	69%	64%	64%	33%	52%
Propiedad Planta y Equipos	21%	44%	76%	64%	77%	25%	81%
Inversiones a largo plazo	48%	4%	-	13%	3%	7%	-
Activos fiscales diferidos, L/P	9%	-	-	6%	-	28%	10%
Otros Activos No Corrientes	22%	10%	17%	5%	7%	14%	7%
Intangibles	-	42%	7%	11%	12%	26%	2%
Total Pasivos	100%	100%	100%	100%	100%	100%	100%
Total Pasivo Corriente	50%	51%	53%	71%	36%	47%	60%
Cuentas a pagar	49%	22%	90%	67%	57%	73%	61%
Pasivos financieros, C/P	12%	7%	-	3%	6%	14%	11%
Pasivos diferidos, C/P	6%	46%	10%	6%	-	7%	14%
Otros pasivos corrientes	33%	25%	-	24%	37%	6%	13%
Total Pasivo No Corriente	50%	49%	47%	29%	64%	53%	40%
Pasivos financieros, L/P	73%	49%	82%	63%	79%	79%	53%
Cuentas a pagar a L/P	11%	24%	-	24%	17%	12%	-
Otros Pasivos No Corrientes	16%	23%	18%	13%	5%	1%	30%
Pasivos Fiscales No Corrientes	-	2%	-	-	-	4%	-

Otra diferencia que se puede observar respecto a estas compañías y que, de nuevo, se basa en los modelos de negocio subyacentes a estas empresas, se observa en el peso que tienen los inventarios. Por ejemplo, mientras que empresas como Meta, la cual es la dueña y operadora de las mundialmente conocidas aplicaciones de redes sociales como WhatsApp, Facebook o Instagram, carecen de cifras significativas respecto a esta partida al ofrecer servicios totalmente virtuales. Por el contrario, empresas como Tesla, la cual es una de las mayores fabricantes de vehículos eléctricos del mundo, o Amazon, concretamente en su modelo de gestión de macro almacenes para los envíos de los productos que se compran en su portal web, mantienen unos mayores porcentajes de su activo corriente destinado a inventarios.

Respecto al activo no corriente, se observar que de media, la partida que mayor peso tiene en estas compañías es el de propiedad planta y equipos, estando compuesto en su gran mayoría por las oficinas alrededor de todo el mundo, los centros de fabricación o, desde la creación del negocio del Cloud (negocio de la nube) o la llegada de la IA, por un creciente número de Centros de Procesamientos de Datos o (CPDs).

Algunas diferencias significativas se encuentran en el fuerte peso que tienen los activos intangibles (licencias, software propio, patentes etc.) en el balance de Microsoft representando casi la mitad de su activo fijo o inmovilizado estando en su mayoría (75% excluyendo amortizaciones y otras deducciones) por el fondo su fondo de comercio o Goodwill según el término anglosajón. Este concepto, normalmente se usa para justificar la diferencia entre el valor contable de una compañía y aquel por la cotiza en bolsa o por el que otra empresa está dispuesta a pagar. Normalmente incluye aquellos conceptos como la marca, la cartera de clientes, la calidad percibida, el capital humano y el resto de los activos que son de difícil valoración contable pero que indudablemente repercuten (como un activo más) en el buen resultado de la compañía.

Si ahora analizamos el pasivo de estas empresas se puede observar como de media está bastante equilibrado entre la deuda a largo plazo y la deuda a corto plazo o pasivo corriente. Asimismo, mientras que en el corto plazo, se destaca que estas empresas no tienen mucha deuda con bancos y que su principal partida son las cuentas a pagar a sus diversos proveedores, a largo plazo poseen un mayor porcentaje de su pasivo en deudas financieras, es decir, a largo plazo si recurren más a la financiación bancaria. Esta característica común, también se puede entender como un efecto de la alta capacidad de generación de caja que poseen estas empresas en el corto plazo. Al no tener que enfrentar problemas de liquidez de forma aparente, estas compañías pueden enfocar su apalancamiento a la financiación de proyectos a más largo plazo, y gracias a la viabilidad demostrada sus operaciones a unas condiciones pactadas bastante ventajosas con respecto a otras compañías apoyándose así en el apalancamiento financiero para potenciar de forma sostenible su crecimiento a largo plazo.

Análisis horizontal

Como se ha comentado brevemente, el objetivo de este análisis es el de poder evaluar de forma sencilla la evolución de diversas partidas de los estados contables de una compañía o sector de un vistazo. Para ello esta herramienta se apoya en el uso de números índice de base 100. Para aquellos que no estén familiarizados con esta metodología seguro que le sonora el como cuando se habla de la inflación de precios en televisión, los reporteros suelen mencionar frases como "hoy el IPC subió 3 puntos" o "el índice de precio de la energía paso de 100 a 112 en 2022, aumentando un 12% en el último año". Asimismo, también podrá ver como estos métodos se usan en la elaboración de los índices bursátiles (precisamente de ahí viene el nombre de índices). Por ejemplo, cuando se menciona que el IBEX 35 alcanzó los 14.850 puntos, ¿a que se refieren los redactores de la prensa?, ¿son los puntos una nueva divisa? La respuesta es no, no son una divisa nueva, ni ningún termino complejo, simplemente es una forma de medir en la cual, en un momento dado se le dio una cantidad inicial a la suma del valor de esas 35 empresas y conforme estas fueran creciendo, cambiando o decreciendo, el índice iría pasando de una cifra a otra respectivamente.

A nivel matemático funciona de la siguiente forma, en primer lugar, se selecciona un valor en una fecha dada y se dice que vale 100, aunque cualquier otra cifra es válida, el uso de la base 100 permite luego extraer los porcentajes de cambio anual o trimestral de forma mucho más sencilla. A partir de ese momento, todas las cifras correspondientes a esa misma variable se traducen a base 100 aplicando una simple regla de tres. De esta forma se pueden hacer comparaciones entre empresas que manejan magnitudes muy distintas, y ver cual de ellas esta teniendo crecimientos mayores o menores.

A continuación, se muestran la evolución de las cuentas de resultados resumidas de dos de las 7 Magníficas entre 2021 y 2024 y su posterior cálculo usando el año 2020 como año base (2021 = 100) así como los cambios experimentados en cada año, concretamente se van a mostrar los casos de Microsoft y Google al ser empresas con las que la inmensa mayoría de los lectores están familiarizadas, ya sea como usuario de sus productos así como siguiendo su actualidad mediante noticias o informes de mercado.

Como se puede notar en la anterior figura, se han resumido las cuentas de resultados en los principales indicadores clave de la evolución financiera del negocio. Cuando se analizan cuentas de resultados, existen algunas buenas prácticas que ayudan a interpretar la información y a tener una imagen más clara de lo que está sucediendo con la empresa. Una de ellas es usar el mismo sistema implementado en el análisis porcentual del balance, pero para el estudio de los márgenes. Concretamente, cada una de las partidas de resultados intermedios se suelen expresar como un porcentaje de los ingresos hasta llegar, lógicamente, al beneficio neto, que es aquel beneficio que queda totalmente disponible para la empresa y los inversores, bien se reparta mediante dividendo o bien se acumule en forma de reservas en el capital de la empresa.

Figura 1.18. Evolución de las cuentas de resultados de Microsoft y Google (2021-24). Miles de millones y porcentaje.

Mircrosoft						
Partida Cuenta de Resultados	**2021**	**2022**	**2023**	**2024**	**YoY 23-24**	**CAGR 21-24**
Ingresos	168.1	198.3	211.9	245.1	16%	13%
COGS	-52.2	-62.7	-65.9	-74.1	13%	12%
Margen Bruto	115.9	135.6	146.1	171.0	17%	14%
Margen bruto (%)	69%	68%	69%	70%	1%	0%
Gastos de explotación	-45.9	-52.2	-57.5	-61.6	7%	10%
EBITDA	69.9	83.4	88.5	109.4	24%	16%
Margen EBITDA (%)	42%	42%	42%	45%	3%	3%
Otros Ingresos/Gastos No Operativos	1.4	0.3	-0.2	-1.9	-	-
Resultado financiero	-0.2	0.0	1.0	0.2	-	-
Gastos financieros	-2.3	-2.1	-2.0	-2.9	49%	8%
Ingresos financieros	2.1	2.1	3.0	3.2	5%	14%
BAI	71.1	83.7	89.3	107.8	21%	15%
BAI (%)	42%	42%	42%	44%	2%	2%
Impuestos	-9.8	-11.0	-17.0	-19.7	16%	26%
Beneficio Neto	61.3	72.7	72.4	88.1	22%	13%
Beneficio Neto (%)	36%	37%	34%	36%	2%	0%
Google						
Partida Cuenta de Resultados	**2021**	**2022**	**2023**	**2024**	**YoY 23-24**	**CAGR 21-24**
Ingresos	257.6	282.8	307.4	350.0	14%	11%
COGS	-110.9	-126.2	-133.3	-146.3	10%	10%
Margen Bruto	146.7	156.6	174.1	203.7	17%	12%
Margen bruto (%)	57%	55%	57%	58%	2%	1%
Gastos de explotación	-68.0	-81.8	-89.8	-91.3	2%	10%
EBITDA	78.7	74.8	84.3	112.4	33%	13%
Margen EBITDA (%)	31%	26%	27%	32%	5%	2%
Otros Ingresos/Gastos No Operativos	10.9	-5.3	-2.1	3.2	-	-33%
Resultado financiero	1.2	1.8	3.6	4.2	18%	54%
Gastos financieros	-2.6	0.2	-1.0	0.5	-	-
Ingresos financieros	3.7	1.6	4.5	3.8	-17%	0%
BAI	90.7	71.3	85.7	119.8	40%	10%
BAI (%)	35%	25%	28%	34%	6%	-1%
Impuestos	-14.7	-11.4	-11.9	-19.7	65%	10%
Beneficio Neto	76.0	60.0	73.8	100.1	36%	10%
Beneficio Neto (%)	30%	21%	24%	29%	5%	-1%

Siguiendo este análisis, se puede observar como en el 2024 Microsoft presentó un Margen Bruto 12 p.p. superior al de Google, mientras que en ambos casos los márgenes se han mantenido relativamente estables. A nivel operativo, se puede destacar como durante 2022 y 2023 Google presentó una reducción de márgenes que pudo recuperar en 2024. Cuando una empresa disminuye sus márgenes, no significa que este reduciendo su EBITDA, de hecho, entre los años 2022 y 2023 aumentó en casi 10 mil millones de dólares, sino que cuando una empresa reduce márgenes esta perdiendo eficiencia, es decir, por cada dólar que vende la empresa se queda una menor cantidad para sí tras haber pagado el coste de sus materiales y el resto de los costes operativos como marketing o administrativos.

Este mismo ejercicio se puede repetir para cada uno de los resultados intermedios o incluso de pueden analizar las variaciones o saltos en el margen de uno a otro, lo que equivale al análisis de los costes en porcentaje de los ingresos, de esta forma se puede saber si un bajo margen en la empresa se debe a que los costes de compras de materiales son muy altos o a una operativa ineficiente entre otras cosas.

Otra buena costumbre en el análisis de los resultados es el estudio de su tendencia en el los últimos 3-5 años y su evolución en el último año. Esto se consigue con el análisis de las variaciones porcentuales anuales (Year over Year o YoY) y con la tasa de crecimiento anualizada o CAGR (Compounded Annual Growth Rate en inglés) que indica el crecimiento porcentual acumulado anual de cada una de las masas financieras de la empresa. Esta información resulta de interés para entender el ritmo de crecimiento de la compañía o qué partidas tanto de costes como de ingresos se han disparado en el último año. Por ejemplo, se puede observar que en el último ejercicio, el EBITDA de Microsoft aumentó considerablemente respecto al año anterior debido a que los ingresos crecieron más que los COGS y los gastos de explotación aumentaron en una menor proporción mejorando así el margen en 3 p.p. Asimismo, cuando se observa el crecimiento anualizado, se ve como Microsoft a tenido un crecimiento de sus ingresos más rápido en los últimos años, aunque sus costes de materias primas también han tenido un fuerte crecimiento en los últimos años lo que ha hecho que el margen bruto de la compañía se mantuviera estable como antes se comentó.

Ahora que se ha comentado brevemente algunas de las practicas para analizar una cuenta de resultados cuando se muestra la información en valores absolutos se presentará el cálculo en base 100 de dichas cuentas para Microsoft y Google, sirviendo además este método para analizar otras cuentas como los balances de varios años para varias empresas.

Figura 1.19. Evolución de las cuentas de resultados de Microsoft y Google (2021-24). Base 100 = 2021 y porcentajes

Mircrosoft					
Partida Cuenta de Resultados	**2021**	**2022**	**2023**	**2024**	**Δ% 21-24**
Ingresos	100.0	118.0	126.1	145.8	46%
Ingresos (%)		*18%*	*7%*	*16%*	*14%*
COGS	100.0	119.9	126.1	141.9	42%
COGS (%)		*20%*	*5%*	*13%*	*13%*
Margen Bruto	100.0	117.1	126.1	147.6	48%
Margen bruto (%)		*17%*	*8%*	*17%*	*14%*
Gastos de explotación	100.0	113.7	125.2	134.0	34%
Gastos de explotación (%)		*14%*	*10%*	*7%*	*10%*
EBITDA	100.0	119.3	126.6	156.5	57%
EBITDA (%)		*19%*	*6%*	*24%*	*16%*
BAI	100.0	117.7	125.6	151.6	52%
BAI (%)		*18%*	*7%*	*21%*	*15%*
Beneficio Neto	100.0	118.7	118.1	143.8	44%
Beneficio Neto (%)		*19%*	*-1%*	*22%*	*13%*
Google					
Partida Cuenta de Resultados	**2021**	**2022**	**2023**	**2024**	**Δ% 21-24**
Ingresos	100.0	109.8	119.3	135.9	36%
Ingresos (%)		*10%*	*9%*	*14%*	*11%*
COGS	100.0	113.8	120.2	131.9	32%
COGS (%)		*14%*	*6%*	*10%*	*10%*
Margen Bruto	100.0	106.8	118.7	138.9	39%
Margen bruto (%)		*7%*	*11%*	*17%*	*12%*
Gastos de explotación	100.0	120.3	132.0	134.3	34%
Gastos de explotación (%)		*20%*	*10%*	*2%*	*11%*
EBITDA	100.0	95.1	107.1	142.8	43%
EBITDA (%)		*-5%*	*13%*	*33%*	*14%*
BAI	100.0	78.6	94.5	132.1	32%
BAI (%)		*-21%*	*20%*	*40%*	*13%*
Beneficio Neto	100.0	78.9	97.1	131.7	32%
Beneficio Neto (%)		*-21%*	*23%*	*36%*	*13%*

Con ánimo de ser breves, se muestra de nuevo la información resumida esta vez para 5 resultados intermedios clave, se ha ignorado el cálculo del resultado financiero en base 100 debido a que por naturaleza suele mostrar una tendencia irregular que dificulta el análisis mediante índices de base 100, ya que puede cambiar de signo positivo o negativo con cierta frecuencia. En la tabla se pueden observar estos resultados así como su cambio porcentual anual (en cursiva) y su cambio porcentual total desde 2021 en la parte derecha de la tabla.

Una observación de interés se encuentra en el incremento total de los ingresos, cuando antes comentábamos que Microsoft aumentaba sus ingresos a tasas del 13%, 2 puntos más que Google, a ojos de cualquiera parecería poca diferencia, recuérdese que se trata de crecimiento compuestos, es decir, los incrementos se acumulan, por ello, una diferencia del 2% se traslada a otra del 10% en tres años, debido a la fuerza del crecimiento compuestos. En resumen, una de las nociones que el lector deberá comprender cuando haga análisis de tendencias de las compañías es que pequeñas ventajas, hoy que se mantengan en el tiempo, pueden convertirse en grandes diferencias en el largo plazo, de hay que muchas veces se recomiende la realización de estos análisis sobre los principales competidores con el objetivo de analizar posibles riesgos a medio y largo plazo.

Finalmente, gracias a que las cifras se expresan en base 100, se pueden comparar gráficamente las magnitudes de ambas compañías de forma muy sencilla evitando que la escala dañe las conclusiones, por ejemplo, en la siguiente figura se muestra la evolución del beneficio neto de ambas compañías desde 2021 hasta 2024.

Figura 1.19. Evolución del beneficio neto de Microsoft y Google (2021 =100)

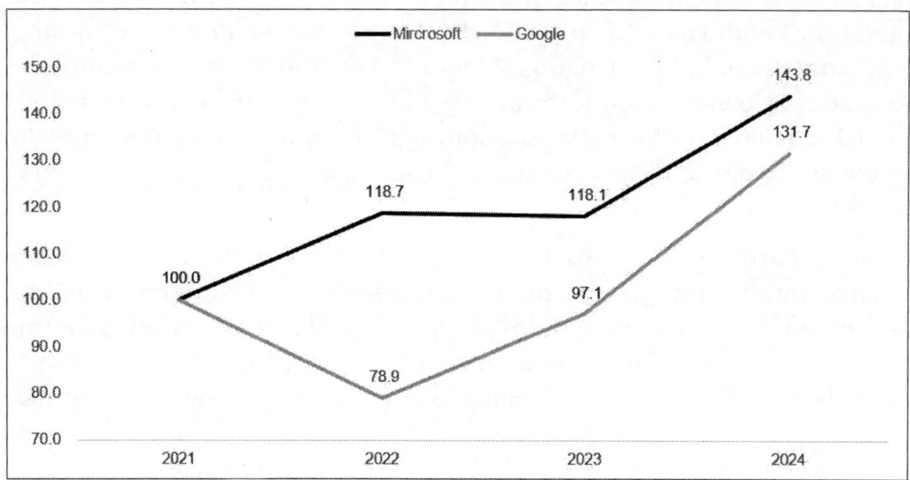

De esta forma se puede ver como en 2022 el beneficio de Google disminuyó mientras que el Microsoft tuvo un aumento del 18% aproximadamente, aunque tras ello, el crecimiento de Google comenzó a acelerase mientras que Microsoft decreció levemente respecto al año anterior para posteriormente encarar una senda de crecimiento más acelerado. Algunas de las causas que causaron la caída en los beneficios del gigante tecnológico Google se debieron a una desaceleración en sus ingresos por anuncios, todo ello ligado a una menor actividad por el aumento de la inflación a nivel global que se dio en esos años y posteriormente a las medidas de contracción monetaria con subidas de intereses acometidas por los bancos centrales. Si bien esta pudo ser una causa relevante, se recomienda que cuando se realicen análisis tanto de nuestra empresa como de otras que tengamos interés en analizar siempre se trate de complementar los análisis de carácter más cuantitativos con la información cualitativa que se obtenga de las operaciones reales del negocio o de las opiniones y entrevistas que ofrecen sus directivos en sus cartas anuales entre otras fuentes. En general, un buen analista siempre debería tratar de vincular las cifras a hechos económicos reales, ya que de esa forma el análisis gana profundidad y lo que es más importante aporta información sobre las decisiones y medidas que se deberán tomar ya sea para consolidar y mejorar unos buenos resultados o para revertir una situación crítica.

1.5. ANÁLISIS DE LA ROTACIÓN DEL ACTIVO

Normalmente habrá escuchado el termino rotación en múltiples contextos, cuando se habla de rotación en el mundo de la empresa, se está haciendo referencia al número de veces que una determinada cantidad puede ser vendida en un periodo de tiempo, normalmente de un año. Seguramente, habrá escuchado este término cuando se habla de empresas dedicadas al comercio minorista. Cuando en ese contexto se menciona que tal artículo tiene una alta rotación, significa que se ha vendido mucho en ese año, podría llegar a asociarse incluso con el concepto de volumen de venta.

Sin embargo, el concepto de rotación, cuando se aplica al activo es mucho más amplio, aunque siempre van a usarse dos conceptos en su análisis, las ventas o los ingresos generados por la compañía en un periodo determinado y una cifra de activo medio durante ese periodo. Por tanto, siempre que hablemos de rotación estaremos usando ratios de la siguiente forma:

$$Rotación\ genérica\ de\ Activo = \frac{Cifra\ de\ ventas}{Partida\ de\ Activos\ Medios}$$

El motivo de usar la partida de activos media se debe a que el valor de los activos registrados en el balance va cambiando con el tiempo, recuérdese que el balance se asemeja a una foto de la compañía en un momento determinado, pero no informa de como esas cifras van cambiando en el año, sino como se situaban a final de dicho ejercicio. Por ejemplo, algunas partidas de activo inmovilizado sufren depreciaciones anuales que deben registrase y que aminoran su valor, otras de activo corriente como las existencias fluctúan constantemente o el efectivo disponible en la caja de la empresa puede variar en negocios estacionales según nos hallemos en temporada alta o baja. Por ello, para tratar de tener una mayor precisión en el análisis se suele usar el activo medio entre dos años consecutivos aplicando la siguiente fórmula:

$$Activo\ medio = \frac{Activo\ (Año\ 0) + Activo\ (Año\ 1)}{2}$$

Teniendo esto en cuenta, una primera conclusión que se puede obtener del análisis de la rotación de los activos es que indica la efectividad con la que los gestores de las empresas están empleando el activo para generar ventas. Es decir, la rotación en sí, no indica una medida de eficiencia económica debido a que no indica directamente como de eficiente es la empresa para generar un resultado, aunque como veremos más adelante guarda cierta influencia con algunas de las principales ratios de medición de la rentabilidad. Otra forma de verlo sería en cuanto al dimensionamiento de los activos, es decir, cuantos ingresos es capaz de generar la empresa con una determinada cantidad de activos (es decir, de inversión). Por ello, tal y como se puede deducir de la expresión matemática de la rotación, a medida que una empresa sea capaz de generar mayores ingresos con una misma cantidad de activo o con una menor, estará siendo más eficiente en la generación de ingresos. En este punto, es importante repetir que será eficiente en la generación de ingresos y no en la de beneficios o resultados. Ya que, por ejemplo, podrían existir casos en los que una empresa realiza desinversiones en ciertos activos y los sustitute por leasings[1] financieros o empresariales por lo que puede dar de baja esos activos y operar mediante gastos periódicos por su uso. Si las ventas se mantienen estables, al tener un menor activo, la rotación estaría aumentando, lo cual es bueno, sin embargo, dicho aumento de la rotación podría estar perjudicando la rentabilidad de la empresa obteniendo un menor margen de beneficio para unas mismas

---

[1] Un leasing es un tipo de arrendamiento por el cual algunas empresas acuerda o bien con una entidad bancaria (leasing financiero) o con el proveedor de los activos (leasing empresarial) un acuerdo por el que periódicamente la empresa paga una cantidad acordada por el uso de ese activo, con la oportunidad de poder comprarlo al final de un plazo por un importe mucho menor. Algunas diferencias entre ambos tipos se dan en que, en el empresarial, el proveedor deberá cubrir los costes de mantenimiento además de otras particularidades de cada contrato.

ventas debido a los nuevos costes asumidos. Tras haber aclarado lo que indica el concepto de rotación de activos así como su diferencia con la rentabilidad y otras medidas de eficiencia económica y financiera, a continuación, se van a presentar los principales niveles de análisis de la rotación activos.

Niveles de análisis de la rotación de activos

Cuando hablamos de rotación de activo, se pueden calcular diferentes ratios según se trata de un tipo de activos u otro. Es decir, para una misma cifra de ventas se podrán ir estimando diferentes cifras de rotación según el valor de activo que se seleccione. Lógicamente, la primera gran subdivisión que se puede realizar es la de rotación de activo total, rotación de activo fijo y rotación de activo corriente, según se seleccione como denominador el total de los activos, aquellos que tienen una menor liquidez y los activos más líquidos o que se convertirán en efectivo conforme avance el ciclo de explotación. En resumen, podemos obtener los siguientes tres indicadores:

$$Rotación\ Activos\ Totales = \frac{Cifra\ de\ ventas}{Activos\ Totales\ Medios}; \ Rotación\ Activo\ Fijo = \frac{Cifra\ de\ ventas}{Activos\ Fijos\ Medios}\ o$$

$$Rotación\ del\ circulante == \frac{Cifra\ de\ ventas}{Activos\ Corrientes\ Medios}$$

La primera de la ratio mide la cantidad de ingresos generados por cada euro invertido en el activo de la empresa durante un año determinado. Al ser tan general, puede ser de utilidad cuando se comparan sectores empresariales, o dentro de un mismo sector, diversos competidores. Por ejemplo, mediante el uso de este tipo de ratios se pueden identificar ciertas tendencias como que los negocios de venta minorista tienen una mayor rotación de activos que las empresas dedicadas a la manufacturación. Asimismo, dentro del sector de venta minorista, aquellas que tengan un modelo de comercio digital más desarrollado serán las que tengan a su vez una mayor rotación ya que no será necesario mantener una fuerte inversión en activos inmovilizados como por los locales donde se ubican las tiendas.

A pesar de que este tipo de cálculos sencillos muchas veces ya acaban indicando las principales conclusiones que los tomadores de decisiones empresariales necesitan, a veces se precisa de un mayor nivel de detalles que diferencie como gestiona la empres sus activos corrientes y no corrientes en la generación de ingresos. De hecho, según la estructura de activo que tenga la empresa, se podrán observar diferencias respecto a la ratio de rotación de activo total ya que las empresas que tengan una fuerte inversión en activo corriente para unas mismas ventas tenderán a tener menores ratios de rotación del circulante que aquellas que con las mimas ventas sean capaces de tener en balance una menor cantidad de activos. A continuación podrá comprobar como la rotación puede afectar al activo corriente necesario.

Figura 1.20. Efecto de una alta rotación del circulante

Imaginemos que estamos analizando dos fábricas pertenecientes a la misma compañía productora de videoconsolas, ambas tienen las mismas formas de operar, los mismos procesos productivos y producen el mismo producto con una calidad equivalente. Sin embargo, los analistas financieros se han dado cuenta que la fábrica A reporta un fondo de maniobra mucho mayor que el de la fábrica B.

Tras descubrir dicha diferencia, se mandan dos equipos de auditoría interna a las fábricas para revisar las posibles causas ya que, hasta el momento, ambas fábricas parecían iguales debido a que estaban manteniendo una cifra de ventas a final de año bastante similares. Una vez se ha recopilado la información necesaria para poder averiguar el motivo de estas diferencias se obtienen los siguientes datos para ambas fábricas:

- Ventas anuales: 120 M€ para ambas fábricas
- Diferencias operativas: La fábrica A mantiene los inventarios más días en almacén y tarda más en cerrar las ventas, mientras que la fábrica B ha adoptado un sistema de predicción de venta que le permite reducir el uso de los almacenes y cierra las ventas de forma más rápida.

Figura 1.20. Efecto de una alta rotación del circulante (cont.)

Estructura de su activo corriente:

Partida	Fábrica A (Alto Activo Corriente)	Fábrica B **(Bajo Activo Corriente)**
Efectivo y equivalentes	5	5
Cuentas a cobrar	35	15
Existencias	20	10
Activo corriente total	60	30

Dados los dos supuestos operativos que se han mencionado se pueden observar como las rotaciones del activo corriente difieren en ambos casos siendo los siguientes:

- Fábrica A: 120/60 = 2
- Fábrica B: 120/30 = 4

Lo que está sucediendo es que ambas fábricas están cubriendo su demanda de formas diferentes, mientras que la fábrica A experimenta una menor rotación, debido a que sus pedidos tienen una mayor frecuencia, no se pueden predecir y ajustar la producción a la demanda o su equipo de ventas no están cerrando las ventas en unos plazos adecuados, la fábrica B ha optimizado estos procesos, pudiendo permitirse cubrir esas misma demanda valorada en 120 M€ con una menor inversión en y en cuentas a cobrar.

Cuando se analiza la rotación de los activos fijos, el enfoque suele estar más en la evaluación de la productividad de la maquinaria y el resto de los recursos a largo plazo y no tanto en la velocidad con la que la compañía es capaz de generar sus ventas. Cuando se realizan análisis de la rotación de activos fijos, se suelen evaluar los diferentes activos usados durante el proceso productivo que sean comparables para ver si están existiendo activos infrautilizados. Muchas veces, cuando una empresa presenta problemas de eficiencia, se debe a que mantiene en sus balances una serie de recursos ociosos los cuales no están teniendo una misma efectividad en la generación de la venta que el resto. Es por ello, que en procesos de desinversión, muchas empresas realizan este tipo de análisis para así deshacerse de aquellos activos que generan una menor rotación y que en muchos casos requieren de gastos recurrentes para su mantenimiento, de esta forma, algunas empresas, a pesar de haber reducido su tamaño por la venta de esos activos, (por ejemplo la venta de la fábrica A en el ejemplo anterior) son capaces de mejorar sus ratios de rotación y con eso impulsar la capacidad de generación de valor que tenga la empresa en sus globalidad.

Además de los grandes niveles de análisis de la rotación que hemos expuesto, rotación total, del activo fijo y del circulante, muchas veces puede resultar de interés analizar la rotación generada por una partida concreta dentro de estos grupos, siendo las más comunes la rotación del realizable y la rotación de las existencias. Su forma de cálculo es similar a las anteriores:

$$\textit{Rotación del Realizable} = \frac{\textit{Cifra de ventas}}{\textit{Realizable (Existencias + Cuentas a cobrar)}}$$

$$\textit{Rotación de Existencias} = \frac{\textit{Cifra de ventas (A precio de coste)}}{\textit{Existencias}}$$

Estas dos ratios son usadas a nivel más operativo en la empresa, siendo la segunda de ellas una de las más importantes en la gestión de almacenes y de la cadena de suministro. La rotación del realizable ofrece una visión directa de como de eficiente es la empresa a lo largo del año en sus operaciones. Digamos que al tener en cuenta las existencias y las cuentas a cobrar está evaluando cómo de eficientes son los ciclos económicos y financieros o de cobro de la empresa en el corto plazo. Eventualmente, una alta rotación del realizable nos estaría indicando el número de veces que la empresa va a vaciar sus stocks de existencias y gestionar la venta y el cobro de sus productos a lo largo del año. Por ello, esta métrica nos va a ofrecer un mayor de detalle del lugar dónde se podrían estar generando ciertos problemas de rotación de activos, ya sea en la gestión de almacenes, en la comercialización en el departamento financiero, concretamente en la gestión de las cuentas a cobrar.

Por su parte, la rotación de existencias puede ser uno de los mayores corazones en el funcionamiento de una empresa que se dedique a la venta de productos, especialmente en los sectores de consumo. Esta métrica indica el número de veces que los factores de producción necesarios para vender el producto deben se vende al año. Esta información, no solo sirve al equipo comercial, sino que además será de vital importancia para los equipos de gestión de almacenes. Los encargados de los almacenes deben optimizar siempre la cantidad de existencias que se tienen para evitar incurrir en gastos de almacenaje excesivamente altos, pero tampoco caer en roturas de stock (es de decir, de la cadena de suministro), por ello, conocer de antemano cuantas veces suelen reponerse los productos en el almacén, o las mercaderías en los expositores de una tienda, resulta ser una cifra vital.

De hecho, se habrá fijado que, a diferencia de las otras ratios, se ha comentado que en la rotación de existencias se usen los precios de coste y no los de venta al público. Esto se debe a que los precios de venta al público llevan aparejados un margen de beneficio que se construye sobre el precio de coste por lo que usar los precios de venta al público estarían dando lugar a una rotación mucho mayor (en términos de unidades de producto) que la que se obtendría mediante el uso del precio de coste. Lógicamente, cuando una empresa, como por ejemplo las del sector agrario, tengan bajos márgenes sobre el precio de coste al tratarse de mercados cercanos a la competencia perfecta, la diferencia entre el uso de ambas cifras no resultará tan importante, pero por ejemplo en una industria de productos de hardware, donde el precio de venta es significativamente superior a su coste, la diferencia se acrecienta dando lugar a datos poco útiles para una correcta toma de decisiones.

Diferencias en la rotación de activos por sector industrial

Como se ha comentado previamente en este libro, gran parte de la utilidad de las herramientas de análisis que se han ido comentando viene de su uso en comparación con otras empresas comparables o bajo un contexto determinado de análisis. Por ello, el análisis de rotación de activos tampoco son una excepción ya que es de vital importancia analizarlos en el contexto adecuado. Cuando algún analista comenta que dicha empresa tiene una gestión mejor o peor debido a que su cifra de rotación de activos es de x2, no estamos recuperando toda la información, para poder decir que algo es bueno o malo, debemos decir que lo es con respecto a algo con lo que poder compararnos. Para mejorar el entendimiento de las ratios de rotación de activos, normalmente se suelen comparar con respecto a las medias de sus sectores industriales. Este indicador se ve influido tanto por el volumen de ventas y los precios medios que acaban construyendo la cifra de ventas, así como por las estructuras de su activo, por lo que lógicamente dependerá mucho tanto del modelo de negocio de la empresa como de la forma de operar o hacer negocios en su sector. Para que se pueda tener una mejor idea de la calidad de estos indicadores, a continuación, se presenta una tabla con las rotaciones de activos medias para las principales industrias, lo que ayudará le permitirá guiarse en sus futuros análisis empresariales.

Figura 1.21. Rotación de activos media por sector

Sector	Rotación de activos
Venta minorista – (Retail)	1,9 a 2,5
Servicios de telecomunicaciones	1,5 a 2
Energía	0,8 a 1,4
Bienes de consumo básicos	0,8 a 1,2
Bienes de consumo no básicos	0,7 a 1,1
Bienes de capital	0,7 a 1,1
Transporte	0,7 a 1
Tecnología	0,6 a 0,9
Materiales y minería	0,6 a 0,8
Salud y ciencias de la vida	0,5 a 0,7

Según se puede observar, las diferencias en cuanto a los niveles de rotación de activos van a depender de factores que están ligados tanto al sector industrial como al modelo de negocio. Por ejemplo, los sectores que son altamente intensivos en capital, entendiendo esta en su sentido económico como la maquinaria y factores técnicos necesarios para producir, van a tener por lo general una menor ratio de rotación de activos, como sucede en la industria de los materiales o extracción de minerales. En el caso de la energía, si bien también se trata de un sector capital intensivo, al generar una facturación bruta muy alta y en muchos casos tener una alta recurrencia de ingresos, consiguen el que el aumento del numerador (la cifra de ventas) compense a su alto denominador (activos empleados en la producción) manteniendo así una rotación de activos bastante superior a otros sectores, aunque bastante por debajo del sector retail el cual se corona como el que mayores valores de rotación presentan dado el tipo de modelo de negocio que estos ejercen. Respecto a industrias individuales y no a la media de los sectores, aquellas que presentan unos mayores valores de rotación de activos son algunas como las tiendas de grandes almacenes y supermercados, los servicios farmacéuticos, la industria de venta online, o las empresas encargadas de la venta minorista de vehículos a través de concesionarios.

En resumen, hasta el momento se ha visto lo que indica la rotación de activos, la forma para realizar su cálculo y los distintos niveles en los que esta se puede analizar así como algunas diferencias sectoriales, sin embargo para finalizar este apartado, se van a resumir las principales variables o factores que influyen en la rotación de una empresa y que serán los que un analista deba comprender cuando analice una compañía por primera vez, ya que, aunque como hemos visto el sector industrial influye, al fin y al cabo serán las propias complejidades de la empresa la que hagan que las cifras a analizar acaben tomando una forma u otra. Así, en el siguiente recuadro se presentan dichos factores y la forma en la que influyen en la rotación del activo.

Figura 1.22. Principales factores que influyen en la rotación del activo de una empresa

Relación precios y volumen de la industria

Uno de los principales condicionantes que marcan los niveles de rotación de activos tendrán que ver con el producto que se ofrece, y la forma en la que se compite en el mercado. Normalmente las industrias que compiten en base a precios bajos y altos volúmenes requieren una mayor rotación para poder sobrevivir mientras que aquellos cuyos precios son más altos pueden tener de media menores rotaciones de sus activos que el resto.

Modelo de negocio

Otras de las variables que se deberán tener en cuenta es el modelo mediante el cual la empresa genera sus ingresos. Por ejemplo, en los últimos años se han disparado modelos de negocio híbridos online y físicos en los que se mantiene presencia online a través de webs o redes sociales y temporalmente se abren tiendas efímeras o pop-ups que permiten tener picos de venta sin tener que acometer inversiones en activo permanente. De esta forma, estos negocios pueden competir con otros más tradicionales que requieren de mayores activos. Igualmente, las empresas de servicios como las consultoras muchas veces tienen altas cifras de rotación porque directamente sus activos son sus propios trabajadores a diferencias de empresas que producen bienes los cuales tendrán normalmente menores cifras de rotación al tener mayores activos (existencias, almacenes, fábricas etc.)

Etapa del ciclo de vida de la empresa

Es interesante analizar la etapa en la que se encuentra la empresa ya que en las fases de crecimiento y expansión estas tenderán a tener unos activos que crecen en menor proporción a sus ventas dado al acelerado crecimiento de la demanda. En cambio, en las fases de declive cuando la demanda disminuye puede ser que la empresa enfrente situaciones en las que tenga sobrecapacidad.

Figura 1.22. Principales factores que influyen en la rotación del activo de una empresa (cont.)

Duración del ciclo operativo

A medida que el plazo desde que las existencias entran en el almacén, se realizan todas las transformaciones necesarias de la fase de producción, los equipos comerciales cierren las ventas y se prepare la logística de salida vaya reduciéndose la empresa podrá aumentar su volumen de producción con la misma cantidad de activos y en un mismo plazo por lo que al aumentar el numerador dada la mayor cifra de ventas la rotación será mayor.

Eficiencia en la gestión de inventarios

Relacionado con el factor anterior, la forma en que la empresa controla la entrada, permanencia y salida de las existencias es determinante para la rotación de los activos. Una gestión eficiente minimiza los costes de almacenamiento, reduce riesgos de obsolescencia y asegura la disponibilidad oportuna de productos para la venta. Si la compañía logra mantener inventarios ajustados a la demanda sin generar roturas de stock, podrá sostener un mayor volumen de ventas con el mismo nivel de activos, aumentando así la rotación.

Necesidades de capital fijo

Las inversiones en instalaciones, maquinaria, equipos y otros activos fijos marcan diferencias estructurales en el nivel de rotación. Sectores intensivos en capital fijo suelen registrar ratios bajas porque requieren una gran base de activos para generar ingresos, mientras que aquellos con menor dependencia de activos físicos logran multiplicar más fácilmente las ventas en relación con sus recursos. Entender esta necesidad estructural es clave para interpretar la rotación de manera realista dentro de cada industria.

1.6. ANÁLISIS DE RESULTADOS Y RENTABILIDADES

Al fin y al postre toda clase de empresa busca obtener unos resultados lo óptimos posibles. Es por esa razón que de entre los diferentes análisis económico-financieros que se pueden realizar, el análisis de los resultados y las rentabilidades sea el de mayor importancia, debido a que su objeto de estudio no es otro que el de los beneficios y las ganancias que la empresa y sus accionistas esperan obtener.

Para poder realizar una evaluación integral de los resultados de una empresa, un buen analista deberá dominar algunos de los conceptos que vamos a presentar, su forma de cálculo y la interrelación entre ellos. Pero primero, comencemos definiendo qué se entiende por resultados empresariales, qué tipos de resultados existen y como se pueden medir.

Medición del resultado empresarial

Cuando hablamos de resultados empresariales, hacemos referencias a un concepto que, aunque partiendo de la misma idea base, puede acabar teniendo diferentes formas de medición las cuales dependerán desde las perspectivas que el analista quiera tomar cuando realice su análisis. Sin embargo, la idea que subyace a todas esas formas de medición que comentaremos es la que de que el resultado o beneficios que genera la empresa consiste en la diferencia del total de los ingresos generados por la empresa menos el total de costes o gastos en los que esta ha incurrido durante un periodo de tiempo, por tanto:

$$Resulatdo\ o\ beneficio = Ingresos\ totales - Costes\ totales$$

Teniendo lo anterior en cuenta, la primera gran diferencia que se puede hacer es la que divide a los resultados contables de los resultados económicos. Los primeros, los beneficios contables, son aquellos que se encuentran fielmente registrados en los estados financieros, concretamente en la cuenta de pérdidas y ganancias. Este resultado está basado en las cifras que se han ido comentando a lo largo del presente capítulo, siendo especialmente relevante el Beneficio Neto ya que hacen referencia al excedente sobre las ventas que queda disponible para la empresa y sus accionistas tras haber hecho frente al resto de los costes incurridos, de esta forma se tiene que:

$$Beneficio\ Neto = Ingresos\ totales - COGS - Costes\ Operativos \pm Resulatdo\ Financiero - Impuestos$$

Asimismo, no solo puede ser de interés el beneficio neto sino medidas intermedias, como el Margen Bruto, el Beneficio de Explotación o EBITDA u otras medidas como el Beneficio Antes de Intereses y Después de Impuestos (BAIDI). Las dos primeras ya fueron explicadas anteriormente en este capítulo mientras que la último se calcula como la suma del Resultado Financiero al Beneficio Neto, es decir:

$$BAIDI = Beneficio\ Neto + Resulatdo\ Financiero$$

Esta última cifra ofrece la información acerca del beneficio que la empresa estaría generando, no solo para sus propietarios sino para el resto de sus acreedores ya que al igual que los accionistas, a estos también les interesará conocer el resultado que está generando la empresa una vez se han descontado los gastos impositivos.

Sin embargo, también existen otras formas de observar la capacidad de generación de resultados de la compañía, las cuales se basan en el resultado económico. La principal diferencia con respecto a los resultados contables se halla en que los resultados económicos tienen en cuenta otro tipo de costes más allá de los gastos que se presentan en una cuenta de pérdidas y ganancias, estos son los costes de oportunidad y los costes del capital propio. El primero de estos costes se refiere al coste que generan las oportunidades perdidas cuando se decide tomar un determinado curso de acción y no otro, dicho coste se acrecienta además cuando no se toma el curso de acción que aporta más valor para la empresa en el futuro, dicho de otra forma, aquella oportunidad que genere el menor coste de oportunidad para una empresa será la opción con más valor.

Un ejemplo muy común para explicar el coste de oportunidad se da en el campo de las inversiones financieras y la gestión de carteras. Por ejemplo, un director financiero de una compañía tendrá, entre otras responsabilidades, dar el mejor uso a los recursos excedentes de tesorería o tesorería neta. Para ello, se le presentan varias opciones, podría por ejemplo decidir no hacer nada y mantener el dinero en las cuentas corrientes de la empresa, aunque teniendo en cuenta una inflación media anual del 2%, al cabo de un año el valor real de la tesorería habría disminuido en dicha proporción, otra opción sería invertir en letras del tesoro a 12 meses obteniendo un retorno del 2% con el que haría frente a la inflación manteniendo el valor de la tesorería. Parecería entonces que una opción, sensata sería la segunda ya que se está manteniendo el valor de dicho capital, sin embargo, el director decide revisar la prensa financiera y observa que han escrito un artículo donde se mencionan los rendimientos anuales de otros activos como el oro (7%), la bolsa europea (9%) y la bolsa americana (12%). Ahora, parece que, tras haber reflexionado, si se asume hipotéticamente que el riesgo es nulo, con la decisión de invertir en letras del tesoro se estarían perdiendo otras oportunidades más rentables, por lo que para minimizar sus costes de oportunidad el director debería cambiar su elección e invertir sus excedentes de tesorería en las bolsas americanas. En resumen, siempre que existan otras opciones iguales o más beneficiosas estaremos enfrentando unos costes de oportunidad los cuales no son registrados en los estados financieros.

El segundo de los costes sería el del capital propio, y se relaciona precisamente con el anterior, en este caso se debe entender en primer lugar una relación ampliamente conocida en el mundo de las finanzas que es el binomio rentabilidad-riesgo. De forma muy simple, en mercados financieros con un funcionamiento eficiente, cualquier inversión que conlleve un alto riesgo deberá ser compensado con una mayor rentabilidad ya que si no nadie estaría dispuesto a invertir en dicho proyecto. Si nos llevamos esta relación al mundo de la empresa, sus propietarios podrían entonces invertir en otros proyectos diferentes, distintos a la empresa, por ejemplo, en bonos del tesoro. Sin embargo, estos han decidido mantener sus inversiones en la empresa porque creen que el rendimiento que obtendrán de dicha inversión será mayor.

En este sentido, existe un concepto en el mundo de las finanzas que se conoce como coste del capital propio, que hace referencia a la tasa de retorno que los inversores de una empresa esperan obtener al cabo de un periodo determinado, normalmente de un año, por ello se suele expresar como una tasa de interés anual. Este coste se diferencia del coste de la deuda , en tanto en cuanto, el segundo si genera un gasto en forma de intereses mientras que la empresa no siempre estará obligada a devolver un dividendo. Además, en caso de quiebra, como se comentó los accionistas son los últimos en recibir el sobrante de recursos de la empresa por lo que están asumiendo un mayor riesgo que los acreedores de la empresa los cuales tienen una mayor certeza de recibir sus intereses en tiempo y forma. Por tanto, siguiendo la ley del binomio rentabilidad-riesgo, a nivel teórico se puede considerar que el coste de los recursos propios es mayor que el de la deuda.

Teniendo lo anterior en cuenta, desde la década de los noventa se han venido creando nuevas formas de poder medir el beneficio económico y no solo el contable destacando como principal medida el valor añadido o EVA (Economic Value Added por sus siglas en inglés). El EVA se entiende como el resultado que queda en la empres una vez se han cubierto todos los gastos, tanto los operativos como los financieros, los impuestos y el coste de oportunidad del accionista y la rentabilidad mínima exigida por este. La forma de calcularlo es la siguiente:

$$EVA = BAIDI - (Total\ Activo \times WACC)$$

Donde el WACC (Weighted Average Cost of Capital) o Coste Medio Ponderado del Capital (CMPC) es la tasa de descuento o “interés” que la empresa deberá pagar por el uso de sus recursos a lo largo del tiempo. Dicha tasa se calcula además en función de la estructura del pasivo, es decir, del peso que tenga el capital propio y la deuda en la financiación del activo. Su fórmula es la siguiente:

$$WACC = \frac{PN \times Ke + D \times Kd \times (1 - T)}{PN + P}$$

Donde se puede observar cómo se trata de una media ponderada entre el coste de los recursos propio Ke y el coste de la deuda Kd (teniendo en cuenta las deducciones fiscales posibles (1-T)). A medida que la empresa esté más apalancada y financie sus activos con pasivo en su mayoría el WACC tenderá a ser más parecido al coste de la deuda y, al contrario, cuanto mayor peso tenga el capital propio en la financiación de la empresa más se asemejará el WACC al coste de los recursos propios (cost of equity en inglés). Más adelante se comentarán con mayor detalle las formas de hallar ambos costes, pero por el momento, ya que conocemos las diferentes formas de medición del resultado, veamos una forma práctica de operacionalizar la obtención de dichos resultados mediante el análisis del umbral de rentabilidad.

Análisis del umbral de rentabilidad

Dentro del análisis de los resultados empresariales, existe una cuestión clave que tanto los directivos de empresas ya establecidas como los emprendedores que desean lanzar un nuevo producto deben preguntarse antes de comenzar si quiera ese proyecto, esta pregunta es ¿cuántas unidades o qué cifra de ventas debo alcanzar como mínimo para poder obtener beneficios? Con la respuesta que obtengamos sabremos si el lanzamiento de ese nuevo proyecto, o la empresa en general es viable, en tanto en cuanto es capaz de cubrir todos los costes generados durante las operaciones y además ofrecer un beneficio. Por esta razón, uno de los análisis que da respuesta a esa cuestión es el del umbral de rentabilidad, el cual nos ofrecerá la cifra de unidades, tanto físicas como monetarias, de ventas que una empresa debe alcanzar para obtener un beneficio 0, es decir, que los ingresos cubran todos los costes.

Conocer este punto será de utilidad a la hora de realizar un plan empresarial, ya que podremos ver si las ventas estimadas son superiores o inferiores a dicho punto. A medida que las ventas superen el umbral de rentabilidad, la empresa estará operando con un margen de beneficios positivo. Por el contrario, cuando las ventas de la empresa no alcancen dicha cifra, la empresa se encontrará en una situación de debilidad en la que se generarán pérdidas debido a que los ingresos que se obtienen no cubren todos los gastos en los que se ha debido incurrir para generar dicha producción.

Para abordar este y, casi cualquier otro análisis, deberemos comprender los factores que lo integran, es decir separar las partes que influyen en dicho problema. Por ello, en la siguiente figura se muestra un diagrama con todas las partes que influyen en el valor del umbral de rentabilidad de la empresa, los cuales serán de utilidad conocer.

Figura 1.23. Factores con influencia en el umbral de rentabilidad

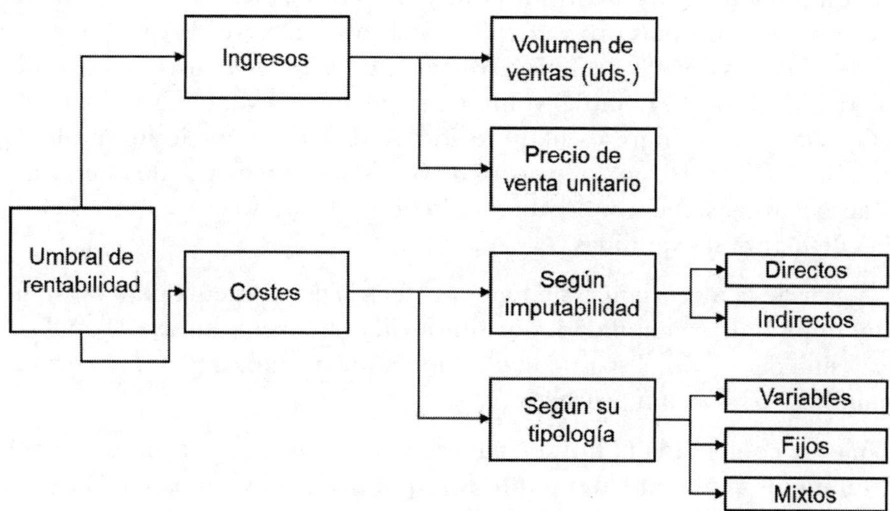

En primer lugar, se tiene que la primera capa de influencia se divide entre los ingresos y los costes, ya como se dijo, el umbral de rentabilidad era aquella cantidad de producción vendida que hacia que los ingresos fueran iguales a los costes totales, es decir que los beneficios fueran cero. Desde el punto de vista de los ingresos, se pueden entender como el resultado del volumen de ventas por su precio medio, de forma que los ingresos pueden crecer o bien por que se venda una cantidad mayor de ese producto, o bien por que su precio medio aumente. En este punto, resulta importante mencionar que cuando se evalúan empresas en general y no un solo proyecto o producto, se debe tener en cuenta una tercera variable a tener en cuenta, el mix de venta. De forma simple, el mix de venta se utiliza cuando una empresa vende más un producto con precios diferentes, muchas veces, aunque el volumen de ventas no cambie ni el precio tampoco, las cifras de ingresos pueden mejorar ya que si la empresa vende menos sus productos más baratos y comienzan a vender en mayor volumen sus productos más caros, sin haber variado el volumen general no el precio de esta ahora la cartera de ventas tendrá un mayor valor.

Por poner un ejemplo, imagine que está analizando las ventas de una empresa que produce dos clases de manzanas, la clase "oro" con un precio de venta de 5€ por unidad y la clase "simple" cuyo precio de venta es de 1€ por unidad. El año anterior se vendieron un total de 100 manzanas donde el 50% fueron tipo oro y el resto simple, por lo que los ingresos ascendieron a 300€, el ingreso medio fue de 3 euros (si se halla como ingresos entre unidades vendidas). Este año, se vuelven a vender 100 manzanas, pero ahora la composición entre manzanas oro y simples ha cambiado, el 75% de las ventas son manzanas oro y el 25% restante simple, por lo que ahora la cifra de ventas es de 400€ y el ingreso medio de 4€. Un análisis precipitado hubiera indicado que como el volumen de manzanas vendidas se ha mantenido estable y los ingresos han crecido, será pues el precio lo que haya aumentado. Sin embargo, los precios de venta de ambos tipos de manzanas se mantuvieron estables, sin embargo, lo que ha variado es la composición (mix) de manzanas vendidas.

A pesar de la importancia de tener el efecto *mix* en cuenta para el análisis del umbral de rentabilidad, por simplicidad lo excluiremos del análisis ya que sin contar con el se puede obtener la misma idea general acerca de la viabilidad o no de un proyecto.

Una vez comentada la influencia que tienen los ingresos en el cálculo del umbral de rentabilidad o punto de equilibrio, deberemos señalar cuales son los principales costes que enfrenta una empresa bajo dos puntos de vista o clasificaciones:

Según la imputabilidad de los costes, es decir, si se puede señalar a un coste determinado como necesario o no para la producción del producto o servicio de la empresa encontramos a los:

- Costes directos: Estos son aquellos que forman parte directa del proceso de producción o prestación del servicio principal de la compañía. Por ejemplo, en la producción de las manzanas del ejemplo anterior el agua usada para el riego, o el coste de los fertilizantes empleado en la plantación son ejemplos de costes directos. Otro ejemplo serían los costes de las materias primas como el caucho en una empresa de producción de neumáticos.
- Costes indirectos: Son aquellos, que, si bien no son estrictamente necesarios para la producción de los bienes o servicios, deben realizarse para el correcto funcionamiento de la empresa en general. Por ejemplo, todos los costes de la estructura corporativa de una empresa, como los salarios de los directivos, los gastos del departamento de finanzas o de marketing entre otros. Para la empresa productora de manzanas, los salarios de los empleados dedicados a la contabilidad de la empresa, serían costes indirectos, ya que la empresa no emplea a dichos trabajadores en la explotación agrícola y producción de las manzanas, aunque lógicamente la empresa deberá incurrir en ese coste para mantener la información contable al día.

Asimismo, otra clasificación posible de los costes empresariales sería según su tipología donde se pueden diferenciar los siguientes:

- Costes variables: Se pueden entender como aquellos costes que dependen del volumen de producción que se obtenga. Es decir, una mayor producción requerirá un incremento de estos costes debido a que los factores productivos necesarios deberán aumentarse. Por ejemplo, el gasto en carrocería de una fábrica de automóviles es proporcional al número de automóviles vendidos, de forma que a medida que la producción de vehículos aumente, los costes variables de la carrocería deberán aumentarse en la misma proporción.
- Costes fijos: Estos son los costes que no dependen directamente del número de unidades producidas y que incluso si no se produjese nada deberían pagarse igualmente. Por ejemplo, los costes de los suministros como la luz, el agua o la electricidad en las oficinas o los alquileres de estas son un ejemplo de costes fijos. En una fábrica, los leasing a través de los cuales se obtienen algunas máquinas también representan costes fijos ya que independientemente de lo que se produzca con ella, se deberán de pagar las cuotas por su cesión periódicamente.
- Costes mixtos: Estos son aquellos que tiene una componente fija mínima y según el volumen de producción otra variable que puede ir en aumento. Por ejemplo, los costes de transporte o logística pueden llegar a ser mixtos ya que el coste de amortización de la flota de camiones de una empresa podría ser fijo, pero el gasto en gasolina debido a que se deban hacer un mayor número de entregas aumenta con las ventas. Otro ejemplo sería el de los sueldos del comisionista, por ejemplo, muchos tienen un salario base y un variable ligado a las ventas que cierren, representando una fuente de costes fijos y variables a la vez.

Una vez se conocen los componentes que influyen en el cálculo del umbral de rentabilidad se procederá a la presentación de su cálculo, asimismo, al igual se ha comentado para el efecto *mix* se obviarán para esta presentación la presencia de costes mixtos en el cálculo del umbral de rentabilidad los cuales pueden entorpecer la comprensión de esta herramienta.

Como se ha comentado, existen dos fórmulas para el cálculo del umbral de rentabilidad, siendo el primero estimado en unidades monetarias, es decir en una cifra de ventas mínima a alcanzar, y una segunda fórmula que expresa el punto de equilibrio en unidades de producción. Ambas formulas se representan a continuación:

$$Umbral\ de\ rentabilidad\ monetario = \frac{Costes\ fijos}{1 - \frac{Costes\ variables}{Cifra\ de\ ventas}}\ o\ \frac{Costes\ fijos}{Margen\ bruto}$$

$$Umbral\ de\ rentabilidad\ fisico = \frac{Costes\ fijos}{Precio\ Unitario - \frac{Costes\ variables}{Unidades\ Vendidas}}$$

Para entender mejor estas relaciones, comencemos desarrollando la expresión del punto muerto físico. En primer lugar, tenemos que los ingresos deben ser iguales a los costes, que son la suma de los costes fijos y variables:

$$Ingresos = Costes$$
$$Precio\ Unitario\ \times Unidades\ Vendidas = Costes\ fijos + Costes\ Variables\ Medios\ \times Unidades\ vendidas$$

Despejando las unidades vendidas en el lado izquierdo de la ecuación se tiene que:

$$Unidades\ Vendidas\ \times (Precio\ Unitario - Costes\ Variables\ Medios) = Costes\ fijos$$

$$Umbral\ de\ rentabilidad\ fisico = \frac{Costes\ fijos}{Precio\ Unitario - Costes\ Variables\ Medios}$$

o

$$Umbral\ de\ rentabilidad\ fisico = \frac{Costes\ fijos}{Precio\ Unitario - \frac{Costes\ variables}{Unidades\ Vendidas}}$$

Como el resultado esta ahora expresado en unidades, se deberá multiplicar el valor de la expresión por el precio unitario para expresar el umbral de rentabilidad en unidades monetarias por lo que se tiene que:

$$Umbral\ de\ renatbilidad\ monetrario = Umbral\ de\ rentabilidad\ fisico\ \times Precio\ Unitario = \frac{Costes\ fijos}{Precio\ Unitario - \frac{Costes\ variables}{Unidades\ Vendidas}} \times Precio\ Unitario$$

Lo que equivale a:

$$\frac{Costes\ fijos}{Precio\ Unitario \times (1 - \frac{Costes\ variables}{Unidades\ Vendidas * Precio\ Unitario})} \times Precio\ Unitario =$$

$$\frac{Costes\ fijos}{(1 - \frac{Costes\ variables}{Unidades\ Vendidas \times Precio\ Unitario})}$$

Y como el número de unidades vendidas por su precio es igual a la cifra de ventas se llega de nuevo a la siguiente expresión:

$$Umbral\ de\ rentabilidad\ fisico = \frac{Costes\ fijos}{Precio\ Unitario - \frac{Costes\ variables}{Unidades\ Vendidas}}$$

Una vez desarrolladas ambas fórmulas usando álgebra básica, se pueden realizar las siguientes observaciones, en primer lugar, como los costes fijos se encuentran en el numerador, a medida que estos aumenten mayor será la venta que se deba realizar para poder cubrir dichos costes. Por ejemplo, una gran fábrica deberá realizar una alta cifra de ventas para que así se justifique su existencia ya que si no la cantidad de costes fijos como los del alquiler del terreno o las máquinas no se estaría cubriendo y la empresa estaría operando con pérdidas. Por su parte, a medida que la diferencia entre el precio por unidad y sus costes variables aumente menor deberá ser la cifra de ventas ya que los márgenes de beneficio de cada unidad producida serán mayores, lo cual se refleja en que a mayor margen bruto la empresa necesitará alcanzar una menor cifra de ventas para entrar en la zona de rentabilidad.

Para terminar de exponer esta herramienta a continuación se propone un ejemplo con el que se podrá ver el funcionamiento de dicha herramienta:

Figura 1.24. Ejemplo de cálculo del umbral de rentabilidad

Imagine que estamos analizando una empresa cuyo único producto vendido son tapones de plástico para botellas en varios sectores como el de alimentación, cuidado del hogar, médico o el industrial entre otros. Actualmente están valorando la posibilidad de adentrarse en el mercado de las bebidas energéticas los cuales tienen un tipo especifico de tapón que permite que se pueda beber mientras se corre, monta en bicicleta u otras actividades deportivas.

El objetivo de la dirección en este análisis es tratar de averiguar si la entrada en ese nicho de mercado sería atractiva o no. Para ello cuenta con la siguiente información:

- El departamento de marketing cree que la demanda potencia de tapones sería de 5 millones de unidades.
- Y según el departamento de ventas se cree que el precio máximo que se podría cobrar a los clientes es de 1€ por tapón.
- Por su parte, el departamento de operaciones nos indica que los costes unitarios estimados por cada tapón serían de 0,5 euros la unidad.
- Desde finanzas nos han indicado que, de entrar en ese nuevo mercado, el total de costes fijos imputables al proyecto ascenderían a 3 millones de euros anuales.

Con esta información ya tendríamos lo necesario para estimar si la cantidad que el departamento comercial espera que se vaya a vender supera el umbral de rentabilidad o no y así comprobar si el proyecto llevase a resultado positivos o negativos:

Aplicando la fórmula del umbral de rentabilidad físico se tiene que:

$$Umbral\ de\ rentabilidad\ fisico = \frac{3.000.000}{1 - 0{,}5} = 6.000.000\ de\ tapones$$

Ante estos datos, vemos como al quedar el umbral rentabilidad por encima de las ventas estimadas de 5 millones de unidades, con la operativa actual el proyecto no sería rentable. A continuación se muestran los beneficios esperados de vender 5 y 6 millones de unidades:

Beneficio de la venta de 5 millones de unidades:

$$Beneficio = 1 \times 5.000.000 - 3.000.000 - 0.5 \times 5.000.000 = -500.000\ euros$$

Benefiio de la venta de 6 millones de unidades:

$$Beneficio = 1 \times 6.000.000 - 3.000.000 - 0.5 \times 6.000.000 = 0\ euros$$

Figura 1.24. Ejemplo de cálculo del umbral de rentabilidad (cont.)

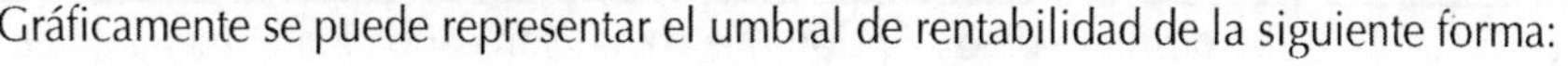

Gráficamente se puede representar el umbral de rentabilidad de la siguiente forma:

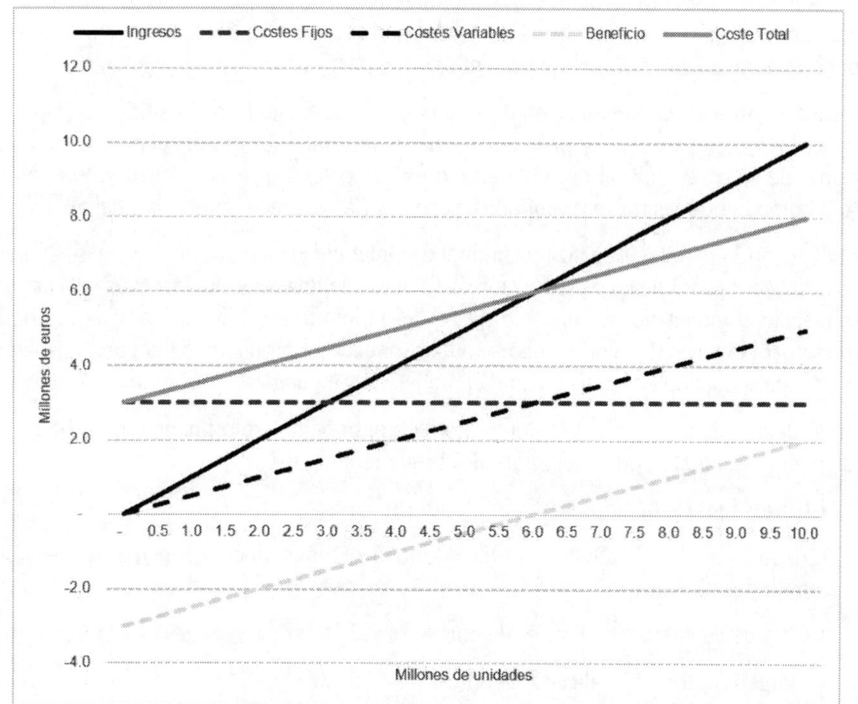

En primer lugar, se puede observar como para una producción de cero unidades, el proyecto tendría resultados negativos de -3 millones debido a los costes fijos, a partir de dicha cifra la empresa va mejorando sus ingresos y sus beneficios hasta alcanzar los 3 millones de unidades vendidas donde se ve que los ingresos igualan a los costes fijos, sin embargo, como los 1,5 millones de costes variables no se han cubierto, se sigue incurriendo en pérdidas. Tras ello, al aumentar la producción se alcanzaría la cifra de 5 millones estimada por el equipo de ventas que como vemos genera un beneficio negativo. Finalmente, una vez que la producción pasa de la cifra de 6 millones de unidades los ingresos totales comenzarían a superar a los costes totales entrando así en una zona de beneficios.

Para que, ante una demanda esperada de 5 millones de unidades, a la empresa le fuera rentable producir dicha cantidad podrían realizarse tres acciones, disminuir el peso de los costes fijos, mejorar el precio de venta o mejorar la productividad consiguiendo así unos menores costes variables. Una mejora en el precio haría que la curva de ingresos se inclinara hacia arriba cruzándose antes con la curva de coste total, una reducción en los costes fijos disminuiría verticalmente hacia abajo las curvas de costes fijos y coste total y una disminución de los costes variables haría que dicha curva y la de coste total se aplanaran (es decir que los costes aumentarían menos por cada unidad nueva producida) de forma que de nuevo el umbral de rentabilidad disminuiría haciendo rentable entrar en dicho proyecto.

Figura 1.24. Ejemplo de cálculo del umbral de rentabilidad (cont.)

Imagine que además del proyecto de expansión que se ha planteado para el mercado de tapones para bebidas energéticas, el equipo directivo de la compañía le ha pedido que les ayuda a analizar, no solo el umbral de rentabilidad físico de un único producto, sino que deberá tratar de analizar el umbral de rentabilidad para la compañía en general.

Teniendo lo anterior en cuenta, debido a que sabe que existen diversos tipos de tapones con precios y costes y procesos productivos diferentes, tratar de abordar el problema desde el punto de vista del umbral de rentabilidad físico no sería lo más efectivo ya que no se estaría comparando las mismas unidades y eso podría oscurecer la utilidad del análisis.

Por ello, cuando se trata de analizar el umbral de rentabilidad de una compañía en su conjunto, la cual tiene varias líneas de producción, la solución óptima sería emplear el uso del umbral de rentabilidad monetario, ya que solo necesitará la información financiera agregada de la empresa para obtener su valor, y además habrá sorteado el problema de la comparabilidad al estar expresado todo en la misma unidad monetaria y en unidades de productos distintos.

Así que decide consultar los datos que le ofrece el departamento financiero y obtiene la siguiente lista de magnitudes, referidas al último ejercicio fiscal:

- Gastos fijos de la empresa: 50 millones de euros.
- Costes variables (COGS y MOD (Mano de Obra Directa) principalmente): 130 millones de euros.
- Cifra de ventas: 300 millones de euros
- Margen Bruto: 170 millones de euros

En base a la siguiente información se pueden sustituir los datos en las fórmulas antes presentadas para así obtener el valor de la cifra de ventas que se debe obtener para comenzar a obtener beneficios, de esta forma:

$$Umbral\ de\ rentabilidad\ monetario = \frac{50}{1-\frac{130}{300}}\ o\ \frac{50}{\frac{170}{300}} = 88{,}24\ millones\ de\ euros$$

Es decir, ante esos datos, la empresa debería obtener un mínimo de 88,24 millones de euros en ventas para comenzar a ser rentables, es decir, a obtener beneficios. Si se observar, la empresa está operando con un margen bruto ,el cual incluye principalmente los costes variables, del 57% aproximadamente, es decir, de cada 100 millones que genera, 43 se convierten en costes variables para generar esas ventas y solo quedaría 57, además se debería hacer frente al resto costes fijos de la empresa que tienen un valor de 50 millones de forma que vendiendo 100 millones, la empresa estaría obteniendo solo 7 millones de beneficios antes de intereses e impuestos.

Siguiendo con este razonamiento, 88,24 es la cifra de ventas que para el margen bruto actual, se obtenga una cifra que alcanza exactamente para cubrir los costes fijos anuales, de forma que si la empresa desea mejorar su umbral de rentabilidad deberá, o bien mejorar sus márgenes, o bien reducir sus costes fijos

Formas de medición de la rentabilidad

Hasta ahora hemos hablado del resultado de la empresa, es decir, de una variable flujo (generado normalmente a lo largo del año fiscal) que representa el valor absoluto de los beneficios netos o resultados intermedios que ha obtenido la empresa mediante sus actividades de producción y venta. Sin embargo, cuando se habla de rentabilidad se habla de variables relativas, es decir, se está midiendo o comparando el resultado generado por la empresa con respecto a algo. Por esta razón, el uso de ratios será indispensable para la evaluación de la rentabilidad empresarial.

En la actualidad existe una amplia diversidad de modelos de medición de la rentabilidad ya que está se puede evaluar desde un punto de vista económico u operativo, financiero o incluso, desde la llegada de las nuevas tendencias en Responsabilidad Social Corporativa (RSC), al impacto social que tiene la actividad económica de la empresa. Estás últimas tendencias, sin embargo, ya viene existiendo desde hace tiempo en el campo de la teoría microeconómica mediante el concepto de externalidades (tanto del productor como del consumidor) y su efecto en el cálculo de los excedentes sociales, del productor y del consumidor; aunque dicha metodología no ha tenido una amplia utilización en el mundo de los negocios debido, entre otras cosas a la mayor complejidad de su cálculo con datos reales y su carácter eminentemente teórico.

Teniendo esto en cuenta, se puede afirmar que las dos principales medidas de la rentabilidad empresarial son la económica y la financiera. La rentabilidad económica se encarga de medir la eficiencia con la empresa realiza su actividad principal de explotación. Para ello, trata de evaluar la proporción en la que los resultados provenientes de dicha actividad, una vez se ha deducido los gastos, mantienen con respecto a los activos que la empres a usado para generar dichos excedentes. Es decir, la rentabilidad económica evalúa la capacidad de la empresa para generar resultados de explotación mediante el uso de sus recursos económicos. Por su parte, cuando hablamos de rentabilidad financiera, se está evaluando la eficiencia con la que la empresa es capaz de generar beneficios para sus accionistas. Por ello, se compara la proporción que guardan los beneficios que genera la empresa atribuible a sus socios o accionistas con respecto al capital que esos accionistas han invertido en la empresa, normalmente reconocido como el patrimonio neto.

Como se ha dicho, para la medición de la rentabilidad se usarán ratios, en los cuales tanto el numerados como el denominador pueden variar. El numerador de una ratio de rentabilidad, normalmente indicará una medida de resultado (Margen Bruto, Beneficio de Explotación, Resultado Neto, Beneficio generado por un proyecto individual, o incluso el beneficio atribuible a una campaña de marketing) mientras que el denominador suele informar acerca del valor de alguna variable tipo stock, acumulada durante el tiempo que representen la inversión realizada para generar el resultado del numerador (activo total, activo fijo, patrimonio neto, capitalización bursátil etc.). Teniendo lo anterior en cuenta, podemos ver como toda medida de rentabilidad tendrá la siguiente forma que se suele expresar en porcentaje:

$$Rentabilidad\ genérica = \frac{Medida\ de\ resulatdo}{Inversión\ realizada\ para\ generar\ dicho\ resultado}$$

A pesar de la diversidad de formas de medición que se han comentado, a continuación, se van a presentar las principales medidas de rentabilidad debido a su claridad y a que son algunas de las más extendidas en el mundo profesional y académico.

En primer lugar, se puede mencionar el ROA (Return on Assets del inglés) la cual es una medida de rentabilidad económica que mide la proporción de los beneficios de explotación sobre los activos de la empresa:

$$ROA = \frac{Resultado\ de\ explotación}{Activos\ medios\ del\ periodo}$$

El ROA ofrece la información acerca de cuantos euros de resultados de explotación (antes de incluir el resultado financiero y los impuestos) está generando la empresa por cada euro de activo que invierte. Una pequeña matización sobre esta ratio, sería que también se puede realizar usando simplemente la medida del beneficio neto (tras resultado financiero e impuestos) sin embargo, dado que cuando se habla de rentabilidad económica, se quiere analizar principalmente la operativa del negocio se prefiere usar el resultado de explotación por estar más cerca de los beneficios que el negocio genera de forma exclusiva con su actividad principal. Asimismo, muchos analistas también prefieren realizar ajustes sobre esta ratio seleccionando únicamente los activos que forman parte del ciclo de explotación ya que, si la empresa mantuviera muchas inversiones a largo plazo que nada tengan que ver con su actividad principal, se estaría minusvalorando su ROA debido a que el Activo es mucho mayor de lo que sería el Activos ajustado.

Una manera de interesante de analizar el ROA es mediante su descomposición en dos ratios. Concretamente en las ratios de margen de beneficio y rotación de activos tal y como se muestra a continuación:

$$ROA = \frac{Resultado\ de\ explotación}{Activos\ medios\ del\ periodo} = \frac{Resultado\ de\ explotación}{Ventas} \times \frac{Ventas}{Activos\ medios\ del\ periodo}$$

De esta forma se pueden separar dos componentes clave que influyen en que la empresa presente una mayor rentabilidad económica y como la está obteniendo. Por ejemplo, puede haber modelos de negocio que a pesar de que operen con muy bajos márgenes de explotación, debido por ejemplo a que sus costes de materiales sean muy altos, mantengan un alto valor de ROA porque su rotación de activos es muy alta, es decir, son capaces de generar una muy alta cifra de ventas con unos pocos activos ya que estos deben rotar en los almacenes muchas veces durante el ejercicio. En resumen, una empresa puede tener éxito si vende algo de mucho valor pocas veces (modelo de alto margen y baja rotación), si vende algo de bajo valor añadido a muchas personas (modelo de bajo margen y alta rotación) o idealmente si tiene un alto margen y rotación de activos.

Por otra parte, otra de las ratios de rentabilidad más analizadas en las empresas es el ROE (Return on Equity en inglés) o rentabilidad del capital. Se trata de una medida de rentabilidad financiera que indica la proporción que guardan los beneficios netos respecto al patrimonio neto, es decir, respecto a las inversiones acumuladas que han ido realizando los accionistas en el capital de la empresa desde su creación.

$$ROE = \frac{Beneficio\ Neto}{Patrimonio\ Neto}$$

Esta ratio indica cuantos euros de beneficio neto está generando la empresa gracias a las inversiones en capital, es decir, cómo se transforman los recursos propios en beneficios para los accionistas. Además, al igual que con el ROA, el ROE también se puede descomponer en el margen de beneficio neto y la rotación del patrimonio neto, aunque este método tiene una aplicación menos extendida:

$$ROE = \frac{Beneficio\ Neto}{Patrimonio\ Neto} = \frac{Beneficio\ Neto}{Ventas} \times \frac{Ventas}{Patrimonio\ Neto}$$

Otras de las medidas más extendidas es la del ROI (Return on Investment) la cual tiene la particularidad que normalmente se aplica a proyectos concretos, a unidades de negocio o a inversiones individuales en lugar de a la empresa en su conjunto. Uno de los mejores ejemplos sería, para las inversiones financieras en acciones, por ejemplo, ya que se compararía el beneficio obtenido de la inversión con lo que se ha invertido en ella. Por tanto, el ROI se puede calcular de la siguiente forma:

$$ROE = \frac{Beneficio\ de\ la\ inversión}{Inversión\ realizada}$$

Una de las deficiencias que tiene el uso del ROI es que muchas veces puede resultar complicado analizar los beneficios que va a reportar un proyecto. Por ejemplo, cuando una empresa invierte en programas formación para sus empleados o en mejorar los procesos de contratación para atraer el mejor talento a la empresa, resulta muy difícil diferenciar que parte del incremento en el beneficio de la empresa es atribuible a esa inversión, aunque indudablemente sabemos que unos trabajadores más formados o contrataciones de personal más experto repercutirán en unos mejores resultados.

Para obtener una visión más clara, a continuación, se presenta un caso práctico en el que en base a los datos financieros de la empresa se podrán estimar los valores de estas ratios de rentabilidad.

Figura 1.25. Caso práctico de la estimación de la rentabilidad

Imagine que es usted uno de los analistas de un fondo de inversión de capital privado que desea introducirse en el mercado de los accesorios de telefonía (fundas de móviles y tablets, cargadores, cascos, pantallas protectoras etc.) y para ello le piden analizar la rentabilidad de uno de los posibles objetivos o empresa *target*.

En concreto se trata de la empresa *TodoMóvil* la cual opera en España a nivel nacional contando con más de 70 tiendas y presencia en todas las provincias del país. El banco de inversión que está apoyando a la empresa durante el proceso de venta le ha enviado la siguiente información del Infomemo (nombre que se le da a un documento que el banco asesor de la parte vendedora de una empresa suele emitir a los fondos interesados en su compra y que consta de información del mercado, de la empresa del equipo directivo y de su plan de negocio).

Variable	**2024**	**2025**
Ventas	2,5 M€	3,5 M€
Resultados de explotación	0,5 M€	0,8 M€
Beneficio Neto	0,3 M€	0,5 M€
Activo	5 M€	6 M€
Patrimonio Neto	4 M€	4 M€

En primer lugar, decide estimar el ROA y el ROE para ambos años y estudiar su evolución por lo que obtiene que:

ROA

$$ROA\,2024 = \frac{0,5}{5} = \frac{0,5}{2,5} \times \frac{2,5}{5} = 20\% \times 0,5 = 0,1\ o\ 10\%$$

$$ROA\,2025 = \frac{0,8}{6} = \frac{0,8}{3,5} \times \frac{3,5}{6} = 23\% \times 0,59 = 0,13\ o\ 13\%$$

Como se puede notar, la empresa ha mejorado su rentabilidad económica debido a que tanto el margen de explotación como la rotación han aumentado respecto al año anterior pasando de tener una rentabilidad sobre el activo del 10% a otra del 13%. Es decir, en 2024 la empresa generaba 10 euros de beneficios de explotación por cada 100 euros de activo y esa cifra aumentó en 3 euros aproximadamente para el año 2025, es decir que ahora iban a sacar mayores beneficios con su activo que antes.

Respecto al ROE obtiene los siguientes resultados:

$$ROE\ 2024 = \frac{0,3}{4} = \frac{0,3}{2,5} \times \frac{2,5}{4} = 12\% \times 0,625 = 0,075\ o\ 7,5\%$$

$$ROE\ 2025 = \frac{0,5}{4} = \frac{0,5}{3,5} \times \frac{3,5}{4} = 14\% \times 0,875 = 0,125\ o\ 12,5\%$$

Esa fuerte mejora del beneficio neto se debe de nuevo a una mejora en el margen de beneficios, así como de la rotación aumentando la rentabilidad para los accionistas en 5 p.p. en un año.

Según la información que le han aportado diversas consultoras, el ROE medio del resto de competidores (que es el que más le interesa como inversor) se sitúa entorno a al 10% por lo que, en base al análisis de rentabilidades, la compañía estaría superando a la media del mercado. Así que podía tratarse, a priori de una buena oportunidad de inversión que requiera de un análisis más detallado.

Finalmente existen otras dos medidas de rentabilidad que también pueden resultar de interés que son el ROIC (Return on invested capital) o rendimiento del capital invertido y el ROCE (Return on capital employed) los cuales podrían resultar parecidos, pero incluyen interesantes diferencias.

El ROIC compara el beneficio antes de intereses y después de impuestos o BAIDI con el capital que se ha invertido en la empresa o proyecto es decir (tanto el patrimonio como la deuda). De esta forma se puede evaluar si el ROIC es superior o no al coste de ese capital (tanto propio como ajeno) medido a través del WACC. De esta forma se tiene que:

$$ROIC = \frac{BAIDI}{Capital\ Invertido}$$
$$Sí\ ROIC > WACC: Proyecto\ viable$$
$$Sí\ ROIC < WACC: Proyecto\ no\ viable$$

Por su parte el ROCE mide la proporción entre el beneficio antes de intereses e impuestos BAII con respecto a los recursos de capital a largo plazo empleados (Pasivo no corriente + Patrimonio Neto) de forma que se puede entender como la inversión en recursos a largo plazo es capaz de generar beneficios operativos para la empresa. Así, el ROCE se puede expresar como:

$$ROCE = \frac{BAII\ o\ EBIT}{Capital\ Empleado}$$

En resumen, mientras que el ROCE ofrece una visión amplia del rendimiento operativo sobre los recursos de financiación de largo plazo, el ROIC se considera un indicador más ajustado, al enfocarse en la rentabilidad neta y compararse directamente con el coste de capital. Por ello, el ROIC es clave para medir creación de valor, mientras que el ROCE resulta útil para comparaciones contables y sectoriales más inmediatas.

Análisis mediante pirámides de ratios

Muchas veces cuando se realizan análisis mediante ratios, como en el caso de las medidas de rentabilidad anteriormente expuestas, se ofrecen respuestas que, aunque simples y efectivas, pueden llegar a perder la profundidad necesaria que un buen análisis económico-financiero requiere. Con este tipo de análisis, por ejemplo, podemos conocer como una empresa tiene un ROA del X% y si se compara con la media del mercado o con un competidor podremos conocer si la empresa está siendo más o menos rentable que el resto. Sin embargo, no se está averiguando la causa de esa rentabilidad.

Por este motivo, a lo largo del siglo XX, tanto los analistas financieros, consultores y empresarios, así como desde el mundo académico se comenzaron a desarrollar una serie de herramientas análisis que permitían descomponer estas medidas de rentabilidad en sus partes fundamentales y a su vez estas en otras ratios más pequeñas. Esta estrategia de análisis en la que a un concepto inicial se lo va descomponiendo en sus partes elementales, permitía tener una visión integral de la forma en la que la empresa estaba obteniendo dichas rentabilidades, señalando así nuevas vías de mejora que potenciasen el estudio de nuevas alternativas estratégicas para seguir creciendo de forma viable.

Esta metodología de descomposición se suele conocer como Pirámides de Ratios, siendo el modelo más conocido el elaborado por el financiero Frank Donaldson Brown, quien en aquel momento era tesorero de la empresa química norteamericana DuPont, de ahí que el modelo pasara a conocerse como Modelo DuPont. La ventaja de este modelo es que de forma simple relaciona el ROE con el ROA y el apalancamiento financiero o su inversa, es decir, el peso de los recursos propios en la estructura financiera de la empresa.

Analíticamente se tiene que:

$$ROE = ROA \times Apalancamiento = Margen\ de\ beneficio \times Rotación \times Apalancamiento$$

Es decir,

$$ROE = \frac{Beneficio\ Neto}{Patrimonio\ Neto} = \frac{Beneficio\ Neto}{Ventas} \times \frac{Ventas}{Activo\ Total} \times \frac{Activo\ Total}{Patrimonio\ Neto}$$

Como se puede notar, el producto de las dos primeras fracciones equivale al ROA, solo que está dividido entre margen y rotación tal y como se explicó anteriormente. En este sentido merece la pena hacer una puntualización. Anteriormente se mencionó que existen varias perspectivas entorno al cálculo del ROA debido a que algunas tratan de ofrecer una visión más operativa o fiel al resultado generado exclusivamente por el ciclo de explotación que otras. Por ello, se comentó que en algunos casos, como los expuesto antes, en lugar de usar el beneficio neto se suele usar el beneficio de explotación, sin embargo para el cálculo del modelo DuPont será de interés usar el beneficio neto para poder relacionar de forma directa el ROA con el ROE.

Además del ROA, la otra parte que ayuda a crear el ROE sería el apalancamiento financiero, al estar multiplicando al ROA se puede notar como cuando una empresa no tenga financiación ajena, es decir, su apalancamiento sea de 1, ROE y ROA tendrán el mismo valor, sin embargo, a medida que el apalancamiento aumente, es decir que la empresa tenga una mayor cantidad de activo para una inversión de capital propio dada mayor tenderá a ser el ROE. Esto tiene lógica, ya que, para un mismo ROA, si los propietarios de la empresa son capaces de obtenerlo teniendo que invertir menos de su capital y apalancándose más en la financiación ajena, podrán obtener unos resultados mayores sin necesidad de aumentar su inversión de forma proporcional. En otras palabras, habrán logrado que el beneficio neto aumenta en mayor proporción que el capital propio de la empresa, logrando con ello una mejor rentabilidad del capital.

Una vez entendida la lógica que une al ROE con el ROA y el apalancamiento se puede seguir construyendo hacia "atrás" para ver de qué variables económicas están compuestas estas magnitudes, realizando un análisis de carácter retroactivo hasta que se alcancen las partes más básicas que generan los resultados de una empresa y que en gran medida han sido comentados en este capítulo. Así, en el siguiente diagrama se puede observar las formas en las que mediante el Modelo DuPont se puede tener una visión integral de qué variables afectan a la buena marcha de una empresa la cual se asemejaría a una mejor rentabilidad sobre el capital.

Figura 1.26. Diagrama del Modelo DuPont ampliado

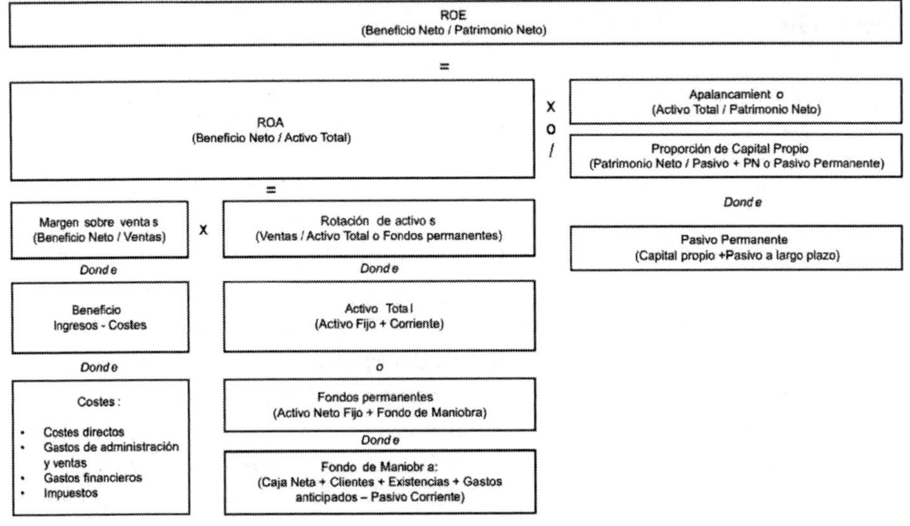

Según este diagrama, se puede observar de nuevo la relación básica del modelo DuPont que construye al ROE mediante el uso del ROA, es decir margen y rotación, y su relación con el apalancamiento o de forma inversa con la proporción del capital propio en la estructura financiera de la empresa. Más allá, se puede profundizar en la formación del beneficio neto como ingresos menos costes, donde herramientas como el umbral de rentabilidad podrían tener cabida, asimismo, también se deberán tener en cuenta las fuentes de costes que no dejan de ser las señaladas en la cuenta de resultados: costes directos como los de materias primas, gastos de explotación, los gastos financieros y lógicamente los impuestos que se deben pagar durante el ejercicio fiscal.

A su vez, no solo se puede realizar este análisis sobre activo total, sino que además podría ser de interés estimar estas ratios teniendo en cuenta los fondos permanentes. Se entiende por fondos permanentes a la suma del activo fijo neto, es decir el activo fijo una vez deducidas las depreciaciones, y del fondo de maniobra, es decir, de aquellos recursos de activo corriente que se financian mediante pasivo a largo plazo o capital propio. De hecho, estos fondos permanentes se pueden entender también como el pasivo permanente el cual se compone del capital propio y los pasivos a largo plazo, eliminado así de la ecuación a la financiación corriente dado su carácter más operativo de financiación del capital circulante (ej. cuentas a pagar). En resumen, el uso de este tipo de modelos integrales, permiten tener una visión amplia de las operaciones de la empresa, tanto a largo como a corto plazo y de su estructura financiera y analizar como esta se repercute en la rentabilidad que los accionistas o dueños de la empresa reciben.

Aunque como se ha visto, este tipo de análisis es bastante completo, puede adolecer de algunas deficiencias como la dificultad para la comparación ya que diferentes empresas podrían estar calculando las ratios con diferentes partidas o la composición de dichas partidas no podría ser exacta. Por ello, un buen analista deberá remitirse a la información provista en las memorias de los estados financieros que está analizando para entender si las comparaciones que está realizando son válidas. Además, otra de las limitaciones que presenta el modelo es que se centra directamente en el margen de beneficio neto, por lo que no se puede conocer como estaría la empresa actuando en las áreas operativas, financieras o impositivas que marcan la separación de la hoja de resultados, por ello se suele descomponer la ratio de margen de beneficio neto de la siguiente forma:

$$Margen\ de\ beneficio\ neto = \frac{Beneficio\ Neto}{Ventas} = \frac{Beneficio\ Neto}{BAI} \times \frac{BAI}{BAII} \times \frac{BAII}{Ventas}$$

Esta expresión permite conocer, como se forma el margen de beneficio neto estudiando los márgenes intermedios de la cuenta de resultados, es decir, construyendo un análisis vertical sobre dicha cuenta tal y como se ha visto en este capítulo. Empezando por la derecha se tiene el margen de explotación, luego se estudia el margen entre el beneficio antes de impuestos y antes de intereses e impuestos, por lo que cuanto mayor sea este margen mejor serán los resultados financieros de la empresa. Finalmente, se tiene el efecto fiscal, es decir el margen que representa el beneficio neto sobre el beneficio antes de impuestos, de forma que cuanto menor sea la tasa impositiva media que deba pagar la empresa, mayor será el margen.

De esta forma descomponiendo el margen de beneficio de la expresión anterior del ROE en el Modelo DuPont se llega a lo que se conoce como Modelo DuPont ampliado el cual, incluye los efectos aislados de las actividades operativas, financieras y fiscales en el modelo original de la siguiente forma:

$$ROE = \frac{Beneficio\ Neto}{BAI} \times \frac{BAI}{BAII} \times \frac{BAII}{Ventas} \times \frac{Ventas}{Activo\ Total} \times \frac{Activo\ Total}{Patrimonio\ Neto}$$

Para finalizar el apartado, a continuación, se muestra un caso práctico usando para ello el ejemplo de la empresa de tapones de botella que se estudió cuando se explicó el análisis del umbral de rentabilidad:

Figura 1.27. Ejemplo de análisis con el modelo DuPont ampliado

Como director financiero de la empresa productora de tapones de botella, los inversores le piden que les ofrezca un desglose acerca de la rentabilidad que han obtenido, ya que analizando los estados financieros recientemente publicados no pueden observar directamente dicha información. Por su puesto, usted sabe ya que una de las herramientas más completas para analizar la rentabilidad para los inversores, el ROE, es el modelo DuPont ampliado por lo que se pone manos a la obra y comienza a recabar la información financiera necesaria.

Figura 1.27. Ejemplo de análisis con el modelo DuPont ampliado (cont.)

Del análisis de las cuentas anuales y del balance obtiene los siguientes datos:

Variable	2025
Ventas	35 M€
BAII	15 M€
BAI	13 M€
Beneficio Neto	9 M€
Activo	40 M€
Patrimonio Neto	20 M€

Del análisis de las cuentas anuales y del balance obtiene los siguientes datos:

En base a estos datos, usted podría estimar rápidamente el modelo DuPont básico de la siguiente forma:

$$ROE = \frac{9}{20} = \frac{9}{40} \times \frac{40}{20} = 22{,}5\% \times 2 = 45\%$$

Por lo tanto, vemos como el efecto apalancamiento duplica la rentabilidad para el capital ya que para obtener el activo genera su ROA solo han debido aportar la mitad, es decir por cada euro de capital propio obtiene dos euros de activo lo cual duplica el efecto del ROA.

Pero para tener una mayor precisión acerca de que está generando principalmente ese beneficio neto se puede realizar el análisis ampliado de la siguiente forma:

$$ROE = \frac{9}{20} = \frac{9}{13} \times \frac{13}{15} \times \frac{15}{35} \times \frac{35}{40} \times \frac{40}{20} = 22{,}5\% \times 2 = 45\%$$

$$ROE = \frac{9}{20} = 69\% \times 86\% \times 43\% \times 0{,}875 \times 2 = 45\%$$

Entre las principales conclusiones que se pueden obtener de estas cifras se encuentra que a nivel operativo la empresa retiene menos de la mitad de lo que genera mientras que las ratios financieras y fiscales indican que la empresa estaría manteniendo la mayor parte del valor generado. Es decir, según estos datos podría decirse que para mejorar los márgenes de beneficio neto la empresa debería priorizar una mejora de las operaciones, tal vez, diseñando un plan de transformación que consiga reducir los costes de explotación para así mejorar el margen. Asimismo, otros puntos de mejora que se denotan podrían ser en la rotación la cual podría optimizarse para que fuera mayor a uno (aunque como se indicó en el apartado de análisis de rotación debería ponerse en contexto con el sector) y posiblemente se podría tratar de optimizar el efecto fiscal para reducir el efecto de reducción realizado sobre el BAI.

1.7. ANÁLISIS DE INVERSIONES

Hasta el momento hemos ido viendo como las operaciones diarias que realiza la empres con una mayor o menor eficiencia acaban recabando en sus resultados, su rentabilidad, su solvencia y todos los aspectos financieros que se han ido analizando, mediante el uso de los estados financieros disponibles. Esta clase de análisis, en gran medida son análisis temporalmente retrospectivos, es decir, analizan sucesos pasados. Sin embargo, como veremos en el siguiente capítulo sobre análisis estratégico, las empresas se ven obligadas a tomar decisiones hoy, en un plano de incertidumbre, para poder mantener de forma exitosa sus operaciones en el futuro.

Por esta razón, una de las labores del analista económico-financiero serán la de evaluar el futuro de la empresa. Un futuro el cual se va labrando mediante inversiones. Las empresas, se verán constantemente ante situaciones en las que deberán evaluar diferentes cursos de acción, como ampliar una planta para tener una mayor presencia en la oferta del mercado local, o por ejemplo cerrarla y realizar la compra de una nueva planta de fabricación en un mercado extranjero en el que creemos que habrá mayor potencial de beneficios. Este tipo de decisiones, suelen acabar teniendo una repercusión económico-financiera que se deberá evaluar con el objetivo de asegurar siempre una toma de decisiones óptima.

De hecho, podría afirmarse que una correcta toma de decisiones respecto a las inversiones empresariales es uno de los puntos donde más riesgo e incertidumbre se genera durante la práctica empresarial. Mediante una gran inversión, se pueden acumular resultados extraordinarios, que acaben por transformar la empresa por completo y multiplicar varias veces el valor de la compañía. Un ejemplo de ello, puede ser la labor que realizan algunos inversores de capital riesgo al aportar recursos propios a la compañía a cambio de participaciones y la posibilidad de acelerar el desarrollo de dichas empresas. En este sentido se puede destacar el caso de la inversión "ángel" de 500.000 dólares que realizó el famoso emprendedor de Sillicon Valley Peter Thiel en una incipiente empresa de redes sociales creada por alumnos de la universidad de Harvard. Como habrá supuesto, se trataba de Facebook (actualmente Meta) la cual por ese entonces solo operaba en los campus universitarios de Estados Unidos y en algún campus europeo. Sin embargo, esa inversión llegó en un momento justo en el tras ello, la empresa dio el salto al público de masas y que en el momento de la salida a bolsa de Facebook en 2012 tras 8 años (Thiel hizo su inversión en 2004) se valoraba por unos 1000 millones de dólares, es decir dos mil veces el valor de la inversión inicial.

Sin embargo, no todas las inversiones que se realizan consiguen aumentar el valor de la empresa, también existen innumerables casos en los que algunas compañías, concretamente sus directivos, ya sea por exceso de osadía o análisis erróneos arriesgan grandes sumas de capital en inversiones que en muchos casos pueden acabar destruyendo al negocio. Un ejemplo de ello lo constituye la compra de Nokia por parte de Microsoft en 2013, operación valorada en más de 7.000 millones de dólares. El objetivo era relanzar a la compañía finlandesa y competir directamente con Apple y Google en el mercado de telefonía inteligente. Sin embargo, la integración fue problemática, los consumidores no adoptaron masivamente los dispositivos y en apenas dos años Microsoft reconoció pérdidas por más de 8.000 millones de dólares, además de tener que despedir a miles de empleados. La inversión, lejos de transformar positivamente a la empresa, se convirtió en un ejemplo paradigmático de cómo una decisión estratégica de inversión puede destruir valor en lugar de crearlo, incluso para empresas de éxito mundialmente reconocido como Microsoft.

Teniendo en cuenta la importancia del concepto, se nos podrían ocurrir algunas preguntas del tipo, ¿cómo puedo saber si una inversión es buena o mala?, ¿qué hace a una inversión buena? ¿qué debo medir cuando analizo una inversión? O incluso preguntas más básicas que nos indiquen los principios que usar para responder a las anteriores como, ¿qué se entiende por inversión? y ¿cuáles son sus factores constituyentes? Vayamos respondiendo poco a estas cuestiones.

Concepto de inversión y factores constituyentes

Se puede entender como inversión a un tipo de decisión. Una decisión acerca del destino que tomarán recursos de carácter económico, es decir, escasos y que tienen usos alternativos. En concreto, cuando se invierte se está aportando un recurso a un proyecto o acción con la expectativa de recuperar esos recursos más una ganancia en un tiempo futuro el cual puede estar definido o no.

Cuando se habla de inversiones, intervienen, por tanto, recursos, riesgo, tiempo y resultados, aunque también convendría señalar un quinto facto que sería la liquidez. Recuérdese la ley de los mercados financieros que se comentó anteriormente en este capítulo, el binomio rentabilidad riesgo y ampliémoslo a un trinomio rentabilidad, riesgo y liquidez. Para que una inversión tenga una mayor rentabilidad normalmente se deberán asumir mayores riesgos y normalmente se deberán invertir los recursos en proyectos donde recuperar la cantidad invertida sin riesgo de pérdida de forma rápida se complicado, es decir, sea una inversión poco líquida. Por ejemplo, depositar dinero en una cuenta corriente con una remuneración del 2% TAE, se puede considerar una inversión con bajo riesgo, liquidez y que requiere bajos recursos o inversión inicial, pero con unos resultados bajos. Por el contrario, la inversión del capital personal junto con el resto de los socios fundadores para crear un banco que requerirá de innumerables permisos, contratación del personal adecuado, fuerte inversión en infraestructuras físicas y tecnológicas y además exigentes requerimientos de capital puede resultar una inversión con alto riesgo, que requiere de tiempo y que consume gran cantidad de recursos, pero que si se completa con éxito llevará a unos gigantescos resultados.

Igual de importante para la definición del concepto de inversión, se encuentra la delimitación de los tipos de inversión existentes. Normalmente, la principal diferenciación que se suele realizar es entre inversión económica e inversión financiera. Respecto a la inversión económica, la amplia mayoría de los entes dedicados al registro de las cuentas nacionales y análisis macroeconómicos la define bajo el nombre de Formación Bruta de Capital (FBC) o Formación Bruta de Capital Fijo (FBCF). Este concepto incluye las inversiones que la empresa realiza en activos (tangibles e intangibles) con los que se van a realizar actividades de fabricación de servicios o prestación de servicios. Se trata de los activos del balance de una empresa que se van a usar en los procesos de producción, ejemplos son las inversiones en edificios, máquinas, vehículos de transporte, exploración de minas, programas informáticos etc. Asimismo, se considera inversión económica a las amortizaciones, es decir aquellas partidas que las empresas destinan a cubrir la depreciación de sus activos (como las maquinas) siguiendo modelos de depreciación prestablecidos (siendo los más simples los modelos lineales en base a tiempo o unidades producidas). Asimismo, se debe realizar una matización, ya que por el simple hecho de que se adquiera el activo no se lo podrá considerar en si una inversión de tipo económico. Por ejemplo, una empresa podría realizar cesiones temporales de activos como la maquinaria mediante un leasing, por lo que, al no estar usándola para un proceso productivo, no se debería contar como inversión económica sino como financiera. Lo mismo ocurre con la gran variedad de contratos derivados que se realizan sobre materias primas y commodities bolsa.

Por inversión financiera, se entiende a aquellas inversiones que tienen como objetivo el control o adquisición de unos títulos de propiedad sobre determinados activos. Por ejemplo, aquellas inversiones que puede una empresa realizar en cuentas corrientes, acciones de otras empresas, productos financieros derivados, bonos del estado etc. Para entender la diferencia entre ambos conceptos de forma simple, se puede aplicar la siguiente regla.

Figura 1.28. Diagrama para diferenciar entre inversiones económicas y financieras

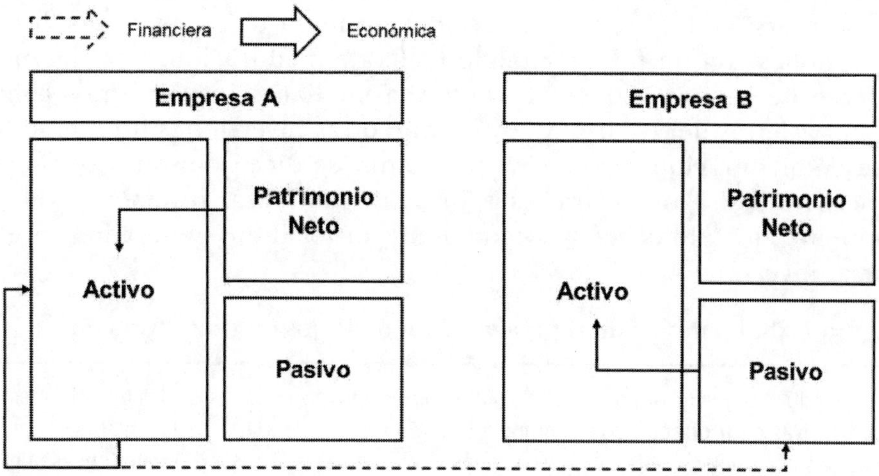

Cuando una empresa invierte en su propio activo está realizando una inversión económica en unos recursos que usará en su proprio proceso de producción prestación servicios. Mientras que si una empresa invierte en el pasivo o patrimonio estaría haciendo una inversión financiera, cuando un banco financia a una empresa, este está aportando unos recursos que se convertirán en el pasivo de la empresa prestataria y que el banco prestamista espera volver a obtener.

Cuando se evalúan inversiones, uno de los principales factores en los que se centraran las diferentes metodologías de análisis que se van a mostrar es en los flujos económicos que generan. Existe un cierto debate sobre qué flujos son los que deben ser tenidos en cuenta, si los ingresos, la caja o incluso los beneficios. El más ampliamente extendido es el de analizar las inversiones en base a los flujos de caja que van generando. De hecho, una inversión se puede formular matemáticamente si se entiende como una salida inicial de caja en un momento 0, la cual representa a la inversión inicial que se hizo, a la que se deben sumar los diversos flujos que el proyecto vaya generando a lo largo del tiempo. Asimismo, existen muchas inversiones que requerirán de inversiones adicionales a la inicial por lo que simplemente habrán de ser modelizadas como flujos de caja negativos, ya que sale dinero caja de la empresa. Por tanto, una inversión podría expresarse de la siguiente forma:

$$Beneficio = -C_0 + C_1 + C_2 + \cdots + C_n$$

Donde cada valor C representa un flujo de la inversión siendo el primero una salida correspondiente a la inversión inicial y cada uno de los subsiguientes flujos generados a lo largo del tiempo hasta el término de la inversión. En este sentido, se deberá tener en cuenta que existen inversiones con un final conocido fecha de maduración, por ejemplo, el caso de las inversiones en renta fija mediante instrumentos como bonos o letras del tesoro. Mientras que otras inversiones no tienen fecha de maduración reconocida por lo que se dice que son inversiones a perpetuidad. Para aclarar esta forma de modelizar inversiones, en el siguiente ejemplo observa como reconocer los flujos generados por diversas inversiones.

Figura 1.28. Ejemplos de representación de flujos en una inversión

A continuación, vamos a presentar tres ejemplos de inversiones los cuales tiene formas alternativas de ir ofreciendo los flujos a lo largo del tiempo. Una de las metodologías que se suelen utilizar para este tipo de análisis es la de usar líneas temporales en las que a lo largo del tiempo se vayan anotando las cantidades que entran y salen relacionadas con la inversión y que van a permitir al analista tener una visión integral de como se van generando los flujos.

Ejemplo 1: Recientemente su empresa a decidido invertir un excedente de tesorería en bonos a 2 años con un cupón semestral del 10%. La inversión inicial fue de 500.000€, y en la fecha de maduración se recibe el nominal. Según esta información los flujos de caja pueden quedar así:

	Semestre 0	Semestre 1	Semestre 2	Semestre 3	Semestre 4	Semestre 5	Semestre 6
Flujos	(500.000)	50.000	50.000	50.000	50.000	50.000	550.000

De forma que al final del periodo de la inversión acumula una ganancia neta de 300.000€.

Ejemplo 2: Una empresa minera invierte 1.200.000€ en una tuneladora para un proyecto de 6 años, con un valor de rescate de 150.000€ al final. Durante la explotación se generan ingresos anuales que, descontados los gastos operativos, producen flujos netos de 300.000€ en el año 1, 380.000€ en el año 2, y 300.0000€ en el año 3, se deben renovar los sistemas de perforación con un coste de 450.000 €, quedando un flujo neto negativo. Posteriormente, los flujos netos ascienden a 450.000 € en el año 4, 390.000 € en el año 5 y 400.000 € en el año 6 (incluyendo el valor de rescate). Por lo que el flujo de esta inversión quedaría expresado de la siguiente manera.

	Año 0	Año 1	Año 2	Año 3	Año 4	Año 5	Año 6
Neto	(1.200.000)	300.000	380.000	(150.000)	450.000	390.000	550.000

Capitalización y descuento de flujos de caja

Antes de pasar a presentar las herramientas más utilizadas para la evaluación de inversiones, conviene presentar los conceptos de actualización y descuento de flujos de caja, es decir, del cambio en el valor del dinero a lo largo del tiempo. Existen diversas perspectivas desde la teoría económica las cuales justifican que el dinero tiene un valor temporal, es decir, una cantidad de efectivo X a día de hoy será diferente de una cantidad futura X', la cual será menor. La idea que subyace a las teorías del valor temporal del dinero es que el dinero hoy tiene mayor valor que esa misma cantidad en una fecha futura. Entre las principales explicaciones de dicho efecto se encuentran las tres siguientes.

Una de las principales causas, y posiblemente la más extendida y comentada en la actualidad tiene que ver con la inflación de precios. Se trata de un hecho macroeconómico casi constante que en la mayoría de las economías de mercado (exceptuando a Japón en algunos años del siglo pasado que mantuvo deflación) que los precios de los bienes y servicios en las economías suelen ir en aumento, siendo el objetivo de los bancos centrales de las economías avanzadas que dichas tasas medias se sitúen entorno al 2%. Más allá de las causas económicas, ya sean de origen monetario, fiscal o de otra índole, cuya explicación requeriría un mayor detenimiento y la consideración de diversas escuelas de pensamiento económico, lo que si es un hecho es que los precio aumentan con el tiempo. Si los precios aumentan, el valor "real" de su dinero que se diferencia del "nominal" el que indica el billete o los saldos de su cuenta bancaria diferirán con el tiempo. Cuando hablamos de valor real hablamos del poder adquisitivo de esa cantidad de dinero. Piense que si usted antes era capaz de comprar sus existencias por un valor de 5 euros la unidad y al cabo de un año eso precios han aumentado a 5,5 euros, el precio medio de sus existencias será un 10% mayor mientras que si usted ha mantenido su caja en el banco con dicha cantidad de dinero podrá comprar un 10% menos de existencias, es decir, el valor real de su dinero será menor.

Además del efecto de la inflación, lógicamente también influye el coste de oportunidad de emplear el dinero en unos usos determinados u otros. Como ha sucedido en los últimos años, para frenar la inflación los bancos centrales alteran las tasas de interés mediante acciones de mercado abierto, vendiendo activos principalmente, lo reduce la liquidez en el mercado financiero, existe una menor cantidad de dinero en circulación, y acaban aumentando las tasas de interés. En este sentido, bien se podría decir que el coste de oportunidad de no invertir el dinero en productos con tasas de interés superiores a la inflación sería acabar perdiendo el poder adquisitivo antes mencionado. Pero, además, hoy en día los mercados financieros ofrecen una amplia cantidad de activos que los empresarios podrían adquirir, teniendo que encargarse únicamente de esperar a que dichos activos acabaran ofreciendo resultados, algo que indiscutiblemente requiere menos tiempo y dedicación que la inversión en un negocio o un nuevo proyecto. Por tanto, el valor de los flujos que ese negocio vaya generando deberán ser comparados con lo que generaría una inversión más simple en un activo financiero (por ejemplo, un bono) a una tasa predefinida. En la medida en que dichos flujos no superen lo que el inversor ganaría por invertir en ese bono, carecería de sentido iniciar la actividad económica con la empresa o ese proyecto.

Y finalmente, otra causa explicativa del valor fundamental del dinero se hallaría en las propias preferencias por el tiempo de las personas. Al fin y al cabo, el tiempo, es un recurso económico al igual que el dinero. Por ejemplo, una persona que trabaja por horas, están vendiendo su tiempo a cambio de un salario. La esencia de los mercados financieros y, el principio básico de su existencia es que siempre habrá personas, tanto físicas como jurídicas, que tendrán preferencias diferentes por el tiempo, algunos preferirán tener el dinero ahora, independientemente de que sea para consumir o invertir, y otros tendrán una mayor paciencia y preferirán ceder sus recursos a otros a cambio de un interés. Por ello, siempre que existen individuos netamente demandades de fondos e individuos netamente excedentarios de dichos fondos, o lo que es lo mismo, ahorradores y consumidores. En los mercados financieros se crearán, de forma más o menos intermediada, los instrumentos necesarios para que los recursos fluyan de unas unidades a otras, dando lugar a esa cantidad múltiple de oportunidades de inversión (y por contrapartida de financiación) que una empresa o inversor puede elegir.

En resumen, la idea general indica que si una empresa posee hoy 1000€ esa cantidad vale más que 1000€ dentro de un año ya que, o bien no se ha invertido y como la inflación media es del 2%, el valor real de eso mil euros es de 980 aproximadamente, o bien, en lugar de esperar a esa cantidad el año que viene lo podría haber invertido y conseguir un 10% de rentabilidad que lo hubiera llevado a tener 1100€ en un año. La idea general que toda empresa debe tener clara es que la caja hoy es mejor que mañana. Por ello, muchas veces se intenta cobrar lo más pronto posible y aplazar los pagos al máximo, intentando que sean nuestros proveedores los que nos financien (o incluso los clientes si pagan por adelantado) y nosotros tengamos que financiar mínimamente a los clientes.

A nivel matemático, este concepto se puede formalizar mediante las leyes financieras de la capitalización simple y compuesta. La capitalización simple, es decir a interés simple, indica que si usted aporta una cantidad inicial le darán de forma constante un porcentaje (tasa de interés) por dicha cantidad sin reinversión de los flujos. En cambio, la capitalización compuesta sí considera que los flujos generados se reinvierten, añadiéndose al capital inicial por lo que los intereses se van acumulando sobre una cantidad cada vez mayor generando con ello un crecimiento exponencial. Ambos conceptos siguen las siguientes fórmulas:

$$Capitalización\ simple: C_n = C_0 \times (1 + i \times n)$$

$$Capitalización\ compuesta: C_n = C_0 \times (1 + i)^n$$

Donde C_o equivale a la cantidad inicial que se invierte, C_n al valor final o valor futuro que dicha cantidad toma, es la suma del capital inicial más los intereses que se han ido generando a lo largo del período, es la tasa de interés y el número de periodos de cómputo del interés, este podrá ser mensual, trimestral, semestral, anual etc. El objetivo de una operación de capitalización es que, para un plazo determinado, una cantidad inicial crezca hasta alcanzar una cantidad final superior. La clave entre ambos tipos está en la reinversión o no de los flujos generados, en el siguiente ejemplo se puede ver como en el corto plazo no existe apenas diferencia, pero a largo plazo, el crecimiento de la capitalización compuesta es mucho mayor. -

Figura 1.29. Ejemplo de evolución del valor de una inversión a interés simple y compuesto

Imagine que tiene una inversión de 100€ al 10% de interés anual, a continuación, se exponen los valores que tomará la inversión para los años en los que está invertida la cantidad inicial:

Tipo	Año 0	Año 1	Año 2	Año 3	Año 4	Año 5	Año 10	Año 20
Simple	100.00	110.00	120.00	130.00	140.00	150.00	200.00	300.00
Compuesta	100.00	110.00	121.00	133.10	146.41	161.05	259.37	672.75

Como se puede notar, a medida que pasa el tiempo ambas cantidades comienzan a separarse cada vez más, en 5 años la diferencia es solo de unos 11 euros, pero al cabo de 20 la cantidad invertida a interés compuesto alcanzaría un valor más del doble que el obtenido a interés simple.

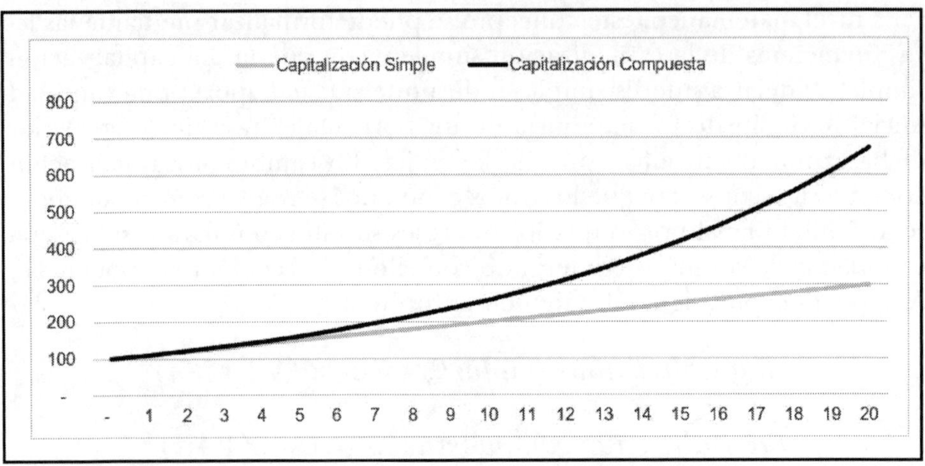

Por tanto, cuando hablamos de capitalización, nos referimos a la operación para trasladar unos flujos de caja del presente hacia el futuro, la operación opuesta es el descuento, el cual trata de traer a valor presente unos flujos que se generarán en una fecha futura. A nivel matemático simplemente bastaría con despejar el valor de la cantidad inicial de las ecuaciones anteriores:

$$Descuento\ simple: C_0 = \frac{C_n}{(1 + i \times n)}$$

$$Descuento\ compuesta: C_0 = \frac{C_n}{(1 + i)^n}$$

Finalmente, se deberá tener en cuenta que normalmente, los activos con una fecha de maduración inferior a un año normalmente son ofertados a tasas de interés simple, como, por ejemplo, se hace en las operaciones de descuento de efectos comerciales. Sin embargo, cuando el plazo supera al año, como sería el caso de las inversiones en bolsa o inversiones empresariales, lo lógico es que estas se realizan mediante el uso de tasas de interés compuesto. Por esa razón, en las herramientas que se van a presentar a continuación se usará la capitalización y el descuento compuesto por ser el más común en ese tipo de operaciones.

Metodologías de análisis de inversiones más comunes

Una vez se ha expuesto el concepto de inversión, los elementos que forman una inversión y como se pueden mover los flujos en el tiempo mediante las operaciones financieras de capitalización y descuento, se van a presentar una serie de herramientas prácticas que pueden servir para evaluar la rentabilidad y liquidez o el riesgo de las inversiones empresariales.

Si comenzamos evaluando la liquidez de una inversión el método más usado es el del Payback tanto en su versión simple como mediante el análisis de los flujos descontados. La idea detrás de un análisis del Payback es estudiar el período de tiempo en el que mediante el cobro de los flujos de una inversión se habrán recuperado los desembolsos iniciales o intermedios realizados en la misma. Cuando una inversión tarde menos tiempo en recuperar la inversión inicial menor será el valor del Payback, medido en tiempo y mayor será la liquidez que otorga la inversión. Por tanto, un buen analista económico-financiero siempre deberá recomendar, a igualdad del resto de condiciones, aquella inversión que tenga mayor liquidez o menor Payback. Analíticamente, el Payback de una inversión se expresa como:

$$Payback\,(n) = \sum_{t=1}^{n} C_t \geq C_0$$

Donde n es la fecha dentro del periodo de inversión t en el esta se mantiene activa. Muchas veces, el resultado no será exacto, es decir, que no coincidirá el fin de un periodo con la fecha de recuperación de la inversión inicial por lo que la fecha verdadera estará entre dicho periodo y el siguiente. Veamos un ejemplo para entender su metodología.

Figura 1.30. Ejemplo de cálculo del Payback

Una inversión inicial de 1000€ ha generado los siguientes flujos, 200 el primer año, 500 el segundo, 200 el tercero, y 400 euros en el cuarto y último año. Podemos construir la siguiente tabla con los flujos y la cantidad neta acumulada:

Año	Año 0	Año 1	Año 2	Año 3	Año 4
Flujos	(1.000)	200	500	200	400
Acumulado	(1.000)	(800)	(300)	(100)	300

Figura 1.30. Ejemplo de cálculo del Payback (cont.)

Como se puede notar, el valor neto de la inversión primero se va reduciendo hasta que en un punto entre el tercer y cuarto año llega a 0 para después comenzar a crecer en sentido positivo. Por tanto, sabemos que el Payback será de entre 3 o 4 años. Para precisar más el tiempo se puede hacer la siguiente operación,

$$Payback = 3 + \frac{100}{400} = 3{,}25\ años$$

Si quisiéramos saber los meses que tardaría simplemente bastaría con multiplicar 0,25 por 12 meses lo que nos daría un resultado de 3 meses. Por tanto, sabemos que el Payback 3,25 años por lo que se tarda en recuperar la inversión 3 años y tres meses.

En muchas ocasiones, sobre todo cuando se deben computar un mayor número de flujos o estos están mucho más separados en el tiempo puede resultar de interés calcular el Payback descontado, de esta manera se tendrá en cuenta el valor temporal del dinero a la hora de hallar el plazo de recuperación de la inversión. Como los flujos deberán descontarse, será menores tardándose más recuperar la inversión. Es por ello, que el Payback descontado siempre será mayor que el Payback general. Para ver dicho efecto, retomemos el ejemplo anterior.

Figura 1.31. Ejemplo de cálculo del Payback descontado

Imaginemos que tenemos los mismos flujos que en el ejemplo anterior, pero cree que debido a la inflación, el valor real de esos flujos no será el mismo en el futuro, por lo que decide aplicar un descuento del 2% a los flujos. Quedando la siguiente tabla con los flujos descontados y su valor acumulado neto, analizado en el presente. Es decir, las cantidades serán trasladadas a valor presente, por ello las del año 1 se descontarán un año y luego dos y así sucesivamente. Por ello, el efecto de descuento es cada vez mayor conforme más dura la inversión.

Año	Año 0	Año 1	Año 2	Año 3	Año 4
Flujos	(1.000)	200	500	200	400
Flujos descontados	(1.000)	196,08	480,58	188,46	369,54
Acumulado	(1.000)	(803,92)	(323,34)	(134,87)	234,67

.

Por tanto, aplicando la misma formula que en el ejemplo anterior, se tiene que:

$$Payback = 3 + \frac{134{,}87}{369{,}54} = 3{,}36\ años$$

Por tanto, en términos reales la inversión se recuperaría en un plazo algo superior equivalente a 3 años 4 meses y 10 días aproximadamente

Una vez se ha evaluado la liquidez de una inversión se puede analizar su resultado, es decir, si esta será capaz de generar un beneficio o no. Para ello, la metodología más extendida se basa en el cálculo del Valor Actual Neto (VAN) de una inversión. El VAN indica la cantidad de beneficio o pérdida que una inversión general a lo largo del tiempo. Este podrá tomar cualquier valor positivo o negativo, y se expresará en las unidades monetarias en las que se esté valorando la inversión. Un VAN negativo siempre deberá ser descartado por un analista, cuando se compare entre dos inversiones con un VAN positivo, a igualdad en el resto de las condiciones se deberá elegir siempre aquella inversión que reporte el mayor valor actual neto. Para realizar su cálculo se seguirá un procedimiento similar a los anteriormente comentados, se deberán conocer todos los flujos de la inversión, descontarlos a una tasa de descuento predeterminada (aunque esta puede variar en el tiempo) y deberán sumarse todos los valores acumulados para obtener un resultado. Matemáticamente se puede expresar de la siguiente forma:

$$VAN = -C_0 + \sum_{t=1}^{t} \frac{C_t}{(1 + i_t)^t}$$

$$VAN > 0\text{: } Inversión\ rentable$$

$$VAN < 0\text{: } Inversión\ con\ pérdidas$$

Es decir, es VAN es igual al flujo inicial en negativo más la suma de todos los flujos generados por la inversión posteriormente, descontados a una tasa predeterminada la cual puede ser constante o variable en el tiempo. Por ejemplo, en el caso de muchos préstamos hipotecarios en España, el tipo de interés pagaderos es variable debido a que se fija a un índice que fluctúa en el tiempo como el Euribor, al que se suele aplicar algún diferencial. En el siguiente caso práctico, podrá ver como se calcula el VAN para comparar dos inversiones.

Figura 1.31. Ejemplo de cálculo del Payback descontado

Imagine que es usted el encargado de aperturas para una cadena mundial de elaboración de cafés de especialidad y está evaluando dos opciones de inversión para apertura de un nuevo local en dos ciudades. La inversión inicial y los flujos del primer año son iguales en ambos casos, sin embargo, en la ciudad A, la gente tiene una mayor preferencia por el Café por lo que estima que los flujos iniciales de 100 mil euros aumenten en un 5% en la ciudad A y a un 2% en la B. Por el contrario, al estar más demandada la financiación en la ciudad A, deberá pagar una tasa de interés del 2% en los tres primeros años y después del 4% en los años 4 y 5 mientras que la ciudad B, el coste de financiación será de un 3% todos los años. En ambos casos la inversión inicial será de 300 mil euros. Al final del año 5 se planteará realizar un traspaso vendiendo el negocio por un valor 500 mil euros equivalentes en ambas ciudades.

Con esta información, se puede comenzar a construir la tabla con los flujos de los 5 años, y las tasas de descuento aplicadas

Año	Año 0	Año 1	Año 2	Año 3	Año 4	Año 5
Crecimiento de A	-	-	+5%	+5%	+5%	+5%
Descuento de A	-	2%	2%	2%	4%	4%
Flujo de A	(300)	100	105,00	110,25	115,76	621,55
Crecimiento de B	-	-	+2%	+2%	+2%	+2%
Descuento B	-	3%	3%	3%	3%	3%
Flujo de B	(300)	100	103,00	106,09	109,27	612,55

Una vez se tienen los flujos se puede proceder a descontarlos y sumarlos usando la fórmula del VAN por lo que se obtiene:

Figura 1.31. Ejemplo de cálculo del Payback descontado

Opción A

$$VAN = -300 + \frac{100}{(1+2\%)^1} + \frac{105}{(1+2\%)^2} + \frac{110{,}25}{(1+2\%)^3} + \frac{115{,}76}{(1+4\%)^4} + \frac{621{,}55}{(1+4\%)^5} = 612{,}67$$

Opción B

$$VAN = -300 + \frac{100}{(1+3\%)^1} + \frac{103}{(1+3\%)^2} + \frac{106{,}09}{(1+3\%)^3} + \frac{109{,}27}{(1+3\%)^4} + \frac{612{,}55}{(1+3\%)^5} = 616{,}74$$

Como se puede observar, a pesar de que las condiciones en el mercado de la ciudad A parecían mejores ya que los flujos generados por el negocio tenían un crecimiento mayor, las condiciones de financiación que afectaban a tasa de descuento eran peores y el hecho de que en los últimos años, cuando más afecta la tasa de descuento se situarán los flujos más grandes debido al traspaso del negocio y además las condiciones de financiación se recrudecieran han acabado situando a la apertura en ciudad B como una inversión que generará unos 4 euros más de valor.

Además del VAN, a veces se suelen utilizar como indicadores más sencillo el índice de rentabilidad y el crecimiento porcentual de la inversión el cual además se puede anualizar usando la fórmula de la capitalización compuesta antes vista. El índice de rentabilidad se calcula como el cociente entre el valor final de la inversión y el valor inicial de forma que se tendrá información acerca de en cuantas veces supera el valor final a la inicial, por ejemplo, un índice de 2 indica que se ha duplicado el valor de la inversión. De esta forma:

$$\text{Índice de rentabilidad} = \frac{Valor\ final}{Valor\ incial} = \frac{C_n}{C_0}$$

$$Variación\ porcentual = \left(\frac{Valor\ final}{Valor\ incial} - 1\right) \times 100 = \left(\frac{C_n}{C_0} - 1\right) \times 100$$

Finalmente, ese crecimiento porcentual total se puede anualizar como una tasa de interés compuesto obteniendo lo que se llama tasa de crecimiento anual compuesto (CAGR, por sus siglas en inglés) de la siguiente forma:

$$CAGR = \left(\frac{C_n}{C_0}\right)^{1/n} - 1$$

Finalmente, otras de los elementos que se pueden evaluar en una inversión será el riesgo, en este sentido existen diversas metodologías las cuales se basan principalmente en uso de la estadística y la probabilidad a los modelos financieros en los que se evalúan inversiones. Es por esta razón que simplemente se comentarán cuáles son los principales modelos actuales, pero no profundizaremos en los detalles de dichos métodos ya que previamente sería necesaria la explicación de diversos conceptos de carácter matemático y estadísticos que abarcan más allá de las motivaciones de este libro.

En general, cualquier modelo que mida el riesgo suele basarse en el análisis de la varianza de un suceso, si usted no ha cursado estadística antes, puede entender el concepto de varianza como la amplitud que pueden tomar los resultados de un experimento. Por ejemplo, si usted hierve agua sabe que, al ser un fenómeno físico no aleatorio, el punto de ebullición se situará siempre a 100 grados centígrados. Sin embargo, piense en los ingresos de una empresa como un fenómeno aleatorio. La empresa realiza su actividad y a final de año reporta un ingreso, normalmente se dispondrá de series históricas de datos que le permitirán saber por donde se moverán los ingresos del próximo año, pero no sabe con exactitud que cifra alcanzarán. Si, por ejemplo, la empresa lleva ingresando de media 3 millones de euros anuales, parecería poco probable que el año siguiente facture 500 mil euros. Una cifra como 2,7 o 3,5 millones resultaría más factible. Para poder tener una idea de como de amplio será ese rango de valores que tomarán los ingresos o cualquier otra variable empresarial como los flujos de caja, deberá conocerse la varianza y la desviación típica que tiene según los datos históricos de los que se dispone.

¿Y qué sucede cuando no hay datos anteriores disponibles? En ese caso, la empresa deberá asumir un mayor riesgo que normalmente debería ser compensado con una muy amplia rentabilidad. Este es el modelo que siguen las empresas de Venture Capital o Capital Riesgo que invierten en Start-ups las cuales en muchos casos solo tienen una oferta mínima viable o producto mínimo viable, sin una base de clientes real. Ante esos casos, una gran mayoría de las inversiones acaban dando resultados negativos, pero con que una de ellas logre prosperar acabaría cubriendo las pérdidas del resto y generando unos sustanciales beneficios para los inversores.

Partiendo de este principio de que el riesgo de una inversión se puede modelizar usando métodos basados en la varianza de un suceso.

Uno de los métodos más extendidos el método VAR (Value at Risk) o valor en riesgo, el cual analiza cual es valor máximo que se podría perder en una inversión, teniendo en cuenta factores como la volatilidad del mercado, los rendimientos que va a generar la inversión y otras condiciones probabilísticas.

Un breve comentario sobre la medición del riesgo tiene que ver con la fiabilidad de los modelos de predicción, si estos ayudan a tomar mejores decisiones, no siempre ofrecen las respuestas óptimas por lo que siempre debería ir acompañadas de la revisión en base a la información cualitativa del negocio y del mercado que tenga el propio analista. Muchas veces, el riesgo de una inversión se puede reducir si estamos seguros y tenemos experiencia en el sector en el que se va a realizar, el tipo de proyectos en las personas involucradas desde el equipo directivo encargado de la empresa o proyecto como de los potenciales clientes. Piense en la crisis hipotecaria de 2008, por entonces, las grandes firmas financieras, los bancos centrales y los observatorios económicos contaban con las herramientas más avanzadas de predicción de resultados y medición del riesgo, y, sin embargo, todos recordamos las trágicas imágenes de personas perdiendo sus casas o puestos de trabajo. Los modelos no supieron ver más allá de las cifras, y es lógico porque no lo hacen. Los gestores de riesgos de muchas de las entidades que se vieron afectadas solo veían que las ventas de hipotecas iban al alza junto al precio de la vivienda y que sus bonos "basura" no tenían riesgo porque deberían dejar de pagar las hipotecas miles de personas para entrar en zona de grandes riesgos. Digamos que creían estar seguros de lo que iba a pasar pero como se predica en la cita de Mark Twain que parece al inicio de la película The Big Short: "*No es lo que desconoces lo que te mete en problemas. Es lo que sabes con seguridad, pero no es cierto*".

Evaluación de inversiones corporativas

Hasta el momento, los ejemplos de inversiones que hemos mencionado trataban sobre nuevas tiendas, inversiones en bonos u en otros activos financieros. Pero que sucede cuando lo que se quiere adquirir como inversión es una empresa. ¿Cómo se sabe cuánto vale una empresa?

La respuesta es más simple de lo que usted piensa, podemos entender a una empresa como una máquina en la que un inversor pone unas inversiones iniciales que a lo largo del tiempo irán reportándole unos pagos, o flujos de caja, llamados dividendos. Además, si la empresa cotiza en bolsa, u existe otra empresa interesada en comprarla, tendrá la oportunidad de obtener ganancias mediante la revalorización de sus participaciones en la empresa. Básicamente, esta es la forma más común en la que los fundadores de las grandes empresas internacionales amasan fortunas millonarias. En un principio invirtieron unos miles de euros en su compañía, pero cuando salen a bolsa estas alcanzan un valor de mercado o capitalización bursátil, de miles de millones. Ahora esas participaciones en el capital de la empresa son la mayor partida dentro del balance personal del fundador.

Precisamente, la capitalización bursátil es la primera forma que se podría abordar para conocer el valor de la empresa. Simplemente se debe mirar cuanto vale la acción en un momento determinado y multiplicarlo por el número de acciones existentes.

Capitalización bursátil = Precio de la acción × Nº de acciones en circulación

Sin embargo, se habrá dado cuenta del principal inconveniente de esta metodología, que precisamente la inmensa mayoría de las empresas no cotizan en ninguna bolsa. Por tanto, sus títulos carecen de un mercado donde oferentes y demandantes acaben fijando un precio. En estos casos, se deberá recurrir a otros métodos que nos permitirán conocer si el valor que se va a obtener al finalizar la inversión justifica el precio que se va a pagar por ella, lo cual no es sino nuestra inversión inicial. Además, incluso si la empresa que vamos a analizar cotizara en bolsa, también le serían de utilidad conocer estos otros métodos que le permitirán mantener una visión más objetiva frente al valor que le otorga el mercado. Piense, por ejemplo, en como muchas veces el valor de mercado de una empresa difiere y algunas veces multiplica, al valor del patrimonio neto registrado en los libros contables. Ya se comentó que esa diferencia podría ser lo que se conoce como fondo de comercio o *goodwill,* pero además podría ser el valor material que tienen los inversores sobre la capacidad que tiene la empresa de seguir ejerciendo su negocio de una forma viable y con un crecimiento sostenido. Aunque, como hemos dicho, muchas veces el mercado se equivoca y de ahí la necesidad de realizar análisis objetivos basados en los datos del negocio.

Entre los principales métodos para valorar una empresa, se pueden señalar tres, que en orden de menor a mayor precisión o fiabilidad y complejidad del modelo podrían ordenarse como el Análisis de Transacciones Comparables, Análisis por múltiplos o ratios y Descuento de flujos de caja. Que los primeros análisis sean menos complejos que el anterior no quiere decir que estos carezcan de complejidad alguna, ya que en todos ellos se deberán asumir diversos supuestos sobre el negocio, que requieren un amplio conocimiento del mercado y del funcionamiento interno de la empresa en la que se desea invertir.

El Análisis de Transacciones Comparables, conocido en el argot anglosajón de banca de inversión como "Comps", se basa en la simple idea de analizar por que precios se han vendido en un mercado similar, empresas similares a la que estoy interesado comprar. Si ponemos el ejemplo de una vivienda, seguro que le parecerá razonable la afirmación que indica que, si en el centro de su ciudad los pisos se venden a 500.000 euros de media, usted crea que pedir una cifra alrededor de dicho precio sea razonable. Pues lo mismos sucede con una empresa. Visto de esa manera, sería muy sencillo valorar cualquier empresa, simplemente accediendo a cualquier registro de carácter mercantil o base de datos financiera online podría filtrar por un sector económico, y hallar la media de la venta de últimas compraventas de empresas en un área geográfica determinada o a nivel global. Por ejemplo, imagine que está interesado en valorar una compañía como Inditex cuya sede social están Galicia, España. Por ejemplo, podría revisar el valor medio de las compraventas de empresas vendedoras de textil en la región, y obtener un valor de compra. Sin embargo, le adelanto que obtendría un resultado muy pobre, tal vez haya habido ventas y traspasos de empresas por unos cientos de miles de euros o quizá millones, pero nada semejante al valor de Inditex. Aunque el ejemplo, anterior sea exagerado, este es el principal error que se comete cuando se realizan este tipo de análisis, no saber delimitar lo que se entiende por similar o comparable.

Volvamos al ejemplo de la vivienda. Tal vez, crea conveniente afinar su filtro para tener una valoración más realista, por ejemplo, se centrará solo en los pisos y eliminará los apartamentos, estudios y adosado que pueden tener precios distintos a pesar de estar en la misma zona. Además, considerará solo pisos de entre 100 y 150 M2 ya que es la superficie más parecida al que usted está valorando, además intentará quedarse con una lista más pequeña de aquellos que tengan el mismo número de habitaciones, cuartos de baño, plaza de garaje etc. De esa forma, tal vez haya reducido su muestra a en cientos de viviendas, pero estará trabajando con una media mucho más comparable que la anterior. Pues el mismo proceso se debe hacer con una compañía, empezando por el sector de actividad, y distinguiendo por el producto o servicios concreto que brida la empresa, más, además, afinará el análisis para que se trate de empresas que tengan un rango de facturación similar, y márgenes relativamente parecidos entre otras cosas. En este punto se debe mencionar una de las desventajas de este tipo de análisis, cuanto más concreto o específico quiera que sea su lista de transacciones, más corta será o incluso no habrá transacciones recientes para ese tipo de empresa o no serán públicas. Por tanto, deberá estimar que aproximaciones son las más oportunas en ese balance entre especificidad y tamaño de la muestra.

Antes de poner un ejemplo sobre esté método será conveniente comentar la valoración por múltiplos ya que en muchos casos, además del valor total de la transacción a veces se usan ciertos múltiplos cuando no se encuentran empresas con magnitudes financieras similares.

La valoración por múltiplos es aquella que se basa en la aplicación de ratios que relacionan normalmente algún indicador del precio de la compañía (capitalización bursátil, precio de la acción, valor de empresa (o EV Enterprise value…) con otra métrica financiera que puede ser tanto un flujo (ingresos, EBITDA, beneficios netos o beneficios por acción…). De esta manera, aplicando una simple regla de tres se puede aplicar el múltiplo a los datos financieros de la compañía y así obtener su valor.

Entre los principales múltiplos de valoración de empresas se pueden encontrar los siguientes. En primer lugar, se puede mencionar el PER o P/E (Price to Earnings) o relación Precio Beneficio. Este indicador divide el precio de la acción o la capitalización bursátil entre los beneficios por acción o el beneficio neto de la compañía tal y como se muestra a continuación:

$$P/E = \frac{Valor\ de\ mercado\ del\ capital}{Beneficio\ Neto}$$

Se trata de un múltiplo apalancado, es decir, que tiene en cuenta el efecto del apalancamiento de la empresa al haberse deducido los gastos financieros para obtener el beneficio neto. Por tanto, se trata de un múltiplo pensado para los inversores en el capital de la empresa, por ejemplo, sería de utilidad para una empresa que está evaluando la adquisición de un paquete de acciones en una compañía cotizada.

Por su parte, el siguiente múltiplo más comúnmente utilizado sería el Enterprise Value / EBITDA o EV / EBITDA, el cual indica la proporción que guarda el valor de empresa con los ingresos de explotación de la compañía antes de deducir los intereses los impuestos las depreciaciones o amortizaciones de activos. De esta forma:

$$EV/EBITDA = \frac{Valor\ de\ empresa}{EBITDA} = \frac{Valor\ de\ mercado\ capital + Deuda - Caja}{EBITDA}$$

Este múltiplo, por el contrario, sería no apalancado al usar cifras como el EBITDA las cuales no presentan las deducciones generadas por la actividad financiera de la compañía. El valor de empresa es una medida que tiene en cuenta toda la estructura financiera de la empresa ya que añade el valor del capital, de la deuda y elimina el efectivo sobrante que podría cancelar la deuda a corto plazo con un vencimiento cercano. De esta se adopta una valoración que muestra como la empresa genera flujos tanto para sus inversores como para los acreedores. Desde el punto de vista de una empresa de capital privado o Private Equity o para una adquisición empresarial en la que la compañía no cotiza en bolsa, es un dato estratégico ya que, además del capital, parte del precio de la empresa, es la deuda que el inversor deberá pagar al pasar a ser dueño de la empresa. Además, otra visión que justifica la inclusión de la deuda neta es que la compañía podría estar operando con un alto apalancamiento por lo que gran parte de la generación del EBITDA ha sido mediante el uso de recursos ajenos y no propios.

Es importante mencionar, que generalmente, en una empresa rentable, el P/E normalmente será superior al EV/EBITDA. Si la empresa no tuviera nada de apalancamiento, el numerador sería el mismo en ambos lados, aunque como el EBITDA es mayor que el beneficio neto, el P/E será mayor al tener un denominador inferior.

A veces, los analistas pueden estar preocupados por el crecimiento que va a tener la empresa, lo cual no se estaría midiendo con las ratios anteriores. Por ello, desde que el famoso inversor estadounidense Peter Lynch popularizara su uso la ratio PEG ha sido cada vez más usado en empresas con un alto crecimiento y P/E muy altos como los de la industria de la alta tecnología. La ratio utiliza el crecimiento medio de los beneficios para así ponderar su valoración actual, así:

$$PEG = \frac{P/E}{Tasa\ de\ crecimiento\ del\ beneficio\ neto}$$

De esta forma se consigue ponderar el P/E de la compañía con su crecimiento, si una empresa tiene entonces, un PE alto, pero un PEG entorno a la unidad, se podría afirmar que aunque parezca que es cara, el inversor estaría pagando un alto precio en relación a los flujos que está generando actualmente la empresa, la evolución pasada de esos beneficios por acción, así como sus expectativas de crecimiento estaría justificando dicho precio.

Por último, otro de los múltiplos más conocidos, aunque de menor uso y popularidad es el P/B (Price to Book) que mide la relación entre el precio de mercado del capital de la empresa y su valor en los libros contables, concretamente en el balance.

$$P/B = \frac{Capitalización\ Bursátil}{Patrinomonio\ Neto}$$

Esta medida permite tener presenta como de cerca o lejos están los valores contables, los cuales son los más fiable o seguros, de la percepción del mercado respecto al valor de la empresa. Por ejemplo, podría darse el caso de que haya empresas minusvaloradas por los inversores con P/B o P/E muy bajos pero que según los datos de su negocio podrían tener unos múltiplos mayores. Sin embargo, no siempre un P/B inferior a la unidad es una buena señal, y se estaría adquiriendo la empresa por menos de lo que vale a nivel contable. En muchos casos es el proprio mercado quien adelanta los resultados debido a que cree que la empresa seguirá manteniendo una mala racha que hará que su capital se vea reducido, por ejemplo, tras acumular importantes pérdidas.

De nuevo, una vez presentados los principales múltiplos de valoración se comentarán dos casos prácticos para profundizar el aprendizaje de los métodos de valoración por transacciones comparables precedentes y por múltiplos. Pero antes de ello, se debe recalcar de nuevo la importancia que tiene la comprobación de los supuestos de similitud entre empresas. Cuando se usan múltiplos se está valorando a una empresa con el múltiplo de otra o con una media del sector, por lo que las empresas que se incluyan en la lista tendrán una clara influencia sobre el valor final de la empresa. Por ejemplo, no tendría ningún sentido usar el múltiplo de Google para valorar el precio de las acciones de Inditex ya que se trata de empresas en sectores diferentes y con modelos de negocio completamente distintos. Por tanto, a mayor calidad en la selección de los comparables y la exposición de los supuestos mayor precisión tendrá el análisis.

Figura 1.32. Ejemplo de estimación del valor de una empresa por el método de Transacciones Comparables

Imagine que trabaja en una empresa de comercio mayorista de mariscos y pescados. Concretamente en el departamento encargado de las finanzas corporativas. En el nuevo plan estratégico aprobado, se ha señalado la necesidad de consolidar la presencia en la costa mediante la adquisición de los negocios mayoristas existentes más pequeños. Como ya vienen realizando este tipo de operaciones, usted tiene una lista de las últimas transacciones que ha hecho la compañía en la zona. Lo que le servirá para valorar a la empresa MarGourmet, para la que tiene que fijar un precio.

Empresa	**Valor de empresa (M€)**	**Valor del capital (M€)**	**EBITDA (M€)**	**Beneficio Neto (M€)**
FreshSeafood	6	4	2	0,8
MarLand	9	7	3	1
PecadosSur	7	5	2,5	1
Cangrejo Dorado	10	8	4	2
Media	**8**	**6**	3	1,33

Según dicha lista, se puede comprobar como de media su empresa ha pagado unos 8 millones de euros por las últimas transacciones empresariales que realizó en términos de valor de empresa y unos 6 millones si se atiende al capital adquirido.

Como se trata de una adquisición con el objetivo de fusionar la sociedad a su empresa, usted estará interesado en adquirir MarGourmet en términos de Valor de Empresa o Enterprise Value.

Figura 1.32. Ejemplo de estimación del valor de una empresa por el método de Transacciones Comparables (cont.)

Eso será debido a que cuando adquiera las empresas deseará cancelar la deuda neta directamente quedándose así con los activos netos de la compañía y pudiendo integrarlas en su empresa sin que el apalancamiento de su empresa (la compradora) se vea aumentado.

Por tanto, según las anteriores transacciones usted cree que, para comenzar, un buen precio de adquisición debería moverse alrededor de los 8 millones de euros. Sin embargo, usted cree que la cifra puede precisarse más ya que actualmente conoce que el EBITDA generado por MarGourmet es de 6 millones de euros, cifra la cual es significativamente superior a la de las anteriores transacciones. Por ello, una oferta de 8 millones podría parecer insuficiente.

Frente a esto, una solución sencilla sería analizar los múltiplos EV/EBITDA a los que se cerraron las otras operaciones obteniendo la siguiente tabla:

Empresa	**EV/EBITDA**
FreshSeafood	2.5
MarLand	2.7
PecadosSur	2.8
CangrejoDorado	2.3
Media	**2.5**

Como se puede observar, de media se ha pagado un múltiplo de unas 2,5 veces EBITDA por lo que aplicando la media al EBITDA de la compañía se obtendría un total de 15 millones de euros. Por ello, basándose en lo que se ha pagado de media por ese tipo de empresas, se podría justificar una oferta de dicha cantidad.

Figura 1.33. Ejemplo de estimación del valor de una empresa mediante el uso de múltiplos

Imagine que su empresa está valorando la posibilidad de invertir en las acciones de una compañía automovilística con el objetivo de mantener las acciones a medio plazo. En concreto está interesada en la compra de acciones de la empresa ABC Cars que actualmente cotiza por 20€ la acción. Además, según el último informe de resultados, sabe que la empresa obtuvo unos beneficios por acción de 2 euros, un 7% más que el año anterior.

En base a esa información usted puede deducir el múltiplo P/E que está pagando la empresa así como el PEG ponderando de esa forma el crecimiento del negocio. Así:

$$P/E = \frac{20}{2} = 10$$

$$PEG = \frac{10}{7} = 1{,}42$$

Por ello, sabemos que ahora mismo, el mercado está valorando la empresa a 10 veces sus beneficios, visto de otra manera, la inversión a ese precio y manteniendo constantes los beneficios tendría un Payback o periodo de amortización de 10 años (debería cobrar esos flujos 10 veces para ingresar lo equivalente a lo que invirtió).

Figura 1.33. Ejemplo de estimación del valor de una empresa mediante el uso de múltiplos (cont.)

Por otra parte, el crecimiento en los beneficios ha sido considerable, por lo que si las expectativas de su mantenimiento son estables, se podría decir que con un PEG del 1,42 el precio estaría bastante compensado por el crecimiento esperado, es decir, parte de esa alta valoración se debe a que la empresa está teniendo un importante crecimiento y se cree que se vaya a mantener así en el futuro.

Sin embargo, para estar más seguro de que valor objetivo tiene la empresa, recurre a revisar la información de otros fabricantes de vehículos europeos obteniendo la siguiente información disponible en sus páginas webs o en los portales de las bolsas de valores:

Empresa	**Precio acción (€)**	**BPA (€)**	**P/E**
Mercedes	54	10,75	5
Volvo	26,41	24,46	1,08
Renault	33,88	2,72	12,45
Grupo Stellantis	8,22	2,48	3,31
Porsche	46,32	0,43	107,72
Ferrari	408,4	8,46	48,28
Media	**96,21**	**8,21**	**29,64**

Si ahora se aplicase la media del sector que se ha estimado, se obtendría un valor para la empresa de:

De forma que si usted compra a 20 podría obtener una revalorización potencial del 196,4%. ¡Menudo resultado! Sin embargo, recuerde que la clave de esté tipo de análisis es saber que se comparan peras con peras y manzanas con manzanas. La empresa ABC Cars produce coches de gama media, principalmente utilitarios y alguna berlina de gama media alta similar a los vehículos de mercedes. Por ello, no parecería aconsejable incluir empresas como Porche o Ferrari, las cuales en muchos casos están mejor situadas en el sector del lujo que en el de la automoción general. Si elimina ambas empresas de la lista, entonces se obtiene el siguiente múltiplo:

Media Nueva	30,62	10,11	5,46

Ahora se puede observar como el múltiplo se ha reducido significativamente, de hecho, pasaríamos de prácticamente duplicar el valor de la inversión a obtener 10,92 euros por la acción, es decir, un 45% menos de su precio actual. A pesar de ello, esta información podría seguir completándose, tal vez se podrían añadir más fabricantes, y tratar de filtrar por aquellos cuyos modelos y rango de precios de venta fueran más parecidos, además se podría ampliar la lista y analizar a fabricantes americanos o asiáticos e igualmente, tratar de evaluar los crecimientos medios de los beneficios por acción para poder definir una valoración aún más precisa. El objetivo, es obtener una buena lista de empresas comparables, que esté consensuada por el resto del equipo inversor y que permita obtener una valoración lo más objetiva posible, piense que aunque los mercados no son eficientes todo el tiempo, las oportunidades de duplicar sus ingresos no son tan comunes, por lo que siempre trate de completar su análisis un paso más para evitar que grandes oportunidades a priori, se conviertan en grandes pérdidas.

Finalmente, el último de los métodos de valoración de la inversión en una compañía y el que tiene reconocida una mayor precisión en el mundo académico y de negocios es el método del descuento de flujos de caja. A pesar de ser la más compleja como ahora se comentará, es la que más parámetros del negocio evalúa y eso le aporta un grado de realismo al análisis que el resto de los métodos no alcanza a tener. De forma sencilla, un descuento de flujos de caja se asemeja bastante al uso del VAN ya que está tratando de valorar directamente la capacidad de la empresa para generar flujos de caja.

Un análisis de descuento de flujos de caja tiene la ventaja de que se puede realizar sin necesidad de usar la información de compañías comparables. Por tanto, es un método ventajoso cuando la compañía no cotiza en bolsa o no se tiene una lista de compañías o transacciones precedentes que puedan ser similares. Un análisis de descuento de flujos de caja se puede realizar siguiendo los siguientes pasos:

- Proyección de los flujos de caja:

En este sentido, tal y como se comentó para el caso de los múltiplos, se pueden hacer proyecciones con o sin apalancamiento. Todo dependerá de que flujo de caja se esté usando para realizar la predicción. Si se usan los flujos de caja libres, que son aquellos que la empresa genera una vez realizados los pagos derivados de inversión y financiación se estará realizando un análisis apalancado, es decir, se está teniendo en cuenta una estructura de financiación dada. En cambio, si solo se predicen los flujos de caja operativos menos las salidas de efectivo para inversión se estarán haciendo un análisis no apalancado que permitirá obtener al final el valor de empresa en lugar de el valor del capital. La principal ventaja de un análisis no apalancado es que se podrán variar las estructuras de capital tras haber proyectado los flujos, mientras que en un análisis apalancado estos no se podrán cambiar directamente debiendo volver a proyectar los flujos cada vez que se desee cambiar la estructura de financiación.

Para la realización de las proyecciones se deberán tomar una serie de asunciones basadas en la información del mercado y el conocimiento que se tenga sobre la empresa y la industria. A medida que el modelo de negocio tenga unos flujos más estables y predecibles más precisa será la predicción. Por ejemplo, empresas con un modelo de negocio basado en la suscripción a un servicio presentan predicciones más fiables que empresas en sectores donde muchas variables fluctúan como empresas muy diversificadas o que dependen excesivamente de variables externas como el precio del petróleo, contratos gubernamentales etc.

Asimismo, las proyecciones se pueden realizar de diversas, formas, ya sea aplicando tasas de crecimiento constantes para algunas variables o incluso estimado el valor de cada variable año a año. Además el modelo puede ser tan simple como una cuenta de resultados en la que se predicen las ventas y se estiman los márgenes que va a tener las compañía, además de sus necesidades de inversión (CAPEX) para obtener el Cash Flow, o se realizan modelos más complejos en los que pueden intervenir los tres principales estados financieros, para tener en cuenta, niveles de deuda pendientes, futuras necesidades de amortización, y donde se dividen las fuentes de ingresos por unidad de negocio o por línea de venta. Los que más complejidad muestran son aquellos que además de la información interna de la compañía, añaden variables de mercado respecto a volúmenes previstos, poder adquisitivo de sus clientes, evolución del tique medio de compra. Como se observa, el modelo podría llegar a ser una copia matemática de la empresa, sin embargo, eso requería una gran cantidad de tiempo y una muy alta capacidad de computación, siendo tal vez igual de preciso que un modelo mucho más sencillo. Es precisamente en este punto donde entra en juego la calidad del analista, el cual debe tener claras qué variable serán las verdaderamente importantes en un negocio y cuáles no necesitan de una predicción tan fina. Por ejemplo, en una empresa de suscripción como Netflix, un buen analista sabe que hay dos variables clave para predecir las ventas que deberán ser estudiadas con profundidad, las tasas de crecimiento de nuevos clientes y las tasas de cancelaciones de las suscripciones o *churn* (en inglés). Evaluar la masa de clientes activa será mucho más importante en una empresa como Netflix que tener en cuenta el efecto de las amortizaciones del activo tangible.

Finalmente, respecto al número de periodos para los que se realizará la predicción cuanto más largo sea más posibilidad de cometer grandes errores se tendrá, por tanto normalmente se predicen unos cinco años y se añade un valor terminal o de salida.

- Estimación del valor terminal:

Por valor terminal se entiende el valor que tendrán el resto de los flujos de caja que genere la empresa más allá del último año de predicción y que se considera que es a perpetuidad. Para hallar el valor terminal se suelen usar dos métodos, el de cálculo de rentas a perpetuidad y el de múltiplo de salida. El primero sería aquel que refleja la suma de los infinitos flujos que la compañía generará y que se creen que crecerá de forma constante a una tasa determinada y deberán ser descontados a otra tasa, que puede ser el WACC u otra que se decida. A esta ecuación se la conoce también como modelo de crecimiento de Gordon y se expresa de la siguiente forma:

$$Valor\ terminal = \frac{FC_n \times (1+g)}{r-g}$$

Donde es el flujo de caja del último año predicho, es la tasa de crecimiento constante de los flujos de caja asumida y una tasa de descuento perpetua que puede ser el WACC o alguna otra que se asuma por el analista. Cuanto mayor sea el crecimiento para una tasa de descuento dada mayor será el valor terminal, aunque se asume teóricamente que este valor nunca será mayor al de la tasa de descuento de forma el denominador siempre sea positivo.

El otro método para hallar el valor terminal es mediante el cálculo de un múltiplo de salida que se aplicará a las cifras proyectadas para el último año, es decir, si se asume un múltiplo de x3 veces EBITDA, se usará el EBITDA multiplicado por tres para estimar el valor de empresa terminal que se deberá sumar al valor de los flujos.

- Aplicación del WACC:

Una vez se han estimado una serie de flujos de caja futuros, se deberá descontar para trasladarlos a valor presente. Para ello usaremos la tasa de descuento conocida como WACC o coste medio ponderado del capital.

$$WACC = \frac{PN \times Ke + D \times Kd \times (1 - T)}{PN + P}$$

La fórmula del WACC y su significado ya fue explicado antes en este capítulo, sin embargo, para una mayor profundización en el análisis, también se deberán conocer cuales son los costes del capital propio y de la deuda, es decir, y .

El más sencillo de hallar y que no requiere de grandes estimaciones es el coste de la deuda, este se obtiene como, la media ponderada del coste de los pasivos de una empresa tanto a largo como a corto plazo. Esta información se puede obtener directamente de las cuentas anuales de una compañía. Por ejemplo, si una empresa tienes una estructura de deuda por la que el 70% de su deuda es a largo plazo con un coste del 7% en concepto de intereses y el otro 30% es deuda a corto plazo con un coste del 10%, la media ponderada de ambas cifras será igual a 7,9%. Por tanto, el coste de la deuda se trata de información objetiva que está registrada en los libros de la empresa.

El coste del capital propio, en cambio, es algo más complejo de obtener, ya que debe imputar conceptos como el coste de oportunidad. Uno de los modelos más extendidos para su cálculo es el modelo de valoración de activos de capital CAPM (Capital Asset Pricing Model) el cual sigue la siguiente estructura:

$$Ke = R_f + \beta \times (R_m - R_f)$$

La anterior ecuación indica que la rentabilidad exigida por los inversores dependerá de varias variables la rentabilidad de los activos libres de riesgo , como podrían ser los bonos del tesoro del estado en el que cotiza la empresa. Por ejemplo, en la zona euro se suelen usar al bono alemán y en Estados Unidos a los bonos del tesoro. Además, también dependerá de la rentabilidad media del mercado o del sector, , por ejemplo, si se analizan empresas cotizadas del sector de la alimentación se podrá evaluar el rendimiento medio que han tenido sus acciones en los últimos años. En cambio, si no se cuenta con información bursátil en el análisis se pueden usar medidas de rentabilidad como el ROE medio del sector o de los principales competidores. Finalmente, para tener en cuenta el riesgo, se usa una medida de riesgo que es la beta, , la cual indica como de variable es el valor de la empresa con respecto al del mercado. Por ejemplo, para una empresa del IBEX-35, se podría analizar la varianza de su valor y compararla con la varianza del índice mediante una ratio, de forma que, si es mayor a 1, la empresa presenta un mayor riesgo que el mercado, por lo que deberá de aumentarse la prima exigida por los inversores, aumentando el coste del capital propio, pero una beta inferior a la unidad reduciría esa prima, haciendo que los inversores exijan un menor rendimiento debido a la menor volatilidad.

- Computación del descuento y comparación con el precio actual:

El último paso, consistirá en el cómputo de los flujos de caja actualizados según el WACC, lo que sumado al valor terminal que se haya estimado ofrecerá, o bien un valor del capital de la empresa o bien el valor total de empresa si se ha realizado un análisis no apalancado. En este caso, deberá restarse la deuda para obtener el valor del capital y el precio de las acciones. Una vez se tiene esa cifra, simplemente deberá comprarse con el precio actual de la compañía en caso de que cotice para saber si nuestra valoración se superior o inferior. Cuando El precio de las acciones sea mayor que el precio de la valoración de flujos de caja diremos que la inversión tendrá perdidas o un VAN negativo ya que para adquirir la empresa, se debería invertir su precio actual a cambio de unos flujos que actualizados a valor presente resultan inferiores a lo que se está pagando por adquirir el derecho a cobrar esos flujos en forma de dividendos o revalorización del precio de la empresa. En caso de que la empresa no cotice, la información que se ha obtenido permitirá comprar la valoración con el precio al que la empresa desea venderse o hacer una oferta basada en datos objetivos si esta sale a subasta.

Antes de terminar el apartado con un caso práctico, conviene mencionar dos aspectos relevantes acerca de los métodos de valoración de empresa que se han explicado. En primer lugar, no se trata de métodos excluyentes, es decir, perfectamente se podría complementar un análisis de flujos de caja con los otros dos análisis para así tener una mayor seguridad respecto al valor que se otorga a la compañía. Si, por ejemplo, se llega a valoraciones parecidas por los tres métodos, indica que se tiene una valoración bastante sólida, mientras que valoraciones dispares podrían estar señalando errores en las asunciones o el cálculo de las proyecciones que se hagan. Asimismo, cuando se hacen este tipo de análisis, es muy recomendable tener siempre en mente una visión de negocio y no solo financiera, ya que al final, los modelos está claro que funcionan, son simples matemáticas, donde se haya la diferencia entre un buen y mal análisis es en el uso de los supuestos y en la selección de las variables clave a analizar. Por ello, muchas escuelas de negocios recomiendan seguir siempre las siguientes pautas conocidas como CVS (Confirmar, Validar, y Sensibilizar) para hacer un buen análisis sobre una inversión siempre será recomendable, confirmar que los datos en los que se va a basar son correctos y entender que es lo que está analizando. En segundo lugar, se deberá validar la utilidad o no de analizar dichas variables y verificar la validez de los supuestos que se van a usar, para ello, puede contactar con empresas del sector, o incluso contratar a equipos de consultores expertos que le podrán asesorar, respecto a los principales parámetros del negocio o del mercado. Y finalmente deberá sensibilizar las variables que serán los principales inputs del modelo, para que se ajusten a un rango que previamente haya sido validado. Respecto a este último punto, muchas veces los modelos de valoración de inversiones no solo se presentan con un único resultado, sino que se presentan varios escenarios y se realizan análisis de sensibilidad sobre algunas variables como el WACC o las tasas de crecimiento de los ingresos. Por ejemplo, cambios de pocos puntos porcentuales en el WACC podrían hacer cambiar en millones a la valoración de la empresa en modelo de descuento de flujos, o por ejemplo, un ajuste contable que agregue 100.000 euros más de EBITDA a una empresa que se va a comprar con un EV/EBITDA de x10 significa que el valor de la empresa aumentaría en un millón de euros, lo cual no es baladí.

Figura 1.33. Ejemplo de estimación del valor de una empresa por el método de descuento de flujos de caja.

Supongamos que queremos valorar a TechParts, una empresa industrial que fabrica componentes electrónicos. La empresa acaba de anunciar un plan estratégico que le permitirá mejorar márgenes gracias a una reducción de costes de fabricación y automatización de procesos.

En primer lugar se deberán estimar los flujos de caja libres para los próximos 5 años, para ello se puede observar cuál fue la información financiera de la empresa más relevante en el último año y que apoyará algunas de las suposiciones base del análisis.

Variable	**Valor (2025)**	**Comentario**
Ingresos	100 M€	Crecimiento medio 6%
Margen BAII	12%	Mejora hasta el 17% en 2030
Tasa impositiva	25%	Se mantiene hasta 2030
Capex anual	4 M€	Estable hasta 2030
Depreciación	4 M€	Estable hasta 2030
Aumento en requisitos de capital de trabajo	2% del incremento en ventas	Estable hasta 2030

En base a esa información podemos proceder a predecir los ingresos y el EBIT, ya que son las variables principales que vamos a necesitar para obtener los flujos de caja de cada año. De esta manera se tiene que:

Variable	**2026**	**2027**	**2028**	**2029**	**2030**
Ingresos	106,0	112,4	119,2	126,4	134,0
Margen BAII	13%	14%	15%	16%	17%
BAII	13,8	15,7	17,9	20,2	22,8
BAIDI					
(BAII(1-T)	10,3	11,8	13,4	15,2	17,1
Depreciaciones y amortizaciones	4,0	4,0	4,0	4,0	4,0
Capex de expansión	-4,0	-4,0	-4,0	-4,0	-4,0
Incremento en RCT	-0,12	-0,13	-0,14	-0,15	-0,15
Flujo de caja libre	10,2	11,7	13,3	15,1	17,0

*Por simplicidad se estimará el BAIDI como la multiplicación del BAII por uno menos la tasa impositiva, es decir se están obviando los efectos financieros ya que se está haciendo un análisis no apalancado, al final se podrían incluir suposiciones sobre salidas de caja para financiación, pero por el momento lo obviaremos.

Una vez se han proyectado los flujos de caja, se deberá calcular el valor terminal, para ello usaremos el modelo de crecimiento perpetuo, asumiendo una tasa constante de g del 2%. Sin embargo, antes se deberá hallar el WACC. Para ello, tenemos la siguiente información:

- Composición de la estructura de capital: 60% Patrimonio Neto y 40% Deuda, donde la deuda se compone en un 70% por deuda a largo plazo con un interés del 6% y el otro 30% tiene un coste del 8%.
- Asimismo, los activos libres de riesgo tienen una rentabilidad del 3% y el diferencial entre la rentabilidad del mercado y los activos libres de riesgo es del 6%. Asimismo, se puede asumir una beta del 1,2, por lo que los valores de TechParts son algo más volátiles que el mercado.

Figura 1.33. Ejemplo de estimación del valor de una empresa por el método de descuento de flujos de caja (cont.)

De esa forma, podemos obtener los siguientes valores:

$$\textit{Coste de la deuda } (K_d) = 70\% \times 6\% + 30\% \times 8\% = 6{,}6\%$$

Que teniendo en cuenta efecto de escudo fiscal al poder desgravar la deuda:

$$\textit{Coste de la deuda } (K_d) \textit{ neto} = 6{,}6\% \times (1 - 25\%) = 4{,}95\%$$

$$\textit{Coste del capital propio } (K_e) = 3\% + 1{,}2 \times 6\% = 10{,}2\%$$

Es decir, los inversores estarían exigiendo una rentabilidad de su inversión de entorno al 10%, por tanto, el WACC sería igual a:

$$WACC = 60\% \times 10{,}2\% + 40\% \times 4{,}95\% = 8{,}1\%$$

Es decir, la tasa de descuento que usaremos tanto para descontar el valor terminal como el resto de los flujos será del 8,1%. Entonces se tiene que el valor terminal es igual a:

$$\textit{Valor terminal} = \frac{17{,}0 \times (1 + 2\%)}{8{,}1\% - 2\%} = 284{,}26 \textit{ millones de euros}$$

Que sumado a los flujos de caja libres ofrece la siguiente cantidad:

$$EV = \frac{10{,}2}{(1+8{,}1\%)^1} + \frac{11{,}7}{(1+8{,}1\%)^2} + \frac{13{,}3}{(1+8{,}1\%)^3} + \frac{15{,}1}{(1+8{,}1\%)^4} + \frac{17}{(1+8{,}1\%)^5} € + 284{,}26 = 336{,}81M€$$

En resumen, tras proyectar los flujos de caja libres de la empresa durante cinco años y calcular el valor terminal descontado a la tasa de descuento correspondiente (WACC = 8,1 %), obtenemos un Valor de Empresa (EV) total de 336,81 M€. Este resultado refleja tanto la capacidad de generación de efectivo de la compañía en los años explícitos de proyección como el valor presente de los flujos esperados a perpetuidad a partir del último año.

Este ejercicio ilustra cómo el método de descuento de flujos de caja permite integrar información sobre ingresos futuros, márgenes de beneficio, necesidades de inversión y estructura de capital en una única valoración coherente. Además, destaca la importancia de seleccionar cuidadosamente las variables clave del negocio y las tasas de descuento, ya que pequeñas variaciones en estos supuestos pueden afectar significativamente la valoración final.

De esta manera, el análisis DFC no solo ofrece un número concreto de referencia para inversores y gestores, sino que también proporciona un marco sólido para entender los principales impulsores de valor dentro de la empresa y tomar decisiones de inversión fundamentadas.

1.8. OTROS ANÁLISIS ECONÓMICO-FINANCIEROS

A lo largo de todo el capítulo se han ido cubriendo las principales metodologías de análisis económico-financiero que un analista puede seguir para obtener una visión profunda y objetiva del estado de su empresa o de cualquier otra que sea de interés. Para cerrar el capítulo se van comentar algunas otras técnicas, las cuales se apoyan, en muchos casos, en el uso de ratios y de los estados financieros como se ha visto, aunque también comentaremos otras perspectivas basadas en el uso de información de carácter productiva u operativa ya que indiscutiblemente también acaban por tener un efecto en los resultados de la empresa.

Concretamente, vamos a presentar la metodología de análisis basada en el Estado de Origen y Aplicación de Fondos (EOAF), la cual nos permitirá profundizar en las actividades financiación e inversión que la empresa ha realizado a partir del uso de información más básica disponible en los estados financieros. Además, se comentarán algunas herramientas para evaluar a los dos factores de producción clásicos según la economía, el capital (entendido como la maquinaria usada) y el trabajo. Para ello se presentará algunas métricas de interés basadas en uso de ratios o elementos similares. Asimismo, vamos a presentar otras herramientas que no están directamente relacionadas con estos dos factores económico, pero que también son de interés cuando se analizan las operaciones de una empresa, como aquellos basados en tiempos de producción o superficies de venta y producción entre otros.

Estado de Origen y Aplicación de Fondos (EOAF)

El EOAF es un estado financiero, que, a diferencia de los comentado anteriormente, no se presenta de forma obligatoria en las cuentas anuales de una empresa. Por tanto, se trataría de un informe adicional, el cual permite ampliar la información derivada de los otros estados, principalmente del balance, aunque también se puede vincular a la cuenta de resultados y al estado de flujos de caja. Tal y como su nombre indica, el EOAF permitirá conocer qué cuentas o partidas han sido las que han dado lugar a los fondos, entendidos como recursos económicos equivalentes al efectivo, a lo largo de un periodo y cómo se han usado dichos fondos, es decir, en que otras cuentas o partidas se han empleado.

El funcionamiento de las reglas de reconocimiento de orígenes y aplicaciones de fondos es bastante similar al de partida doble. Ya que se van anotando los movimientos como origen o aplicación según el siguiente criterio:

- Cuentas de activo: Siempre que haya un aumento en una cuenta de activo, se reconocerá a dicha variación como una aplicación de fondos. Mientras que una reducción de una cuenta de activos se reconocerá como un origen de fondos. Esto tiene sentido ya que el activo son las inversiones de la empresa para realizar su operativa, de forma que aumentos en dicho activo van a representar un aumento de la inversión, por su parte, cuando sale activo, por ejemplo, una disminución de la caja para realizar un pago, dicha salida representa el origen los fondos necesarios para el pago. Por ejemplo, si una empresa compra una maquina tuneladora por 500.000€ usando su propio efectivo, la salida de caja representa el origen de los fondos, y el aumento en activo inmovilizado representa la aplicación de esos fondos por valor de 500.000€.
- Cuentas de pasivo: Al contrario que con el activo, un aumento de una cuenta de pasivo se registrará como un origen de fondos mientras que una reducción de una cuenta de pasivo será registrada como una aplicación. De nuevo, como el pasivo forma parte de la estructura de financiación de la empresa, aumentarla, significa que aumento mi financiación, es decir, la empresa está aumentado fondos que tienen un origen en una cuenta de pasivo determinada. Por ejemplo, si en la anterior compra, en lugar de pagar con dinero en efectivo, la empresa pidiera un préstamo sin intereses (con ánimo de simplificar el ejemplo) por el valor de la máquina, ahora el origen de los fondos será ese crédito que tendrá como aplicación la adquisición de la máquina tuneladora.
- Cuentas de patrimonio neto: De forma similar a las cuentas de pasivo, aumentos en cuentas del patrimonio neto se deberán registrar como un origen de fondos, mientras que disminuciones en dichas cuentas serán contabilizadas como aplicaciones de fondos. Por ejemplo, cuando se realiza una ampliación de capital, el origen de los nuevos fondos será el aumento en la partida de capital social mientras que

la aplicación será el aumento del efectivo en la caja demás cuentas bancarias de la empresa.

Asimismo, es importante mencionar, una de las diferencias con respecto al método de partida doble. Como se puede notar en los anteriores ejemplos, con ánimo de facilitar el entendimiento de las reglas de anotación se han presentado unidos, es decir, como cada operación y su contrapartida, pero existen veces en las que no se puede saber con exactitud que partida es origen y que otra partida es aplicación en una única transacción. Precisamente, esa es una de las diferencias con respecto a la partida doble, el EOAF permite conocer el resultado neto de todas las transacciones y no necesita las anotaciones correspondientes cada una de las transacciones realizadas. Además, existen cuentas, como los resultados del ejercicio las cuales no son atribuibles directamente a otra cuenta. Por ejemplo, cuando aparece en el balance un resultado del ejercicio positivo, como es un aumento de patrimonio se trataría de un origen de fondos, lo cual tiene sentido ya que la empresa, con su funcionamiento, ha sido capaz de generar fondos los cuales podrán ser origen de nuevas inversiones, pago de deudas o incremento de la tesorería. Sin embargo, este resultado no se puede vincular directamente a ninguna otra partida de balance en solitario, sino que se trata de un resultado final generado por el resto de los movimientos que la empresa ha ido realizando. Asimismo, y de forma lógica, una empresa que haya tenido unos resultados negativos en un ejercicio habrá tenido una aplicación (salida) de fondos cuyo origen podrá ser una reducción de activo, o unos aumentos de pasivos (por ejemplo, menos caja, más deuda, menos activo inmovilizado que se ha debido vender para cubrir perdidas etc.). Un breve resumen de las reglas de esta metodología se puede observar en el siguiente esquema.

Figura 1.34. Reglas de registro de orígenes y aplicaciones de fondos en el EOAF

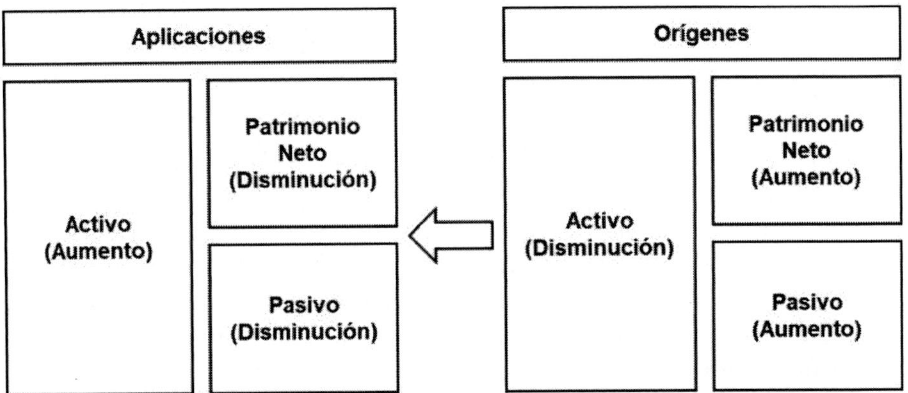

Para la realización de un EOAF será necesario disponer de los balances de dos años consecutivos, y de forma adicional del estado de resultados y de flujos de caja respectivos del último año, es decir aquellos que miden los flujos generados entre ambos balances. La forma más sencilla y básica para realizar un análisis de origen y aplicación de fondos será mediante el análisis de las variaciones netas en las partidas de balance y su reclasificación como cuentas de origen de fondos o de aplicación de fondos. Es importante, tener en cuenta, que para dos empresas distintas o para una empresa en distintos momentos, una misma cuenta, podrá ser netamente generadora de fondos o netamente aplicación de fondos. Por ejemplo, si en un año la caja ha aumentado se tendrá una aplicación, pero si esta se reduce se tendrá un origen.

Aunque la información necesaria para elaborar el EOAF como se verá en el siguiente ejemplo, parte principalmente de los balances, este estado se complementará con el análisis de la cuenta de resultados y del estado de flujos de efectivo, ya que como sabemos, el resultado que aparecerá en el balance se corresponderá con el beneficio neto, el cual no equivale al flujo de caja libre de ese año, por el efecto de las amortizaciones, provisiones u otras partidas que generan ingresos y gastos si necesidad de generar cobros o pagos. Sin embargo, el EOAF si informa de la variación de la caja en el balance lo que debería estar vinculado a la cifra de flujo de caja libre correspondiente al estado de flujos de caja. Asimismo, cuando, en el estado de flujos de caja se observen las deducciones del flujo de caja operativa relacionadas con los flujos de inversión y financiación, mediante el EOAF se podrá identificar concretamente que partidas del activo se corresponden con esas inversiones y que movimientos se corresponden con dichas financiaciones que suelen disminuir el flujo de caja operativo hasta llegar al flujo de caja libre. A continuación, se presenta un caso práctico para afianzar el entendimiento de este método de análisis.

Figura 1.35. Ejemplo de análisis financiero mediante el EOAF

A continuación, se presentan los datos de la empresa tecnológica Pear, la cual es una de las mayores líderes en la fabricación de material electrónico de uso personal como dispositivos móviles, el PearPhone, ordenadores, además de diseño de software y hardware especializado como semiconductores y microprocesadores para sus equipos. Usted dispone de la siguiente información en millones de euros sobre el balance del año corriente y del precedente con la siguiente información. Su principal motivación será entender cómo ha invertido Pear los fondos que ha generado a en un año. Lo que le permitirá hacer previsiones con más exactitud de su evolución futura.

Partida	2025 (M€)	2024 (M€)	Variación (ΔM€)
Activo Total	1.410	1.290	120
Total Activo No Corriente	800	780	20
Intangibles	100	80	20
Inversiones a largo plazo	200	250	-50
Propiedad Planta y Equipos	500	450	50
Total Activo Corriente	610	510	100
Inventarios	150	170	-20
Cuentas a cobrar	60	40	20
Tesorería	400	300	100
Total Pasivos	846	750	96
Total Pasivo No Corriente	500	440	60
Pasivos financieros, L/P	400	350	50
Cuentas a pagar a L/P	100	90	10
Total Pasivo Corriente	346	310	36
Pasivos financieros, C/P	150	130	20
Cuentas a pagar	196	180	16
Total Patrimonio Neto	564	540	24
Capital Social	420	420	0
Resultados Retenidos	80	70	10
Reservas	64	50	14

Como se puede observar, la mayoría de los elementos del balance se ha visto aumentados, viéndose únicamente reducidos los importes correspondientes a las inversiones a largo plazo y a los inventarios. Además, tanto los resultados del ejercicio como las reservas han ido en aumento lo que podría indicar un comportamiento sólido a nivel de generación de beneficios.

Una vez se tienen los datos de ambos años, así como las variaciones en términos absolutos se puede realizar una clasificación de partidas según hayan sido origen o aplicación de fondos para dicho periodo siguiendo las reglas que se han explicado anteriormente.

Figura 1.35. Ejemplo de análisis financiero mediante el EOAF (cont.)

A continuación, se puede observar una tabla con las partidas del balance su variación y si corresponden o no a ser una aplicación u origen de fondos. Por tanto, se deberá rellenar la información de cada columna con la variación que corresponda de forma que al final, la suma de todas las aplicaciones sea igual a la suma de todos los orígenes. Para evitar errores de doble contabilización, se eliminarán del análisis las partidas resumen (negritas).

Partida	Variación (ΔM€)	Aplicación	Origen
Activo Total	n.a.		
Total Activo No Corriente	n.a.		
Intangibles	20	20	
Inversiones a largo plazo	-50		50
Propiedad Planta y Equipos	50	50	
Total Activo Corriente	n.a.		
Inventarios	-20		20
Cuentas a cobrar	20	20	
Tesorería	100	100	
Total Pasivos	n.a.		
Total Pasivo No Corriente	n.a.		
Pasivos financieros, L/P	50		50
Cuentas a pagar a L/P	10		10
Total Pasivo Corriente	n.a.		
Pasivos financieros, C/P	20		20
Cuentas a pagar	16		16
Total Patrimonio Neto	n.a.		
Capital Social	0		0
Resultados Retenidos	10		10
Reservas	14		14
Total	-	**190**	**190**

De esta forma se pueden obtener las siguientes conclusiones, se han obtenido fondos por valor de 190 millones de euros, los cuales han sido originados en su mayoría por el aumento de la financiación a largo plazo de la empresa, así como la liquidación de gran parte de sus inversiones a largo plazo obteniendo el 52% de los fondos generados con ambos movimientos. Asimismo, el resto de los orígenes de fondos se reparten entre una reducción de los inventarios, lo cual repercute un menor capital de trabajo, el aumento de la deuda a corto plazo y un aumento en los resultados, así como en la cifra de reservas por un valor conjunto de 24 millones de euros.

Por otra parte, el principal destino de esos fondos ha ido a parar a tesorería, estando muy posiblemente ligado a la venta de las inversiones y la financiación obtenida a largo plazo, mientras que el resto de las aplicaciones han estado dirigidas a aumentar los intangibles y la PPE (por ejemplo, con la creación de nuevas centros de fabricación, o inversión en I+D), así como en un aumento de la inversión en capital de trabajo debido a un aumento en el realizable (incremento de cuentas por cobrar).

Análisis de factores productivos: Maquinaria

Toda empresa debe usar un capital económico, el cual se acaba materializando en la maquinaria o herramientas que usa para producir los bienes o prestar los servicios con los cuales se identifica su actividad. En la mayoría de los casos, basta con un análisis basado en las diferentes herramientas que se han ido comentando para tener una certera visión del estado de una empresa, sin embargo, en determinadas empresas cuya actividad empresarial implica la utilización de una considerable cantidad de capital, es decir, aquellas en las que las maquinaria, y el inmovilizado tangible tienen una importancia vital en el proceso de producción, será importante analizar aspectos relacionados con la maquinaria, como la efectividad, eficiencia y costes con los que producen o añaden valor durante el proceso de producción.

Por esa razón, puede ser de interés comentar algunas herramientas y métricas que suelen ser utilizadas para evaluar el rendimiento de la maquinaria y que, al ser medidas generalizables, gozan de una aplicación amplia independientemente del tipo de maquinaria de que se trate. Lógicamente, dependerá del propio proceso de fabricación y del ingenio del analista, evaluar la aplicabilidad de algunos de los siguientes ejemplos de herramientas a cada caso particular.

En primer lugar, se debería analizar la productividad, tanto física como económica, de la maquinaria, en el sentido de que con una misma cantidad de maquinaria se puedan obtener una mayor cantidad de producción. Dicho análisis se puede expresar tanto en unidades producidas por máquina como en ventas generadas por máquina, es decir, el resultado de la multiplicación de las unidades producidas su precio y deduciendo el valor de las devoluciones, para tener en cuenta la calidad de los productos. De esta forma:

$$Productividad\ física = \frac{Nº\ Unidades}{Nº\ Máquinas} = \frac{Nº\ Unidades}{Nº\ Horas - Máquina} \times \frac{NºHoras - Máquina}{NºMaquinas}$$

$$Productividad\ económica = \frac{Ventas}{Nº\ Máquinas} = \frac{Ventas}{Nº\ Horas - Máquina} \times \frac{NºHoras - Máquina}{NºMaquinas}$$

Como además se podrá observar, este análisis se puede subdividir a su vez en su vertiente temporal, concretamente en la productividad por hora y en utilización de la maquinaria entendida como el número medio de horas que una máquina está activa. Así, cuando una planta de producción sea capaz de producir más unidades o ventas por unidad de tiempo y tenga la capacidad de usar sus máquinas disponibles un mayor número de horas estará obteniendo un mayor rendimiento en términos de ventas o de unidades por cada máquina en la que ha decidido invertir.

Pero además de la productividad, un análisis financiero más profundo del uso de esa maquinaria podría tratar de evaluar o atribuir un margen bruto al uso de dicha maquinaria. De esta forma, se podrían deducir de las ventas generadas por cada máquina los costes directos relacionados a las materias primas, o al consumo eléctrico que hayan requerido, además de otros costes fijos como los de mantenimiento. Así, podrían obtenerse márgenes por máquina. Por ejemplo, para una empresa que cuenta con varias plantas de producción con maquinas similares, podría interesarle conocer cual de sus fábricas operan con mayores márgenes y cuales con menos, ya que, por ejemplo, unas menores ventas, una menor productividad o unos mayores costes podrían estar lastrando dichos márgenes. Por ello, se pueden definir los costes medio de la maquinaria de la siguiente forma:

$$Costes\ medios\ de\ la\ maquinaria = \frac{Costes\ Variables + Costes\ fijos}{Nº\ Máquinas}$$

Teniendo lo anterior en cuenta, se podría crear una ratio de margen por máquina con la siguiente forma:

$$Margen\ bruto\ por\ máquina = \frac{Ingresos\ Totales\ \ Atribuibles - \ Costes\ Totales\ Atribuibles}{Nº\ Máquinas}$$

Un mejor margen por máquina se podrá obtener lógicamente con una mayor productividad que haga el número de ingresos por máquina aumente, o bien mediante la reducción de los costes atribuibles al uso de las mimas, ya sea reduciendo los costes directos variables, o los fijos. Por ejemplo, una reducción mínima en el consumo eléctrico por máquina hará que en empresas que operan a gran escala ese ahorro de unos céntimos se puedan traducir en cientos de miles o millones de euros. Precisamente, muchas empresas siguen la metodología *Lean* de mejora continua inventada por Toyota, en la que se van mejorando pequeños aspectos de una cadena de producción constantemente, de forma que esa acumulación de pequeños cambios a gran escala acaba multiplicando la productividad general de las fábricas y de la empresa en general.

Finalmente, además de entender la productividad o el rendimiento de la maquinaria, muchas veces se suele analizar dos aspectos relacionados con la suficiencia técnica de maquinaria, las cuales son la disponibilidad y utilización de capacidad, ambas expresadas en forma de ratio:

$$Ratio\ de\ disponibilidad = \frac{Horas\ en\ operación}{Horas\ totales}$$

$$Ratio\ de\ utilización = \frac{Producción\ real}{Producción\ máxima\ teórica}$$

En ambos casos, se trata de obtener información acerca del porcentaje sobre su capacidad en la que la maquinaría este operando, por ejemplo, si una máquina puede fabricar un millón de piezas al año y acabó fabricando seiscientas mil, se puede afirmar que la máquina está operando a un 60% de capacidad. Respecto a estas dos herramientas de análisis, es importante comentar que tanto un porcentaje bajo como uno muy cercano al 100% puede resultar negativo e indicar que es necesaria una intervención, en los casos en los que sea muy bajo, menos de un 80% por ejemplo, se puede afirmar que hay un exceso de maquinaria, por lo que se deberá, o bien, tratar de aumentar las ventas o bien desinvertir en cierta maquinaria. Por su parte, cuando una empres opera a valores muy cercanos al 100% significa que una mayor demanda será un problema que repercutirá en retrasos y productos defectuosos por lo que cuando se evalúen expansiones comerciales, siempre deberá tenerse en cuenta las ratios de utilización de maquinaria ya que indicará si serán o no necesarias nuevas inversiones en capital.

Análisis de factores productivos: Trabajo

Además de la maquinaria (o capital) el otro factor de producción tradicionalmente analizado en economía es el factor trabajo. Es decir, el tiempo, capacidades, servicios y labores que las personas venden al empresario a cambio de un precio, el salario. Normalmente, se ha discutido de si ese intercambio es solo de tiempo, o de más bienes intangibles como las capacidades técnicas y las capacidades soft, como el liderazgo, la organización de equipos, etc. Si bien, no es objeto de este libro profundizar en ese debate, lo que si se puede afirmar son dos aspectos clave, el primero es que a mayor valor añadido genere el trabajador con el resto de las habilidades que usa en su tiempo de trabajo y menos replicables sean, mayor será su valor y en segundo lugar, las empresas que demanden ese tipo de trabajadores tendrán un menor poder de negociación a la hora de negociar el precio a pagar (los salarios) con ese grupo de trabajadores. Por ejemplo, es fácil ver como los salarios suelen ser más bajos en tareas que generan un menor valor añadido o que requieren una menor utilización de capacidades individuales, como tareas de administración básica, atención al cliente u operaciones básicas de producción, sin embargo cuando se busca habilidades no fácilmente reproducibles o que generan un mayor valor añadido tendrán un mayor valor.

Por ejemplo, el salario de un operario de fábrica en una planta que hace la carrocería de vehículos Ford de gama media-baja, es menor que la que tienen operarios utra-especializados en la producción artesanal de vehículos de gama alta como los Rolls Royce, donde existen operarios que únicamente se dedican a pintar una determinada parte de la carrocería con un método artesanal, único, y no replicable en un vehículo que será vendido por unas 10 veces más que el Ford.

Por tanto, se observar que una de las principales medidas de análisis se relacionará con el coste del factor trabajo, sin embargo, este no es el único coste a tener en cuenta. Otros costes que se deberán añadir serán los costes relacionados con los seguros sociales a cargo de la empresa. Lo que económicamente se puede expresar como costes laborales. Por tanto, el coste medio por trabajador o coste laboral unitario (CLU) se expresa de la siguiente forma:

$$CLU = \frac{Costes\ Laborales\ Totales}{FTEs\ medios} = \frac{Salarios + Seguros\ sociales + Adquisición\ de\ talento + Despidos}{FTEs\ Medios}$$

En este sentido, el uso de los CLUs es más realista, ya que además de los salarios, se añaden otros costes directamente imputables al factor trabajo como los seguros sociales, los costes generados al captar nuevos empleados o los derivados de los despidos. Estos costes deberá ser comparados con el número de empleados equivalentes a jornada completa (FTEs: Full Time Equivalents) para obtener el coste medio por cada trabajador.

Además, del coste laboral unitario, a veces, resulta de interés evaluar la rotación laboral de la empresa, es decir, el porcentaje de la plantilla que cambia a lo largo del año ya sea por nuevas contrataciones, despidos, y trabajadores que voluntariamente deciden abandonar la empresa. Esta métrica, también resultará de interés ya que una alta rotación hará que los costes laborales unitarios aumenten, debido a que se deberá gastar más dinero en formación para los nuevos empleados, pagar las indemnizaciones o aumentar el gasto de dedicado a contratación, por ejemplo, pagando importante sumas a empresa de Head hunters (cazatalentos) para cubrir una vacante de dirección que ha quedado vacía. Así la rotación laboral se expresa como:

$$Rotación\ laboral\ neta = \frac{Nº\ de\ altas - Nº\ de\ bajas}{Nº\ medio\ de\ empleados} = Rotación\ de\ altas - Rotación\ bajas$$

Es decir, imagine que tiene una empresa con 100 trabajadores, y sabe que se han ido de la empresa 15 a lo largo del año, eso significa que tiene una rotación laboral de bajas del 15%. Sin embargo, el análisis no debería acabar, ahí, también sabe que ha entrado 20 nuevos empleados por lo que su ratio de altas es del 20%, así sabe que, de forma neta, el personal de su empresa crece en un 5% todos los años. Por ello, aunque una empresa tenga una alta cifra de rotación de bajas, mientras que las nuevas altas sean superiores, la empresa no estará en problemas por que sus empleados huyan, aunque si estará asumiendo unos altos costes y posibles pérdidas de productividad debido a ese constante movimiento de personal entrante y saliente.

Finalmente, una vez se conocer los costes que genera el personal, se puede evaluar de nuevo la productividad física y económica, por ejemplo, se pueden evaluar métricas relacionadas con el número de unidades producidas por trabajador y su desagregación por horas de trabajo tal y como se muestra a continuación:

$$Productividad\ física = \frac{Nº\ Unidades}{FTEs\ medios} = \frac{Nº\ Unidades}{Nº\ Horas - FTE} \times \frac{Nº Horas - FTE}{FTEs\ medios}$$

Además, se podrán analizar la participación de los trabajadores en la generación de los ingresos o los beneficios usando medidas como las siguientes medidas de productividad económica por trabajador como:

$$\frac{Ventas}{FTEs\ medios}; \frac{BAIIDA\ o\ EBITDA}{Nº\ Horas - FTE}; \frac{Beneficio\ Neto}{FTEs\ medios}$$

En resumen, mediante el uso de todas estas ratios, usted podrá responder a preguntas cruciales como cuanto le cuesta anualmente a la empresa cada trabajador utilizado, qué porcentaje de la plantilla se va de su empresa o entra en ella anualmente, o qué cifra de ventas o de beneficios ayuda a generar cada trabajador por término medio. Aunque el indicador que más revisión requerirá será el beneficio medio por trabajador, es decir, la diferencia entre los ingresos y los costes laborales divididos entre el número de trabajadores. Mientras mayor sea la diferencia, más eficientemente estará usando la empresa las capacidades y el tiempo de sus trabajadores.

Análisis basados en medidas no económicas

Finalmente, existen otras herramientas de análisis de las operaciones las cuales no están ligadas directamente a los clásicos factores de producción como el capital y el trabajo pero que se relaciona con otros aspectos de las operaciones como la calidad, la utilización de superficies, los tiempos de producción o la entrega de valor al cliente.

A nivel industrial, existen dos métricas muy conocidas para medir de forma sencilla el rendimiento de una fábrica las cuales son la efectividad general de los equipos (OEE: Overall Equipment Efectiveness) y el indicador OTIF (On time in full, a tiempo y en buenas condiciones). El OEE es una medida de la efectividad de una fábrica la cual divide dicha efectividad o éxito en tres factores que son la disponibilidad, el rendimiento y la calidad, que expresado mediante ratios queda como:

$$OEE = Disponibilidad \times Rendimiento \times Calidad$$

$$OEE = \frac{Tiempo\ Productivo}{Tiempo\ Planificado} \times \frac{Producción\ Real}{Producción\ Teórica\ a\ Velocidad\ Estándar} \times \frac{Unidades\ Buenas}{Unidades\ Producidas}$$

De esta forma, cuanto los tiempos de producción se ajustan más a lo planeado, mayor disponibilidad de maquinaria hará. Cuando la capacidad esté en sus máximos, normalmente habrá una menor disponibilidad de maquinaria al no poder alcanzar el número de horas de producción planificado. A su vez, cuando la producción real sea parecida a la que se podría producir con una velocidad media de utilización (que no el límite físico de la maquinaria) más efectiva será producción y finalmente, cuantos menos productos defectuosos haya, mayor será la ratio de calidad lo que en conjunto con las otras dos medidas repercutirá en valores altos de OEE.

Asimismo, el OTIF, tiene que ver con la calidad del valor que entrega una fábrica a sus clientes ya que mide el porcentaje de pedidos que cumplen una doble condición, llegar a tiempo y en buenas condiciones. Pedidos que cumplan solo una de las condiciones no computará para el OTIF de forma que este se puede expresar como:

$$OTIF = \frac{N^{\underline{o}}\ de\ Pedidos\ servidos\ en\ tiempo\ y\ forma}{N^{\underline{o}}\ de\ pedidos\ totales}$$

A la hora de que una empresa seleccione proveedores, en negocios B2B (empresa a empresa) el OTIF es una de las variables críticas y normalmente no se toleran OTIFs inferiores al 90% o al 80% por tanto, una de las mejores formas de ser competitivo en el sector industrial que sirve a otras empresas es presentar porcentajes de OTIF cercanos al 100%.

Además, de en el sector industrial, en el sector de ventas minoristas se suelen usar otras mediciones como de interés como los análisis de densidad de ventas, ratios de calidad de la venta, tráfico y conversión, la cuales en gran medida se pueden analizar en relación con la superficie utilizada, por ejemplo, los M2 de tiendas o de un centro comercial.

Por ejemplo, la métrica de densidad de ventas es ideal para conocer cómo influye la amplitud de un local en las ventas. Por ejemplo, en negocios como restauración, es de mucha utilidad para evaluar qué restaurantes son más efectivos que otros a la hora de generar ingresos, así:

$$Densidad\ de\ ventas = \frac{Ventas}{M2}$$

Asimismo, los metros cuadrados se podrían cambiar por otros elementos que miden la capacidad de generar ventas en un negocio retail o servicio, por ejemplo ventas por mesa en un restaurante, ventas por gabinete en un negocio de clínicas dentales o ventas por butaca en una peluquería.

Además de la superficie, es decir la densidad material, se podría analizar la densidad temporal o la concentración del tráfico y de las ventas en según las diferentes horas del día para así conocer qué horas son las que de verdad influyen en las ventas y si sería rentable abrir más o menos horas y días de la semana.

En este sentido, se suelen usar medidas de tráfico por hora, por ejemplo:

$$Tráfico\ medio\ diario = \frac{Tráfico\ total\ del\ día}{Horas\ de\ apertura}$$

Es importante entender que el tráfico indica el número de personas que entran las tiendas, independientemente de que compren o no, para saber cuantas de estas personas compran se suelen usar las ratios de conversión, que tienen la siguiente forma:

$$Conversión = \frac{N^{o}\ de\ pedidos}{Tráfico\ total}$$

Por último, no se deben olvidar las medidas relativas al tiempo, es decir, al análisis de los ciclos operativos. En este sentido, ya se han comentado algunas medidas que usan los tiempos en los que la empresa suele tardar en realizar tareas repetitivas como los Días de cobro y los días de pago, que afectaban al estado de las cuentas a pagar, o los días de inventario que indicaban el tiempo en el que el inventario estaba en almacén. Como ya se vio, la reducción de estos tiempos repercutiría en que la empresa tuviera unos menores requisitos de capital de trabajo y así una mayor tesorería neta. Pues además de esos ciclos existen una gran cantidad de ciclos a analizar que podrían partir del ciclo operativo total, es decir, el tiempo (en días) que se tarda en servir un pedido desde el momento que se recibe, y que se podrán ir desagregando en diferentes ciclos más cortos a lo largo de todas las actividades productivas de la empresa. Como veremos este tipo de análisis se relacionan con la metodología de análisis de la cadena de valor que se verá en el siguiente capítulo. Un ejemplo de elaboración de ciclo de tiempo famosos podría ser los que se aplicaron en los restaurantes de McDonald's los cuales median los tiempos de todos los procesos necesarios desde que se recibe el pedido, hasta que se devolvía al cliente la comida, el cual fue optimizado por los hermanos McDonald diseñando las cocinad de forma estratégica y eliminados partes del proceso como la atención en mesa, ahorrando así una considerable cantidad de tiempo.

En resumen, como se ha visto a lo largo de todo el capítulo, existen múltiples formas de medir la actividad empresarial desde el punto de vista económico-financiero, incluso le invito a que siempre trate de personalizar el uso de cada herramienta o incluso a incluir variaciones de las mismas en caso de su negocio lo requiera ya que como se ha expresado a lo largo del capítulo, las matemáticas y la contabilidad se presumen correctas, sin embargo, la calidad del análisis, estará siempre en la capacidad del analistas de interpretar el significado de los resultados que obtiene, aplicarlos al contexto concreto del negocio que analiza y finalmente, obtener conclusiones que permitan una mejor toma de decisiones respecto a las acciones que deberán tomarse para corregir o mejorar los resultados obtenidos.

Capítulo 2.

Análisis Estratégico

Resumen: La estrategia empresarial constituye el pilar fundamental sobre el que se apoyan todas las decisiones que determinan el rumbo de una compañía. Comprenderla y gestionarla resulta esencial para cualquier directivo, ya que es la herramienta que permite coordinar de forma coherente los recursos internos de la empresa con las oportunidades y amenazas del entorno competitivo. Una estrategia clara proporciona dirección y consistencia a las decisiones diarias, alineando a toda la organización hacia una visión y misión compartidas.

A lo largo de este capítulo se abordarán los distintos niveles de la estrategia, corporativa, de negocio y funcional, y su relación con la toma continua de decisiones en entornos dinámicos y competitivos. Se explorará la evolución del pensamiento estratégico desde sus bases conceptuales hasta su relación con herramientas como la teoría de juegos, que permite comprender mejor los comportamientos de los rivales en el mercado.

Posteriormente se tratarán los elementos que dan forma a la estrategia de la empresa, la definición de la visión, misión y objetivos, el análisis interno de recursos, capacidades y modelos de negocio, así como la identificación de los factores que definen la posición competitiva de la organización. Para ilustrar de manera práctica estos conceptos, se examinarán herramientas como los mapas de actividades, la cadena de valor de Porter y otras metodologías para analizar la arquitectura competitiva de la empresa.

Finalmente, se presentarán los marcos principales para el análisis del entorno externo, indispensables para el diseño estratégico, incluyendo el modelo PESTEL, el enfoque de las cinco fuerzas de Porter y el modelo de Abell para la delimitación de la industria y el mercado. De este modo, el lector dispondrá de un conjunto de fundamentos conceptuales y herramientas analíticas que le permitirán comprender y participar activamente en la formulación estratégica de cualquier organización.

Tras la lectura de este capítulo, el lector adquirirá una comprensión estructurada del proceso de análisis y evaluación de la estrategia empresarial, así como del modo en que esta se vincula con las decisiones cotidianas de gestión y con la ventaja competitiva a largo plazo.

Conceptos clave: Estrategia empresarial, toma de decisiones, visión, misión, objetivos, niveles de estrategia, estrategia competitiva, teoría de juegos, factores definitorios, análisis interno, recursos y capacidades, modelo de negocio, mapas de actividades, Cadena de Valor, análisis externo, PESTEL, Cinco Fuerzas de Porter, modelo de Abell, entorno competitivo, entorno general...

2.1. DECISIONES ESTRATÉGICAS Y NIVELES DE LA ESTRATEGIA

Según el diccionario de la legua de española de la RAE, el término “estrategia” tiene su origen en el término griego “strategós” el cual se podría traducir literalmente como la palabra "general". Asimismo, este diccionario nos sugiere tres acepciones. Estrategia como el "arte de dirigir las operaciones militares", estrategia como "arte, traza para dirigir un asunto" y finalmente, y proveniente de las matemáticas, concretamente de la teoría de juegos, estrategia "conjunto de reglas que buscan una decisión óptima en cada momento" dentro de un proceso regulable.

De estas tres definiciones, se puede entrever como la estrategia parte del mundo de lo militar como arte para obtener victorias en las batallas y derrotar al oponente en las guerras. Para ello, se deberán establecer planes (estratégicos), lo cual para algunos es un arte, aunque con el desarrollo del conocimiento en el último siglo podría comenzar a parecerse más a una ciencia. Si ahora cambiásemos, los factores relacionados con la práctica militar con aquellos que rodean al mundo de la empresa, podría decirse que la estrategia empresarial es aquel proceso que sirve para dirigir la empresa, hacia la consecución de los objetivos, muchas veces mediante el establecimiento de planes (a menor o mayor plazo) y que se trata de optimizar constantemente mediante el uso de diversos análisis y toma de decisiones por parte del, "general" de una empresa, que no es ya una persona, sino principalmente el equipo directivo.

A lo largo de este apartado, iremos profundizando en el concepto de estrategia empresarial, para entender cuáles son los límites que rodean a este tipo de análisis de otros análisis como los económico-financieros expuestos en el capítulo anterior o los posteriores explicados en esta obra. Por ello, para comenzar será preciso conocer qué es una estrategia empresarial, pero con casi una mayor importancia, que no forma parte del mundo de la estrategia empresarial.

Concepto de estrategia empresarial

A lo largo de la segunda mitad del siglo XX, el campo de la estrategia empresarial o "strategic management" tuvo un gran crecimiento desde múltiples fuentes siguiendo lo que se conoce como modelo ABC (Academia, Negocios y Consultoras) las cuales han ido añadiendo diversas definiciones y nuevos conceptos para definir correctamente que se entiende por estrategia empresarial y que no. En este sentido se pueden destacar a múltiples autores como Drucker, Porter, Minztberg o Rumelt entre otros, los cuales han ido realizando diversas definiciones sobre qué es o no estrategia y con el paso de los años, las han ido complementando.

Por esta razón, la definición que aquí presentamos sobre el concepto de estrategia tratará de englobar a los principales conceptos mencionados en la literatura relevante, a pesar de ello, uste podrá comprobar cómo tendrá diferencias respecto a las definiciones propuestas en otras obras que aborden temas de gestión empresarial estratégica.

Un primer paso para delimitar el concepto de estrategia empresarial, es diferenciarlo de otros conceptos que no son en esencia estrategia empresarial, concretamente, las tácticas y la eficiencia operativa. Que ambos conceptos no sean en esencia estrategia, no significa que no estén interrelacionados. De hecho, la existencia de ambos conceptos son condición necesaria, que no suficiente, para que una estrategia empresarial concreta tenga éxito. Las tácticas se relacionan con acciones concretas, tanto con la decisión sobre que acciones realizar en un determinado campo como la decisión respecto a la forma de realizarla. Es decir, una táctica empresarial, podría decirse que se sitúa en un nivel más bajo de la empresa, en el campo de las funciones concretas, por ejemplo, el uso de tácticas de marketing, o en el campo militar, el uso de tácticas de combate en una batalla concreta. La clave está en comprender que la táctica está en un nivel inferior a la estrategia, siguiendo con los ejemplos anteriores, las tácticas empleadas a la hora de mostrar los precios en los linéales de las tiendas, podría ser una táctica concreta realizada para alcanzar los objetivos fijados por una estrategia de marketing mayor. O, en el campo de batalla, la estrategia para ganar la guerra habrá definido porqué ganar la posición sobre una determinada colina es importante y por ello, habrá de batallarse ahí, mientras que las tácticas se preocuparan de, una vez dentro de la batalla, realizar las acciones óptimas para ganarla.

En cuanto a la eficiencia operativa, tal y como señala Porter en su artículo "*What is Strategy?*" esta ha sido y, en muchos casos, todavía es el principal objetivo de los equipos gestores de las empresas. En muchos casos, simplemente definían su estrategia bajo la forma de la eficiencia, es decir, producir más rápido que los demás, con menores costes, y de forma más automatizada. Sin embargo, esta forma de gestionar la empresa no atiende a una estrategia en sí, ya que para que una estrategia sea considerada así, una de las características que debe poseer es que debería ser diferencial y única. Si todas las empresas se centraran únicamente en la eficiencia técnica y operativa, existiría una gran presión a la homogeneización que acabaría con guerras de precios en los que solo sobreviviría el más eficiente, mientras que el resto de las empresas serían absorbidas por otras o entraría en situación de quiebra. Precisamente, es ese carácter diferencial, y su posterior sostenibilidad en el tiempo lo que convierte a unas determinadas acciones en estratégicas. De hecho, en para autores como Rumelt, la estrategia empresarial se basa en la obtención y mantenimiento de rentas económicas. Precisamente, la forma para obtener esas rentas, consiste en seguir una estrategia en la que la empresa evite la homogenización pudiendo así obtener un cierto poder de mercado que se traduciría en esas rentas sostenibles en el tiempo.

Entonces, hasta ahora sabemos que la estrategia empresarial se sitúa por encima las tácticas, y que además no debe identificarse unilateralmente con la búsqueda de la eficiencia operativa. Pero, si seguimos indagando sobre el término podremos ver como una estrategia empresarial se puede dividir en los siguientes seis aspectos en base a los que formularemos nuestra definición: Planes, Patrones de comportamiento, Identidad, Ventaja competitiva, Sostenibilidad y Apropiación de rentas. En primer lugar, explicaremos la relación de cada concepto con la estrategia empresarial y posteriormente propondremos una definición sobre lo que se puede entender como una estrategia empresarial en esencia.

En primer lugar, la relación más común que se establece con el concepto de estrategia es con los planes. De hecho, es la que los diccionarios suelen usar y la coincide con el entendimiento de la mayoría de las personas. En este sentido, se podría entender que la estrategia de la empresa responde a un conjunto de acciones a tomar, previamente deliberado y consensuado, que la empresa debería realizar para obtener una serie de objetivos, previamente definidos, teniendo además en cuenta las eventualidades que pueden darse en el entorno. Estas estrategias normalmente se suelen representar en el plan estratégico que las compañías suelen realizar cada 3 o 5 años y las cuales responden a preguntas como: ¿dónde se ve la compañía en los próximos años? ¿qué mercados serán los ideales para entrar, si es que se debe entrar en nuevos mercados? ¿qué recursos internos deberán ser reforzados? ¿en qué recursos debería la empresa desinvertir? o ¿qué variables del entorno o tendencias en el mercado van a tener un mayor efecto en la empresa? Se puede decir, que el entendimiento de la estrategia como plan, es el más racional, en el sentido de que se usa un razonamiento deductivo, partiendo de unas premisas básicas (por ejemplo, los objetivos de la empresa a medio plazo) se desarrollan una serie de acciones que conforman la estrategia.

Sin embargo, también se puede entender una estrategia empresarial como patrones de comportamiento. En este caso, estaríamos ante lo que se denomina estrategias emergentes, es decir, una estrategia emergente sería aquella que se va creando de forma dinámica y sin previa deliberación. Se basa en las teorías o visiones más organizacionales de la gestión empresarial (y no tanto en la visión racional) que afirman, que la empresa, como si se tratara de un organismo, va experimentando lo que funciona de lo que no, y mediante una constante medición de prueba y error acaba dando con una serie de patrones, los cuales no tienen que ser explicitados que en muchos casos acaban generando lo que sería estrategia de la empresa. Para diferenciar ambos conceptos, a continuación, se muestran dos ejemplos respecto a las estrategias de posicionamiento en el mercado, para dos empresas, donde una ha surgido de forma emergente y otra en base a un plan racional.

Figura 2.1. Ejemplo de estrategias racionales o emergentes en el caso del posicionamiento

En base a dicha oportunidad, Telepizza apostó por una estrategia clara y metódica desde sus comienzos basada en los siguientes aspectos:

- Diferenciación en servicios: Apostó por la entrega a domicilio, cuando en España este modelo no estaba muy desarrollado y lo complementó con una fuerte trasmisión de valor al cliente basada en su famosa política de garantía en las que si las pizzas llegaban con retraso sería Telepizza quien asumiría el coste de estas.
- Precios competitivos: Telepizza, trató de posicionarse con un precio más asequible que el resto de sus grandes competidores americanos. A la vez que ofrecía un servicio con alto valor percibido, maximizando así la satisfacción del cliente.
- Posicionamiento como líder en entrega a domicilio: La mayoría de su publicidad asociaba a su producto como la comida de conveniencia ideal cuando había una reunión de amigos o familiares entorno a una película, un partido de fútbol, cumpleaños etc. Asociando la idea de pedir comida con la marca.
- Una expansión vía franquicias planificada de antemano.

En base a todas estas ideas, Telepizza pudo desarrollar su estrategia paso a paso, basándose en sus planes estratégicos y logrando así el éxito que actualmente mantienen.

El caso de 3M en la creación de los Post-it:

El ejemplo de la creación del Post-it es claramente un ejemplo de como una estrategia emergente puede dar lugar a grandes éxitos, tanto a nivel de una compañía como en el caso de la innovación de productos que estas realizan.

La creación de este producto se debió a un error de fabricación, en los años 60s los científicos de los laboratorios de 3M estaban investigando sobre la creación de un producto adhesivo que fuera extremadamente fuerte, ya que por aquel entonces, las necesidades de los clientes y las tendencias del mercado marcaban que esos serían los productos más demandados.

Durante unas pruebas fallidas, el equipo obtuvo la receta para un adhesivo el cual, en lugar de ser fuerte, resultó ser muy débil, ejerciendo una mínima fuerza se podía despegar de una superficie. Sin embargo, se descubrió que este tenía unas propiedades bastante particulares ya que se mantenía pegado a la superficie a menos que se quitara y además podía ser vuelto a pegar con facilidad. Sin embargo, en ese momento no se supo encontrar ninguna función de utilidad y simplemente se almacenó la fórmula.

Años después, otro científico de la compañía Art Fry, volvió a encontrar esa vieja receta, al principio no cayó en sus posibles utilidades, sin embargo, un día en el coro de su iglesia se dio cuenta de que tenía un problema, los separadores de papel que usaba siempre se caían de las hojas del libro de cantos por lo que recordó el adhesivo que había sido descubierto años antes. Así, la empresa comenzó a diseñar marcadores con ese adhesivo que se podían pegar y despegar sin dañar el papel dando lugar a un producto mundialmente conocido como es el Post-it.

En este punto, antes de continuar con el resto de los aspectos que marcan la esencia de la estrategia empresarial, es importante comentar que las estrategias basadas en planes y las emergentes no son conceptos excluyentes, de hecho, muchas empresas de éxito deben ajustar sus planes previos en base a patrones generadores de éxito que muchas veces van observando. El mejor ejemplo de ello se da en el campo del emprendimiento, donde muchas veces, por ejemplo, tras el fracaso de un producto mínimo viable, los emprendedores deben pivotar su negocio hacia otras direcciones que antes no habían considerado en su fase de planificación, ajustándolo conforme se va perdiendo la incertidumbre sobre determinados aspectos.

En tercer lugar, otro de los elementos definitorios de una estrategia tiene que ver con la identidad o las perspectivas, lo que para una persona sería el carácter o la personalidad, pero aplicado a la empresa. Muchas empresas, nacen y se desarrollan sin tener un plan totalmente exhaustivo o sin seguir unos patrones claramente delimitables, sin embargo, estas tienen una importante razón de ser que marca el resto de sus acciones, es decir, en estos casos, el plan y los patrones de comportamiento organizaciones están detrás una identidad concreta. El uso de la identidad como elemento definitorio de la estrategia, o al menos como principal elemento es muy común en el sector del alto lujo, por ejemplo, en empresas de moda, donde su única razón de ser, está en la elaboración de las prendas de mayor calidad y estilo, lo cual indirectamente llevará a la creación de patrones y planes que acaben por reforzar esa identidad. Ejemplo de empresas donde la identidad es clave en su estrategia serían, Hermes o Chanel.

Asimismo, otros dos aspectos que pueden servir para definir la estrategia empresarial serían la ventaja competitiva, termino acuñado por Porter, y su posterior sostenibilidad en el tiempo. Para que un plan, identidad, o patrones, puedan ser denominados estratégicos, deberían poder hacer que la empresa se sitúe en una posición de ventaja, en uno o varios aspectos con respecto al resto de ofertas del mercado, sean empresas competidoras de su sector, o incluso los propios hábitos del consumidor. Piense, por ejemplo, en que la mayor amenazad para las tabacaleras no son sus competidores si no los cambios en los hábitos de salud de las personas que cada vez valoran más el deporte y el cuidado de la salud. Esta ventaja comparativa, hará que la empresa sea capaz de liderar frente a otras en esos aspectos y apropiarse así de unas rentas mayores. Además, una condición clave que se deberá cumplir será que dicha ventaja sea sostenible en el tiempo, ya que, en caso contrario, será fácil perderla y por tanto no se contará con una estrategia sólida. En el siguiente apartado sobre análisis interno se detallará más el concepto de ventajas competitivas.

Y, finalmente, se debería atender a la motivación económica, es decir a la capacidad de generación de rentas de una estrategia. Partiendo de un modelo económico de empresa racional, cuyo único objetivo es el de maximizar el beneficio, y con el ello el valor generado para sus accionistas, toda estrategia debería tener en consideración ese objetivo único que propone el modelo de empresa y actor económico racional. Aunque el objetivo de esta obra no es discutir si estos presupuestos son o no correcto, es importante comprender que también pueden existir otros objetivos para la empresa más allá del puro beneficio. Ejemplo de esta corriente de pensamiento, es la gran cantidad de escritos académicos acerca de la ética empresarial que se han visto aplicados por las empresas en la forma de políticas de responsabilidad social corporativa, o incluso memorias de sostenibilidad. Ciertamente, sería muy ingenuo aislar a la empresa como organización o sistema del sistema social y político en el que se ve envuelta, por ello, todos estos desarrollos sobre el trato a los grupos de interés tienen una importancia que debe reconocerse. Sin embargo, este usted personalmente más a favor o en contra de para quien debe generar valor la empresa, y partiendo de la base de que estas no son organizaciones sin ánimo de lucro, lo que está claro es que una compañía tomará acciones con el objetivo de obtener, más o menos beneficio, pero siempre será a cambio de algo. Por ello, acciones que no busquen reportar esas rentas, no se pueden llamar estratégicas. Aunque, este es precisamente uno de los puntos más debatidos en la actualidad.

Teniendo, entonces todos estos aspectos en cuenta, podría decirse que la estrategia empresarial y su posterior análisis, tendrá como objeto de estudio, los planes y patrones de comportamiento de una empresa, así como su identidad definitoria, los cuales tienen como resultado la generación de ventajas competitivas duraderas mediante las que se consiguen los objetivos estratégicos de la compañía, así como una mayor apropiación de rentas.

La perpetua toma de decisiones

Ya sea en su vida personal, a la hora de hacer una tarea sencilla, o al enfrentar problemas relacionados con sistemas complejos como el análisis de las diversas opciones estratégicas que puede realizar una empresa, inevitablemente se verá obligado a tomar decisiones, siempre va a sentir la necesidad de elegir. Y cuando crea que no el hecho, no ha elegido nada, su decisión habrá sido la inacción.

Las empresas, deben decidir y tomar decisiones respecto a múltiples aspectos como consecuencia de la estrategia que han definido o como posible causa generadora de una futura estrategia. Por ejemplo, una empresa de servicios de transporte urbano, cuya identidad ha sido definida como realizar el transporte más cómodo, rápido, efectivo y elegante posible en la ciudad. Habrá elegido de forma tácita emprender acciones que lo conviertan en un sistema de transporte colectivo y más económico. Por eso, una compañía que se va a dedicar a prestar servicios de transporte en limusinas de lujo ha tomado la decisión en su estrategia de evitar introducir autobuses urbanos en su flota.

El hecho de que vivamos en un mundo con ciertas restricciones y recursos escasos es la causa principal de que las personas y las empresas estén constantemente sopesando que acciones tomar para obtener los mejores resultados. Por ejemplo, dado que una empresa carece de fondos infinitos, deberá decidir si los recursos que tanto le han costado acumular en forma de reservas deberían ser invertidos en un prometedor programa de investigación que promete mejorar la calidad de los productos de forma considerable con el consiguiente beneficio de poder mejorar los márgenes brutos al vender el producto a un mayor precio, o simplemente debería aumentar las actuales plantas del producto actual, que ya funciona y seguramente haga que el negocio siga generando los mismo beneficios que de costumbre. Lo ideal sería que la empresa pudiera realizar ambas cosas, sin embargo, estas situaciones donde se deben poner las acciones sobre una balanza serán una constante.

Debido a que en la economía los recursos son escasos, sabemos pues que las empresas deberán inevitablemente elegir sus mejores alternativas, a la hora de conformar sus estrategias. Sin embargo, en este punto entra en juego un aspecto clave. Cuando se están elaborando estrategias, o se están realizando análisis estratégicos de una compañía, estos siempre van ligados hacia el futuro, y como usted sabrá este no se puede conocer, y aunque existen diversas formas de predecirlo, siempre están sujetas a un margen de error. Como vimos en el capítulo anterior al hablar de inversiones, cualquier inversión representaba un riesgo, el cual se solía asemejar con una medida de la varianza sobre el activo que se estaba analizando. Cuanto más simple es el funcionamiento del activo financiero, más fácil era predecir sus flujos y conocer los posibles riesgos. Por ejemplo, cuando se evaluaban los flujos de caja de una compañía, sería mucho más sencillos evaluar negocios predecibles como aquellos que ofrecen servicios de suscripción de primera necesidad que aquellos otros que dependen de múltiples variables.

Por tanto, siempre que se trate de analizar una estrategia de cara al futuro, se deberán tener en cuenta dos aspectos que parecen equivalentes, pero no lo son, el riesgo y la incertidumbre, y que como veremos a continuación, se ha demostrado que acaban por condicionar la toma decisiones de las personas y con ello las de las empresas. Por riesgo, debemos entender al conjunto de factores que sabemos que pueden hacer que algo que creemos que va a suceder en base a nuestros análisis no sucedan. Sin embargo, como conocemos estos riesgos, hemos sido capaces de ajustar la predicción o nuestras acciones para tenerlos en cuenta. La clave con respecto a los riesgos es que se conocen sus fuentes, su intensidad y se pueden medir y mitigar. Piense, por ejemplo, en el proceso que se realiza cuando usted adquiere una nueva vivienda para la que ha pedido un préstamo hipotecario, en el que la garantía para el banco que le ha concedido los fondos es la vivienda. Habrá notado, si ha realizado este tipo de operación recientemente, o tiene a algún conocido que lo haya hecho que como una de las principales condiciones que impone la entidad bancaria prestamista es que la vivienda se encuentra asegurada. Si usted lo piensa, el banco, está cubriéndose de un posible riesgo de impago y pérdida de garantías debido a posibles eventualidades que se conocen de antemano como un incendio, robos, explosiones, o en algunos casos, desastres naturales como huracanes o inundaciones.

Eso mismo, se puede realizar cuando se realizan análisis sobre decisiones estratégicas en la empresa, o se elaboran nuevos planes de acción. Por ejemplo, si su empresa esta valorando la posibilidad de diversificar hacia otro sector completamente diferente, usted podrá identificar que dicha acción tiene una mayor cantidad de riesgos que si simplemente decide mejorar su cuota de mercado para su oferta de productos actuales. Posibles fuentes de riesgos frente a esa diversificación podrían ser: falta de recursos y capacidades necesarias por el personal de la empresa, desconocimiento sobre lo que los clientes buscan verdaderamente en ese mercado, una posible respuesta agresiva por parte de las empresas del sector u otras barreras de entrada. Sin embargo, la ventaja de los riesgos es que se conocen, muchos se pueden asegurar, como en el ejemplo de la vivienda, y otros muchos se pueden mitigar, por ejemplo, encargando un profundo análisis de la situación competitiva en el nuevo mercado antes de tomar una decisión demasiado arriesgada.

Sin embargo, existen factores que causan incertidumbre, a diferencia del riesgo, la incertidumbre se caracteriza por carecer de fuentes conocidas, lo que genera incertidumbre no serían las cosas que conocemos que existen, pero que no conocemos su resultado, sino aquellos factores que no sabemos que no conocemos su resultado, es decir, aquellas variables que pasan completamente fuera del radar. Un ejemplo interesante se puede observar en los complejos modelos de gestión de la cadena de suministro que usan algunas empresas globales, las cuales deben realizar operaciones logísticas de alta complejidad, transportando las mercancías a grandes distancias y atravesando un gran número de países. Los modelos de estas empresas pueden llegar a ser extremadamente sofisticado hasta el punto de que incluso entre las variables que se incluyen suele haber variables de tipo meteorológico. Cuando se deben enviar camiones a zonas donde existen riesgos de que ocurran grandes nevadas, se pueden prever estos riesgos o mitigarlos, evitando las épocas del año donde las nevadas se intensifican y buscando rutas alternativas. Como vemos, es un factor de riesgo, porque los gestores de estas compañías los analizan, miden y tratan de mitigar. En cambio, es muy complicado que de repente estos modelos y sus gestores pudieran reaccionar ante eventos que no sabían ni que fueran posibles, como el cierre de la gran mayoría de fronteras durante la cuarentena propuesta por muchos países para frenar la expansión de la enfermedad del Covid-19.

No siempre la incertidumbre, conlleva aspectos negativos como los riesgos, Cristóbal Colón definía el éxito de su misión con la llegada a las Indias Orientales a través de una ruta alternativa. Desde luego, no contaba con encontrar un continente inmenso al otro lado del atlántico, nadie podría haber predicho, las consecuencias expuestas a la incertidumbre que esa misión tendría. Por ello, en el mundo empresarial, y en concreto en el análisis estratégico deberá decidir en un entorno marcado por la incertidumbre y los riesgos. O como se viene usando en los textos de gestión empresarial, un entorno VUCA, volátil, incierto, complejo y ambiguo. Sin embargo, la clave de una buena toma de decisiones se basa a veces en la realización de análisis lo más objetivos posibles para evitar caer en sesgos que pueden acabar condicionado la efectividad de las decisiones.

Aunque existen una gran variedad de sesgos psicológicos analizados en el campo de la estrategia empresarial y de las decisiones económicos, en transacciones, inversiones o subastas. Uno de los más conocidos del que muchas veces somos víctimas es el que se genera cuando al decidir en entornos con riesgo, las personas tendemos a ser más aversos a las pérdidas que las ganancias y que fue recogido en la famosa Teoría Prospectiva elaborada por el premio Nobel de economía Daniel Kanheman y su compañero Amos Tversky en la que basándose en diversos experimentos económico, observaron como este sesgo de mayor aversión a las pérdidas se repetía con frecuencia. A continuación, se presenta un ejemplo de los experimentos que estos solían realizar para medir dicho sesgo.

Figura 2.2. Ejemplo experimental del sesgo de mayor aversión a las pérdidas

Imagine que tiene que decidir entre las siguientes inversiones:

- Opción A: Ganar 1.000 euros con una probabilidad del 100%
- Opción B: Ganar 2100 euros con una probabilidad del 50% o 0 en caso contrario.

Una vez los sujetos del estudio respondía, a continuación, se le presentaba la siguiente decisión de inversión:

- Opción C: Perder 450 euros con una probabilidad del 100%
- Opción D: Con una probabilidad del 50% perder 0 euros o con una probabilidad del 50% perder 1000

Figura 2.2. Ejemplo experimental del sesgo de mayor aversión a las pérdidas (cont.)

Si lo desea, puede parar un momento a tomar las notas de su decisión en ambos casos antes de continuar leyendo el resultado. Luego podrá comprobar si sus respuestas fueron iguales que las de la mayoría de las personas o fue capaz de evitar ese sesgo.

La manera más racional desde el punto de vista matemático de analizar el problema se basaría en estimar el valor esperado de ambas inversiones y elegir la que aporte un mayor valor. El valor esperado de una inversión es el resultado de multiplicar el valor que genera la inversión por la probabilidad de que ocurra. Así se pueden obtener los siguientes valores esperados:

Opción A: 1.000×100%=1.000

Opción B: 2.100×50%=1.050

Opción C: -450×100%=-450

Opción D: -1.000×50%=-500

Siguiendo, este razonamiento, lo lógico hubiera sido seleccionar la opción B en la primera inversión y la opción C en la segunda. Si le cuesta entender el concepto de valor esperado, puede pensar en que el experimento se repite muchas veces, si usted sabe que si hace la primera inversión muchas veces, con la opción A siempre obtendrá, 1.000 euros, mientras que en la B, 50% de las veces, la mitad obtendrá 2100, y la otra mitad no tendrá ganancias. Sin embargo, la diferencia entre 2.100 y 1.000 compensa el hecho de que no siempre se gane con la opción B ya que en término medio la ganancia sería 50 euros superior.

Lo que la Teoría Prospectiva afirma, es que en situaciones que representan potenciales ganancias como las dos primeras opciones de inversión las personas se mostraban mas aversa o sensibles al riesgo, seleccionado la opción de dinero seguro bajo premisas del tipo "más vale pájaro en mano que ciento volando". Sin embargo, el comportamiento de los sujetos se volvía incoherente cuando entraban en el orden de las pérdidas, en este caso, las opciones se invirtieron y las personas preferían tentar a la suerte con el objeto de no perder que minimizar sus pérdidas de forma racional eligiendo la opción C. Cuando las opciones a elegir eran potenciales pérdidas, las personas pensaban bajo preconcepciones como "de perdidos al río", viendo que como ambas opciones eran malas mejor arriesgar que asegurar pérdidas, aunque el coste de arriesgarse fuera mucho mayor.

Elegir A y D constantemente además de incoherente hubiera llevado al, pero valor esperado ya que se ganarían mil y se perderían 500 quedando una ganancia neta de 500. Por otra parte, un inversor averso al riesgo, que eligiera A y C, iría a lo seguro quedándose con una ganancia neta de 550. Finalmente, el inversor más racional, el que elige B y C estaría obteniendo el mayor beneficio, 600 euros de valor esperado.

Por tanto, siempre que tenga que analizar posibles decisiones estratégicas trate de evitar este sesgo, cuando sepa que se haya en una decisión donde las ganancias potenciales ganen por mucho a las pérdidas, merecerá la pena arriesgar a la empresa. Sin embargo, si no quiere realizar un análisis estratégico que lleve a la empresa a una posible quiebra evite tomar decisiones arriesgadas y trate de ir a lo seguro.

Además de este común sesgo de aversión a la pérdida, cuando se realizan análisis estratégicos de las compañías, se trata con una ingente cantidad de información que proviene del entorno y de los diversos sistemas que internos que hacen funcionar a la empresa. Toda esta cantidad de información, que podría venir de los departamentos de ventas, financiero, de control de calidad, de las plantas industriales, e incluso consultores o asesores diversos puede hacer que usted se enfrente a otro de los sesgos más comunes y con más impacto en el mundo empresarial y del trabajo, la parálisis por análisis. El autor Barry Schwartz en su obra "*La paradoja de la elección: mas es menos*" explica que este fenómeno esta cada vez afectando a un mayor número de personas debido a la cantidad de información que tenemos disponible para tomar elecciones. Muchas veces esa gran cantidad de información acaba generando estrés e indecisión en el decisor lo que hace que acabe paralizándose y se quede sin tomar una decisión en un momento en el que tal vez lo importante sea reaccionar. Piense, por ejemplo, en el siguiente caso. Es usted el director de una multinacional dedicada a la extracción minera por todo el mundo, recientemente percibe que en las noticias y periódicos está habiendo cada vez una mayor concienciación sobre las condiciones laborales del sector. Además, sabe que los diversos trabajadores de sus minas están cada vez más concienciados con sus derechos y tienen un mayor poder de negociación debido a la creación de un nuevo sindicato minero internacional. Usted, lógicamente está velando por los intereses de todos, procurando que los medios no manchen la imagen de la empresa, el personal este satisfecho con sus condiciones y sea más productivo y además la seguridad sea lo mayor posible mientras desea mantener las mayores ganancias posibles para el negocio. Desde luego, una tarea compleja y que requiere de analizar, interpretar y decidir en base a una gran cantidad de información. Hasta el momento cree que puede mantener el ritmo y es capaz de analizar una ingente cantidad de datos y tomar decisiones acertadas, sin embargo, una mañana, recibe la noticia de que 4 operarios en una de sus plantas de extracción de mineral en Latinoamérica han fallecido debido a un error de seguridad, su vicepresidenta y su director de marketing entran corriendo a su despacho y le preguntan, ¿y ahora qué hacemos?

Si usted fuera esa persona, lo más probable es que comenzará a sentirse angustiado, con una sensación de nerviosismo y sin saber qué hacer en esa situación. Conforme se le pasara el shock inicial comenzaría a valorar posibles reacciones, muchas de las cuales se verían acompañadas de partidarios que internos que las apoya, que tienen cientos de razones para exponerle además de otros muchos detractores. Puede anunciar a los medios el cierre de esa mina de forma inmediata y ofrecer a las familias su pésame y una generosa recompensación, aunque estaría dando la razón a los medios que critican la seguridad de su sector, pudiendo desatar una tormenta mediática y de presión política sobre su empresa y otros competidores. Podría optar por tratar de mantener todo de la forma más privada posible, hablando directamente con las familias, pero si estas tomaran represalias o algo se filtrará a la prensa su empresa vería como su imagen pasa a ser la de una compañía que menos que diabólica, y así con muchas más opciones.

Muchas veces, ese exceso de cavilaciones y valoraciones daría lugar a la parálisis por análisis. Y si el director de esa empresa perdiera el tiempo analizando la situación tal vez otros se adelantarán, por ejemplo, los medios o sindicatos, dejando clara la falta de seguridad y además su ineficiencia tomando decisiones. Por esta razón, todo buen análisis estratégicos debe poder resumirse en unas cuantas variables o indicadores clave, ya que si no se verá abrumado por el número de combinaciones y resultados posibles y por una gran cantidad de datos analizar. Siempre intente encontrar lo esencial o los principios básicos de una situación y analice el resto en base a ello, con esa aproximación más simple, obtendrá resultados más eficientes sin enfrentarse al riesgo de quedarse paralizado sin poder tomar ninguna decisión estratégica.

Estrategia empresarial y teoría de juegos

Como una intersección entre los campos de la economía y las matemáticas puras, en el siglo XX nació lo que se conoce como Teoría de Juegos con algunos padres fundadores como Von Neumann, Oskar Morgenstern o Jhon Forbes Nash, el cual inventó el famoso concepto del equilibrio de Nash cuando se analizan juegos. Además de en economía y matemáticas, la teoría de juegos se ha ido extendiendo para ayudar a explicar diversos fenómenos en otros campos como las finanzas, la estrategia empresarial, la geopolítica o incluso la biología o los deportes.

La relación entre la estrategia empresarial y un juego puede retrotraerse hasta incluso la definición de lo que es un juego. Según la universidad de Stanford, se puede denominar como juego a cualquier situación en la que al menos uno de los agentes, o jugadores, tienen la posibilidad de actuar para mejorar su situación mediante la anticipación (ya sea implícita o explícita) de las respuestas o estrategias que seguirán los otros agentes o jugadores. Por tanto, un juego es una situación de toma de decisiones, donde sobre lo que se decide son las estrategias a seguir, teniendo en cuenta no solo nuestras ganancias potenciales sino, además, las estrategias que pensamos que el resto de los participantes van a seguir. Por tanto, esta teoría trata sobre la toma de decisiones en situaciones estratégicas algo que se asemeja mucho al contexto en el que se deben realizar los análisis estratégicos de la empresa.

Aunque no profundizaremos demasiado en esta teoría, ya que excedería los límites de esta obra, conviene conocer algunos conceptos e ideas básicas que pueden aportar una mayor amplitud a nuestros análisis estratégicos. En primer lugar, debemos entender que existen diversos tipos de estrategias, siendo las más destacables las estrategias dominantes y las estrategias dominadas. Por estrategia dominante se entiende a aquella estrategia de entre todo el conjunto de estrategias posibles que reporta el mayor beneficio a un jugador independientemente de lo que hagan los demás. Mientras que una estrategia dominada es aquellas que reporta un menor beneficio que el resto independientemente de lo que realice el resto de los jugadores. Para resolver este tipo de juegos, y encontrar el equilibrio de Nash, que se puede definir como el conjunto el resultado en el que todos los jugadores ha realizado sus mejores estrategias disponibles y en el que cambiar de estrategia dadas las estrategias de los demás jugadores no genera utilidad adicional.

Aplicado a un contexto empresarial, una estrategia dominante sería la de subir el precio medio de los productos si la empresa goza de una situación de monopolio absoluto. Independientemente de lo que los consumidores hagan, al no existir otros competidores que puedan posicionarse estratégicamente con una oferta más económica, el poder de negociación lo mantendrá el monopolista haciendo así que la opción racional y el equilibrio final lleve a un mayor aumento de precios, y de las rentas empresariales a costa del bienestar de los consumidores. Caso contrario sería realizar esa misma estrategia de subida de precios en un mercado de cuasi competencia perfecta, digamos por ejemplo el de los limones sin elaborar. Si existen muchos competidores en el mercado (jugadores) que buscan aumentar su cuota de mercado, y el producto es homogéneo (limones) una estrategia dominada sería claramente aumentar sus precios de forma significativa ya que el consumidor podrá elegir la oferta de otras empresas que hayan jugado la estrategia dominante de bajar precio para atraer a un mayor número de clientes. A continuación, se presentan tres ejemplos de juegos, donde podrá profundizar en el análisis de las estrategias dominantes y dominadas.

Figura 2.3. Ejemplo de juegos y su Equilibrio de Nash

A continuación, se van a presentar tres juegos o situaciones estratégicas, así como el resultado final esperado si los decisores son racionales y tienen en cuenta las respuestas esperadas de los otros jugadores antes de definir su estrategia.

Comencemos con el famosos juego del prisionero, el cual trata de evaluar si en determinados casos se puede esperar que exista coordinación entre individuos. A usted y a su amigo los han encarcelado por cometer un delito, pero el juez no tiene pruebas. Así que ha decidido tratar de hacer que ustedes mismos se traicionen. A ambos les ha dicho que, si no dicen nada los dos, no tendrá pruebas y ambos deberán cumplir solo un año de prisión, si los dos confiesan solo deberán cumplir la mitad de la condena 5 años, mientras que, si uno confiesa y el otro no, el que confiese saldrá libre y el otro deberá cumplir 10 años de condena. Esta información se puede resumir mediante una matriz de decisión:

Usted \ Su Amigo	Confesar	No confesar
Confesar	**(-5, -5)**	(0,-10)
No confesar	(-10,0)	(-1, -1)

Veamos las estrategias que puede seguir, si confiesa, o bien perderá 5 años de su vida ya que el otro ha confesado o bien saldrá libre. Si no confiesa, podría perder 10 años o solo uno. Suponga que sabe con total seguridad que su amigo va a confesar, entonces lo lógico sería confesar para así solo tener 5 años de condena. Si supiera que lo que su amigo hará es no confesar, igualmente debería confesar y salir libre ese mismo día. Por tanto, confesar sería la estrategia dominante, independientemente de lo que haga su amigo merece la pena confesar. Si su amigo piensa como usted, también confesará y el equilibrio de Nash aparecerá como un resultado inamovible. Sin duda, que ninguno confesara sería lo más optimo para ambos, la suma de ambas penas sería mínima, pero este es un ejemplo de como cuando los otros participantes tiene estrategias dominantes muy claras, a veces la coordinación puede resultar imposible.

Figura 2.3. Ejemplo de juegos y su Equilibrio de Nash (cont.)

Pensemos ahora un ejemplo, donde dos empresas van a estar abocadas a la competición y a que disminuyan los precios a pesar de que perderían margen de ganancia. Dos mineras, A y B, pueden inundar el mercado con nueva producción (apostar por más capacidad ahora) o restringir (esperar / ir gradualmente). Si ambas inundan, el precio se desploma; si solo una inunda y la otra restringe, la que inunda gana participación y mejora gracias a economías de escala, lo cual le permite ser más eficiente y mejorar sus márgenes. Si ambas restringen, el precio se mantiene sano, pero nadie se adelante y las ganancias se mantienen estables. Por tanto, se puede hacer la siguiente matriz en millones de euros:

Minera A\ Minera B	Inundar	Restringir
Inundar	(-500, -500)	**(1200,100)**
Restringir	**(100,1200)**	(700, 700)

En este caso, vemos que no existe una estrategia dominante, si una de las empresas cree que la otra va a inundar el mercado, decidirá restringir su oferta para así no aumentar sus pérdidas debido al desplome en el precio de mercado. Si la empresa, en cambio, cree que la otra va a restringir su oferta, entonces lo mejor será inundar el mercado con materia prima. Por tanto, existen dos equilibrios de Nash en la que clave de todo está en saber quien será el primero. En el momento en que uno decide, ya ha condicionado al otro que deberá optar por restringir su oferta.

Este es un ejemplo de cómo, uno de los factores más importantes cuando se analizan situaciones estratégicas es observar si se está ante una situación como está en la que los más rápidos en decidir salen vencedores.

Finalmente, se pueden ver ejemplo de juegos en los que la solución podría ser la cooperación. Imagine un fabricante (F) y un proveedor (P) pueden invertir en integración (sistemas, herramientas de planificación compartidas, capacitación) o seguir con contratos ordinarios (corto plazo sin integración). La integración conjunta desbloquea productividad y calidad; pero invertir solo cuando el otro no lo hace es arriesgado y caro. La situación podría representarse de la siguiente forma, con los beneficios netos de cada opción en millones de euros:

F \ P	Integración	Contratos ordinarios
Integración	**(80, 80)**	(-10,30)
Contratos ordinarios	(30,-10)	**(40, 40)**

Este sería el ejemplo contrario al anterior, en este caso se puede notar como los equilibrios a los que se tenderán será a que o bien ambas partes inviertan en realizar la integración o ninguna de ellas lo haga. Decidir apostar por la integración si se sabe que la otra contraparte no está por la labor, acabará resultando en pérdidas. Por eso, en este tipo de negociaciones estratégicas, hacer diferentes señales, ya sean formales o informales acerca de que se quiere conseguir el acuerdo, son de vital importancia, ya que predisponen a la contraparte a tener la misma actitud.

Tras haber revisado algunos ejemplos de juegos, tener en cuenta los conceptos de estrategias dominantes y hacer el ejercicio de que harán las otras partes en base a la decisión que vaya a tomar siempre será un ejercicio clave que diferenciará a un análisis estratégico excelente de uno menos realista.

Niveles y tipos de estrategias empresariales

Hasta el momento, ya hemos explicado el concepto de estrategia empresarial y los diferentes matices que acompañan a su definición. Sin embargo, todavía se puede seguir profundizando en el concepto si segmenta a las estrategias empresariales en tres principales niveles. Esta división es muy común ya que permite diferenciar los tres principales niveles de estrategias que pueden darse en una empresa, las cuales, aunque están interrelacionadas, no pueden compararse directamente. Estos tres niveles de la estrategia se pueden ordenar de mayor jerarquía en la empresa a menor jerarquía ya sean estrategias del nivel corporativo, del nivel competitivo o de unidad de negocio o, finalmente, del nivel funcional.

Una estrategia del nivel competitivo es aquella que se relaciona con la compañía entera, incluyendo todas las líneas de negocio que tenga y todas las funciones (marketing, producción, logística, finanzas...). Los encargados de elaborar este tipo de estrategias serán lógicamente los más altos directivos de la empresa, y el consejo de administración. Muchas veces, para la elaboración de planes a este nivel, las empresas suelen apoyarse en asesores externos como las consultoras estratégicas o bancos de inversión, que pueden aportar conocimientos extra y mayor capacidad de planificación. El nivel corporativo de la estrategia es el de las grandes operaciones y movimientos empresariales y responde a preguntas del tipo, ¿debería la compañía diversificarse y comenzar a atender nuevos mercados y ofrecer nuevos productos?, ¿cómo puedo generar sinergias si hago una fusión con un proveedor/distribuidor? ¿debería hacer tal fusión?, ¿cuál es la mejor forma de internacionalizar a la compañía?, ¿debería desinvertir en todas mis plantas que usan tecnologías no renovables y mantener como activos solo aquellas que respeten el medioambiente? Como vemos, se trata de preguntas relativas, no tanto a la forma de competir, sino a la selección misma de los mercados, productos y sectores en los que se quiere competir, además de otras decisiones que, debido a su gran calado, afectan a la compañía entera. Este tipo de decisiones son las que están mayormente ligadas con la propia definición de la identidad de la compañía y que en esencia da respuesta a la pregunta de ¿para qué existe la compañía o qué se dedica?

Si se sigue bajando al nivel inferior, se tiene lo que se conoce como estrategia competitiva o de unidad de negocio. Esta, a diferencia de la corporativa, se enfoca en seleccionar el posicionamiento en un mercado concreto, y diseñar las formas en las que se podrá competir para obtener las famosas ventajas competitivas. Imagine una empresa holding que tiene dos grandes negocios, uno productor de artículos para la limpieza del hogar y otra dedicada a los químicos para el cuidado de jardines. Aunque ambos negocios estén relacionados, y precisamente a nivel corporativo se hayan seleccionado mantener ambos negocios debido a ciertas sinergias que se generan, (ventas cruzadas, almacenaje compartido, uso común de ciertas materias primas entre otras), a nivel competitivo, la estrategia podría ser diferente. Por ejemplo, el posicionamiento de la marca de limpieza del hogar podría estar enfocado en ofrecer un servicio económico de calidad media al alcance de la mayoría de las personas. Y, por el contrario, la marca de químicos de jardinería podría estar posicionada como una marca de productos técnicamente superiores y el cual se enfoca a expertos y profesionales de la jardinería más que a particulares, que además cuenta con un precio bastante elevado en comparación con los productos que cualquiera podría adquirir en un supermercado. Como vemos, se trata de estrategias de negocio completamente distintas, ya que la primera se enfoca al público general mientras que la otra va dirigida a empresas o profesionales de la jardinería, todo ello, llevará a que las decisiones relativas a producción, empaquetado, precios, modelo de gestión de pagos, atención al cliente o incluso logística, deban ser diferentes.

Lógicamente, cuando la empresa no sea tan grande, y solo cuente con una única unidad de negocio, la frontera entre las estrategias de tipo competitivo y corporativo se encontrarán más difuminadas, pero aún así, siempre se podrá revelar una de las diferencias clave entre ambas, mientras que la estrategia corporativa decide dónde juego, la estrategia competitiva se pregunta acerca de la mejor forma de jugar para obtener la victoria.

Finalmente, se podría hablar de las estrategias funcionales, estas se consideran las de más bajo nivel, según la jerarquía de la empresa. Mientras que la corporativa suele definirse por el comité de dirección y el consejo de administración, y la competitiva por los equipos directivos de cada unidad de negocio, la estrategia funcional, va referida a una función en concreto y puede implicar a los puestos de carácter más directivo para una función, así como a los empleados de rango más bajo dentro de esa misma función. En este tipo de estrategias, el papel del directivo medio o (middle manager) será esencial para mantener el flujo de comunicación constante entre las capas más altas dentro de una función y las personas encargadas de su ejecución. Ejemplos de estrategias de tipo funcional, podrían ser las que realizará el departamento de finanzas para reducir los días de cobro y aumentar los días de pago, mejorando así su ciclo de conversión de caja, o las que podría seguir el equipo de marketing para definir su estrategia de venta basada en las 4Ps (Producto, Precio, Distribución y Promoción) para una nueva línea de productos, entre otras.

Como antes se ha dicho, estos tres niveles de la estrategia empresarial están interrelacionados, ya que entre ellos deben de mantener una coherencia interna constante que permita el objetivo primordial de aumentar el valor de la empresa, además del resto de objetivos y valores por los que la empresa define su identidad. Esta coherencia, se alcanza normalmente siguiendo a la estrategia corporativa. Es decir, la estrategia competitiva de una unidad de negocio deberá realizarse en consonancia con la estrategia corporativa de la empresa, ya que, si no, no se podrá cumplir la última. Asimismo, las estrategias funcionales deberán ser definidas de tal forma que den apoyo a la consecución de la estrategia competitiva o corporativa previamente definidas. Por ejemplo, imagine una empresa que operaba varias cadenas de restauración de comida rápida y que recientemente ha adquirido a una empresa de fabricación de refrescos, cuyas marcas son de las más vendidas en sus restaurantes. Estamos ante una estrategia corporativa de diversificación hacia atrás (ya que se absorbe a un proveedor). Ante esta estrategia, una de las formas de generar sinergias, es decir, hacer que la suma del valor de ambas compañías juntas sea mayor que por separado, será hacer que los locales de restauración se provean principalmente de estos refrescos. Es decir, la estrategia de compras a nivel competitivo o de unidad de negocio, debería adaptarse en base a la consecución de la estrategia corporativa. Finalmente, a nivel funcional, los encargados de ventas y marketing de cada una de las cadenas podrían potenciar el cumplimiento de la estrategia, haciendo que se ofrezcan promociones con descuentos en las bebidas o entrenando al personal que sirve en las mesas para que siempre trate de recomendar y ofrecer las bebidas propiedad de la empresa antes que otras compradas a otros proveedores.

Si alguno de estos eslabones inferiores no mantuviera esa coherencia, que, por ejemplo, una de las cadenas, decidiera comprar todo su refresco a otro proveedor o que el marketing promocionara otro tipo de bebidas o ni siquiera lo hiciera, haría que el resultado de la estrategia corporativa se viera afectado. Por tanto, mantener una comunicación contante entre los diferentes niveles estratégicos, y además en ambas direcciones será esencial para que la estrategia empresarial de la compañía tenga éxito. Para profundizar en estos tres niveles, a continuación, se muestra un ejemplo de cada una de estas estrategias con empresas recientes.

Figura 2.4. Ejemplo de aplicación de los niveles de la estrategia

A continuación, se van a comentar de forma resumida algunas noticias recientes que traten sobre nuevas estrategias para cada uno de los niveles antes comentados:

Cambio de rumbo de Cepsa a Moeve como ejemplo de estrategia corporativa:

La compañía energética Cepsa ha dado un giro profundo en su posicionamiento estratégico al anunciar un cambio de marca que supone mucho más que un simple lavado de imagen: a partir de ahora, pasa a denominarse Moeve. Este movimiento refleja la apuesta corporativa de la compañía por dejar atrás su tradicional vinculación con el petróleo y proyectarse como una empresa que lidera la transición hacia modelos energéticos sostenibles y bajos en carbono.

El plan incluye una inversión de hasta 8.000 millones de euros en proyectos vinculados a la economía verde, tales como la producción de hidrógeno renovable, el desarrollo de biocombustibles avanzados, la creación de una red de recarga eléctrica para vehículos y otras iniciativas relacionadas con la movilidad sostenible. Se trata de una estrategia de largo alcance que afecta a toda la organización, ya que redefine el negocio central y modifica radicalmente los sectores en los que la empresa decide competir.

Figura 2.4. Ejemplo de aplicación de los niveles de la estrategia

En este sentido, el cambio de marca funciona como un símbolo corporativo del nuevo propósito empresarial y de su misión futura: ser reconocida no como una compañía petrolera, sino como un actor clave de la transición energética global. Así, Moeve busca consolidarse como un referente en innovación sostenible y diferenciarse de competidores que aún mantienen una fuerte dependencia del petróleo.

Elaboración propia en base a la publicación de Huffington Post, octubre 2024.

Estrategia competitiva de expansión de B&B, el grupo hotelero de la financiera Goldman Sachs:

La cadena hotelera B&B Hotels, propiedad de Goldman Sachs, ha acelerado su proceso de expansión en España con la apertura de nuevos establecimientos en Alicante y Miranda de Ebro. Su objetivo es alcanzar 95 hoteles en funcionamiento en 2026, reforzando su presencia en el segmento de alojamiento económico. Esta decisión refleja una estrategia de unidad de negocio orientada a ganar cuota de mercado en un sector altamente competitivo.

El posicionamiento de B&B se centra en ofrecer precios ajustados y un modelo de operación eficiente, en el que predominan los contratos de gestión y alquiler, lo que permite un crecimiento rápido sin necesidad de grandes inversiones en propiedad inmobiliaria. De esta forma, la cadena busca competir de manera directa con grandes actores del sector como Accor o NH, diferenciándose por la flexibilidad de su propuesta y la apuesta por un modelo digitalizado.

En este caso, la estrategia competitiva no implica cambiar de sector ni redefinir el propósito general de la compañía (como sería en una estrategia corporativa), sino decidir cómo jugar dentro de un mercado concreto: el de los hoteles económicos. Para ello, la cadena utiliza variables como la localización estratégica de los nuevos establecimientos, el control de costes y el diseño de una experiencia de cliente funcional y sin extras innecesarios, que le permiten ofrecer precios muy competitivos sin comprometer la rentabilidad.

Elaboración propia en base a la publicación de Cinco Días, septiembre 2024.

Mejora logística y productiva en una planta de Repsol como ejemplo de estrategia funcional:

Repsol ha lanzado un plan operativo centrado en optimizar su complejo químico de Puertollano. La iniciativa incluye mejoras en las unidades de producción de polímeros, el uso de sistemas logísticos a granel, construcción de contenedores de gran tamaño y una nueva terminal ferroviaria. Estos cambios afectan directamente a la operación productiva y logística, consolidando una estrategia funcional que busca aumentar productividad, reducir costes y elevar la eficiencia en el corto plazo.

Esta estrategia está coordinada desde áreas como operaciones, producción y logística, y es fundamentalmente funcional, centrada en mejorar la productividad de su negocio químico, mientras se alinea con la visión corporativa de sostenibilidad y rentabilidad a largo plazo.

Elaboración propia en base a la publicación de Cadena SER, septiembre 2025.

Primer paso del análisis estratégico: Visión, misión y objetivos

Una vez ya se conoce el concepto de estrategia empresarial y los distintos niveles en los que está se puede analizar, diseñar y ejecutar. Terminaremos el apartado presentando las primeras herramientas para analizar y comprender la estrategia de una empresa. Uno de los primeros pasos para analizar la estrategia empresarial de una compañía se basará en la comprensión de tres elementos clave que la inmensa mayoría de las compañías presentan, la visión, la misión y los objetivos estratégicos. Además, algunos autores también añaden los valores, como aquellos otros aspectos que rodean a los tres anteriores y que se encargan de afianzar la identidad de una empresa.

La relación que guardan estos conceptos suele explicarse des lo más general y abstracto hasta lo más concreto. La visión sería el elemento a más largo plazo y que se encuentra definido con una menor concreción. Sin embargo, a pesar de ser algo general, expresa con mucha precisión como observa una compañía hoy su futuro, su papel en el mundo, su identidad y lo que hará por cambiar su situación y su entorno. La definición de la visión suele ser explícita y normalmente se encuentra por escrito, en las webs de muchas empresas, en sus eslóganes o es pronunciado por sus principales líderes en sus entrevistas o conferencias. La visión podría ser más larga, por ejemplo, explicada en un par de páginas o simplemente frases generales que apelen a los sentimientos. Pongamos por caso a una cafetería que elabora además dulces. Un ejemplo de visión podría ser, "nuestro futuro está en seguir haciendo los mejores cafés de forma rápida y con una atención exquisita a cada cliente, haciendo que este se sienta cómodo en nuestros locales y que además pueda disfrutar de un bocado dulce mientras trabaja, estudia o simplemente pasa el rato" o por el contrario podría ser una visión mucho más sencilla, pero con la misma esencia "nuestra visión es convertirnos en un refugio del movimiento urbano donde las personas pueda hacer una pausa dulce y con aroma a café". Ambas serían válidas, lo importante es que expresen como se ve la empresa en el futuro y, más importante, como quiere ser percibida.

Además de la visión, en un segundo nivel, quizá ya más especifico y centrado en las cosas que realmente hace la compañía día a día se encuentra la misión. La mejor manera para definirlo es asemejándolo al carácter o la identidad de la compañía, es decir, la misión de una compañía trata de definir de forma breve la razón de ser de la misma. La diferencia con respecto a la visión es que la primera se centra en el futuro, mientras que la misión explica lo que hace la compañía para acercarla poco a poco a completar su visión. Un ejemplo podría ser el de un fabricante de automóviles. Su visión podría ser algo como "ser pionero en mejorar el transporte humano, acercando a la gente y reduciendo la distancia entre ellas". Mientras que la misión explicaría la forma de hacerlo, algo como "elaboramos los coches más seguros rápidos y asequibles del mundo, para mejorar la movilidad de todas las personas". Como vemos, se trata de una frase más concreta, que menciona no solo lo que hace, sino su forma de hacerlo, y además se conecta con el visón.

Finalmente, se tienen los objetivos estratégicos, estos son los que se suelen ir planteando y cambiando de forma dinámica cada pocos años, una vez se van consiguiendo los anteriores y suelen quedar plasmados en los diversos planes estratégicos de la compañía. Se trata de los pasos y acciones que debe cumplir la empresa, de forma coherente a su misión, identidad y valores para así ir logrando poco a poco su visión. Un ejemplo de objetivos estratégicos, serían "incrementar la facturación de la compañía en 50% en los próximos dos años" o "mejorar la puntuación en cuanto a calidad y satisfacción laboral de una nota de 7 sobre a 10 a un 9 en un plazo de 8 meses". Respecto a la fijación de objetivos, estos deberán cumplir una serie de criterios para ser considerados como tal, ya que de lo contrario serían deseos, o ensoñaciones.

Un objetivo estratégico debería poder explicarse siguiendo una metodología conocida del inglés como SMART (inteligente), los cuales por sus siglas en inglés indican que estos deberían poder ser específicos (specific), medibles (measurable), alcanzables (achiveable), releavantes (relevant) y limitados en el tiempo (time-bound). Si alguna de estas características fallara, se correría el riesgo de no cumplir el objetivo de forma eficaz, debido que las personas encargadas de realizarlo, no lo hayan comprendido o hayan entendido que el fin era otro, no se haya completado en un plazo esperado por no haberlo delimitado o simplemente, se haya realizado completamente, pero haya resultado ser un objetivo y un esfuerzo inútil al no ser relevante. Por ello, siempre que deba analizar objetivos estratégicos asegúrese que cumplen con estos criterios, de lo contrario estará ante sueños o ideas, pero no ante objetivos accionables y con potencial de mejorar la compañía.

Finalmente es interesante, entender el orden en el que estos se debería plantear la visión, misión y objetivos para tener claro la jerarquía entre los tres conceptos. Para ello, puede resultar de interés referirnos a la teoría del Círculo Mágico, expuesta por Simon Sinek en su obra: *"Start with why: How great leaders inspire everyone to take action"* además de en múltiples conferencias y que pueden ayudar a entender como encajan la visión, misión y objetivos en la estrategia empresarial de una compañía, ya sea una gran corporación o una pequeña empresa.

Sinek expone que el motivo por el que muchas empresas fracasan a la hora de plantear su estrategia es que realizan el orden de su desarrollo de forma inversa, ya que las parece más racional. Estas empresas suelen empezar planteando el cómo, por ejemplo ¿cómo crecer más? ¿cómo mejorar el margen? o ¿cómo hacer que mis campañas de marketing sean más eficaces? Otras, empresas, lo hacen algo mejor ya que evitan el error anterior, aunque fallan al plantear en primer lugar la pregunta de qué, con ejemplos del tipo, ¿qué mercado debo atacar? ¿qué compañía debería comprar? o ¿qué línea de productos debo retirar? Sin embargo, parece que ambas aproximaciones son erróneas.

La respuesta correcta, sería comenzar siempre con el porqué, con la razón de ser final, con el objetivo más profundo o las motivaciones básicas. El por qué, es la motivación inicial y desde la que deberían de partir el resto de las preguntas que sirvan para iniciar el análisis estratégico. De esta forma, podrá asociar el por qué con la visión, el qué con la misión y el cómo con los objetivos estratégicos. La idea se puede entender mejor con el siguiente diagrama, donde el por qué debe ser el centro de la estrategia, lo que se conoce como circulo dorado.

Figura 2.5. Diagrama del círculo dorado de la estrategia

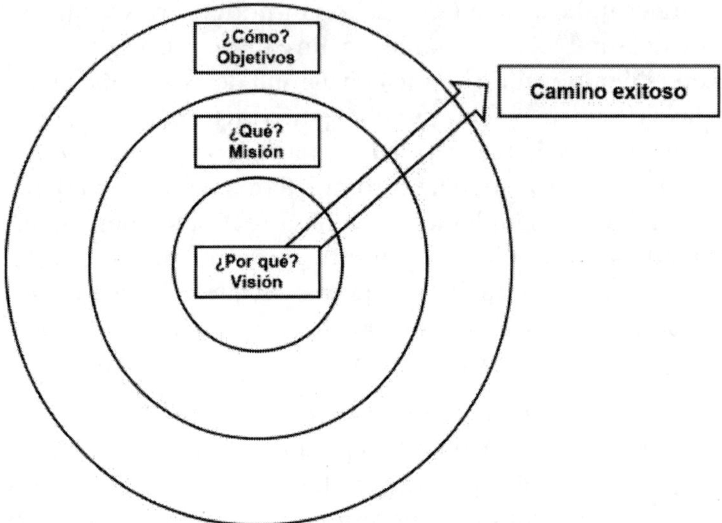

La idea es que, en cualquier análisis estratégico, siempre parte de las motivaciones más profundas, ya que esas son las que los líderes de las empresas deberían transmitir. Si las personas de la empresa, o de un equipo saben por qué están haciendo algo, estarán mucho más motivadas a completarlo si están de acuerdo con el objetivo. Además, como se ha definido principalmente el porqué, los equipos podrán responder a cambios inesperados en el cómo o en el qué sin tener que volver a definir de nuevo la estrategia. Sin duda, algo que resulta mucho más eficiente.

Cuando trate de evaluar una estrategia, muchas veces, no tendrá claras las respuestas a esas tres preguntas, o incluso sabrá el cómo o el qué, pero no las razones detrás de esas estrategias. Una herramienta que se suele usar es la que se conoce como de las cinco preguntas, o los cinco por qué. Consiste en que cuando analice un objetivo estratégico se pregunte, por qué, a esa respuesta que usted de, vuelva preguntárselo de nuevo y así, poco a poco podrá llegar a la visión de la empresa que verdaderamente actúa como el principio motor del resto de la estrategia.

Finalmente, respecto a los diferentes objetivos que se pueden marcar para conseguir la misión, o inclusos respecto a la propia fijación de la misma, los métodos de desarrollo que seleccione la empresa actuarán como principal resultado de dichos procesos. Es decir, de la fijación de la misión y los objetivos estratégicos, además de las técnicas de análisis que comentaremos en los siguientes dos apartados, la empresa obtendrá una serie de acciones que le permitirán desarrollarse.

En primer lugar, resulta conveniente diferenciar el crecimiento del desarrollo, así una empresa puede crecer y no desarrollarse porque no siga su misión, y al revés si su estrategia de desarrollo tuviera como acción el cierre de una división entera, el desarrollo de la estrategia empresarial no estaría suponiendo un crecimiento, por ejemplo, en términos de ingresos en un principio. En este sentido, muchos autores tanto desde el mundo académico como desde el empresarial han ido definiendo diferentes direcciones del desarrollo corporativo, aunque, si hay una que visión que ha destacado entre las demás es la que aporta Ansoff en una de las obras seminales del campo de la estrategia empresarial como fue "*Corporate Strategy*" del año 1965. En dicha obra el autor define una matriz de desarrollo que resume las cuatro categorías principales de estrategias empresariales y que ha día de hoy se sigue usando en muchas empresas.

En su modelo, Ansoff plantea que hay dos ejes fundamentales que la empresa deberá abarcar a la hora de definir su estrategia, los cuales son los mercados que se atienden, es decir, las necesidades que se quieren cubrir, y los productos que se ofrecen, es decir, las tecnologías y soluciones que se desean implementar para cubrir esa necesidad de los clientes en el mercado. Además, es importante comprender que en el caso de la Matriz de Ansoff, el concepto de mercado también abarcará la dimensión geográfica, diferenciándose así, por ejemplo, los mercados nacionales de los internacionales. De esta forma se plantean las siguientes cuatro estrategias:

- Penetración de mercados: Se da cuando la empresa decide mantenerse ofreciendo un mismo producto para un mismo mercado. En este tipo de estrategia el objetivo prioritario de la empresa será aumentar su cuota de mercado, o penetrar nuevos grupos de clientes optando por una estrategia de varios segmentos. La idea principal se basa en que la misión de la empresa se fijará en buscar el liderazgo de su oferta en un solo mercado.
- Desarrollo de mercado: Se da cuando la empresa mantiene su oferta y trata de llevar sus productos a otros mercados. Por ejemplo, como desarrollo de mercado se pueden entender estrategias como la internacionalización, la búsqueda de nuevos grupos de clientes o nuevas necesidades que la tecnología de la empresa puede cubrir. Así, la estrategia que se siguió por las grandes empresas productoras de ordenadores cuando quisieron comenzar a trasladar el producto desde

las empresas a los hogares sería un ejemplo de estrategia de desarrollo de mercados.

- Desarrollo de productos: Aparece cuando la empresa trata de crear nuevas ofertas y soluciones para mismo mercado. Así, todos los cambios o mejoras incrementales que se van dando en los productos y que impulsan la demanda en un mismo mercado sería un ejemplo de esta. La idea es que siga solucionando las mismas necesidades y que en esencia la tecnología no cambie de forma radical, es decir, la innovación suele ser más incremental.
- Diversificación: Se produce cuando la empresa desarrolla nuevos mercados y productos de forma simultánea. Es la más arriesgada, aunque existen niveles de inferiores de riesgo cuando la diversificación es relacionada, por ejemplo, un producto de quesos que decide entrar al mercado de los yogures. Cunado se trata de diversificaciones no relacionadas, la empresa asume los mayores riesgos debido al desconocimiento tanto de las tecnologías a emplear como del mercado.

Tras esta primera clasificación, se han ido creando un sin finde modelos de desarrollo estratégico genéricos y que son aplicables a muchas empresas reales. Sin embargo, su estudio quedaría fuera del objetivo de esta obra al estar centrada en el Análisis Estratégico y no tanto en la estrategia empresarial como un todo. Sin embargo, en cierto modo, la mayor parte de las direcciones de desarrollo estratégico nacen en cierta medida de una combinación de las propuestas por Ansoff.

2.2. ANÁLISIS INTERNO

"Conócete a ti mismo". Este texto se puede encontrar grabado en la piedra del templo griego, conocido como Oráculo de Delfos el cual se levantó para rendir honor al dios Apolo. Desde entonces, en muy diversas obras de carácter filosófico se ha usado esta invitación al autoconocimiento como una herramienta en la búsqueda del éxito o la sabiduría. De hecho, esta máxima del conocimiento interior no solo será de aplicación para la filosofía persona sino qué sirve perfectamente para describir el contenido del siguiente apartado sobre análisis interno de la empresa.

El análisis estratégico se puede entender como una moneda compuesta por dos caras las cuales son inseparables, el análisis interno y el análisis externo o del entorno. Ambas, deben estar unidos y relacionados ya que al igual que la empresa se puede entender como un sistema que está en constante relación con el entorno, su análisis también debe procurar alcanzar esa dinámica en la que las características internas de la empresa sirven para moldear el entorno y a su vez, este hace que la empresa deba adaptarse y cambiar para responder a él.

Realizar un análisis interno de la empresa, resulta pues un ejercicio de autoconocimiento, el cual permitirá al analista, conocer las características definitorias de la empresa, que son aquellas que la incluyen en un determinado sector o industria, además podrá conocer cuáles son las principales actividades y procesos que realiza la empresa para brindar valor al cliente, y como se agrupan estas actividades concretas en diversos, procesos y subprocesos que a su vez pueden ser realizados por uno o varios departamentos. Además, con un correcto análisis interno, se podrán conocer cuáles son las herramientas con las que cuenta la empresa para competir en el mercado en el que opera y de entre todas las herramientas poder evaluar cuales son las que principalmente le otorgarán las mayores ventajas para competir. Finalmente, un buen análisis interno, aunque en principio puede extenderse hasta el más mínimo detalle de cada una de las fases de producción o de la prestación de un servicio concreto, deberá poder resumirse de forma breve, para que de un vistazo se comprenda como compite la empresa y los principales detalles de su forma de hacer negocios.

Todo ello, formará parte de las distintas herramientas de análisis interno que se van a presentar a continuación, que tienen por principal objetivo, realizar un análisis de la empresa en el momento actual, incluyendo los datos que se conocen de forma objetiva. Por ello, dado el carácter cualitativo de algunos de estos análisis, será prioritario usar las herramientas de forma objetiva, siguiendo una metodología que se denomina análisis AS-IS, que traducido del inglés se puede definir como "tal y como es". Muchas veces, los directivos o analistas interno de una compañía, en lugar de realizar estos análisis objetivos realizan análisis del tipo "TO-BE", o lo que se desea ser, sin embargo, para evitar caer en autoengaños, cuando se hagan análisis internos, y sea difícil poder apoyarse en datos objetivos, por que no se cuente con ellos, o se trate de análisis basados en las percepciones de los analistas, se deberá siempre priorizar el sentido objetivo y no dejarse cegar por planes o promesas, todavía no materializados.

Por ejemplo, cuando se realizan este tipo de análisis, muchas veces no se cuenta con datos debido a que se evalúan posibles predicciones de rendimiento, o incluso aspectos no medibles directamente o difíciles de medir, como podría ser la calidad de las relaciones dentro del ambiente laboral.

Sin duda, estas influirán en el rendimiento de la empresa, y sabemos que existen diversas formas de aproximar una medición en base a diversas encuestas. Sin embargo, muchas veces, no se pueden recoger todos los aspectos que influyen en esas encuestas y queda cierto espacio abierto a la interpretación y a la intuición empresarial. Precisamente estará en un uso más objetivo y razonable de esa intuición empresarial, la diferencia entre análisis internos de mayor calidad y precisión de aquellos no tan precisos.

El objetivo final de un buen análisis interno no es otro que obtener un conjunto de fortalezas y debilidades con las que la empresa deberá hacer frente al entorno. Por fortalezas podemos entender todos aquellos factores, recursos, procesos, habilidades internas y demás aspectos que acercan a la empresa al cumplimiento de sus objetivos estratégicos y con ello a lograr sus misión y visión. Estas fortalezas, no siempre serán las mismas, ya que podrán variar de forma interna, ya que por ejemplo, se descubran otras mejores fuentes de fortalezas o que el entorno cambie y haga esas fortalezas queden obsoletas. Por ejemplo, contar con una amplia flota de carruajes y caballos para una empresa de transportes de finales del Siglo XIX, sin duda sería una fuerte fortaleza de su de departamento de logística, sin embargo, con la extensión de los vehículos a motor, dichos recursos carecerían apenas de valor. O pongamos un ejemplo más actual, una empresa de venta de productos electrónicos, podría presumir de que contar con una amplia plantilla de atención telefónica al cliente sería de gran utilidad y aportaría un gran valor a sus clientes, sin embargo, ,si la propia empresa ha creado un "chat-bot" basado en inteligencia artificial que puede hacer el trabajo de atención al cliente para consultas rápidas y dejar que sean personas las que se ocupen de llamadas más complejas, habrá sido el propio desarrollo de la empresa el que habrá hecho que la antigua fortaleza, ya no tenga el mismo peso que anteriormente.

Lo mismo sucedería con las debilidades, las cuales se pueden entender como aquellos aspectos que alejan a la empresa del cumplimiento de sus objetivos y misión, lógicamente haciendo que la empresa no se pueda desarrollar correctamente tal y como ha definido en su visión. Igualmente, factores del entorno o cambios en la empresa, pueden hacer que lo que eran debilidades dejen de serlo, ya sea por que han perdido importancia o por que se han corregido para que pasen de ser debilidades a fortalezas. Por ejemplo, la generación de cuellos de botella en el proceso de pintado de una fábrica de electrodomésticos sería una debilidad, sin embargo, si esta se corrige, hasta el punto de que el proceso se acelera mucho y hace que la empresa pueda asumir una mayor capacidad de producción, podría convertirse incluso en una fortaleza de la empresa.

Por tanto, mediante las siguientes herramientas, el analista estratégico podrá profundizar en el conocimiento interno de la compañía y detectar sus puntos fuertes y flacos, para poder obtener información clave que permita potenciar los puntos fuertes de la empresa y subsanar aquellas debilidades que se han encontrado de forma que mediante un análisis y mejora continua la empresa siempre consiga mejorar su competitividad.

Factores definitorios de la empresa

El primero de los análisis internos que se pueden realizar consiste en la clasificación y agrupación de la empresa bajo una serie de factores previamente preestablecidos. Esto permitirá al analista, poder clasificar a la empresa objeto de análisis en unos determinados grupos, los cuales suelen tener patrones de comportamiento similares y así se permite poder comparar a la empresa con grupos lo más parecidos posibles. Además de la comparación, plantear todos estos factores definitorios en un primer momento del análisis será ventajoso ya que ayudará a aquellos menos familiarizados con la empresa a entender el resto de los puntos que se irán exponiendo, así como a cerrar posibles debates sobre algunos de los elementos definitorio de la empresa. Por ejemplo, un debate muy típico sobre la ambigüedad de algunas descripciones de empresas se pudría dar con aquellas que realizan coches de alto lujo como Rolls Royce o Ferrari. Muchas veces se ha dado la discusión acerca de si estas empresas se podrían caracterizar como de la industria del automóvil, o del lujo y el diseño ya que en cierta medida siguen prácticas parecidas, como no vender ciertos vehículos a cualquier cliente, a pesar de que cuente con los fondos suficientes, a menos que pertenezca a un grupo de clientes selectos que han demostrado lealtad a la marca con otras compras previas. Esta práctica, no parece típica en la industria de la automoción, sería raro ver a Honda pidiendo a sus clientes que compren 2 vehículos antes de poder comprar el que crean. Sin embargo, grandes marcas de moda como Hermés son conocidas por realizar este tipo de prácticas con sus bolsos y prendas de vestir.

De entre las principales características o elementos definitorios de una compañía podemos encontrar la edad, el tamaño, el campo de actividad o industria en la que opera, los mercados geográficos en los que opera, la estructura de propiedad de la empresa o el ciclo de vida tanto de la industria como de la empresa en concreto. Es importante precisar, que respecto a las definiciones sobre la industria y mercados en los que opera la empresa, en el próximo apartado se profundizará más en dicho aspecto, presentando todas las posibilidades que caben al definir algo, aparentemente, tan sencillo como el campo de actividad de la empresa.

Comenzando con la edad de la empresa, esta se define como el número de años que la empresa lleva operando desde que se fundó. Es un dato importante ya que permite diferenciar a empresas maduras o con una reconocida trayectoria empresarial de aquellas que están en sus primeras fases de creación y desarrollo como podrían ser las start-ups. Además, la edad, suele relacionarse con lo que se conoce como las etapas del ciclo de vida de la empresa las cuales suele ser: ideación y desarrollo, entrada al mercado, crecimiento, madurez y declive.

En el siguiente diagrama se puede observar como suelen ir evolucionado los resultados de la empresa en cada una de las siguientes fases.

Figura 2.5. Diagrama de las etapas en la vida de una empresa

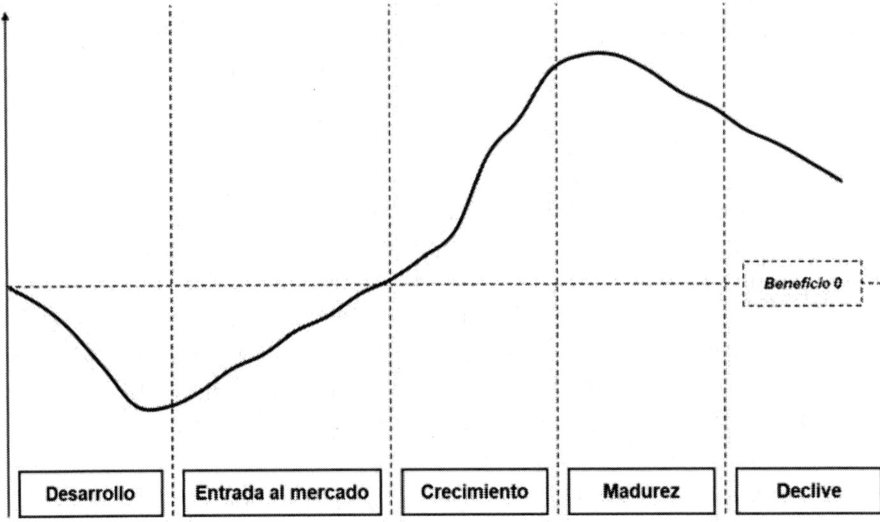

En los primeros años de la empresa, normalmente, no existirán beneficios ya que se habrá hecho una importante inversión para ir desarrollando la idea de negocio y el producto en sí. Además, serán necesarias importantes inversiones en marketing para captar la atención del público objetivo y así ir consiguiendo una masa crítica que forme la demanda necesaria para que la empresa pueda comenzar a crecer sus ventas sin necesariamente aumentar en la misma proporción sus costes. Desde que se entra en el mercado, la empresa comienza a aumentar fuertemente el crecimiento de sus ventas hasta que entra en el punto de beneficios y comienza a así su principal etapa de crecimiento. Tras ello, cuando la empresa se encuentra en una etapa de madurez, sus beneficios se estancan ya que sus clientes se mantienen estables y consumiendo la misma cantidad del producto hasta que poco a poco, estos prefieren otras opciones o la empresa empieza cometer malas inversiones debido a la presión de no poder aumentar los beneficios, lo que poco a poco lleva al negocio a ir disminuyendo su atractivo.

En este sentido, empresas de una edad joven, suelen estar en las primeras etapas, mientras que empresas con más años suelen estar en etapas de madurez o declive. Sin embargo, es importante comentar que estos ciclos son tienen el mismo ritmo en todas las empresas, por ejemplo, se podría decir que Coca-Cola es una empresa que lleva en su etapa de madurez, con un crecimiento estable, aunque pequeño muchos años, pero, aun así, no se espera que vaya a entrar en una fase de declive de repente. Además, no se trata de un proceso completamente secuencial, muchas veces las empresas pueden transformase y dar lugar a nuevas sendas de crecimiento debido a que se haya cambiado el modelo de negocio o el principal producto en venta, por lo que una empresa en fase de declive podría innovar y transformar su empresa, dirigiéndola a otros mercados con éxito y entrando así en una nueva fase de crecimiento.

En cuanto al tamaño, se suelen distinguir entre pequeñas y medianas empresas o PYMES y grandes empresas. Normalmente, la diferenciación entre ambos grupos se realiza en base criterios como la cifra de ventas, el activo total o el número de trabajadores que emplea la compañía. El hecho de que se usen esos tres criterios resulta de utilidad ya que, por ejemplo, pueden existir empresas con pocos trabajadores que gestiones millones de euros en activos o tengan unas ventas millonarias como serían los gestores de fondos de inversión o un negocio de servicios online respectivamente. Por ejemplo, en la Unión Europea se consideran grandes empresas solo a las que cumplen con al menos dos de los siguientes criterios, tener más de 250 trabajadores, y o contar con unas ventas superiores a 50 millones de euros anuales o con una cifra de activo superior a los 43 millones de euros.

El siguiente aspecto definitorio de la empresa sería lógicamente el campo de actividad o industria. Este se puede entender como el tipo de actividad económica que principalmente realiza la empresa. Normalmente se suele relacionar con la tecnología y procesos que realiza la industria en la que se encuentra la empresa, por lo que se usa una definición de base tecnológica o definida desde la oferta y no tanto en base a la visión de la demanda, es decir, de los mercados y segmentos de clientes que cubren o las necesidades que cubren. Por poner un sencillo ejemplo, una empresa dedicada a la producción de leche y yogures podría clasificarse como dentro de la industria láctea. Sin embargo, esta definición estaría simplemente usando el punto de vista del oferente, es decir, se dice que la empresa es de la industria láctea por usar una serie de procesos comunes a todas las empresas que transforman la leche fresca en leche pasteurizada de diversos tipos y la envasan y distribuyen a través de diversos canales. Sin embargo, si se mira a la clasificación desde el punto de vista de la demanda, por ejemplo, podremos decir que la empresa opera en el mercado de las bebidas, o de forma más amplia de la alimentación en general.

Como se podrá intuir, este tipo de clasificaciones tendrán mucha importancia cuando se analice el entorno, ya que, por ejemplo, no solo las empresas productoras de leches deberán ser consideradas sino otras empresas productoras de productos sustitutivos, no englobadas en la industria láctea podría estar siendo factores importantes del entorno. Por esta razón, la mayor profundización en los conceptos de industria, mercado, segmentos y la consiguiente definición del campo de actividad desde el punto de vista de la oferta o la demanda se plantearán en el apartado sobre análisis externo. Sin embargo, por el momento, podemos entender el campo de actividad desde un punto más amplio como el conjunto de productos y mercados en los que la empresa está presente, así como las necesidades que cubre y los procesos que usa para atender esos mercados.

Para una mayor profundización sobre los tipos de industria existentes y como se pueden clasificar y subclasificar, diversas entidades nacionales y supranacionales han ido elaborando algunas clasificaciones como los grupos CNAE en España, equivalente con los NACEs de la Unión Europea o los SIC o los NAICS en Estados Unidos. Todos ellos, se basen en el uso de índices alfanuméricos en los que se van clasificando distintos sectores principales, por ejemplo, agricultura, industria, energía, servicios y construcción y, se van ampliando cada uno de ellos con los consiguientes grupos industriales relacionados.

En cuanto la huella geográfica de la empresa, normalmente se podrá distinguir entre empresas locales o regionales, nacionales y multinacionales, según operen en una sola región, en todo el país o en varios países. Asimismo, respecto a las empresas multinacionales, se podrán distinguir los siguientes cuatro tipos según se sitúen en una matriz donde los ejes serían la presión para la adaptación local y la presión para operar de forma integrada globalmente. Así, se pueden encontrar empresas:

- Multidomésticas: Son aquellas que tienen una alta presión para la adaptación local y una baja integración global. Un ejemplo serían las grandes firmas legales internacionales las cuales deben adaptarse perfectamente a las leyes de los países donde defienden a cada uno de sus clientes. En este sentido, tratar de integrar procesos y servicios sería bastante complicado más allá de algunos procesos internos como la contabilidad o el marketing ya que el servicio dependerá en gran medida de los sistemas legales donde se opere.

- Global: Al contrario que las anteriores, se trata de empresa con una alta presión para estar integrada globalmente y baja presión para adaptarse localmente. El típico ejemplo que se suele dar son las empresas de infraestructuras o alta tecnología. Por ejemplo, la industria aeronáutica, es una en la que existen pocas empresas principales que producen modelos de forma integrada en diferentes plantas alrededor del mundo y que venden el mismo producto independientemente de la geografía en la que se halle el cliente.
- Internacional: Serían aquellas empresas con baja presión en ambas dimensiones, donde la mayor parte del conocimiento se transfiere o se mantienen desde la sede central y solo se internacionalizan las operaciones de carácter esencial. Muchas empresas del sector de minorista serían un claro ejemplo, donde tal vez la estructura corporativa se mantiene en el país de origen y solo se trasladan las plantas de fabricación.

Transnacional: Sería aquella empresa con una alta presión de adaptación local y de integración global. Ejemplos de empresas que operan de forma transnacional serían Unilever o Nestle que tratan de mantener una estructura de producción y funcionamiento común a nivel global mientras adapatn algunos productos o recetas a los gustos de cada región. Otro ejemplo sería McDonald's que además de sus clásicos productos internacionales adapta otros a cada país, incluyendo opciones conforme a los gustos o tradiciones de estos países, tal y como ocurren en Asia o Oriente Medio.

Finalmente, respecto a la etapa de la vida de la industria en la que opera la empresa, esta se puede subdividir en etapas muy similares a las del propio ciclo de vida de la empresa. En las primeras fases, los beneficios serán nulos o negativos y la competencia será baja, aunque habrá fuertes inversiones en innovación. A medida que la industria entre en la fase de crecimiento, las ventas tenderán a acelerarse y con ello los beneficios, sin embargo la competencia comenzará a crecer al estar más empresas interesadas en esa industria o mercado, eso hará que se pase al periodo de madurez, donde existen muchos participantes y aunque la demanda siga creciendo el crecimiento medio de las ventas de las empresas es se ve frenado, además la competencia es muy intensa, por lo que en esta etapa se suelen dar fuertes inversiones, aunque principalmente relacionadas con la optimización operativa y con la innovación y el desarrollo. La mayor competencia y una demanda que cada vez crece menos hace que se entre en la fase de declive, donde cada vez habrá menos industrias debido a que quiebran, se salen del mercado o las van absorbiendo y quedan pocas empresas las cuales innovarán cada vez menos mientras los beneficios que va generando la industria disminuyen. Sin embargo, interesante ver como incluso en esta fase final existe potencial de amplias ganancias si la empresa consigue posicionarse como una de las pocas grandes que queden teniendo así un mayor poder de monopolio frente a los clientes y pudiendo apropiarse de unas mayores rentas.

Asimismo, en cuanto a la estructura de propiedad, se podrá diferenciar entre empresas públicas, privadas y mixtas, según el nivel de participación del estado en la empresa. O empresas con un pequeño accionariado familiar o con un accionariado muy diluido o que incluso son de cotización pública, es decir, que sus acciones pueden ser compradas y vendidas en las bolsas. Conocer la estructura de propiedad, los componentes del consejo de administración y del equipo de dirección será de vital interés para comprender los factores políticos que podrían influir en la evolución de la empresa. Al fin y al cabo, las grandes decisiones corporativas se toman mediante votaciones en las juntas del consejo de administración por lo que tener un mayor conocimiento de su estado es un análisis vital y que se puede relacionar con las labores de los analistas o especialistas en gobernanza corporativa (Corporate Governance).

Finalmente, aunque no suele ser tan común en la literatura, muchas veces, además de la definición actual de lo que es o hace la empresa en base a los factores definitorios que hemos comentado. Puede resultar de gran ayuda complementar el análisis descriptivo con una perspectiva histórica de la compañía. Para ello, el uso de herramientas como las líneas temporales pueden ser de gran ayuda. Por definición, una línea temporal consiste en una recta en la que se incluyen los principales hitos por los que la empresa haya pasado y que hayan definido su situación actual. Así, expansiones internacionales, grandes cambios en el accionariado o respuestas ante crisis son ejemplos de hitos que se podrían señalar. La clave está en saber identificar cuales son los grandes pasos que la empresa ha ido dando para que de un vistazo, en una línea que ocupe una página se puedan señalar que sucesos han ido marcado la identidad actual de la compañía.

Mapas de actividades

Antes de comentar una de las herramientas más conocidas en el análisis interno de la empresa como sería la cadena de valor. Convendría comentar un paso previo, que en la actualidad muchos libros especializados comentan de pasada, pero que sin duda sienta las base para un uso correcto de una herramienta como la cadena de valor. Para ello, se deberá entender a la empresa como un sistema de creación de valor. Se trata de un sistema complejo, en el que intervienen varios subsistemas diferentes, que a su vez se desagrupan en otros muchos procesos y actividades cada uno. A pesar de ello, estos subsistemas que se van construyendo de lo más simple a lo más complejo, se van interrelacionado para construir el sistema empresarial completo en el que se podría resumir al estilo de la microeconomía clásica en la que la empresa actuaría como una función, maquina o "caja negra" que recibe una serie de factores de producción o *inputs* y ofrece como resultado una serie de productos o servicios denominados según el término anglosajón como *outputs.*

Lógicamente, la anterior definición y su posterior formalización matemática en base a funciones que serán analizadas mediante el cálculo, podrán ser de gran utilidad para el desarrollo de la teoría económica. Sin embargo, es una conceptualización demasiado abstracta para analizar un negocio concreto. Además, cada negocio, tendrá formas concretas de realizar sus actividades pudiendo ser diferentes incluso para empresas que venden un mismo producto en una misma industria, por lo que la ventaja de la generalización también se estaría perdiendo.

Por esta razón, una de las mejores formas comprender cuales son estos subsistemas y procesos que tienen como fin último realizar esa entrega de valor al cliente será mediante la construcción de mapas de actividades y la posterior evaluación de estas actividades mediante lo que algunos autores llaman perfiles estratégicos, es decir, una lista de las actividades principales que se han indicado y una puntuación según sea proclive a crear una fortaleza de la compañía o, por el contrario, una debilidad.

Un mapa de actividades puede tener diversas formas y será diferente para cada empresa concreta, por lo que no se podría definir una forma concreta de realizarlo. Muchas veces se podría asemejar con un flujo de procesos, como los típicamente usados en la mayoría de las actividades industriales. Este tipo de mapas puede ser de utilidad cuando la empresa fabrica un producto y la mayor parte del valor añadido que esta genera es directamente a través de la fabricación de dicho producto. Sin embargo, cuando resulta igual de importante el servicio postventa o las tareas de comercialización, la realización de este flujo mediante los pasos que va siguiendo el producto podría complejizarse. Otro ejemplo, sería en el caso de las empresas que prestan servicios de diverso tipo. En estos casos, no existe un producto que comienza como un conjunto de materiales semiacabados y que se va transformado a lo largo de diferentes fases, sino un conjunto de relaciones entre personas que podrán ser desde menos complejas como los negocios en los que la persona ofrece el servicio una vez por cliente, como los peluqueros o masajistas, o aquellos en los que los servicios son de carácter más intangible y sus resultados se van generando con el tiempo, como los servicios de una agencia de marketing o de un entrenador personal.

Asimismo, estos análisis deberán ser más o menos complejos según el interés que se tenga en cada una de las partes a analizar. Piense en todos los subprocesos que se podrían comentar de la simple compra un cepillo de dientes. Este necesitará que un departamento de compras coordine en primer lugar la llegada de materiales como el plástico para el mago y para las hebras, además del resto de suministros como energía, pegamentos, gomas para los acabados o incluso baterías si fueran electrónicos. Este departamento debería coordinarse además con la gestión de los almacenes para saber en qué lugar de una inmensa fábrica deben dejar las nuevas mercancías los transportistas subcontratados y si actualmente hay espacio para esas nuevas mercancías. Tras ello, otros equipos deberán transportarla a la zona de procesado, primero moldeando los plásticos del mago y cortando las hebras para que los cepillos adopten la forma deseada, mientras que la calidad de este proceso se va controlando en directo, seleccionado pequeñas muestras para ver si se están fabricando correctamente. Tras ello, se deberá ensamblar el cepillo y proceder a su envasado. Por otra parte, en otras oficinas que quizá estén a cientos de kilómetros de la planta, el equipo comercial planea como será el anuncio para obtener las máximas ventas y los equipos de finanzas se ponen de acuerdo con los de control de costes en las plantas y parte del equipo comercial para fijar un precio adecuado para los nuevos cepillos. Finalmente, estos deberán pasar por una amplia cadena de distribución, que podrá estar más o menos integradas hasta que un consumidor pueda seleccionarlo de entre otras decenas de opciones en su supermercado local.

Desde luego, parece complejo, y eso que es algo tan común como un cepillo de dientes y se han obviado múltiples procesos intermedios. Imagine entonces, como serán los mapas de actividades para producir productos de una mayor complejidad como ordenadores, o realizar proyectos de grandes magnitudes como un conjunto de puentes de cientos de kilómetros para conectar una isla con tierra firme desde diversos puntos. Ante esta complejidad, se precisará una forma de jerarquizar actividades de forma que las menos importantes, es decir, aquellas que no son tan esenciales respecto a la entrega de valor al cliente, pueden ser agrupadas mientras que las esenciales, puedan ser ampliadas y desagregadas para comprender de forma más precisa como se va generando valor para el cliente al igual que se encuentran posibles puntos de generación de fortalezas y debilidades. Esta jerarquización, no quiere decir que los procesos que se agrupan no sean importantes, ya que sin ellos no se podría funcionar, sino que se resume la información de estos al no ser determinante en la generación de ventajas competitivas.

Un ejemplo de lo anterior serían los departamentos financieros de muchas empresas dedicadas al comercio minoristas o que fabrican y venden un producto. En este tipo de empresas no financieras, los puntos críticos donde se generan valor no están en su departamento de finanzas y contabilidad sino en la calidad de los productos que entregan y como de eficaz sea su estrategia comercial. Las actividades relacionadas con las finanzas no van a generar de por sí que la empresas tenga un gran éxito, sin embargo, la falta de esta, o una mala gestión, por ejemplo de la tesorería hará que la empresa comienza a tener problemas, quedándose por ejemplo sin recursos para pagar a sus proveedores, o para financiar nuevas campañas promocionales entre otros aspectos.

Como se ha comentado, no existe una forma definida de realizar estos mapas, aunque estos se pueden representar desde las versiones más simples como sería un diagrama de flujos, hasta conceptos más complejos como podrían ser las redes. La forma que este mapa de actividades dependerá de cada negocio. Sin embargo, en la mayoría de los casos se parecerá más a una red en la que todas las partes del sistema guardan una mayor o menor interrelación. Una forma de representar estas relaciones podría ser mediante el ancho de las uniones y los nodos serían cada una de las actividades. Así, el departamento de recursos humanos tendría relaciones con casi todos los demás departamentos del sistema, aunque sus nodos serían más finos que los que podría tener el subsistema de almacenamiento con la central de compras de la empresa. Para mejorar el entendimiento de este punto se proponen a continuación dos mapas de actividades, el primero siendo el más simple posible, expresado como un flujo mientras que otro más complejo expresado en forma de red.

Figura 2.6. Ejemplo de elaboración de mapas de actividades clave

A continuación, se van a presentar dos ejemplos de mapas de actividades para empresas reales desde el punto de vista más simple, un flujo de procesos productivos, a la versión más compleja un mapa de redes de actividades.

Ejemplo de flujo lineal en una empresa de automoción. El caso de SEAT:

El mapa de actividades para SEAT podría conformarse de las siguientes actividades ordenadas por orden de intervención, además de algunas actividades transversales:

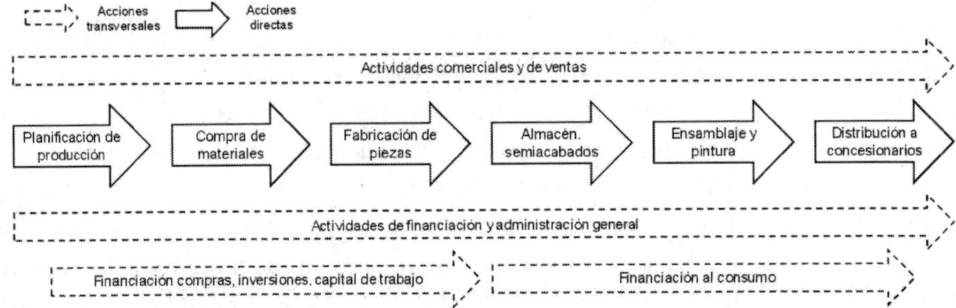

En una empresa como SEAT, el mapa de actividades podría representarse en forma de flujo lineal porque el proceso de creación de valor está muy ligado a la cadena productiva. El sistema comienza con la planificación de la producción y compras de materiales (acero, componentes electrónicos, neumáticos, etc.), sigue con la fabricación de piezas y ensamblaje en planta, pasa por controles de calidad y culmina en la distribución a concesionarios.

A lo largo del proceso intervienen actividades de soporte que, si bien no generan ventaja competitiva directa (como la gestión financiera o la comercial), son esenciales para que las actividades críticas funcionen. En este tipo de negocio, la ventaja suele estar en la eficiencia de producción, calidad del ensamblaje y capacidad logística para entregar rápido y con bajos costes. Por eso, en un mapa de actividades de tipo flujo, se podrían destacar esas fases principales como nodos grandes y detallar cómo se interconectan unas con otras de manera secuencial. Por ejemplo, un mapa más detallado podría señalar como los departamentos de finanzas se relacionan tanto con las fases de compras como las de distribución mediante el diseño de ofertas que incluyan opciones de financiación de lo vehículos.

Figura 2.6. Ejemplo de elaboración de mapas de actividades clave (cont.)

Ejemplo de mapa basado en red de actividades, el caso de Netflix:

La empresa dueña de la famosos plataforma de emisión de contenidos y creación de los mismos Netflix, puede representar un ejemplo de empresa en donde la entrega de valor no se puede analizar de forma tan lineal, por ello conviene utilizar esquemas de red como el siguiente:

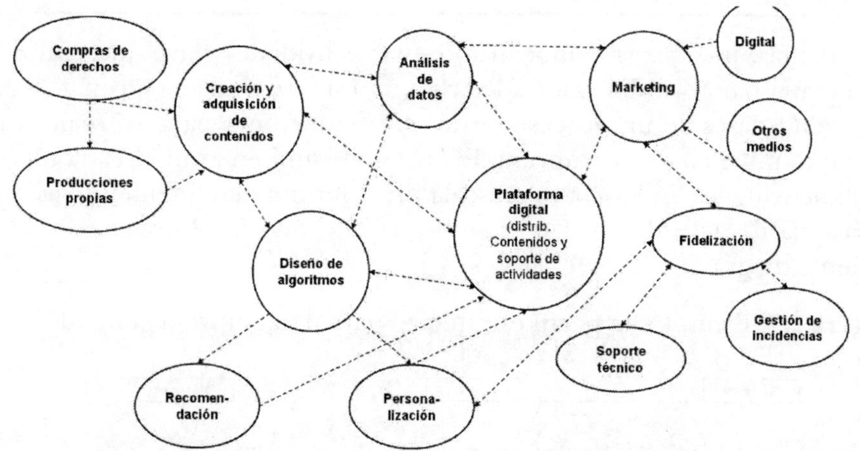

En el centro del mapa estaría la plataforma tecnológica. Esta no solo actúa como medio de distribución del contenido, sino que constituye el soporte sobre el que se conectan la mayoría de las demás actividades. El primer nodo fuertemente vinculado es el de creación y adquisición de contenidos, donde la empresa invierte miles de millones de dólares anuales. Este nodo depende de la plataforma, ya que la información que extrae del consumo de los usuarios (qué ven, cuándo, cómo y con qué frecuencia) alimenta las decisiones sobre qué series o películas producir o adquirir. A su vez, el atractivo de este contenido incrementa el tráfico en la plataforma y justifica nuevas inversiones en tecnología.

Otro nodo central es el de los algoritmos de personalización y recomendación, que utilizan *big data* e IA para sugerir a cada cliente el contenido más adecuado a sus gustos. Este nodo no está aislado: se conecta directamente con la plataforma, con la base de datos de consumo y con las actividades de marketing digital. Las campañas de captación y fidelización se potencian gracias a la capacidad de la empresa de ofrecer experiencias altamente personalizadas, aumentando así el tiempo que los usuarios permanecen en la plataforma y reduciendo la tasa de abandono. Además, la red incluye actividades de atención al cliente y soporte técnico, las cuales, aunque menos visibles, son esenciales para garantizar la continuidad de la experiencia del usuario

En conjunto, el mapa de actividades de Netflix no se asemeja a una cadena lineal, sino a una red de nodos interconectados, donde cada actividad no solo cumple un papel propio, sino que también refuerza el desempeño de las demás. La ventaja competitiva surge de la coherencia entre todos estos elementos: contenidos atractivos que nutren la plataforma, una tecnología que permite personalizar la experiencia, un marketing basado en datos y un soporte eficaz que asegura la continuidad del servicio. De esta manera, Netflix no depende de una sola actividad para generar valor, sino del entramado generado entre todas ellas.

Además, una vez se conocen todas las actividades clave que realiza la compañía para brindar valor a los clientes estas se pueden agrupar, según diferentes fases de un proceso o diferentes funciones para así realizar un perfil estratégico de la empresa. El cual consistirá en evaluar cada una de estas actividades en base a una escala predeterminada obteniendo así una jerarquía de actividades. Un ejemplo de ello podría observarse en el siguiente diagrama:

Figura 2.7. Ejemplo de perfil estratégico para una empresa general

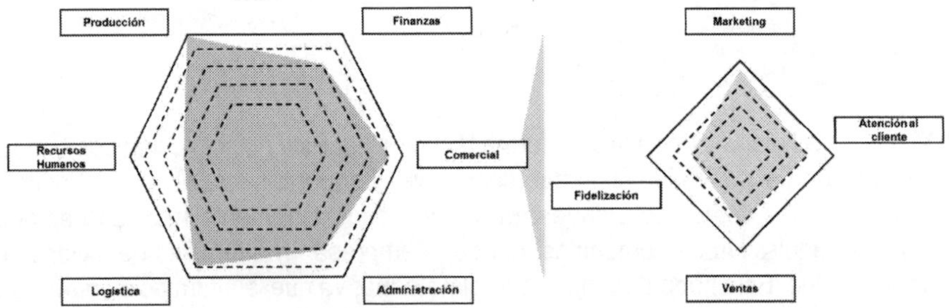

Por ejemplo, se podría representar mediante gráficos de áreas o líneas, y usar escalas de valores como por ejemplo del 1 al 5, donde 1 sería una actividad que genera claramente una debilidad mientras que 5 sería una actividad que aporta mucho para generar fortalezas en la compañía. Por tanto, valores intermedios dirían que dicha actividad simplemente "funciona y que no resulta tan crítica en la generación de fortalezas o debilidades para la compañía.

La medición de estos atributos, en principio resultará subjetiva, aunque se puede tratar de utilizar algún sistema o métrica esencial para cada una de las actividades (un KPI) para cada una de ellas, de forma que se combine el razonamiento cualitativo con alguna medición de control que aporte una visión más objetiva de la compañía. Además, estos análisis, se pueden hacer de forma temporal, es decir, comparando las notas de cada actividad en dos momentos diferentes y estudiar si estas han mejorado o empeorado, o incluso comparar a la empresa con alguna otra medida externa del mercado.

De nuevo, estos análisis pueden partir de una visión más general e ir subdividiendo las diferentes actividades en muchas otras de forma que se podrían tener las notas para cada una de las actividades y subprocesos que se han desarrollado en el mapa de actividades. Para lograr un resultado óptimo de estas actividades deberán tener sen cuenta dos claves. La primera es tratar de mantener un enfoque eficiente, que permita tener el grado de exhaustividad deseado sin desperdiciar mucho tiempo de análisis en los detalles más minúsculos de las operaciones de la empresa, ya que entonces se dejaría de estar haciendo un análisis estratégico para hacer otro más cercano a los análisis de procesos industriales típicos de la ingeniería. En segundo lugar, se deberá tratar de ser lo más objetivo posible cuando se valore el potencial de estas actividades, por ello, prácticas como votaciones ciegas y el uso final de las medias o el apoyo en datos de carácter objetivo como indicadores de control que se puedan medir recurrentemente, será clave para obtener un análisis mucho más preciso.

Análisis de la cadena de valor

Habiendo visto lo complejo que se puede volver el análisis de las actividades internas de una empresa conforme. La siguiente herramienta puede ayudar a sistematizar este análisis de una forma generalizada. Por esta razón, el estudio de la Cadena de Valor de la empresa se puede entender como el paso lógico que sigue al análisis descriptivo de los procesos y actividades de la compañía. En su obra "*Competitive advantage: creating and sustaining superior performance*" el conocido autor experto en estrategia empresarial Maichel Porter presentó uno de los modelos de análisis estratégicos más extendidos. El cuál tuvo una amplia adopción tanto en las escuelas universitarias como en el mundo de la empresa.

Mediante esta teoría Porter afirma que la mayoría de las actividades de una empresa se pueden categorizar en una serie de tipos y que a su vez estas actividades se pueden unir con el resto a través de una serie de nexos. Todo este conjunto de actividades y nexos o eslabones son lo que acaban generando el valor final para el cliente. Además, con su metodología amplía el análisis interno, no solo a la empresa individual en sí, sino al resto de empresas (proveedores y distribuidores) con los que la empresa coopera para brindar ese valor al cliente final.

La idea sería comprender como las diferentes actividades de la cadena de valor, van en cierta medida construyendo un mayor o menor margen de beneficios para la empresa. De forma, que en cada una de las fases se vayan añadiendo costes al precio de costes y cuando este pasa al cliente final, la diferencia entre el precio que la empresa es capaz de cobrar y el valor generado creen el margen de la empresa. De esta forma, se podría analizar el aumento en valor y costes que cada actividad genera, y con ello conocer cuales son las actividades de la empresa que construyen mayor valor (aquellas que generan valor en una mayor proporción con los costes) y cuales podrían estar destruyendo valor o simplemente no siendo lo más efectivas posibles.

Es importante comprender que la construcción de un mayor o menor valor no solo tiene que ver con la optimización de los procesos y la eficiencia operativa. Sino que, en gran parte, estará condicionado por factores externos como las propias preferencias subjetivas de los clientes. Piense, por ejemplo, en una empresa de limpieza, por muy eficiente y competitiva que sea al realizar sus operaciones de limpieza, nunca podrá generar un alto valor (entendido en este caso como precio medio) ya que el cliente final no valorará tanto ese servicio en comparación con muchos otros. Lo mismo pasaría con el mercado textil, donde el valor que los clientes den a una pieza de diseño siempre será mucho mayor al de una simple camiseta independientemente de los costes en los que las empresas hayan incurrido al producirlas.

Así, la cadena de valor de una empresa reconoce los siguientes dos tipos de actividades:

- Actividades primarias: Son aquellas que intervienen directamente la entrega de valor al cliente, es decir, aquellas actividades esenciales sin las que el producto o el servicio no podría ser entregado al cliente final. Entre estas actividades se pueden distinguir:
    - Logística de entrada: Se trata de el conjunto de operaciones relacionada con la compra de materiales en base a la producción planificada, el transporte de estas materias primas hacia los almacenes de mercaderías y el resto de los materiales y recursos, como la gestión de los suministros energéticos, necesarios para el proceso productivo. Además, este tipo de actividades incluyen aquellas encargadas de la gestión de la incorporación de cada material al proceso productivo.
    - Producción: Concentra todas las operaciones y procesos necesarios a través de los que se fabrica el producto o se presta el servicio, e incluye todas las subfases de transformación necesarias para que este se complete. Además, en este punto se pueden incluir actividades no físicamente relacionadas con la producción pero

que intervienen de forma directa en ella como la planificación de los turnos de producción y la gestión de los plazos en los que estos procesos deberían llevarse a cabo.

- Logística de salida: Incluye el conjunto de actividades que transportan y almacenan la mayoría de las mercaderías listas para la venta o prestar los servicios necesarios. En este sentido, se pueden destacar las actividades relacionadas con el transporte y la gestión de centros de distribución o el transporte directo de los almacenes a la tienda, todo ello dependiendo de lo integrada o no que esté la cadena de distribución de la empresa.
- Comercial: Son las actividades formadas por los equipos de marketing y de ventas los cuales se encargan de diversas tareas como el diseño de las estrategias de marketing que captarán la atención del público objetivo, el diseño de las estrategias de distribución, de la generación de clientes potenciales y cierre de ventas.
- Servicio al cliente: Está formado por todas las actividades que la empresa realiza una vez se ha cerrado una transacción y que incluyen desde la entrega física del producto o servicio hasta otras acciones como el mantenimiento, la formación al cliente en el uso del producto o cualquier otro servicio que pudiera aportar valor a los clientes actuales. Además, a veces, parte del equipo comercial tiene una cierta importancia en esta fase ya que un buen servicio al cliente es el primer paso hacia su fidelización y el aumento del valor de sus compras haciendo que así se aumente el valor temporal de los clientes.

- Actividades de apoyo: Se trata del conjunto de actividades no directamente ligadas con la prestación del servicio o con la fabricación de los productos, pero que igualmente resultan necesarios para poder completar el resto de las actividades primarias. Entre ellas se pueden encontrar:
  - Infraestructura de la empresa: Incluye a la mayoría de las actividades relacionadas con la administración del negocio como la planificación de la producción, el control de gestión, la gestión de las finanzas y la contabilidad. Además, también incluye los procesos relacionados con la gestión de la información, el diseño y mantenimiento de la infraestructura tecnológica y los sistemas de comunicación entre otros aspectos.

- Administración de los recursos humanos: Se trata de una de las actividades con mayor transversalidad ya que se encarga de las labores relacionadas con la captación del talento para la empresa, su mantenimiento y diseño de los diferentes planes de carreras profesionales, así como de los despidos en caso de que estos tuvieran lugar. Además, se suelen incluir actividades como la creación de planes de formación para los empleados o la realización de las evaluaciones y diseño de los métodos de remuneración de los empleados. Debido a que en casi todas las actividades de la empresa se necesitarán empleados, esta actividad de apoyo suele mantener contacto con casi todas las áreas de la empresa.
- Desarrollo tecnológico o I+D+i: Comúnmente, otra de las actividades de apoyo que se solían incluir eran las relacionadas con el diseño, o la generación de nuevas ideas aplicables a las diferentes tecnologías usadas en los procesos industriales. Sin embargo, es conveniente añadir el concepto de I+D+i (Investigación, desarrollo e innovación) debido a su mayor amplitud, ya que no todas las innovaciones en el seno de una empresa tienen que ser de carácter tecnológico, ya sea de proceso o de producto. También pueden existir innovaciones en procesos burocráticos internos, en la forma de atender a los clientes o en los métodos de remuneración de los empleados que pueden hacer que la empresa mejore su competitividad frente al resto de igual forma. Por ejemplo, permitir que, en una cafetería, los clientes puedan llevar sus propias tazas reutilizables, tal y como hacen empresas como Starbucks, quien además suele vender estas tazas, hace que los locales se ahorren una importante cantidad de recursos en vaso desechables y además con ello se apoye el cuidado del medioambiente tal y como ellos definen en su visión.
- Aprovisionamiento: Debe entenderse por actividades de aprovisionamiento, no solo a las actividades realizadas por los departamentos de compras que abastecen las diferentes plantas de materias primas, sino además al resto de actividades que se realizan en la empresa para contar con los recursos que sean necesarios en cada momento como activos intangibles, o tangibles como plantas, maquinaria, o incluso otras empresas que deban ser absorbidas para realizar determinadas funciones. Además, en este punto, conviene mencionar que, en los últimos años, con la expansión de negocio digitales, se está extendiendo las

estructuras industriales que trabajan en red. Es decir, se da una especialización en la labor principal de la empresa mientras que una gran parte de las actividades de la cadena de valor se acaban subcontratando a otras empresas especializadas. En este sentido, la contratación de estos servicios como, por ejemplo, el uso de asesorías fiscales online, el alquiler de espacios de coworking o la subcontratación de ciertos procesos de la fabricación a un mayorista especializado serían ejemplos que se realizan en esta función.

Además de las distintas actividades de la cadena de valor también es importante comentar los nexos o eslabones entre actividades. Así, se puede hablar de nexos verticales y horizontales. El primero de ellos, los nexos verticales, son aquellos que une a las actividades interrelacionadas entre la cadena de valor de la empresa y la de sus proveedores. Ejemplos de este tipo de nexos serían las relaciones que deben guardar los departamentos de compras de una empresa con los departamentos de distribución y ventas de su proveedor, para coordinar diversas actividades como la entrega de la mercancía, la emisión de las facturas y la gestión de los procesos de pago de la transacción. Por otra parte, un nexo horizontal sería aquel que se da entre las actividades internas de la propia empresa. Se pueden distinguir dos tipos de nexos horizontales, aquellos que se dan entre actividades primarias o entre actividades de apoyo y los que unen actividades de apoyo y primarias.

Además de estos tipos de actividades, también es común diferenciar entre actividades directas, indirectas y de mantenimiento de la calidad. Las actividades directas son aquellas que intervienen directamente en los procesos de entrega de valor al cliente final. Las indirectas serían aquellas que permiten efectuar las actividades directas y facilitan su continuación. Finalmente, las actividades relacionadas con el mantenimiento de la calidad se encargan de garantizar que el valor que se va generando para el cliente dentro de cada fase es acorde a las expectativas que se crearon o preferiblemente es capaz de superar las expectativas del cliente.

A continuación, se propone un diagrama que permitirá visualizar los diferentes conceptos explicados de la cadena de valor. Como se puede notar, se han añadido además los nexos verticales que la empresa puede tener con sus proveedores y clientes de forma que se tenga una visión global de la cadena de valor de la empresa dentro de la industria y no como una entidad aislada.

Figura 2.8. Ejemplo de perfil estratégico para una empresa genérica

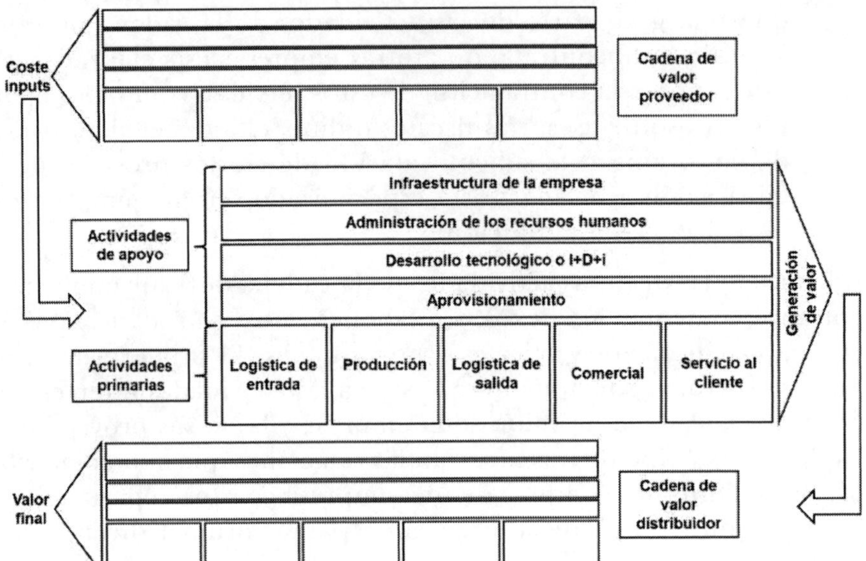

Hasta el momento se han presentado todos los elementos existentes en la cadena de valor, y como se interrelacionan entre sí, sin embargo, se deben comentar las formas mediante las que este análisis permite detectar la existencia de ventajas competitivas en una empresa. Para ello se deberán analizar las dos formas mediante las que se podría estar generando la venta competitiva, ya sea mediante la realización optimizada de una actividad primaria o mediante la interrelación de diversas actividades en base a los nexos verticales u horizontales.

En primer lugar, la ventaja competitiva de la empresa se podría detectar en la buena realización de un proceso productivo concreto que aporta un gran valor al cliente o que es capaz de ahorrarle una importante cantidad de costes. Como se verá a continuación estos son los dos principales tipos de generación de ventajas competitivas básicas que harán que, o bien la empresa sea competitiva en base sus bajos costes y productividad o que sea capaz de diferenciarse del resto pudiendo por ello cobrar una mayor cantidad que repercutirá en un mayor margen para la empresa. Sin embargo, profundizaremos en ello al final del apartado.

Ejemplos de este tipo de generación de ventaja competitiva podrían consistir en la aplicación de un software interno de predicción de costes de los suministros que optimice la estrategia de compras haciendo que la empresa siempre sea capaza de abastecerse de amplias cantidades de materias primas cuando los precios de mercado son bajos. Así consigue que los inputs principales de la empresa tengan unos precios de media inferiores a los sus competidores y que con ello el coste medio de producción de la compañía sea mucho más bajo que el del resto de empresas productoras. Otro ejemplo, podrían encontrarse en la implementación de prácticas innovadoras en la gestión de los almacenes o en el desarrollo de diversas prácticas de fidelización de clientes que hagan tener unas tasas de pérdida de clientes mucho más baja que la media del sector.

Por su parte cuando las ventajas competitivas se obtienen mediante la interrelación entre actividades, ya sean entre actividades primarias o entre actividades de apoyo y primarias. Normalmente estas se lograrán debdo a procesos de integración, coordinación u optimización. El primero de los casos tiene se da cuando el valor de realizar distintas actividades por separado es menor que si estas se realizarán de forma conjunta. Se basa en el principio económico de Economías de Alcance en el que la producción obtenida si se produce de forma conjunta sería mayor que si se usan los factores de producción por separado. Uno de los principales ejemplos se da cuando la empresa realiza integraciones de procesos internos o cuando decide integrar los procesos de algún proveedor o distribuidor en su empresa. Por ejemplo, si una empresa fabricante de coches cree realizando ella misma la venta directa a los particulares obtendrá unos beneficios que superen el coste de las comisiones de los concesionarios, decidirá integrar esas labores de distribución y renunciar a terceros para realizar las ventas de sus vehículos.

La segunda forma de generar ventajas competitivas se podría dar mediante la optimización de procesos. En este sentido, debería entenderse la empresa como una cadena de dominós, en el que un movimiento puede acabar afectando a otras piezas del sistema que en teoría estén alejadas. La idea de este tipo de generación de ventajas se basa en que pequeñas optimizaciones en un punto de la cadena de valor puede hacer que otras actividades se optimicen. Por ejemplo, una mejora en el rendimiento de los programas de planificación de la demanda, harán que la gestión de almacenes se optimice, a la vez que el departamento de marketing tendrá más claros sus objetivos. Otro de los ejemplos más comunes sería el de la administración de recursos humanos, donde una mejor captación de talento y fijación de incentivos llevará a una mayor productividad laboral media en los diferentes departamentos.

Finalmente, se pueden generar ventajas competitivas en base a la coordinación de actividades. De esta forma se elimina la fricción entre ciertos procesos de la empresa y se consigue que todo avance más fluido afectando con eso a la productividad global de la empresa. Ejemplos de estos sería, cuando se dan mejoras en las comunicaciones internas de la empresa. O incluso cuando se comparten ciertos sistemas con los proveedores y los distribuidores. Un ejemplo sería una empresa que comparte su planificación industrial con alguno de sus proveedores de forma que esté podrá saber de antemano todos los pedidos de su cliente y evitar posibles demoras en los plazos.

Una vez expuestos las principales características de la cadena de valor y sus principales utilidades como herramienta para el análisis estratégico, a continuación, se mostrará un breve ejemplo de aplicación de la cadena de valor a una empresa real como sería el Grupo Renault. Mediante el siguiente ejemplo, podrá comprobar como mediante la descripción de las principales actividades que desempaña la empresa se podrán ver qué puntos son los que generan una mayor ventaja competitiva, es decir, las principales fortalezas y qué puntos podrían estar generando las principales deblidades.

Figura 2.9. Ejemplo de cadena de valor del Grupo Renault

A continuación, se muestra un ejemplo de como se podrá entender la cadena de valor del grupo automovilístico de origen francés Renault, el opera diversas marcas como Renault, Dacia, Alpine, Mobilize, Horse, o Flexis entre otras.

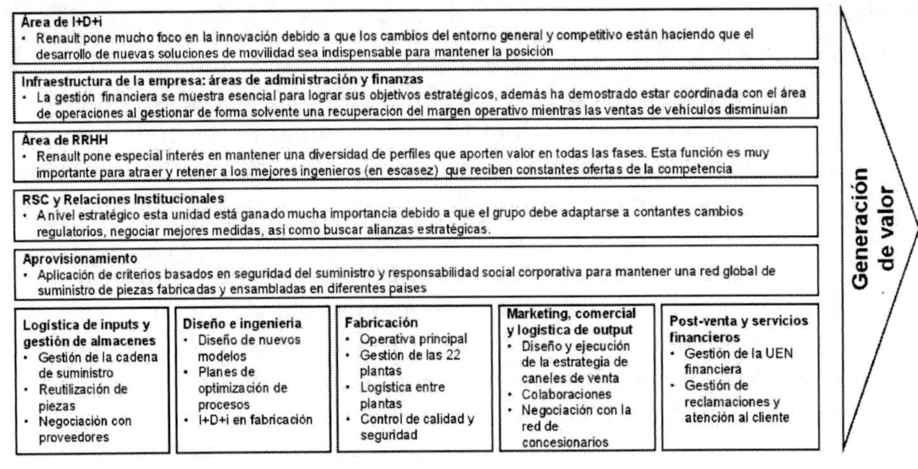

Elaboración propia en base a la información del Grupo Renault (Renault Investor Relations)

El análisis de la cadena de valor de Renault muestra cómo la compañía coordina sus actividades primarias y de apoyo para ejecutar su plan estratégico en fases ("Resurrection", "Renovation" y "Revolution"). En cuanto al aprovisionamiento y la logística de entrada, Renault trabaja con una red global de proveedores estratégicos, aplicando criterios de sostenibilidad, digitalización y diversificación que reducen riesgos y aseguran calidad. En diseño e ingeniería, el I+D+i se centra en el desarrollo de modelos eléctricos y conectados, estrechamente vinculado con las fases de fabricación, la cual se apoya en una gestión eficiente de sus 22 plantas repartidas por varios países.

Además, la estrategia comercial y de marketing refuerza los canales de distribución propios mientras mantiene la relación con concesionarios, permitiendo trasladar los productos al cliente final de forma diversificada. Asimismo, el servicio postventa y los servicios financieros se consolidan como un área clave en la fidelización y en la generación de rentabilidad adicional respectivamente. Entre las actividades de apoyo, destacan la infraestructura financiera, que sostiene la rentabilidad en fases de cambio y transformación como las que está experimentando el grupo. Finalmente, otras actividades de apoyo como la administración de recursos humanos se están enfocando en la mejora de calidad laboral para retener a un talento cada vez más escaso mientras que las actividades como la RSC y la gestión de alianzas refuerzan la imagen de la compañía.

De esta visión se desprenden algunas fortalezas, como la fuerte inversión en I+D+i, la diversificación del aprovisionamiento, la integración de la sostenibilidad en todas las fases junto a la coordinación entre innovación y estrategia comercial. No obstante, también se identifican debilidades, como la elevada dependencia de proveedores externos, la presión competitiva en la captación de talento especializado y la necesidad de acelerar la transformación hacia una movilidad 100% eléctrica para consolidar su ventaja frente a competidores más avanzados en este terreno. En resumen, Renault muestra una cadena de valor cohesionada y en transformación, donde la coordinación entre actividades es clave para sostener la competitividad y afrontar los desafíos del sector.

Análisis de recursos y capacidades

A pesar del éxito que tuvo el empleo de la cadena de valor como herramienta para el análisis estratégico interno de la compañía. En la década de los noventa surgieron otras herramientas para el análisis de la forma en la que se generaban internamente la ventaja competitiva de la empresa. El análisis de recursos y capacidades, por tanto, se trata de un análisis que puede complementar muy bien a un análisis de la cadena de valor. Aunque en cierta medida se podrían entender como análisis sustitutivos, la realización de ambos puede aportar matices enriquecedores al estudio interno de la compañía, ofreciendo así un resultado mucho más profundo y preciso.

Esta herramienta de análisis surge tras el famoso artículo de Prahalad y Hamel titulado "*The Core Competence of the Corporation*" a partir del cual surgieron otros muchos escritos acerca de la teoría conocida como Teoría de la Visión Basada en los Recursos o RBV (Resource Based Vision, en inglés). La idea subyacente al uso de esta visión para el análisis interno de la empresa se basa en las limitaciones que tienen los análisis de la generación de ventajas competitivas basados en los análisis externos (por ejemplo, los análisis de las industrias). Frente a una visión previa que afirmaba que las ventajas competitivas estaban muy influidas por el tipo de industria, usando para ello datos objetivos como las rentabilidades medias de diferentes tipos de industria. Esta teoría puso más el foco en las diferencias claras que se podrían encontrar en empresas de la misma industria, donde ya los diferenciales de rentabilidad no se deberían a factores externos sino principalmente a la forma de operar de la empresa.

Asimismo, otra de las claves que sustentan la utilidad de esta teoría se basa en la cada vez mayor variabilidad e incertidumbre que rodea a la empresa. En el momento de la creación de esta teoría, el mundo que rodeaba a la empresa tanto a nivel macroeconómico como en las diferentes industrias era cada vez más volátil y difícil de predecir debido a la mayor incertidumbre. Por ello, la idea de que ante ese tipo de escenarios externos, las verdaderas diferencias se deberían estar generando en el interior de la empresa sustentó la idea clave de este tipo de análisis. Dicha idea consiste en que las empresas generan valor a los clientes mediante empleo de una serie de recursos y capacidades, de las cuales se podrá obtener ciertas ventajas competitivas, que será tales si estos recursos y capacidades cumplen una serie de criterios. Teniendo en cuenta que como se comentó en el primer apartado del capítulo la incertidumbre es cada vez mayor en el mundo de los negocios actual, este tipo de análisis internos será de gran ayuda para poder tener una mejor comprensión de cuales son las fortalezas y debilidades de la compañía.

Un esquema de los diferentes tipos de recursos y capacidades podría ser el siguiente:

Figura 2.10. Tipos de recursos y capacidades de la empresa

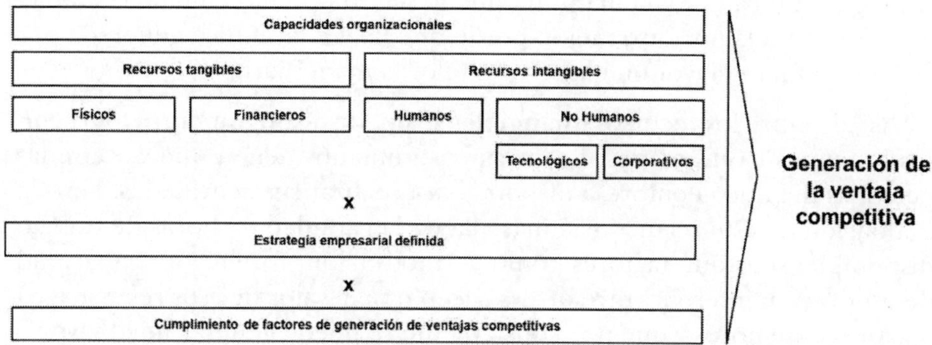

En primer lugar, se pueden comentar los recursos de la empresa, los cuales se pueden definir como el conjunto de todos los activos, personal, y demás herramientas con las que cuenta la empresa para realizar las diferentes actividades mediante las que ofrece un bien o servicios a los clientes. Estos recursos se pueden dividir según su tangibilidad en recursos tangibles e intangibles.

Los primeros serían aquellos recursos que normalmente se pueden apreciar en el balance de una empresa y se corresponden con muchas de las partidas que se comentaron en el primer capítulo del libro. En este sentido se pueden diferenciar entre recursos físicos y financieros. Dentro de los recursos físicos se encuentran desde las materias primas para la elaboración de los productos como la maquinaria que se use, el mobiliario de oficina o el material que se le brinda a los empleados como podría ser un equipo informático desde el que puedan realizar sus trabajos. A su vez, los recursos financieros serían todos los activos como el efectivo o equivalentes que conforman el disponible del balance, o el realizable, es decir las cuentas a cobrar que se van generando conforme avanza el ciclo operativo del negocio. También las diferentes inversiones financieras que realiza la empresa o los préstamos que esta conceda se trataría de recursos financieros con los que cuenta.

Normalmente, estos recursos tangibles son los más fáciles de reconocer y en los que muchas veces se basaban los estudios de las ventajas competitivas, mediante afirmaciones basadas en la propiedad de plantas de mayor capacidad o maquinaria de mayor calidad. Sin embargo, gran parte de las ventajas competitivas, o incluso aquellas más sostenibles se podrían basar en la tenencia de ciertos recursos intangibles, los cuales son muy difíciles de imitar. Por ejemplo, una licencia para operar en una determinada geografía se trataría de un recurso tal vez más valiosos que una máquina de alta calidad. Debido a que la licencia es única o, en todo caso, difícil de conseguir. En cambio, la maquina puede ser comprada, imitada o simplemente sustituida por otro mejor, por lo que tal vez la ventaja generada por la licencia fuera mayor que la ofrecida por la maquinaria.

Así, de entre los recursos intangibles se puede distinguir entre los recursos humanos y o humanos. Los recursos humanos tienen que ver con las personas del que la empresa dispone para realizar sus actividades. Pero la evaluación de este recurso iría más allá de la cantidad de horas de trabajo disponible, sino que factores como su motivación, formación, capacidad de innovación interna, entre otros, hacen que el valor de esos recursos sea mayores o menores y que por consiguiente se puede generar una mayor o menor ventaja competitiva mediante el uso de los recursos humanos.

Finalmente, se tiene a los recursos intangibles no humanos que se dividen en recursos de tipo tecnológico como la patentes, el software privado o por ejemplo las fórmulas protegidas de ciertos medicamentos o de productos de consumo famosos como la Coca-Cola. Mientras que los recursos corporativos, también llamados organizativos, serían aquellos como las marcas, la fidelidad de los clientes y las carteras de clientes, las relaciones institucionales con las que cuenta la empresa o el conjunto de alianzas que tienen en la industria entre otras. Por ejemplo, una empresa que se ha aliados con muchos suministradores para mantener siempre activa su cadena de suministro y que además tiene una muy buena reputación frente a estos, tiene de partida una clara ventaja que otra empresa que quiere entrar en el negocio y no tiene ni proveedores ni un historial que garantice su fiabilidad como cliente.

Además de los recursos, en un nivel superior se tienen las capacidades, se entiende por capacidades organizacionales al conjunto de actividades que realiza la empresa, empleando sus recursos y que engloba de diversas capacidades individuales que se unen entre sí generando sinergias que acaban por generar un mayor valor para el cliente. Así, podríamos asemejar a las capacidades con aquellas actividades principales de la empresa, dentro de su mapa de actividades las cuales se componen a su vez con diversas acciones individuales que las conforman.

De este modo, la ventaja competitiva no se generaría de por sí con la tenencia de los recursos, y la ampliación o mantenimiento de estos, sino que se generaría mediante su empleo para realizar la actividad. A pesar de ello, para que su uso ofrezca la mayor ventaja posible, deberá de guardar coherencia con la estrategia de la empresa y su modelo de negocio. Ya que de lo contrario la empresa se estaría alejando de su misión. De ahí que las capacidades organizacionales deban de estar en consonancia (multiplicadas) por el uso coherente de las mismas en base a una estrategia empresarial.

Una vez se han listado el conjunto de recursos y capacidades clave que tiene una empresa, se deberá completar un último paso en el análisis. Este consistirá en la evaluación de la capacidad que tienen de generar la ventaja competitiva. De esta forma se pueden distinguir tres criterios principales que miden la capacidad de generar una ventaja competitiva: el establecimiento de la ventaja, el mantenimiento de la ventaja y el grado de apropiación de rentas que se consigue con esta.

En primer lugar, una estrategia competitiva podrá establecerse si cumple dos factores principales que son la escasez y la relevancia. En caso de que no se cumplieran, por ejemplo, que un recurso fuera relevante, pero no fuera escaso, no se generaría la ventaja ya que todos los demás dispondrían de él, asimismo, cuando se cuenta con recursos escaso, pero que no es relevante, por ejemplo, baristas de café en una empresa aeroespacial, tampoco se tendrá una ventaja respecto al resto de competidores ya que el hecho de que los empleados tomen un mejor o peor café seguramente no sea un factor determinante del éxito. Así:

- Relevancia: Se define con el grado en el que un recurso o una capacidad de la empresa se relacionan con un factor clave del éxito en la industria o (KSF: Key Succes Factor) y que hace que la empresa tenga recursos importantes para lograr el éxito. Ejemplo de factores relevantes sería, ingenieros en una planta industrial, hormigón en un proyecto de ingeniería civil o camareros en un restaurante.
- Escasez: Se entiende como el grado de diferenciación que convierten a un recursos o capacidad en único. Los factores relevantes deberán ser además escasos para que generen ventajas competitivas. Así, el modelo de entrega de comida rápida de McDonald's fue único en sus inicios lo que propició la enorme expansión que tuvo después.

En segundo lugar, se deberá analizar la capacidad de que la ventaja se mantenga. Es decir, una vez se tiene un recursos escaso y relevante se deberá evaluar el grado en que este es duradero, transferible, replicable, sustituible y complementario con otros recursos. De esta forma:

- Durabilidad: En la medida en que un recurso no pierda valor o pierda poco valor con su uso será más duradero. Así la mayoría de los recursos tangibles van perdiendo valor con el tiempo, mientras que otros recursos de tipo intangible pueden potenciarse con el tiempo como la imagen de marca. Otra ventaja de los intangibles es que pueden usarse simultáneamente y en diversas aplicaciones, por ejemplo, el uso de una marca comercial se puede aplicar a diferentes líneas de productos sin temor a que esta se gaste.

- Transferibilidad: Tiene que ver con la capacidad que tiene la empresa de poder intercambiar en el recurso con otra. Por ello, a medida que existan mercados consolidados para ese recurso será más sencillo transferirlo. Así, un recursos o capacidad que no se puede adquirir en un mercado será un buen garante del mantenimiento de la ventaja competitiva. Por ejemplo, una gran máquina o un proceso de experimentación de medicamentos de una empresa farmacéutica no se pueden vender ya que no existe un mercado obvio para ello. Por lo que para poder adquirirlos la única solución sería adquirir la empresa en su conjunto.
- Replicabilidad: Un recursos o capacidad difícil de imitar también garantizará un mayor mantenimiento de la ventaja competitiva. Volviendo al ejemplo de la empresa farmacéutica, el proceso de elaboración y la fórmula de un tratamiento avanzado serán muy difíciles de imitar ya que los competidores deberían realizar todas las inversiones que previamente se han hecho en investigación para lograr una solución similar. En cambio, cuando es más sencillo imitar el recurso, como las recetas de alimentación será más difícil justificar dicho recurso como generador de una ventaja estable.
- Sustituibilidad: A medida que un recurso sea menos sustituible mayor poder tendrá para mantener la ventaja competitiva de la empresa. Muchas veces, la solución de los competidores frente a recursos que no se pueden transferir ni imitar sería buscar una solución alterna. Cuanto más difícil sea encontrarla o goce de una menor aceptación por los clientes mejor posición tendrá la empresa poseedora del recurso difícil de sustituir.
- Complementariedad: Finalmente, cuanto más complemente una capacidad o recursos al resto de capacidades de la empresa más sinergias creará haciendo que con ello la ventaja competitiva sea más sostenible. En este punto, se puede comentar como uno de los mayores efectos que defienden el mantenimiento de la ventaja competitiva se obtiene de las complementariedades de diversos recursos los cuales se entremezclan generando lo que se conoce como ambigüedad cau-

sas. Es decir, en presencia de esta, los competidores directamente no podrían determinar de qué recursos viene la ventaja competitiva ya que es una mezcla de muchos que se complementan. Esto es lo que daría lugar a grandes redes de actividades como en el caso de Netflix visto antes, de donde sus ventajas no surgen de una sola capacidad sino de los nexos entre las mismas.

Mediante el análisis complementario de los mapas de actividades, la cadena de valor y la evaluación de los recursos y capacidades se podrá obtener un conocimiento muy amplio de las diferentes actividades que realiza una empresa, como se van ejecutando por diferentes fases y el valor y margen que aporta cada una de ellas así como la identificación de las partes del sistema que genera mayores ventajas o fortalezas y aquellas que o no resultan ser ventajas sostenibles o generan desventajas para competir, es decir, debilidades.

Análisis del modelo de negocio y estrategia competitiva

Todo buen análisis de la empresa debería poder resumirse de forma breve para que, de esa forma, cualquier otra parte interesada en el análisis pueda conocer de forma rápida los principales detalles obtenidos del análisis interno. Para ello se van a presentar de forma breve dos herramientas, la descripción del modelo negocio mediante el uso de un modelo de análisis tipo *Canva* y la caracterización de las diferentes estrategias competitivas que la empresa esta realizando en base sus ventajas competitivas.

El análisis del modelo de negocio de la compañía es una de las formas de realizar un análisis interno, si bien de base, ofrece una descripción de lo que la compañía hace. Sin embargo, cuando se combina con los resultados de análisis previos como el de la cadena de valor, se podrán detectar las diferentes ventajas competitivas de la empresa y como estás encajan en el modelo de negocio de la empresa.

Una herramienta que realiza lo anterior es la plantilla *Canva*, o lienzo traducido del inglés y que se popularizó en el entorno de las empresas digitales y las star-ups de Sillicon Valley. Concretamente, cuando los creadores de esas empresas querían obtener fondos de diversos inversores ángel o ayuda de aceleradoras de negocio, presentaban sus ideas de forma breve mediante discursos como los "*elevator picth*" o discursos de ascensor. En ellos, un elemento crucial era explicar la propuesta de valor de la empresa y cómo esta se relacionaba con todos los elementos importantes de un negocio: costes, clientes, actividades, recursos etc. A continuación, podrá observar un ejemplo de los elementos indispensables que deben llevar un resumen de modelo de negocio de este tipo. Y que sin duda le ayudará a resumir y estructurar bajo un sencillo marco de pensamiento cómo una empresa es capaz de aportar valor a sus clientes y qué áreas o partes del negocio se hayan las principales ventajas.

Figura 2.11. Ejemplo de plantilla Canva para el resumen del modelo de negocio

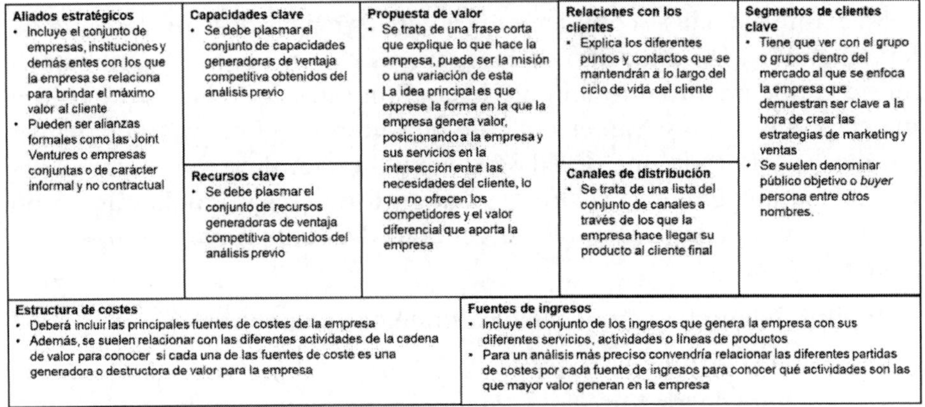

La idea de esta herramienta no es obtener un análisis de forma directa mediante su uso, porque esté será poco preciso y con una profundidad superficial. El objetivo de esta herramienta sería resumir en unas pocas palabras, los principales resultados de estos análisis.

Por último, en cuanto a las estrategias competitivas, del análisis interno de los diferentes procesos que ejecuta la empresa y de como se muestra esta al público se podrán diferenciar dos grandes estrategias que a su vez se basan en dos ventajas competitivas clásicas definidas Porter: la ventaja en costes y la ventaja en diferenciación.

La ventaja en costes se basa en la capacidad que tiene una empresa de producir una misma cantidad de producto que otras en la industria con unos costes medios inferiores. Esta ventaja puede surgir de diferentes fuentes siendo principalmente la causa unos menores costes fijos o unos menores costes variables. Por ejemplo, cuando la empresa opera bajo economías de escala o incluso de alcance al integrarse con otras empresas, puede hacer que conforme aumente la producción los costes medios de cada unidad producida puedan ir reduciéndose de forma que en términos globales los costes sean inferiores.

Entre otras causas de la ventaja en costes se encuentra principios económicos como el efecto aprendizaje y el efecto experiencia que hace que el coste de las primeras unidades que se hacen sea mucho mayor que las siguientes. Piense, por ejemplo, en el primer prototipo de un teléfono nuevo. En un primer momento, se deberá realizar una importante tarea de investigación y muchas pruebas de ensamblado y calidad. Sin embargo, una vez se conoce el proceso de producción de ese modelo de teléfono, los siguientes se harán mediante repetición ya que se habrá aprendido a producirlos y se tendrá la experiencia que se requiere para hacerlos, así los costes tenderán a disminuir. Incluso otros factores como la capacidad de generación de sinergias entre elementos de la cadena de valor o la mayor o menor laxitud con la que los equipos se tomen el trabajo serán determinante para generar o no dicha ventaja.

La razón de ser de la ventaja en costes parte del hecho de que, frente al resto de competidores, ante un mismo valor percibido para los clientes, la empresa podrá cobrar el mismo precio que la media de la industria y obtener un mayor margen de beneficios o inclusos bajando los precios, dando que estos siguen siendo superiores a los costes podrá obtener una mayor cuota de mercado y aumentar aún más los beneficios. La decisión entre mantener precios o bajarlos dependerá de la elasticidad de la demanda, es decir, de en qué tanto por ciento aumente o disminuya la demanda del mercado ante variaciones en los precios. Así cuando la demanda sea elástica o sensible al precio, a la empresa le interesará disminuir los precios para así quitarle cuota al resto de sus competidores.

Por otra parte, la ventaja en diferenciación se relaciona con la capacidad de la empresa de hacer que el valor percibido por los clientes sea mucho mayor tanto al precio de mercado como a los costes internos de la empresa. Así, una empresa podría, mantener los precios iguales que sus competidores, asegurándose una alta fidelización de clientes y un aumento en su cuota debido a que, con el tiempo, los clientes se darán cuenta que pueden obtener un bien o servicio de mayor calidad al mismo precio. Otra opción sería aumentar los precios, debido a que mientras el valor percibido sea superior al precio del producto a los clientes les será rentable comprarlo y así la empresa obtendrá un importante aumento del margen de beneficios por el aumento del precio medio. En el primero de los casos, la empresa está maximizando el excedente de los consumidores, mientras que en el segundo maximiza su propio excedente, es decir sus beneficios. De esta forma, cuando la demanda sea inelástica, es decir, los clientes sean poco sensibles al precio, la opción más interesante será subir los precios de forma que se aumente el margen sin que se pierdan muchos clientes por la subida de los precios. Cuando mayor sea el valor percibido por los clientes, mayor será el rango en el que la empresa pueda subir los precios independientemente de la elasticidad de la demanda.

Finalmente, es importante comentar que cuando usted analice empresas reales, muy pocas veces encontrará casos donde las empresas usen sus ventajas competitivas para competir en costes o en diferenciación de forma pura. Sino relaciones intermedias que se moverán según el valor percibido por los clientes y el precio de venta. La idea clave es que cuanto menor sea el precio y mayor el valor, la empresa estará intentando ganar volumen de ventas, para compensar la pérdida de margen. Asimismo, a mayor precio y valor percibido, se tratará de compensar el menor volumen con un mayor margen. La única estrategia que verdaderamente estará abocada al fracaso será aquella que combine precios altos con un valor percibido bajo. Ya que entonces, a pesar del mayor precio la empresa se quedará sin clientes.

2.3. ANÁLISIS EXTERNO

Existe un término en el campo de la estrategia empresarial el cual se conoce como "La paradoja de Ícaro", este término surge de la mitología griega, Ícaro y su padre Dédalo tuvieron que escapar de Creta usando alas hechas a partir de plumas y cera. Al principio, resultaron un éxito, sin embargo, durante el vuelo, cada vez se estaban acercando más al sol, Dédalo advirtió a Ícaro que debía alejarse de él ya que el sol abrasador podría derretir sus alas, sin embargo, Ícaro, obcecado en su éxito al escapar, lo ignoró con la terrible consecuencia de que, finalmente, las alas se derritieron y cayó al mar muriendo.

La principal moraleja de esta historia se encuentra en que Ícaro, cegado por su éxito, no tuvo en cuenta el riesgo que suponía volar cerca del sol, y por un exceso de confianza o de tranquilidad generada por su anterior éxito, acabó muriendo. Precisamente, esta historia fue usada en un primer momento por el autor Danny Miller en su conocida obra "*The Icarus paradox: How exceptional companies bring about their own downfall*", en la que empleó la historia de Ícaro para explicar un fenómeno que el observó con cierta frecuencia en el mundo de la empresa. En concreto, Miller observó como muchas empresas, que en el pasado habían sido exitosas y que en el presente seguían manteniendo las ventajas que les permitían su éxito, cometían el error de confiar en exceso en la estabilidad de su situación, ignorando posibles riesgos que una vez materializados acababan por debilitar fuertemente a la empresa e incluso originar su quiebra.

En otras palabras, de la paradoja de Ícaro se puede comprender como una empresa que es excelente en base a los análisis internos, puede fracasar si desatiende su entorno, ya que las ventajas que tiene hoy a nivel interno podrían quedar obsoletas o desplazadas si la empresa no es capaz de observar los riesgos que le rodean y reaccionar a ellos. Ejemplos de la paradoja de Ícaro hay muchos, entre los más reconocidos se encuentran los de empresas como Kodak, la cual fue una líder en la producción de cámaras fotográficas analógicas y cintas de carrete durante los últimos años del Siglo XX. En el caso de Kodak, la paradoja le afecto ya que decidió ignorar las tendencias del entorno y, a pesar de ser de los primeros inventores de modelos de cámaras digitales, decidió seguir concentrándose en las cámaras analógicas ya que eran su negocio con más éxito. Sin embargo, no supo ver que esta tendencia dejaría obsoleto a su producto estrella, perdiendo además el liderazgo en la transición hacia la cámara digital frente al resto de competidores. Este es un caso claro de que la obsolescencia tecnológica siempre estará ahí para acabar con las ventajas de los líderes del mercado, ya que otros han descubierto productos más novedosos y ventajosos o mejores formas de realizar los procesos. Este fenómeno es algo que el economista Joseph Alois Schumpeter denominó como "Destrucción Creativa", que hace referencia al fenómeno por el cual las empresas innovadoras crean grandes productos y pueden aprovecharse de las ventajas que ello conlleva hasta que otras empresas, vuelven a innovar dejando obsoleto el producto anterior y, en muchos casos, llevando a la quiebra a la primera empresa.

Otro ejemplo, podría encontrarse en el caso de la empresa de telefonía Nokia, la cual cayó en la paradoja de Ícaro por ignorar una oportunidad. A pesar de que a inicio de los años 2000 era la empresa líder y con mayor cuota del mercado mundial de telefonía móvil, no supo valorar el cambio de paradigma que supuso la salida al mercado del iPhone en 2007, y siguió confiando en sus teléfonos de teclas sin pensar que el futuro estaría en las pantallas táctiles y el resto de las facilidades que permitían los smartphones. Cuando quiso reaccionar, de nuevo era tarde y Apple y Samsung eran las dos empresas dominantes en el mercado. Pero es que, además, no solo corren el riesgo de caer en desgracia las empresas que ignoran el entorno, sino incluso aquellas que lo hace, corren el mismo riesgo si realizan un mal análisis. Un ejemplo de ello sería el de la empresa de videoclubs, Blockbuster. La empresa era líder en el negocio del alquiler físico de películas, sin embargo, no supo valorar bien, ni a tiempo, el cambio que suponía para su industria, los nuevos modelos de negocio basados en streaming. Así, cuando dos exempleados suyos, crearon Netflix, Blockbuster indicó que no llegarían tan lejos ya que a las personas les resultaría complicado o poco conveniente tener que pagar una suscripción online para ver películas y series. Incluso, aún teniendo la oportunidad de comprar a Netflix, cuando todavía era una gran desconocida con mucha potencia, rechazaron hacerlo. Solo hace falta ver como ha sido la evolución del sector de los video clubs para ver la fatal decisión que tomaron debido a un mal análisis del entorno.

Con todos estos ejemplos, parece claro que, dentro del análisis estratégico, será importante tener en cuenta de que se trata de una moneda con dos caras, el análisis interno y el análisis externo y que para garantizar que ambos se realizan de forma oportuna deberán estar interrelacionados. Es decir, los análisis internos marcarán nuestras perspectivas frente a las observaciones que se hagan del entorno de la empresa y, al contrario, aquellos factores clave que se observen en el exterior de la empresa, serán clave para condicionar las decisiones que se toman a nivel interno.

Teniendo esto en cuenta, a continuación, vamos a presentar una serie de herramientas que permitirán al analista de la empresa, conocer todos los factores que podrán condicionar a la empresa en futuro y de los cuales no es la causante. Es decir, mediante el análisis externo se logrará el objetivo de definir las amenazas y oportunidades que ofrece el entorno. Por amenazas podemos entender todos aquellos factores externos que pueden poner en riesgo la estrategia de la empresa y el cumplimiento de sus objetivos, alejándola así del cumplimiento de su misión, o incluso en los casos más fuertes, cambiando el paradigma que rodea a la empresa y dejando por tanto la misión obsoleta. Asimismo, una oportunidad, también conocido como hueco estratégico (strategic gap) serían aquellos factores poco comunes y diferenciales del entorno que pueden hacer que las ventajas competitivas de la empresa se vean reforzadas o incluso contribuir a crear otras nuevas, haciendo que la estrategia de la empresa se vea fortificada.

El entorno de la empresa

Un primer paso que a veces se suele pasar por alto cuando se presentan las herramientas de análisis del entorno pero que es absolutamente esencial para poder realizar los análisis de una forma fiable, consiste en la propia delimitación del entorno de la empresa, y en el conocimiento de los diferentes tipos de entornos que rodean a la empresa. De esta forma, se podrá saber qué factores son clave, y cuales se puede obviar de los análisis posteriores por no afectar de forma clara a las actividades de una empresa. Así, se podrá filtrar la ingente cantidad de información que se recibe constantemente, y más desde el inició de la era digital y de internet en la que nos encontramos, para evitar fenómenos como la Parálisis por Análisis antes comentados.

Por entorno podemos reconocer a todo lo que rodea a la empresa y a su actividad, es decir, podrán ser factores físicos o geográficos como las zonas que rodean a la empresa, las conexiones de transporte cercanas, las principales ciudades alrededor de sus diferentes sedes y ubicaciones, también de tipo social, como los diferentes grupos de personas que rodean a la empresa, o los grupos étnicos de las zonas en las que operan los cuales pueden dar lugar a diferencias culturales, incluso otros entornos como el científico el geopolítico entre otros. También es entorno de la empresa, el conjunto de competidores de su industria, los mercados a los que atiende, así como los mercados en los que se encuentran sus proveedores por ejemplo, el sistema financiero de su país de origen, los bancos que financian a la empresa y a los clientes que adquieren sus productos y, lógicamente, el entorno medioambiental en el que opera la empresa como los ríos y cuerpos de agua cercanos a la empresa, la flora y la fauna autóctona o la calidad del aire entre otros aspectos.

Visto de esa forman, podría parecer que el entorno es algo bastante amplio y difícil de analizar ya que mezcla aspectos muy diversos de una realidad cambiante, que podrían llegar a hacer infinitos el número de análisis posibles para la empresa. Sin embargo, la clave estará en ir sistematizando la delimitación del entorno de la empresa y la forma de analizarlos para que se convierta en una tarea de provecho e informativa. Por esta razón, la primera gran delimitación que se suele realizar es la de entorno general o macroentorno y entorno específico de la empresa o microentorno.

El entorno general de la empresa se puede definir como el conjunto de factores que rodea a una empresa y que, aunque tendrá un efecto sobre la empresa en algunos casos, no afectará únicamente a una sola empresa o industria sino a muchas industrias en un mismo país o incluso dependiendo de la escala de los sucesos, a una amplia variedad de grupos de diferentes países y sectores alternos. Es decir, el entorno general es el de los grandes cambios, las grandes tendencias, por ello muchas veces se relaciona con el punto de vista macroeconómico, aunque como veremos no solo los factores económicos serán clave en el entorno general. Ejemplos de factores que afectan al entorno general, podrían ser las decisiones de fijación de impuestos o aranceles en un determinado país. Además, a mayor peso en el comercio mundial, mayor repercusión tendrá para el resto de las empresas del mundo además de las del interior del país. Así, las recientes subidas arancelarias que la administración del gobierno estadounidense realizó, han marcado algunas de las principales amenazas del entorno general de muchas compañías a nivel global. Igualmente, las grandes crisis sistémicas como la de 2008, la cual se originó en Estados Unidos se fue transmitiendo al resto del mundo mediante diferentes vías por lo que los sucesos en un país acabaron condicionando el entorno de millones de empresas en el resto del mundo.

En resumen, el entorno general es el de los grandes sucesos, los cuales no tienen por qué afectar particularmente a una sola empresa o industria en particular, sino que afectan a un país entero o incluso tienen una importancia de nivel mundial. Por el contrario, el entorno específico de la empresa o microentorno es el que tiene un mayor efecto directo sobre el curso de la misma, ya que incluye todos los factores que tendrán un efecto claro sobre una empresa concreta y su industria, pero que no tiene que por qué afectar a empresas fuera de ella y que no tengan productos o mercados similares. Así, una crisis en el mercado del alquiler de motos acuáticas, a priori, afectará sobre todo a las empresas arrendadoras de las mismas, algunos proveedores como los fabricantes, e incluso puede que pudiera afectar a los negocios relacionados con el turismo de las zonas costeras en las que más difundida estuviera la práctica del alquiler de motos. Sin embargo, al ser factores que afectan al entorno específico, seguramente, las empresas de la industria láctea o farmacéutica, por ejemplo, no solo no se verán afectadas, sino que seguramente, ni sepan o no sea de su interés estratégico, conocer el estado del mercado del alquiler de estas embarcaciones de recreo.

La clave, por tanto, para delimitar el entorno específico será delimitar correctamente lo que es la industria o el sector en el que opera la empresa. En algunos casos de sectores muy específicos como el de la fabricación de máquinas impresión de envases de plástico, parecerá más sencillo que en otros mercados como el del entretenimiento donde los clientes tendrán una alta variedad de ofertas. Sin embargo, se deben realizar algunos matices, para evitar caer en errores como el que acabo de cometer de forma voluntaria.

Como recordará, en el primer apartado del capítulo se comentó que existían dos formas de definir a los mercados, desde el punto de vista de la oferta y desde el punto de vista de la demanda o necesidades cubiertas. Sin embargo, también se pueden definir a los mercados en base al producto final, o los segmentos en los que la empresa centra sus energías usando una tecnología definida. Por ello, si se fija, la comparación que se ha realizado antes no es del todo exacta, digamos que no se comparan "peras con peras" ya que se estaría delimitando la industria de la empresa desde el punto de vista de un producto, y se compararía desde el punto de vista de las necesidades de los clientes (el entretenimiento). Parece lógico que el conjunto de necesidades será siempre más amplio que el de un producto concreto, por lo que el entorno específico de la empresa podría definirse de una forma más estrecha, centrándose solo en el producto, o más amplia, centrándose en las necesidades que cubre.

En este sentido, para sistematizar la forma en la que se define el entorno específico de la empresa, se pueden utilizar modelos como el desarrollado por Abell en su obra "*Defining the business: The starting point of strategic planning*" en la explica cómo, se pueden relacionar esas definiciones del sector de la empresa desde el lado de las tecnologías y del lado de la demanda de forma sistemática y dando lugar a conceptos menos ambiguos como los de Industria, Negocio y Mercado. Los cuales tienen amplitudes diferentes según requiera el análisis.

En su modelo, describe tres variables que serán las que ayudarán a definir los tres conceptos anteriores y que son, las tecnologías de la empresa, los segmentos de clientes y las necesidades de los clientes, de forma que las diversas combinaciones de estas variables den lugar a definiciones más o menos amplias. Así, las tecnologías podrían entenderse desde el punto de vista de la oferta, es decir, se trata del conjunto de procesos, productos y técnicas que emplean las empresas para realizar su actividad. Así, existirán muchas tecnologías que solucionen una misma necesidad o una tecnología que pueda satisfacer muchas necesidades. Por su parte, las necesidades, incluyen el conjunto de bienes y servicios que las personas necesitan en momento dado, para cumplir determinados deseos. La amplitud de las necesidades humanas es sin duda un tema sobre el que se ha escrito desde diversas disciplinas como la filosofía, la religión la economía o la psicología. En este sentido, uno de los modelos de segmentación de las necesidades humanas más conocido es el de la Pirámide de Maslow, en la cual su autor Abraham Maslow, definió 5 tipos de necesidades las cuales deberían ser satisfechas en orden, es decir, sin que las necesidades de orden inferior estuvieran satisfechas, una persona no tendría necesidad de satisfacer otras de orden superior. Los niveles en los que dividía las necesidades eran: necesidades fisiológicas como la comida o el agua, necesidades de seguridad, como un hogar o ropa, necesidades de afiliación, como la amistad o las parejas sentimentales, necesidades de reconocimiento, ya que como seres sociales nos gustaría que el resto de las personas nos reconociera como buenos en algo, y finalmente, necesidades de autorrealización, como aquellas basadas en la espiritualidad, la moralidad o el intelecto.

Por último, la tercera variable tendría que ver con los segmentos de los clientes, estas subdivisiones de los clientes pueden atender a muy diversos criterios, ya sean económicos, como la renta per cápita, sociales, culturales, geográficos, o incluso emocionales. Por ejemplo, dentro de los clientes del mercado de moda de abrigo, pueden existir diversos segmentos, como los que busca abrigos para ir a la montaña a hacer deporte, aquellos que valoran la comodidad, otros que prefieren una opción simple y barata, otras personas que valoran el lujo y la moda y desean un abrigo de piel de un animal exótico e incluso aquellos que están en contra de las prácticas de los anteriores y prefieren llevar abrigos hechos con productos reciclados. Una idea clave, acerca de los segmentos de clientes, consiste en que pocas veces se podrá mantener a todos los segmentos de forma sostenible, y se deberá elegir, por tanto, la decisión de a qué grupos reconocer como clientes y a qué otros grupos no, será una decisión estratégica de gran calado ya que estará definiendo de forma tácita el posicionamiento de la empresa frente al mercado.

Usando diversas combinaciones de estas variables se pueden obtener las siguientes definiciones que se plasmarán en el siguiente diagrama:

- Industria: Las industrias las conforman el conjunto de empresas que emplean la misma tecnología en sus procesos de producción, de forma que son capaces de atender a todo el espectro posible de necesidades con esas tecnologías y a todos los grupos de clientes. Piense por ejemplo en la industria láctea, esta está compuesta por un sinfín de empresas que en términos generales tienen unos procesos básicos similares como es la transformación de la leche. Sin embargo, a partir de ahí cada empresa buscará satisfacer diferentes necesidades de sus clientes, como podrían ser comer queso, o yogures, producir leche o incluso servir a otras industrias como la de suplementación deportiva que usa la proteína de la leche.
- Negocio de la empresa: Se trata de la limitación o subdivisión que se puede hacer dentro del conjunto de las empresas de una industria según cubran diferentes necesidades para uno o varios grupos de clientes. En este caso, imagine usted la industria la impresión de libros y revistas, muchas empresas podrán emplear una maquinaria similar, sin embargo, los libros que se produzcan podrán cubrir necesidades muy diversas como la formación escolar o universitaria, la formación religiosa, el entretenimiento o la publicación de noticias sobre un campo en revistas. Además, si por ejemplo nos centramos en las revistas de entretenimiento, habrá diferentes segmentos, en función de los gustos de los clientes, sus aficiones, el nivel de formación y profundidad que busquen etc.
- Mercado: Esta sería la concepción más amplia del entorno específico de la empresa, y normalmente se suele definir como el conjunto de

empresas que tratan de cubrir una misma necesidad independientemente de como se ofrezca dicha solución, es decir, de la tecnología ofrecida. Además, el mercado podrá estar más o menos segmentado al igual que la industria. Así, existen ejemplos como el del entretenimiento, donde los clientes podrán recurrir al cine, la lectura, los deportes, los programas de televisión o las discotecas entre otros, o por ejemplo, negocios de envasado donde se podrá recurrir a envases de plástico, de cartón, de papel, los cuales tendrán además diversas características y subdivisiones.

A continuación, se puede observar un diagrama mediante el cual se puede notar como partiendo de una visión más estrecha del entorno competitivo, se puede pasar a una visión mucho más amplia mediante el uso de los conceptos que hemos comentado.

En primer lugar, se tiene la industria, la cual la hemos representado como un área en donde la una sola tecnología, es decir, solo esa circunferencia da servicio a todo el conjunto de necesidades que cubre el círculo. Pongamos por caso a la industria láctea y de transformación de la leche. La circunferencia representaría todo el alcance de necesidades de los consumidores que cubre la industria, como podría ser la alimentación, la suplementación deportiva, la nutrición para bebés, o el suministro a otros productores de comida como las fabricantes de chocolates o alimentos que contengan lácteos.

Si esa área de necesidades se segmenta según diversos parámetros, por ejemplo, por tipo de producto final, como podría ser, leche en polvo, líquida, envasada en brick o en cristal, o por tipo de cliente, leches con diferentes contenidos de grasa da lugar a diversos subconjuntos como los representados en el diagrama. Estos están en la misma industria, pero, sin embargo, pueden no tener que ver apenas unos con otros. Piense por ejemplo que el círculo sombreado fuera el segmento de las leches de tetrabrik comunes. A pesar de que esté en la industria láctea, no se podría decir que otra empresa que produce quesos sea una competidora directa.

Finalmente, para llegar al concepto de mercado, se deberán ampliar el número de industrias que sirven para cubrir esas mismas necesidades, pudiendo además estar segmentadas de una forma similar o diferente. En el caso de la industria láctea, si suponemos que nos estamos centrando solo en la necesidad de bebidas para alimentación como la leche, otras industrias como las productoras de leches vegetales, las de fabricación de zumos de frutas o ya más alejadas, las industrias de los refrescos u otras bebidas podrían estar compitiendo por ese mismo mercado, entendido este como el mismo conjunto de personas que tienen la necesidad de adquirir un producto de bebida. Además, el mercado podría segmentarse si se busca solucionar una necesidad a un grupo de clientes concreto, por ejemplo, personas jóvenes de entre 18 y 30 años, o personas aficionadas al deporte, etc.

Figura 2.12. Diagrama del modelo de Abell para la delimitación de la industria

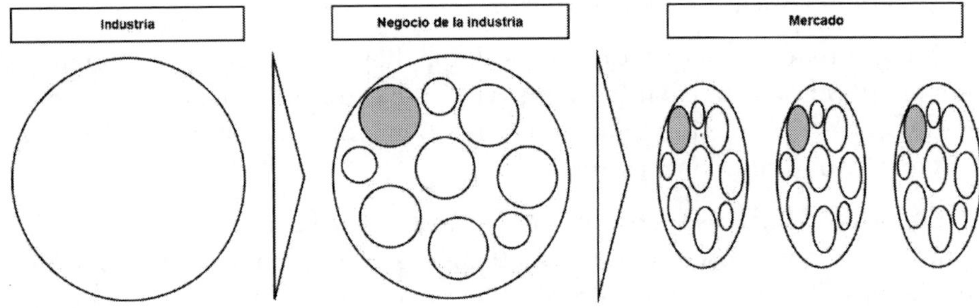

La clave principal de este modelo está en saber distinguir de forma correcta, qué forma parte y qué no del entrono competitivo de la empresa, superando así definiciones como la de industria, que a pesar de ser simples, podrían llegar a ser insuficientes cuando, empresas de la misma industria no resultan ser competidoras y pudiera haber empresas que están compitiendo desde industrias más alejadas con tecnologías alternativas. Cuanta mayor amplitud de miras se tenga en la delimitación del entorno, con más frecuencia podrá la empresa detectar posibles amenazas y oportunidades que, de no haber hecho ese esfuerzo de reflexión, nunca habría descubierto.

Análisis del entorno general

Una vez se hemos comentado lo que es el entorno de la empresa y las formas en la que esta puede delimitarlos, pasaremos a mostrar las principales herramientas para analizarlos y tomar decisiones estratégicas de calidad a partir de los resultados obtenidos. Para seguir un orden sistemático, se presentarán las herramientas según analicen un entorno más lejano a la empresa, e iremos acercándonos a su entorno más cercano. Por esa razón comenzaremos, con la evaluación del entorno general de la empresa.

Exceptuando el caso de las empresas multinacionales, la inmensa mayoría de las empresas suelen operar en un solo país, en este sentido, la nación en la que esté ubicado el negocio será uno de los principales condicionantes del entorno general de la empresa y de las ventajas competitivas que este puede tener tanto frente a la competencia nacional como frente a los competidores extranjeros en el caso de que la empresa decida internacionalizarse o de que empresas extranjeras comiencen a competir en el mercado nacional. Respecto a la evaluación de la calidad de los países a la hora de potenciar sus industrias locales se han escrito muy diversas teorías económicas. Siendo incluso esta pregunta una de las que primero respondió la economía como ciencia con las obras de Adam Smith en "*La Riqueza de las Naciones*" que data del año 1776 o de las obras de David Ricardo como escritas a comienzos del Siglo XIX, concretamente, este autor en su conocida obra "*Principios de economía política y tributación*" de 1817, ya comentó como los países tendería a ser principalmente comerciantes de los productos cuyas industrias tengan una mayor ventaja comparativa en su producción con respecto a sus socios comerciales, con famosos ejemplos como el del comercio entre Portugal e Inglaterra donde Portugal se especializaba en la venta de vinos e Inglaterra en la producción de queso, ya que sus estas eran industrias relativamente más competitivas en el país nacional que en el otro. Asimismo, otras teorías económicas como las expuestas por el conocido Modelo de Heckscher-Ohlin, ponía como principal causa de esa mayor especialización en una industria debido a las diferencias en recursos y factores de producción. Así, se podría entender que como en aquella época en Inglaterra había una mayor cantidad de fábricas y maquinaria para hilar y tejer, mientras que en Portugal había una mayor cantidad de tierras de cultivo para el vino, ambos países se especializarán en aquellas industrias que eran intensivas en dichos factores de producción.

Independientemente de la validez o no de esas u otras teorías, existen muchos ejemplos que nos hacen pensar que la realidad empresarial e industrial de los países es mucho más compleja y está llena de matices que por desgracia un modelo no puede cubrir. Por ejemplo, que una de las mayores industrias chocolateras del mundo se estableciera en Suiza con empresas como Lindt o Nestle, a priori carecería de sentido si Suiza no es un país que cultive la planta de cacao. O que, por ejemplo, países altamente dependientes de la importación de recursos industriales como Japón debido a problemas como la falta de espacio o de importantes materias primas, haya sido capaz de desarrollar importantes industrias como la automovilística o la electrónica.

Algunos casos como los anteriores, se pueden ver recogidos en alguno de los análisis de Porter quien en su obra "*The competitive advantage of nations*" estableció una herramienta para evaluar la capacidad de un país para generar ventajas competitivas en sus industrias autóctonas conocido como Diamante de Porter. Bajo este modelo, se pueden distinguir cuatro factores que determinan la ventaja competitiva nacional. Estos son: el acceso y las condiciones en las que se encuentren los mercados de factores de producción, las condiciones en las que se encuentre la demanda en el mercado nacional, la existencia de otras industrias relacionadas que apoye a la industria objeto de análisis y la forma en la que se estructuran las industrias, se crean las empresas y se percibe el emprendimiento y la actividad empresarial en el país.

Respecto al primero de los factores, las condiciones en las que se hallen los mercados de factores en la economía nacional, debe decirse que se debería entender a este mercado en sentido amplio, es decir, no solo serían factores de producción la maquinaria y las materias primas, sino que el acceso de las empresas a una población formada y con capacidades de innovación en el sector o incluso el acceso a unas mejores infraestructuras de transporte o comunicación también serían factores determinantes de esas ventajas. En este punto, a diferencia de lo que señalan la teoría económica basada en los recursos, tanto el autor de esta teoría como otros pensadores el mundo económico y empresarial, ha visto que muchas veces no solo la abundancia de recursos sino su escasez es lo que hace a las empresas ser más competitivos. Y también lo contrario, países que tienen recursos en abundancia, podrían estar manteniendo industrias poco competitivas que simplemente se dejan cegar por las rentas generadas por esa abundancia de recursos. Así, se suele poner el ejemplo de cómo la escasez de terrenos industriales y de almacenaje en Japón, provocó que se diseñarán los famosos modelos de producción Just inTime, o que por el contrario, países tan ricos en materias primas como Sudáfrica, sigan manteniendo hoy día un nivel de renta per cápita considerablemente bajo con respecto a otros países emergentes además de tener uno de los niveles de desigualdad económica más altos del mundo.

A este respecto, autores como el economista del MIT William Easterly en su obra "*The Elusive Quest for Growth*" observan desde un punto vista crítico como las iniciativas de algunas instituciones multilaterales internacionales como el Banco Mundial o el Fondo Monetario Internacional, podrían estar generando un cierto efecto perverso, especialmente en los países de África y América Latina, debido a que sus constantes ayudas con aportaciones de recursos y la construcción de grandes infraestructuras estaría manteniendo una posible industria naciente rezagada debido a que los líderes de esos países, prefieren esperar a recibir la siguiente ayuda, antes que tratar de desarrollar de forma autónoma las soluciones necesarias para poder prosperar. Sin ánimo de entrar en el debate sobre si las ayudas de estas entidades son positivas o negativas para los países que la reciben, si resulta importante mencionar la perspectiva de que muchas veces la falta de determinados recursos acaba obligando a las industrias nacionales a innovar otras fórmulas alternativas que acaban por hacerlas más competitivas que las del resto de países con mayor abundancia en dichos recursos.

Por otra parte, las condiciones de la demanda tienen que ver con variable como el tamaño del mercado interno, la renta media de los consumidores, lo exigentes que estos sean, la formación que tengan sobre el producto o servicio de la industria en concreto y demás aspectos culturales que puedan afectar de una forma u otra a la competitividad generada en el mercado. La idea principal, se basa en que en aquellos países en los que los clientes tengan un mayor poder, estos escaseen en una determinada industria o simplemente sean más exigentes, posiblemente la competencia local será más feroz, lo que hará que las empresas estén buscando siempre la forma de mejorar e innovar y acabará creando industrias mucho más competitivas que las de otros países. Por ejemplo, que la cultura de la moda en Francia e Italia, y más concretamente en los clústeres de París y Milán, esté tan extendida en la población, y esta sepa apreciarla, ha hecho que en esas zonas las grandes firmas de la moda hayan hecho grandes esfuerzos por estar siempre al día de las nuevas tendencias y ofrecer la máxima calidad, lo que a la larga ha generado que un gran porcentaje de las grandes firmas de moda conocidas a nivel mundial tengan su origen en ambas ciudades.

Siguiendo con la existencia o no de industrias interrelacionadas, en este sentido se puede afirmar que a mayor interrelación, no solo de empresas e industrias, sino de otras entidades como las universidades, el gobierno o incluso la sociedad civil respecto a la consecución de unos determinados objetivos o alrededor de una determinada industria acabarán por crear un círculo virtuosos que hace que estos clústeres creen industrias altamente competitivas por el simple hecho de haber nacido en dicho ecosistema. El mejor ejemplo de eso, y quizá uno de los más actuales tenga que ver con la industria de la inteligencia artificial la cual ha nacido, se desarrolla y es liderada desde Sillicon Valley en Estados Unidos, el hecho de que en esa área de la zona de California, confluyan importantes universidades de prestigio mundial como Stanford o el instituto tecnológico de California, Caltech, además de las principales empresas tecnológicas del mundo y los fondos e inversores más grandes de Venture Capital tecnológico ha acabado generando un efecto de retroalimentación para que dichas empresas de IA nazcan o se desarrollen allí, o incluso aquellas cuyo origen sea exterior, tengan como próximo paso establecerse en la zona. Algo similar, ocurre el las plazas financieras de Nueva York y Londres, donde la existencia de las sedes de múltiples empresas, de una gran cantidad de millonarios del tipo UNH (Ultra High Net Worth) o patrimonio neto ultra alto y que las bolsas de ambas ciudades sean las principales en las que desean cotizar las grandes empresas cuando pasan a ser de cotización pública, ha hecho que entorno a estos centros se haya desarrollado una industria bancaria y de servicios financieros con líderes mundiales como Goldman Sachs o JP Morgan mucho más grandes que otros bancos europeos y que llegan a mover al día cantidades inmensas de dinero a través de múltiples mercados.

Por último, se encuentra el propio factor de como es estructura la actividad empresarial en el país y las industrias, además de la percepción social sobre la empresa y el emprendimiento. Así, en países donde los gobiernos dificulten la competencia o adopten políticas de ganador nacional, se estará condenando a la industria a ser normalmente más ineficientes que los competidores internacionales ya que estos en sus países de origen han debido de crecer en una constante competencia, saliendo únicamente adelante aquellas empresas que han demostrado ser mejores. Asimismo, en países donde la cultura empresarial sea más laxa o donde la sociedad tenga unos valores menos economicistas, prosperarán un menor número de empresas y están no innovarán tanto para competir porque simplemente no forma parte de su cultura. Esta precisamente ha sido una de las críticas más fuertes que se hizo a los países del sur Europa durante la crisis del euro, ya que la población de los países del Norte de Europa criticaba la laxitud con la que los países del sur estaban aplicando las medidas de ajuste fiscal y la poca proactividad de sus empresas o altas tasas de paro de su mercado laboral. De nuevo, no entraremos a valorar si la cultura de los países del sur es tal como la describían por aquel entonces o son exageraciones, sin embargo, lo que si queda claro es que en aquellas zonas donde se facilita la formación de empresas y se apoye la cultura empresarial, surgirán más empresas, nuevas industrias y por consiguiente más oportunidades laborales y generación de riqueza para dicho país.

Para una mejor comprensión, en el siguiente diagrama, se muestra un breve resumen de los principales factores que condicionan la capacidad de generar ventajas competitivas que tienen las naciones sobre sus industrias.

Figura 2.13. Diagrama del modelo del Diamante de Porter, para competitividad de las naciones

Una vez se han determinado los condicionantes que afectan al entorno nacional, otra de las herramientas clave para el análisis del entorno general sería el conocido análisis PESTEL, el cual subdivide los factores a revisar del entorno general en 6 tipos que serían factores: político-gubernamentales, económicos, sociales, tecnológicos, medioambientales y legales. Así, mediante esta herramienta, el analista externo sería capaz de clasificar los diferentes datos e informes que recibe según se encuentren en cada una de esas seis esferas.

Los factores político-gubernamentales hacen referencia a todas las decisiones que tome el gobierno de un país o que afecten a la política nacional e internacional de los países, las cuáles sin duda acaban teniendo un efecto claro sobre los negocios. Un análisis de estos factores deberá observar datos y comportamientos como cambios recientes en los gobiernos, debilidad o fortaleza de los mismos, posibilidad de revoluciones o riesgo de actos terroristas, medidas económicas relacionadas con la expropiación o que puedan afectar al comercio, o la seguridad de la propiedad privada entre otras. A nivel financiero, se suele hablar de "riesgo-país" para evaluar los bonos de empresas y estados de diversos países en dónde a aquellos activos financieros que provienen de países con gobiernos poco estables, se les suele cobrar una prima de interés considerable.

En cuanto a los factores económico, serán de interés todos aquellos relacionados con la macroeconomía como el crecimiento del producto interior bruto, los niveles de desempleo, la desigualdad, los salarios medios y los costes laborales, los sistemas impositivos y la presión fiscal que estos ejerzan sobre las empresas, las ayudas de los gobiernos y la entidades supranacionales, la política monetaria, los tipos de interés, la calidad , solvencia y capacidad de financiación de los sistemas financieros entre otros muchos factores. Así, una repentina subida en el impuesto de sociedades, afectará a todas las empresas del país haciendo que sus beneficios después de impuestos se vean reducidos en una mayor proporción, o por ejemplo, en países con una alta desigualdad de rentas, tal vez solo tengan éxito marcas de vehículos o muy baratas o de lujo ya que no existirá una importante clase media que pueda adquirir automóviles en el nivel de precios medio.

Los factores sociales tienen que ver con todas las variables culturales, emocionales y del carácter y las formas de relacionarse de las personas en una determinada geografía. Así, se deberán observar tendencias en los cambios de estilo de vida, en las estructuras de las familias y los hogares u otras preferencias. Por ejemplo, los mayores deseos de las personas de llevar un estilo de vida más saludable, especialmente entre los jóvenes podría representar una amenaza para empresas que vendan productos con altos contenidos de grasas o azúcares. Además, se pueden reconocer patrones, a más largo plazo como el envejecimiento en los países subdesarrollados o la mayor inmigración, los cuales además no solo repercuten e los factores sociales si no en el resto. Por ejemplo, se sabe que el envejecimiento progresivo de la población podría representar un riesgo para estabilidad de los sistemas de pensiones o que las migraciones masivas son a veces usadas como una herramienta de presión geopolítica a nivel internacional.

Los factores tecnológicos, son también unas de las principales claves a analizar en el entorno, en la actualidad la mayor parte de los análisis están dirigidos en torno a la inteligencia artificial y como esta moldeará el futuro de las empresas y el trabajo o incluso si existen actualmente recursos energéticos y de computación suficientes para mantener los gigantescos centros de procesado de datos CPDs que sostienen los servidores y la "nube" en la que inteligencias artificiales como Chat-GPT operan. Sin embargo, estos análisis no solo aplican a estas áreas avanzadas como las de la informática o la ingeniería genética o las grandes farmacéuticas. Muchas veces, sencillas innovaciones en un proceso de industrias menos avanzadas también pueden representar grandes riesgos u oportunidades en industrias con un mucho menor desarrollo tecnológico, así, cada vez más están implementando análisis basados en *big-data* y modelos estadísticos de precisión con datos en tiempo real para optimizar los productos que se colocan en las estanterías de los supermercados, o se emplean robots que acercan el pienso y la paja que se esparce a las vacas en las explotaciones agrarias, reduciendo ampliamente las mermas de estos productos. En este sentido, idealmente, se recomienda seguir las publicaciones de las diversas revistas especializadas (tanto académicas como de divulgación) de cada sector, o consultar los constantes informes que realizan muchos colegios profesionales donde se presentan innovaciones de muy diverso tipo. Otra alternativa, sería mantener una presencia activa en los foros de debate, y congresos del sector para estar al día de las últimas novedades que vayan surgiendo en la materia.

El factor medioambiental, viene ganando cada vez una mayor importancia desde finales del siglo pasado donde desde diversos foros como en universidades o desde las más altas esferas internacionales como las Naciones Unidas se comenzó a hablar del desarrollo sostenible, y de los problemas que acarreaban las emisiones de gases de efecto invernadores o el calentamiento global. A partir de ese momento, movimientos empresariales relacionados con la RSC (Responsabilidad Social Corporativa) o los criterios ESG (Environmental Social and Governance) han ganado un mayor peso en el mundo de la empresa. Así, un buen análisis debería estar atento a las nuevas exigencias gubernamentales en este ámbito, como límites de emisión, a las buenas prácticas altamente valoradas por los clientes y grupos de interés o incluso a riesgos físicos como las sequías, inundaciones o riesgo de demás desastres naturales que pudieran afectar a la empresa.

En último lugar, los factores legales serán todos aquellos que de una forma u otra condicionen la seguridad jurídica del entorno, como podrían ser la normativa sobre tipos de sociedades, leyes de la competencia y antimonopolio, leyes contra ciertas prácticas financieras, o de tipo laboral entre otras. Desde la época de la crisis de 2008 además de otros grandes escándalos financieros y empresariales como los protagonizados como la empresa norteamericana Enron o incluso problemas en las más altas directas de las empresas internacionales debido a relaciones sentimentales no permitidas, las empresas cada vez más ponen el foco en el cumplimiento normativo o *compliance*. Muchas veces, la voluntad de este mayor foco en el cumplimiento no se debe al riesgo de importantes multas, como las que debió de pagar Facebook, debido al escándalo que se generó durante las elecciones presidenciales americanas de 2016 y la exposición de la debilidad de los datos de lo usuarios, sino al fuerte daño en la imagen de la empresa que este tipo de acusaciones generan, los cuales pueden tener una fuerte repercusión en las ventas.

El objetivo de un buen análisis PESTEl no será en sí, recopilar una ingente cantidad de información sobre todos y cada uno de los factores definidos, sino primero identificar que factores pueden tener un mayor peso en una determinada empresa y a partir de ahí evaluar como cada dato e información que se obtenga puede suponer un riesgo o una oportunidad para la empresa. Así, a continuación se muestra un ejemplo de análisis PESTEL para una empresa hipotética del sector de los servicios de salud digitales.

Figura 2.14. Ejemplo de Análisis PESTEL

A continuación, se presenta la descripción de una empresa hipotética de servicios de alimentación saludable online que se denomina HealthWealth y actualmente está radicada en España. Asimismo, se presentará un resumen de los principales factores del entorno general que pueden afectar a la empresa y cómo estos podrán ser grandes amenazas u oportunidades para la empresa.

HealthWealth es una aplicación digital enfocada en mejorar la salud y la nutrición de las personas a través de herramientas como planificador de dietas, evaluador de alimentos y un optimizador de compras. Además, integra IA para ofrecer recomendaciones personalizadas y escalables, lo que la convierte en una propuesta innovadora frente a la competencia. En base a esta información, se pueden encontrar las siguientes tendencias según cada uno de los factores que analiza el modelo PESTEL:

Factores Políticos

España impulsa la digitalización de la salud a través de organismos como la Secretaría General de Salud Digital y la estrategia NAOS contra la obesidad. Además, existen oportunidades de financiación gracias a fondos europeos como NextGeneration EU. El principal riesgo sería la posible aparición de una app pública que compita directamente.

Factores Económicos

La economía española muestra estabilidad con crecimiento del PIB y del consumo, además de una mayor resistencia de los niveles de empleo a la crisis del COVID y la inflación. El gasto en salud de los hogares crece de forma sostenida, lo que favorece a HealthWealth. Sin embargo, persisten riesgos derivados de la inflación, la elevada deuda pública y la vulnerabilidad macroeconómica.

Factores Legales

El marco normativo europeo está fuertemente condicionado por el Reglamento General de Protección de Datos (GDPR), que establece restricciones sobre el tratamiento de datos de salud. El cumplimiento es crítico, ya que un mal manejo podría conllevar sanciones elevadas como ya ocurrió con grandes tecnológicas.

Factores Sociales

Existen tendencias que favorecen la oportunidad para HealthWealth: mayor interés en hábitos saludables, aumento de la actividad física y preocupación por envejecer con calidad de vida. No obstante, factores como el ritmo acelerado de vida y los malos hábitos alimentarios en ciertos segmentos generan un entorno mixto, con riesgos y oportunidades. Además, a nivel demográfico la población española se mantiene estable, pero con un fuerte envejecimiento, lo que incrementa la demanda de soluciones de salud digital y alimentación equilibrada.

Factores Medioambientales

En España y la UE crece la presión hacia un consumo más sostenible con regulaciones sobre emisiones, envases y economía circular. El sector alimentario impulsa productos locales, sostenibles y la reducción del desperdicio. Para HealthWealth es una oportunidad al poder optimizar compras y alinearse con estas tendencias. El riesgo sería no adaptarse o perder ventaja frente a competidores con mayor enfoque ecológico.

Factores Tecnológicos

Los avances en inteligencia artificial están transformando el sector salud y la nutrición. Aplicaciones de IA en predicción de enfermedades, personalización de dietas o incluso automatización en la cocina suponen una gran oportunidad para que HealthWealth lidere la innovación y se diferencie de competidores más tradicionales.

Figura 2.14. Ejemplo de Análisis PESTEL (cont.)

En base esta información, se puede sintetizar el análisis realizando un perfil estratégico mediante herramientas gráficas como un gráfico de barras por categoría del análisis PESTEL en donde se evalúe del al 4 siendo uno la máxima amenaza y 4 la máxima oportunidad para la empresa. El hecho de usar un número par de puntos se basa en la opinión de muchos estudios que afirman que cuando se deja un escenario intermedio los directivos y analistas suelen tener un sesgo a optar por "el término medio" lo cual no aporta ninguna información, porque las empresas saben reaccionar a lo malo o lo bueno, pero no reaccionan a lo medio-malo o a lo medio-bueno. De esta forma se observa el siguiente gráfico resumen.

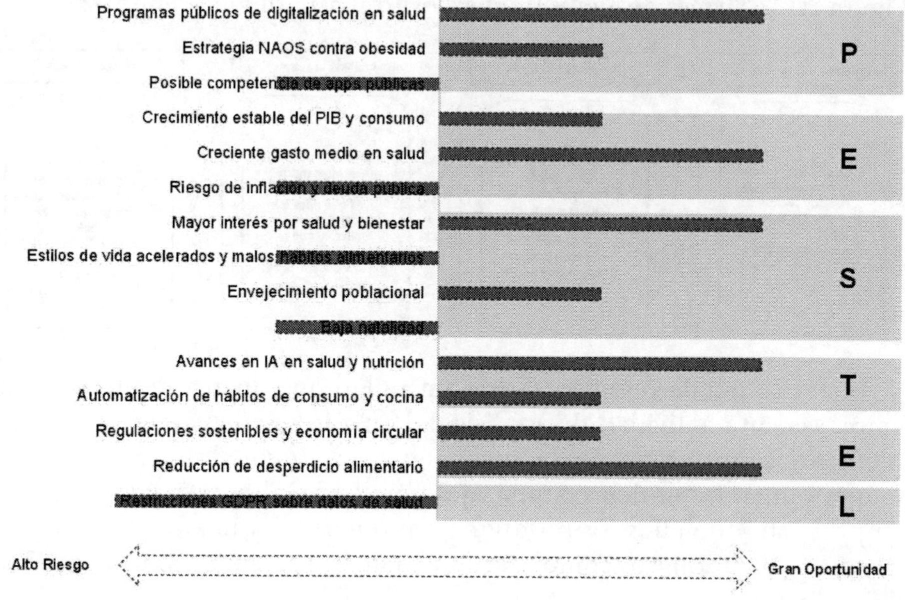

El análisis PESTEL muestra que HealthWealth opera en un entorno político y social favorable, con apoyos institucionales y un creciente interés por la salud y la sostenibilidad. A nivel económico, el crecimiento estable y el aumento del gasto en salud generan oportunidades, aunque persisten riesgos ligados a inflación y desempleo. En el plano legal, la regulación sobre protección de datos exige especial cuidado, y en el tecnológico, la expansión de la IA representa una gran palanca de innovación. Finalmente, la presión medioambiental hacia un consumo más sostenible abre oportunidades claras para posicionar la app como aliada en la reducción del desperdicio y la elección de alimentos responsables.

En conjunto, el perfil estratégico evidencia más oportunidades que amenazas, especialmente vinculadas a la digitalización, la sostenibilidad y la salud, aunque sería clave gestionar correctamente los riesgos legales y económicos presentados.

Antes de pasar a comentar las herramientas para analizar el entorno específico o competitivo resultaría de interés realizar dos pequeñas puntualizaciones sobre las herramientas de análisis del entorno general. La primera de ellas tiene que ver con la forma en la que se obtiene la información, es decir, la manera en la que se escanea el entorno general y los diversos factores del modelo PESTEL para así identificar si estos aportarán riesgos u oportunidades y de que manera.

De esta forma se pueden diferenciar 4 fases o formas principales en la que los analistas pueden obtener la información y que se resume en el siguiente diagrama:

Figura 2.15. Niveles de análisis del entorno por parte de la empresa

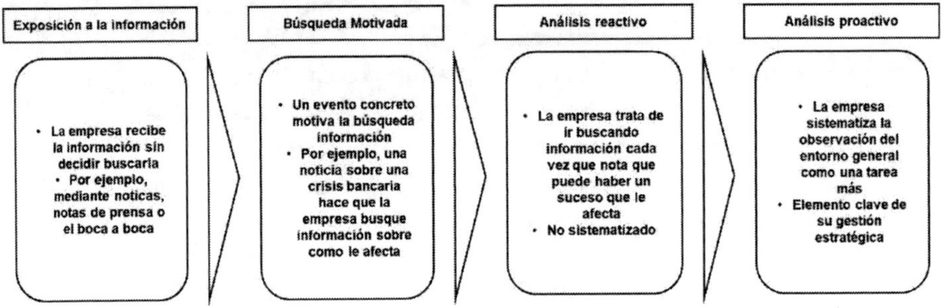

Como se puede observar, existe un rango que abarca desde aquellas empresas cuya actividad de análisis del entrono general es nula o, simplemente se informan de los sucesos que les pueden afectar en base a lo que ven en las noticias o mensajes que llegan a los trabajadores de la empresa sin que ellos los busquen activamente, hasta aquellas otras en las que se ha impuesto como una actividad más de su día a día el análisis del entorno.

Empresas como los bancos, suelen tener departamentos de investigación los cuales están analizando constantemente el entorno macroeconómico y político de los países en los que operan. Lo mismo sucede con las consultoras las cuales, además de sus servicios principales, suelen publicar informes sobre el entorno que enfrentan diversos sectores industriales. Sin embargo, el mayor porcentaje de las empresas o directamente adoptan una posición de exposición a la información sin buscarla o realizan búsquedas puntuales, por lo que integrar en la empresa de forma sistemática la actividad de analizar el entorno ya de por sí podría generar una ventaja competitiva per se a la empresa frente a la amplia mayoría de su industria.

Finalmente, sería conveniente puntualizar que en base al resultado de un análisis como el PESTEL, se deberían realizar estimaciones de cómo podría afectar cada factor si se diera a la empresa y la mejor forma de reaccionar ante ellos. Así, la empresa podría tener planes de contingencia para la gran mayoría de sucesos posibles y estar preparada para cualquier imprevisto, algunas de las técnicas más usadas son:

- Análisis de escenarios: Consiste en simular mentalmente, o mediante modelos numéricos que podría sucederla a la empresa en caso de que algún suceso de los señalados en el PESTEL se diera. Además, deberían realizarse varios escenarios, mas o menos optimistas y ver que repercusiones tendría.
- Método Delphi: Consiste en la evaluación del riesgo y oportunidades que genera cada factor y las mejores soluciones frente a ellos, a través de entrevistas a expertos de forma que en base a las opiniones de muchas personas se pueden unir los puntos para tener una respuesta sólida de lo que podría ocurrir y qué debería hacerse.
- Analogías históricas: Consiste en usar sucesos pasados vividos por la empresa para tratar de entender como los sucesos actuales podrían afectar a la empresa y como reaccionaría si se hiciera lo mismo que en el pasado. También se puede usar el aprendizaje de otras empresas.

Además de estos tres, existen otras muchas técnicas que por motivos de espacio no podrán ser tratadas en este libro, sin embargo, su uso quedaría justificado en tanto en cuanto son las mejores alternativas o aproximaciones que tiene la empresa para poder simular el futuro, lo cual, como se ha dicho en este libro no es baladí.

Análisis del entorno competitivo: Modelo de las 5 Fuerzas

Una vez se han comentado las principales técnicas de análisis del entorno general, se pasará a comentar qué factores son los que moldean el entorno competitivo de la empresa mediante el uso del famosos modelo de las 5 Fuerzas Competitivas. En su artículo, "*How competitive forces shapes strategy*" el autor Michael Porter explica que el entorno competitivo de la empresa se compone de cinco fuerzas que acaban por determinar la estructura y el atractivo de la industria. Es decir, según como sean estas cinco fuerzas, habrá industrias donde la empresa pueda tener unas mayores ventajas y otras donde debido a la alta presión competitiva, sus ventajas concretas no le sean de utilidad, haciendo en qué términos medios se observen industrias con mayores rentabilidades a otras.

De hecho, el origen de esta herramienta tenía como principal objetivo determinar la rentabilidad que una industria podría ofrecer situando a la selección y posicionamiento de la empresa en la industria como uno de los principales elementos a la hora de definir la estrategia. En este sentido, podría argumentarse que la estructura de la industria sería uno de los condicionantes claves en el sostenimiento de la ventaja competitiva. Así, será precisamente en la interrelación de los recursos y capacidades que emplea la empresa a nivel interno y la estructura de su entorno competitivo las que hagan una combinación generadora de ventajas para la empresa en una combinación donde la combinación idónea se daría en los casos en donde la presión competitiva fuera baja y además la empresa se beneficiará de una amplia seria de fortalezas internas.

Estas cinco fuerzas competitivas que rodean la empresa son las amenazas de nuevos entrantes, la amenaza de productos sustitutivos, el poder de negociación de los proveedores, el poder de negociación de los clientes, y, lógicamente, el nivel de intensidad de la competencia actual en una industria. A continuación, iremos comentando cada una de estas fuerzas y los diversos elementos que potencian un mayor o menor grado de presión para la empresa.

Respecto a la amenaza de nuevos entrantes, se puede afirmar que el atractivo de una industria se reduce cuando las empresas fuera de ella pueden entrar a competir de una forma relativamente sencilla. Si ese fuera el caso, unas altas rentabilidades medias atraerían a otras empresas que mediante procesos de diversificación busquen nuevas fuentes de ingresos y que con el tiempo acabarían saturando el mercado haciendo que debido a la mayor competencia, la rentabilidad media se reduzca.

Para evitar esto, cada industria presenta lo que se conoce como barreras de entrada las cuales se definen como el conjunto de factores que crea una mayor dificultad para las empresas externas al mercado entrar a competir en este. A medida que un sector determinado tenga unas mayores barreras de entrada, menos probable será que la empresa se vea amenazada por la llegada al mercado de empresas externas, por lo que podrá centrar su atención en el resto de las fuerzas competitivas. Por ejemplo, el negocio bancario o la industria pesada tienen unas barreras de entrada muy superiores a las que podría presentar el negocio de la restauración. Para operar un restaurante, simplemente necesitará una buena localización, una serie de permisos y un personal adecuado para poder comenzar a operar, sin embargo, los procesos legales y amplios requisitos de capital que requieren la apertura de una entidad bancaria, o los conocimientos y la fuerte inversión necesaria para comenzar a operar de forma eficaz una planta industrial desde cero, demuestran cómo parecería lógico que exista una mayor amenaza de nuevos competidores en el sector gastronómico.

De entre las muy diversas barreras de entrada que puede tener una industria, se podría realizar una clasificación general que englobaría a los siguientes siete tipos:

- Barreras relacionadas con la escala: En algunos sectores, muchas veces será necesario alcanzar un tamaño crítico para poder ser rentables. Tal como se vio al analizar el umbra de rentabilidad en el capítulo anterior, cuando los costes fijos de la empresa son altos, debido a que para poder comenzar a producir se debe poseer previamente una infraestructura amplia, la empresa solo comenzará a ser rentable cuando sea capaz de superar tanto los costes variables como los fijos con sus ventas. Por ello, si, para empezar, la empresa necesitará alcanzar unos volúmenes de producción muy altos no sería rentable siquiera comenzar la operación. Por ejemplo, en mercados como el del suministro energético, se requiere de una amplia inversión en infraestructuras, que hacen que los costes medios iniciales sean muy amplios, sin embargo, conforme el volumen de ventas crece, los gastos fijos se reparten entre un mayor número de unidades reduciendo así los costes medios, a medida que estos sean menores que el precio de venta, la empresa comenzará a obtener beneficios. Por esta razón, no se observan muchas creaciones de nuevas empresas en industrias complejas como las aeronáuticas, la de tecnologías militares o de construcción de barcos por poner algunos ejemplos.

- Desventajas en costes debidas a la experiencia, el aprendizaje o las economías de alcance: Además de las barreras que se crean por las economías de escala, estos otros principios microeconómicos, también suponen un reto adicional que los nuevos entrantes deberán superar. El efecto aprendizaje o también conocido como curva de aprendizaje indica que a medida que una empresa realiza un proceso de forma repetida, esta va mejorando la forma de hacerlo, y esa mayor productividad hace que lo que cueste o se tarde en ejecutar tareas adicionales, sea muy inferior a cuando se aprende. Piense en un niño pequeño que comienza a aprender aritmética, al principio le costará realizar sus primeras restas, pero conforme este se esfuerce y practique, la resta número 100 que haga seguramente sea resuelta en mucho menos de la mitad de lo que tardó en resolver la primera. Cuando el aprendizaje de diversos procesos se interrelaciona a lo largo y ancho de toda la empresa, su personal y sus capacidades organizacionales, se crea el llamado efecto experiencia. Así, una empresa con años de experiencia en el negocio vitivinícola tendrá un mayor conocimiento sobre las operaciones en las bodegas y la selección de uvas que una empresa ajena al sector que ha decidido introducirse en el mercado. Finalmente, como ya se comentó, a veces las empresas pueden tener procesos de producción conjuntos donde se buscan sinergias entre dos unidades de negocio diferentes lo que puede generar ventajas respecto a los nuevos entrantes como unos menores costes y mayor productividad que puede hacer a las empresas interesadas en entrar a competir, dudar si ven que su posición no sería solida para enfrentar dicha competencia.
- Acceso a canales de suministro y distribución: Cuando en un mercado existan empresas que tengan un importante poder sobre las cadenas de suministro o distribución, los nuevos entrantes tendrán una peor posición ya que, por ejemplo, tendrá que competir con las empresas incumbentes para quitarle socios, o negociar con ellas para compartirlos. Así, en negocios donde los suministros son escasos y existen muy pocas empresas que los ofrezcan, como sería el caso de las grandes casas joyeras especializadas en el diamante, donde no abundan los suministradores directos desde las minas, que además se ubican en países lejanos y con débiles industrias, son muy pocas las casas que mantienen los contactos directos con los extractores de materia prima y conseguirlos sería muy complicado para una empresa externa al sector, que se de-

bería centrar en el comercio minoristas como la gran mayoría de operadores en el sector de la alta joyería.

- Requisitos de capital: Tal y como se comentó en el ejemplo de las entidades bancarias, muchas veces una de las barreras de entrada principales tiene que ver con el desembolso o inversión inicial que la empresa debería realizar para poder operar. Así, una empresa que desease producir energía hidroeléctrica y venderla en el mercado, debería construir una empresa, que independientemente de las regulaciones y permisos a los que debería someterse la empresa, implicaría un coste gigantesco que muy pocas empresas, no solo no estarían dispuestas a hacer, sino que verdaderamente no podrían asumir.
- Diferenciación del producto: En industrias donde las empresas establecidas tienen un producto ampliamente reconocido y además se diferencian del resto, normalmente sosteniendo importantes cuotas de mercado, será menos probable que las empresas decidan entrar o que estas representan una amenaza letal para las empresas establecidas. Por ejemplo, en el negocio de los refrescos de cola, Coca-Cola y Pepsi, mantienen ambas una posición de liderazgo muy diferenciada del resto de ofertas. Esto hace que mucha empresa o no decidan entrar al mercado, o directamente entren sabiendo que muy difícilmente gozarán de un posicionamiento diferenciado, sino que se verán abocadas a competir en precios bajos con el resto de las marcas blancas de los supermercados.
- Legislación: Muchas veces es la propia legislación la que impone las barreras de entrada a ciertos sectores, creando en algunos casos monopolios autorizados o limitando la competencia mediante licencias y permisos. Casos muy conocidos son los de los relacionados con la venta de tabaco y medicamentos no sujetos a receta donde en países como España se pueden adquirir únicamente en estancos y farmacias, los cuales necesitan de licencias públicas para operar y están limitados por el estado, de forma que todas gocen de una zona de influencia única. Asimismo, licencias portuarias, o para operar en los aeropuertos o vías de tren también podría ser ejemplos de barreras de entrada. En este caso, por muchas capacidades que tenga la empresa, mientras no cuente con la licencia, no podrá entrar en el negocio de forma legal.
- Respuestas de los competidores actuales: Finalmente, a medida que los potenciales entrantes en el mercado observen fuertes respuestas

de las empresas que actualmente operan, como con guerras de precios o aumentos de la inversión en marketing, menos atraídos se sentirán por entrar en la industria.

Con todo, lógicamente las barreras dependerán de la propia capacidad de la empresa entrante para superarlas, pudiendo pues hacer una diferenciación entre las barreras relativas, es decir, aquellas en las si la empresa cuenta con unos amplios recursos, no debería ser difícil atravesar, como podrían ser los requisitos de capital, mientras que otras pueden ser barreras absolutas ya que independientemente de la capacidad de la empresa interesada en entrar al sector, no la podrá atravesar, como podría ser el caso de las licencias estatales.

Además de la amenaza de nuevos entrantes, la segunda y tercera de las fuerzas competitivas, serían el poder de los proveedores y de los clientes. Ambas, son simétricas, en sentido en que lo que resulta positivo respecto al poder de negociación con los proveedores, será negativo en caso de que se analice la relación de la empresa con sus clientes. Así, como toda empresa juega un doble papel de cliente y proveedor, se comentarán los factores que potencian un mayor desbalance en el poder de negociación frente a proveedores y clientes de la empresa y que tienen como principal efecto estrechar los márgenes de las empresas y con ello presionarlas para que compitan más en busca de mejores condiciones y mayor cuota. Entre los principales condicionantes se encuentran:

- Concentración de las contrapartes: Así, cuando una empresa sea uno de los principales compradores de su suministrador tendrá un mayor poder para negociar ya que puede amenazar su proveedor con retirarse si no cumple sus condiciones. Por el contrario, si la empresa tiene unos clientes muy concentrados corre el riesgo de que le hagan los mismo.
- Costes de cambio de proveedor/cliente: Cuando una empresa pueda cambiar de proveedor sin tener que pagar importes compensaciones, o no haya altos costes hundidos en la relación, tendrá un alto poder. Asimismo, si sus clientes tienen un bajo valor individual y no le resulta difícil cambiar a un cliente por otro nuevo, estos últimos no podrán exigirle grandes compensaciones a la empresa, quedándose así un mayor exceden la empresa en cada transacción.
- Riesgo de integraciones verticales: El hecho de que tanto un proveedor, o un cliente importante puedan realizar un proceso de integración vertical hacia adelante o hacia atrás respectivamente

supone una amenaza clara para la empresa que podría perder dicha relación, o incluso en ciertos casos, acabar siendo víctima de la integración. En estos casos, la empresa tendrá mucho menos poder de negociación.

- Importancia del producto: Cuando el producto objeto de la transacción sea muy importante para una de las partes, esta tendrá un menor poder de negociación y cederá ante las exigencias de la otra parte con tal de no cortar la relación de suministro o venta. Así, una empresa productora de teléfonos, podría tener menos poder al negociar sobre el suministro de recursos críticos como el litio para las baterías o los procesadores, mientras que su poder de negociación frente los proveedores de recursos menos importantes, como los de material de oficina serán muy amplios.
- Sustituibilidad: Cuanto más sustituible en los procesos de la empresa sea una determinada materia prima o recursos mayor poder tendrá la parte compradora al negociar. Así, una empresa productora de zumos podrá sustituir una fruta por otra parecida u optará por usar saborizantes artificiales en caso de que los precios impuestos por los suministradores no se adecuen a su presupuesto.
- Almacenabilidad: En la media en la que un producto sea más sencillo de almacenar debido a que sea no perecedero, ligero y ocupe poco volumen, aquel que aumente sus stocks cuando las condiciones son óptimas gozará, de un mayor poder frente a sus proveedores al poder negarse a comprar si los precios son elevados y a su vez, si sus clientes tienen una alta necesidad del producto dada su escasez, tendrán una ventaja ya que podrían cobrar una prima mediante la venta de esos productos almacenables.

En cuarto lugar, otra de las fuerzas competitivas sería la amenaza de productos sustitutivos. Como hemos visto, estos además de condicionar el poder de negociación de la empresa, también representan de por sí un riesgo para la industria en general, ya que no solo amplían la visión del entorno competitivo más allá de las empresas actuales o las que podrían entrar usando tecnologías similares, sino que tiene en cuenta a competidores que usan otras tecnologías para cubrir las mismas necesidades con productos alternativos, es decir, se estaría analizan la competencia a nivel de mercado según el modelo de Abell explicado arriba. Así, algunos de los condicionantes clave sobre esta fuerza competitiva serían:

- Amplitud de la necesidad: A medida que una necesidad sea más general y amplia, será mayor el conjunto de posibles industrias que podrán ofrecer soluciones satisfactorias. Mientras que cuanto más estrechas y concretas sean las necesidades menor presión de productos sustitutivos habrá. Así, necesidades amplias como el hambre, el entretenimiento, sentirse atractivo, podrán ser cubiertas por un sinfín de industrias, mientras que necesidades como la disminución de los riesgos de accidentes en buques cargueros por la caída de los contenedores, resulta ser mucho más preciso y seguramente el conjunto de soluciones y tecnologías disponibles será menor.
- Relación calidad precio: Para que la amenaza de los sustitutivos sea grave, no solo deberán tener un precio más bajo o ser de una muy buena calidad, sino que la relación calidad precio debería ser mayor o igual. Así, respecto al transporte, el transporte público, muchas veces es una de las mayores amenazas para las empresas de automóviles en los mercados urbanos. Debido a que con las nuevas medidas para reducir la contaminación y potenciar la calidad y el uso de metro, autobuses u otros sistemas, hace que los clientes opten por servicios mucho más baratos e incluso a veces más convenientes que los coches (se evitan atascos, costes de gasolina, aparcamiento etc.).
- Costes de cambio: Tal y como se explicó antes, a media que no se deban asumir grandes costes para cambiar de producto (indemnizaciones, pérdidas de fianzas o reservas, costes hundidos, implementación del nuevo servicio/producto, etc.) mayor será la amenaza que estos representen sobre la empresa.
- Fortaleza de las otras industrias: Si las empresas productoras de bienes y servicios alternativos, tienen amplias capacidades y recursos como para poder crear guerras precios o hacer fuertes inversiones para posicionarse de forma diferenciada, o incluso, operar a pérdidas en un mercado mientras se financia las pérdidas con las ganancias de otros mercados hasta que tenga una cuota de mercado amplia, la amenaza de los productos de dichas industrias será mucho mayor.

En último lugar, la quinta fuerza competitiva no sería otra sino la propia intensidad de la competencia entre los competidores actuales. Esta en primer lugar se verá condicionada por el tipo de mercado en el que se esté operando, donde de mayor a menor intensidad competitiva se tiene a los de competencia perfecta, competencia imperfecta, oligopolio y monopolio. Aunque la mayoría de los mercados son de competencia imperfecta, debido a que la competencia perfecta puede ser difícil de observar en la realidad por los efectos de la falta de información u otras externalidades, algunos sectores como el agrícola se acercaría mucho a este grupo. Asimismo, en otras industrias como la energética o la aeronáutica existen muchas veces oligopolios y dependiendo de si estos son colaborativos o competitivos, o de las cuotas relativas del mercado, habrá una mayor o menor intensidad de la competencia. Finalmente, aunque cada vez existen menos casos de monopolios debido a la liberalización de algunas industrias y al crecimiento de la regulación antimonopolio, en algunos países sigue quedando industrias donde solo una empresa realiza una actividad, o a pesar de que existan muchas, el reparto de la cuota está sesgado teniendo la empresa monopolista cerca cuotas superiores al 80 o 90% del mercado. De esta forma, entre los principales condicionantes del grado de competitividad actual en una industria se pueden enumerar factores como:

- Reparto de cuotas: También conocido como balance estratégico, indica que en aquellas industrias donde las cuotas de mercado estén más diluidas entre un gran número de participantes la competencia será mayor en que aquellas otras donde unos pocos competidores controlen la cuota. A pesar de ello, existen excepciones cuando existen dos grandes líderes de la industria, ya que pueden entrar en dinámicas de competencia destructivas o muy agresivas como la enorme competencia que mantuvieron Apple y Samsung durante los primeros años de auge de los teléfonos inteligentes con pantalla táctil.

- Tasa de crecimiento de la industria: Cuanto menor sea la tasa de crecimiento de la industria, las empresas deberán comenzar a competir más fuertemente para crecer en base a la cuota de sus competidores lo que convierte al mercado en un juego de suma cero en el que las empresas que gana lo hacen a costa de las perdedoras. Esto suele suceder cuando las industrias se estabilizan y entran en su periodo de madurez.

- Costes fijos altos: Como se explicó al hablar de las barreras de entrada, cuando las empresas deban alcanzar grandes volúmenes de ventas para cubrir sus costes fijos (y también variables) mayor presión competitiva habrá ya que el mercado se inundará de productos, es decir, la oferta aumentará y mientras lo haga en mayor proporción que la demanda, los precios medios tenderán a disminuir, lo que supone un menor atractivo de la industria.

- Barreras de salida: Al igual que existen barreras de entrada, las barreras de salía actúan dificultando que empresas descontentas con el éxito de su negocio puedan abandonarlo, ya que los costes de hacerlo serían mucho mayores que seguir operando, aunque se tengan pérdidas o en el mejor de los casos beneficios nulos o bajos. Así, si los activos, como maquinaria muy especializada, son difícilmente transferibles, o se deben amortizar grandes inversiones antes de poder abandonar el negocio, acabará presionando a las empresas a mantenerse en la industria, añadiendo una mayor presión de oferta, con un efecto negativo en las rentabilidades medias.
- Baja diferenciación de los bienes o servicios: Así, como se comentó, en mercados agrícolas donde las frutas o verduras no se diferencias según su marca, normalmente será más complicado competir en base a ello ya que por muy buen marketing y packaging que los alimentos tengan, el cliente conoce que el producto puede tener la misma calidad que otro que se adquiera a un precio inferior. En cambio, cuando se trata de servicios o productos más fáciles de diferenciar en base muchos motivos que remarcan la calidad y el valor percibido, la intensidad de la competencia será menor. Así, por ejemplo, en el mercado de los servicios legales, se pueden crear segmentos de mayor o menor competencia, por ejemplo, no tendría sentido que un despacho local compitieran con las grandes firmas internacionales conocidas como las del *Magic Circle* o el resto de los despachos de abogados corporativos que sirven a las grandes empresas en casos y procesos millonarios. Así, mientras ese segmento alto, al tratarse de servicios de gran delicadeza, los despachos tendrán mayor margen para diferenciarse unos de otros, por ejemplo, según casos ganados con anterioridad, su equipo, su propia cartera de clientes etc. Mientras que en segmento de los despachos locales, la diferenciación será menor, siendo principalmente la que se relaciona con el boca a boca y los contactos del socio fundador.

Hasta aquí se habrían comentado todas las fuerzas competitivas que forman este modelo de análisis del entorno competitivo, en forma de resumen, a continuación, se muestra un esquema con las 5 fuerzas y los principales elementos que condicionan su intensidad. Además, también se muestra un ejemplo real elaborado para el Grupo Renault, del cual se analizó la cadena de valor en anterior apartado.

Figura 2.16. Modelo de las 5 Fuerzas Competitivas para el análisis del entorno específico

Figura 2.17. Ejemplo del Modelo de las 5 Fuerzas Competitivas

A continuación, se muestra un ejemplo de análisis de las cinco fuerzas para el grupo automovilístico Renault, en primer lugar, se mostrará el resumen general y se irán comentando las principales amenazas y oportunidades que se pueden encontrar en base a dicho análisis:

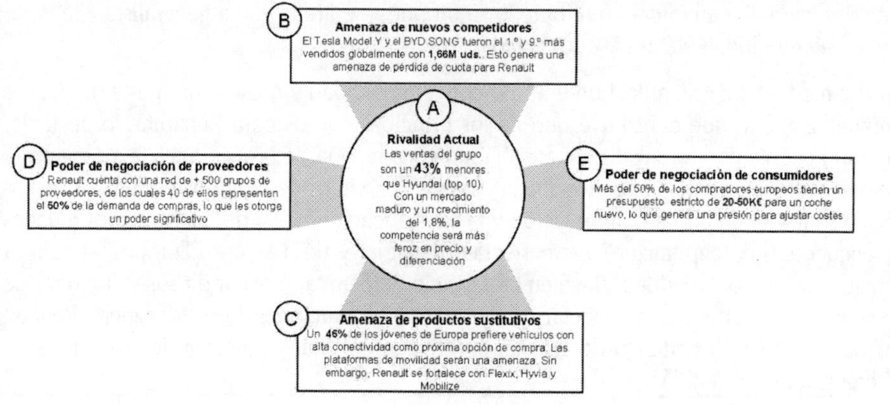

Rivalidad actual

El sector automovilístico europeo se caracteriza por una alta rivalidad, con un mercado maduro y bajo crecimiento (1,8%). Renault vende un 43% menos que Hyundai, lo que refleja la presión en precios y diferenciación frente a gigantes como Volkswagen, Toyota, Stellantis o Hyundai. La competencia obliga a Renault a acelerar su transformación hacia la electrificación y movilidad conectada.

Figura 2.17. Ejemplo del Modelo de las 5 Fuerzas Competitivas (cont.)

Amenaza de nuevos competidores El auge de fabricantes eléctricos como Tesla, BYD, NIO o SAIC supone una amenaza directa. Modelos como el Tesla Model Y o el BYD Song ya se encuentran entre los más vendidos a nivel global (1,6M de unidades), lo que pone en riesgo la cuota de mercado de Renault. Esto evidencia la urgencia de avanzar en la fase "Revolution" de su plan estratégico. Amenaza de productos sustitutivos El cambio en las preferencias de los consumidores jóvenes europeos, con un 46% que prioriza conectividad y plataformas de movilidad compartida, incrementa la amenaza de sustitutos. Sin embargo, Renault cuenta con fortalezas al haber lanzado iniciativas como Mobilize, Flexis y Hwya, que le permiten competir en el terreno de la movilidad más allá del coche tradicional. Poder de negociación de proveedores Renault trabaja con más de 500 grupos de proveedores, aunque 40 de ellos concentran el 50% de la demanda. Esto otorga un poder significativo a socios clave como Valeo, Bosch, Michelin o Verkor (baterías). La dependencia es alta, pero también permite integrarlos en fases tempranas de innovación y reforzar la transición hacia el vehículo eléctrico.
Poder de negociación de consumidores Los clientes europeos muestran una fuerte sensibilidad al precio, con más del 50% manejando presupuestos entre 20.000 y 50.000 euros. Esto obliga a Renault a optimizar costes sin sacrificar valor añadido, equilibrando su propuesta entre la gama generalista y la innovación en movilidad eléctrica y conectada. En resumen, el análisis refleja un entorno con alta rivalidad y presión por parte de nuevos competidores, lo que constituye uno de los principales retos para Renault. No obstante, el grupo cuenta con fortalezas claras: una red consolidada de proveedores tecnológicos y de baterías, una estrategia de diversificación hacia servicios de movilidad, y un plan estratégico sólido orientado a la innovación y la electrificación. Las principales oportunidades se encuentran en capitalizar su experiencia industrial y de marca en Europa, reforzar la integración con proveedores clave en la transición eléctrica, y expandir sus soluciones de movilidad compartida para conectar con las nuevas generaciones. De esta manera, Renault puede convertir un contexto de amenazas intensas en una plataforma de crecimiento y diferenciación sostenible.

La síntesis de análisis estratégico: El análisis DAFO

Antes de terminar el capítulo, convendría comentar una de las herramientas más reconocidas dentro del mundo de la gestión estratégica de los negocios, el análisis DAFO. Por sus siglas, se trata de un análisis de las debilidades, amenazas, fortalezas y oportunidades que rodean a la empresa y en base a las que se elaborará la estrategia empresarial una vez se han realizado todos los análisis internos.

A diferencia de como muchas veces se realiza, esta herramienta no se debería aplicar en una fase temprana del análisis estratégico, sino que, desde nuestro punto de vista, debería servir de síntesis global de todo un proceso de investigación, debate y deliberación que rodea al análisis estratégico interno y externo. Así, mediante todas las herramientas presentadas en el capítulo se habrá podido detectar un buen número de factores positivos y negativos, internos y externos que deberían poder resumirse en una matriz DAFO.

En esta lista o matriz, no deberían ponerse todos los elementos detectados sino aquellos que tras una evaluación en consenso con el resto de las integrantes del grupo de analistas o de aquellos encargados de diseñar la estrategia empresarial, se crean que de verdad van a tener un fuerte impacto estratégico en el futuro de la empresa.

Así, si se realizara solo el análisis DAFO, se estaría dejando una gran parte de la información necesaria para sopesar cada elemento, y se confiaría en exceso en la intuición preconcepciones de los empresarios o analistas encargados de realizarlas. Seguramente, muchas coincidieran, ya que debido al efecto experiencia, los empresarios expertos en ese negocio, sabrían valorar en su día a día las tendencias clave que pueden tener un impacto estratégico en la empresa si necesidad de plasmarlo en un análisis formal. Sin embargo, en pocos casos esta intuición tendría el grado de exhaustividad y completitud de un buen análisis estratégico.

Capítulo 3.

El control de la empresa

Resumen: El control de la empresa constituye un elemento esencial para garantizar que las decisiones estratégicas y operativas se ejecuten de manera eficaz y coherente con los objetivos definidos. Más que un conjunto de reglas, el control es un proceso de seguimiento y evaluación que permite a los directivos comprender el desempeño de la organización, detectar desviaciones a tiempo y tomar decisiones correctivas fundamentadas. Su estudio es clave para quienes desean entender no solo cómo dirigir, sino también cómo sostener el crecimiento y la rentabilidad a lo largo del tiempo.

En este capítulo se presenta el análisis del control desde una perspectiva amplia, abordando en primer lugar el control de costes como base fundamental para conocer la estructura económica de la empresa. Se repasarán los conceptos esenciales de la contabilidad de costes, la distinción entre costes directos, indirectos, variables y fijos, así como las técnicas clásicas y modernas de análisis de costes. Se explorará también la relación entre control de costes y gestión de inventarios y se estudiarán herramientas y técnicas que facilitan la optimización de costes en las operaciones.

Posteriormente se analizará el control financiero, que permite a las empresas mantener un seguimiento riguroso de sus recursos monetarios. Se examinarán las principales áreas de este control, como la gestión del capital circulante, la tesorería, el cumplimiento de presupuestos, así como las herramientas basadas en datos históricos, los modelos de previsión continua o *rolling forecasts* y las metodologías que permiten anticipar desviaciones y preservar la salud financiera de la organización.

Por último, se abordará el control de gestión, entendido como el proceso que asegura que las actividades de toda la empresa estén alineadas con la estrategia y los objetivos establecidos. Se discutirán las principales características del control de gestión, apoyadas en las ideas de Peter Drucker y otros autores, y se presentarán ejemplos prácticos de herramientas aplicadas a áreas clave como operaciones, calidad y gestión de personas. Entre ellas, se explorará el uso de indicadores como el *Lead Time* (tiempo de producción y entrega), la capacidad productiva, los índices de satisfacción de clientes como el NPS o las encuestas internas para medir el clima laboral, mostrando cómo su seguimiento permite evaluar la eficacia de los procesos y la experiencia de los distintos grupos de interés.

Tras la lectura de este capítulo, el lector comprenderá el papel del análisis del control en la empresa como un complemento indispensable a la planificación estratégica y al análisis financiero, adquiriendo el conocimiento necesario para interpretar los principales indicadores y metodologías que guían la toma de decisiones responsables y fundamentadas.

Conceptos clave: Control de costes, contabilidad de costes, costes directos e indirectos, costes variables y fijos, coste unitario, coste marginal, modelos ABC y TDABC, control de inventarios, FIFO, LIFO, control financiero, presupuestos, rolling forecast, gestión del capital circulante, control de gestión, calidad, Lead Time, NPS, optimización de costes, desempeño organizativo...

3.1. EL CONTROL DE COSTES

Dentro de las diferentes facetas de la realidad empresarial que se pueden someter al control, los costes tal vez sean una de las prioritarias debido a que en último término acabarán dictando como de rentable es o no la empresa o su posicionamiento competitivo tal y como hemos visto en los capítulos anteriores. Además, a nivel histórico, se puede afirmar que las actividades de control, y en especial aquellas relacionadas con el seguimiento de los costes empresariales fue una de las que primero se desarrolló desde la Revolución Industrial, momento en el que las técnicas básicas de la contabilidad financiera, o incluso la más simple, contabilidad basada en la caja, dan paso a otros sistemas como los que comentaremos basados en lo que se conoce como Contabilidad de Costes o Analítica.

El motivo de este cambio, se debió a que con el paso del tiempo, la organización empresarial comenzó a complejizarse cada vez más, incluyendo en su interior un gran número de procesos, acciones y áreas funcionales que, como se comentó en el capítulo anterior, van añadiendo valor en cada etapa hasta que se entrega un producto o servicio final al cliente con un valor superior a las materias primas y factores de producción que intervinieron en el proceso, obteniendo así la empresa un margen de beneficio. De esta forma, será de vital de interés para el analista de la empresa, no solo conocer desde el punto de vista estratégico como la empresa genera valor a sus clientes, sino entender como los costes de los productos i servicios que ofrece, además del de las diferentes actividades de apoyo se va distribuyendo hasta formal una cifra final que podríamos denominar costes totales.

Teniendo lo anterior en cuenta, se puede afirmar que el objetivo del control de costes busca que la empresa conozca, mida, y gestione de forma continuada los diferentes recursos que se van sacrificando o consumiendo en la realización de la actividad económica principal, con el objetivo de mantener o mejorar los márgenes de rentabilidad, apoyar una correcta toma de decisiones estratégicas basadas en datos objetivos con el fin de que toda actividad que se emprenda contribuya a generar valor. Además, es importante matizar que el control de costes y no se realiza únicamente con el objetivo de identificar fuentes de gastos y recortarlas, por ejemplo, un correcto análisis de costes podría resultar en aumentos de costes en ciertas áreas para mejorar la calidad de los servicios. O, por ejemplo, el análisis de costes podría ayudar a comprender mediante qué combinaciones se pueden trasladar unos mayores costes de una función a otra, con el objetivo de mejorar el rendimiento, sin que con ello la suma total de costes se haya reducido.

Asimismo, en la literatura sobre el análisis de costes se suelen diferenciar dos aproximaciones al concepto de control de costes, uno desde el punto de vista de la monitorización (*Cost Control*) y otro usando el punto de vista de la gestión activa (*Cost Management*). Incluso, en muchos casos, se sitúa al control de los costes como un elemento constituyente la gestión de costes, la cual tendría un alcance mayor. Así, la gestión de costes de un proyecto o empresa abarcaría todo el ciclo de entrega de valor de la empresa, y además se encargaría de diseñar dicho ciclo teniendo en cuenta los costes de cada parte y haciendo que la comunicación entre los diferentes grupos de la organización tuviera en cuenta, cuáles son los objetivos en cuanto a costes, los cuales se suelen expresar en presupuestos. Es decir, la gestión de los costes comenzaría identificando las fuentes de costes en las que se deberá incurrir, después estimaría los costes que estas tendrían mediante la elaboración de presupuestos, realizaría un control de costes sistemáticos y tras ello, en caso de que hubiera desviaciones respecto a lo previsto, tomaría acciones correctoras.

Sin embargo, el control de costes, únicamente se encargaría de las tareas más relacionadas con la obtención de la información sobre recursos gastados, su clasificación, contabilización, y elaboración de informes o sistemas de alerta recurrentes que serán comparados con cualesquiera sean los parámetros o baremos seleccionados, por ejemplo, los costes presupuestados por cada línea de productos.

Otra diferenciación que puede ser conveniente remarcar, es la que se da entre el control de costes y el control financiero. Si se observan cuales son las responsabilidades de un CFO en una empresa o del departamento financiero en general, se encontrarán algunas como: el control y la generación de documentación contable e informes para los gestores empresariales, así como para los accionistas, la gestión de la tesorería, el control de riesgos, la optimización de las cargas fiscales, las relaciones con los inversores, deudores y acreedores, o la auditoría interna entre otros aspectos. Dentro de todas estas funciones, se podría hacer una distinción entre las acciones de control y *reporting* de actividades operativas de aquellas de carácter financiero, como el control de los deudores y las cuentas a pagar, o el riesgo de cambio y tipos de interés. Así, se podría entender al control de costes como un control de tipo más operativo, ligado a los costes de los diversos factores físicos principalmente o relacionados con la actividad principal del negocio. Mientras que el control financiero estará relacionado con la mayoría de las responsabilidades del departamento financiero y las múltiples formas de, en esencia, controlar la evolución de activos, y pasivos financieros en la empresa y su relación con el ciclo operativo.

Finalmente, antes de proseguir con la presentación de las diferentes técnicas empleadas en el análisis de los costes, será interesante comprender las razones que hacen que dicha actividad sea importante para una empresa y que beneficios otorga. Así, el control de costes se convierte en una tarea esencial de cualquier empresa que desee mejorar sus beneficios y su rentabilidad debido, entre otras causas a dos factores clave: la capacidad de controlar las palancas de crecimiento basadas en costes al ser elementos internos de la empresa, y la existencia de múltiples ineficiencias y restricciones en la empresa que pueden ser optimizadas de forma continua.

Así, respecto a la primera causa, la empresa siempre podrá tomar acción de forma efectiva y rápida sobre sus costes mientras que las acciones y cambios que afecten a los ingresos tomarán tiempo y no serán absolutamente predecibles o efectivos debido a que en estos intervienen las voluntades y decisiones de los consumidores de ese mercado. Piense por ejemplo en una empresa que observa que tiene problemas para alcanzar unos ciertos objetivos de rentabilidad, esta podría o aumentar sus ingresos o reducir sus costes para lograrlo. Tal vez pueda elegir entre, mantener un coste que puede ser superfluo, como pudiera ser un envase más elegante y de mejores acabados con la idea de que los ingresos y el precio medio aumente o simplemente, eliminar ese proceso de envasado y obtener la mejora de margen debido al ahorro. Lo más sencillo para la empresa, sería la segunda opción, ya que no depende de factores externos como que los clientes estén dispuestos a pagar mayores precios o a adoptar en masa el producto por que su envasado sea más elegante, sino que simplemente debe tomar internamente una decisión. Además, los incrementos en ingresos a veces llevan aparejados otros incrementos de costes que al principio no se han podido detectar, además un aumento de un euro en ingresos, no quiere decir que ese aumento se vea repercutido en el beneficio, ya que habrán de deducirse múltiples gastos. Sin embargo, un euro de ahorro en costes irá representará directamente un aumento en los beneficios.

En segundo lugar, como se ha comentado a lo largo del libro, la empresa puede ser considerada como un sistema complejo donde intervienen múltiples procesos. El control de costes llevará a que se cambien y optimicen ciertas partes, sin embargo, estos cambios darán lugar a que el sistema entero pueda cambiar, pasando las ineficiencias a estar en otra área. Así, se entrará en bucle de mejora continua que ha venido siendo recogido según diferentes perspectivas de control de costes como el método Kaizen del control de costes productivos o la teoría (proveniente de la física) de las restricciones, la cual viene recogida por autores como Goldratt en su libro "*La Meta*" en donde se comenta como el objetivo de este control sistemático es ir optimizando los diferentes cuellos de botella que se dan en los procesos de fabricación, optimizando así los costes de producción.

Por todo ello, un correcto análisis de costes y su posterior gestión permitirá a la empresa optimizar sus procesos y mejoras sus márgenes, mejorar, acelerar y objetivar la toma de decisiones, mejorar el flujo de caja de la empresa, y con todo ello hacer que la empresa tenga una mejor posición competitiva sobre la que innovar y seguir desarrollándose.

Contabilidad de costes como herramienta fundamental

Ahora que sabemos la importancia que tiene en la empresa el control y la gestión de sus costes, deberá comprenderse de forma general qué herramienta tienen a su disposición los analistas, *controllers* y directivos de una empresa para realizar dicha tarea. Esta herramienta será la Contabilidad de Costes, Analítica o Interna. A diferencia de la Contabilidad Financiera, en la que profundizamos en el primer capítulo, la Contabilidad de Costes presenta una serie de rasgos que la hacen una herramienta diferente. Algunas de las principales diferencias entre ambas modalidades de contabilidad empresarial se recogen a continuación:

- Objetivos: Mientras el que el objetivo principal de la Contabilidad Financiera eran la producción de información financiera comparable y entendible por los diversos grupos de interés en base criterios como los de la representación fiel, la Contabilidad de Costes tendrá como principales objetivos la planificación y el control en la empresa, así como la valoración de los bienes y servicios que fluyen de manera constante en el interior de la empresa (por ejemplo, las materias primas).
- Usuarios: Los usuarios de la Contabilidad de Costes será el personal interno de la compañía, principalmente los *controllers* del departamento financiero, así como los diferentes directivos, analistas y gestores que usarán la información para diferentes tareas. Así, un gerente de marketing y otro de producción, podrían estar interesados en un mismo dato registrado por la contabilidad de costes como podría ser el coste final de varios productos, ya que así el gestor de marketing podría planificar mejor sus estrategias de fijación de precios y de ventas cruzadas, mientras que el gerente de operaciones podría estar interesado en mejorar sus objetivos de productividad, vía reducción de costes unitarios por la disminución de los tiempos de procesado. Por su parte, la Contabilidad Financiera se destina a todos los grupos de interés tanto externos como internos.

- Normalización contable: La información de la Contabilidad Financiera se normaliza para que se ajuste a una serie de principios contables generalmente aceptados. Mientras que la Contabilidad de Costes, no debe de lograr esa comparabilidad entre empresas sino aportar información de valor a sus gestores internos. Esta discrepancia entre las formas de realizar la Contabilidad de Costes entre empresas daría lugar a la siguiente diferencia.

- Formas de medición y unidades de medida: Como se ha dicho, las normas de valoración de los diferentes elementos como activos, pasivos, ingresos y gastos están preestablecidas y se regula su aplicación mediante diversas leyes y normativas. Mientras que, en el caso de la Contabilidad de Costes, pueden existir diferencias sobre los criterios de medición y además no solo se pueden usar medias de carácter monetario, sino todas las unidades físicas como productos, tiempos, distancias etc. que sean convenientes para cada análisis. Así, por ejemplo, dos empresas de distribución a larga distancia, podría estimar los costes medios de sus mercancías, usando el coste de la gasolina por kilómetro o por tiempo de viaje. Simplemente, la primera opción dividiría el total de euros gastados en gasolina entre el total de kilómetros recorridos y la segunda entre el total de minutos en movimiento. La elección entre una u otra podría depender por ejemplo de la velocidad media de los camiones, si la velocidad media de los camiones es constante en el tiempo, ambas medidas tenderán a parecerse. Sin embargo, cuanto más irregulares sean las velocidades (camiones que se paran, atascos y otros imprevistos) los camiones podrían tardar más en hacer una misma distancia, por lo que el uso del coste por unidad de tiempo sería mucho menor al coste más realista que se ha hecho en gasolina por cada kilómetro recorrido.

- Enfoque temporal: La información de la Contabilidad Financiera, siempre estará referida a hechos pasados, mientras que la contabilidad de costes se puede usar para la elaboración de proyecciones, presupuestos e informes cuyo horizonte temporal puede abarcar pasado y futuro.

- Desglose y granularidad: Finalmente, mientras que la Contabilidad Financiera suele presentar su información en términos agregados, incluyendo algo de detalle en las Notas, la información de la Contabilidad de Costes presentará una mucha mayor granularidad. Lógicamente, no tendría sentido que en las cuentas anuales se presentase la base de datos con el registro de todas y cada una de las transacciones comerciales que ha hecho la empresa en un año. En primer lugar, porque se trataría de millones de puntos de información, sin embargo, esa información, si resulta de interés ya que por ejemplo podría incluir el coste de y los precios de venta de todos los productos, pudiendo controlar la evolución de los costes y las diferencias entre cada referencia, producto, línea de producto, unidad de negocio o cualquier otra granularidad deseada. A pesar de ello, siempre deberá tenerse en cuenta la relación coste beneficio de la información. Así, tener los datos de coste de cada referencia (es decir, cada producto con un código de barras único) podría implicar tener un equipo de analistas dedicando todo su tiempo a dicha tarea cuando el coste de analizar simplemente los costes por tipo de producto podría dar una información similar a un coste menor.

Teniendo en cuenta, todas estas diferencias, se podría definir de forma precisa a la Contabilidad de Costes como el conjunto de tareas y sistemas de información internos de la compañía que monitorizan el flujo de valores en el interior de la empresa, es decir, entre las actividades de la cadena de valor, y que tienen como objetivo aportar la información necesaria para una planificación, control, valoración de bienes y servicios más efectiva permitiendo así una mejor toma de decisiones empresariales.

Antes de proseguir con las principales técnicas de análisis para el control de costes conviene matizar algunos de sus aspectos fundamentales. En primer lugar, se podría entender el análisis basado en la contabilidad de costes como un proceso dividido en varias fases que se realiza de forma constante en la empresa cuyas fases se resumen el siguiente diagrama.

Figura 3.1. Diagrama del proceso fundamental de la contabilidad de costes

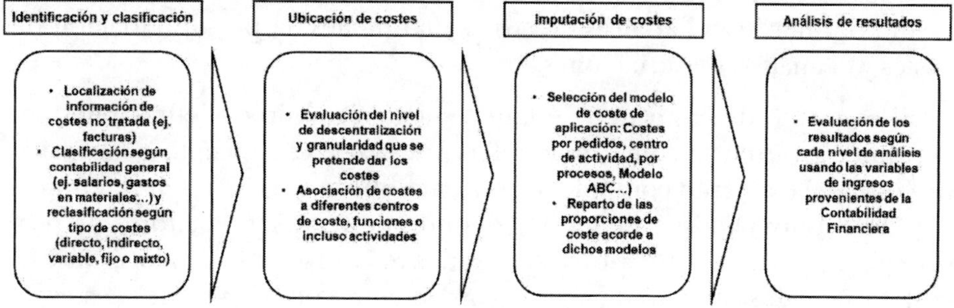

Como se puede notar, se deberá siempre realizar un proceso sistemático en el que primero se identifican las fuentes de información contable sin tratar, es decir, los datos sobre los que se construye la contabilidad de costes

como podría ser una hoja de cálculo donde se anotan todas las transacciones relacionadas con las compras de materias primas de un almacén y las salidas de dichos productos del almacén. Además, se clasificarán los costes, según sean de producción, de marketing transporte, mano de obra u otras categorías y además se reclasificará entre costes fijos, variables, directos o indirectos.

Tras ello, se suele realizar la fase de ubicación de costes, fase en la cual todavía no se imputan costes a un determinado elemento de la empresa, sino que simplemente se listas aquellos elementos, procesos o centros de actividad que serán fuentes de costes. Es decir, imagine que una empresa productora de botellas, tienen identificados los costes de la fase anterior, podría elegir ubicaciones como el departamento de fabricación, el de marketing y el de administración. O dividir los procesos de fabricación en varias fases y añadir las actividades de marketing y administración aplicables a ese producto. Conforme más grande sea la empresa, opere en más lugares y tenga más procesos más complicado será mantener una alta granularidad.

Por último, se deberán imputar los costes en base a los principales modelos de análisis de costes que comentaremos a continuación y comparar los resultados de los diversos análisis que se realizan con la información que ofrezcan los departamentos de ventas para estudiar con mayor detalles aspectos como los márgenes por productos o qué fases destruyen mas valor.

Técnicas básicas del análisis de costes

Sabiendo que la Contabilidad de Costes es la herramienta fundamental para el análisis y el control de los costes, a continuación, se definirán una serie de elementos que conviene conocer antes de comentar los principales modelos de imputación de costes. Estos serían la definición de coste, los tipos de coste según imputación y comportamiento, el análisis de costes medio o unitarios, el análisis de costes marginales, la presupuestación de costes y el análisis de variaciones.

El concepto de coste viene estando sujeto a múltiples definiciones, en el primer capítulo se comentó la diferencia entre el concepto económico de coste y el concepto contable. Donde, aunque ambas hiciesen referencia al valor económico que tienen el conjunto de recursos y factores de producción implicados en el proceso productivo, las formas de valorar dichos costes y la inclusión o no de algunos otros (como podrían ser los costes de oportunidad) marcaban una diferencia. Por ello, se podría definir al coste contable de forma general como el conjunto de gastos que se pueden imputar como pertenecientes a los diversos factores de producción necesarios para realizar el proceso productivo y cuyas cantidades y valoraciones deberán ser localizadas y registradas según los modelos propios de la contabilidad de costes. Por tanto, se puede ver de nuevo como la condición de localización y registro resulta tan importante para que se trate de costes contables, por ejemplo, mientras que el coste de facto, de adquirir una materia por 60 céntimos la unidas se puede registrar y localizar como un coste de producción, registrar el coste de oportunidad de 10 céntimos de haber seleccionado un proveedor más barato de 50 céntimos la unidad no sería tan sencillo.

Los costes además se pueden clasificar principalmente en base a dos criterios que son el de imputación y el de comportamiento. El criterio de imputación diferenciará entre costes directos e indirectos, donde los costes directos son aquellos que se pueden atribuir a un proceso, actividad o centro de coste concreto, por ejemplo, el coste de un motor en la producción de una motocicleta. Por su parte los costes indirectos serían aquellos que no se pueden atribuir directamente a dichos procesos. Asimismo, el criterio de comportamiento, diferencia entre costes variables, aquellos que crecen o disminuyen según el nivel de producción, normalmente de forma proporcional, de nuevo los motores de moto serían un buen ejemplo, mientras que los costes fijos serían aquellos que se mantienen constantes independientemente del volumen de producción. Además, se pueden asociar ambas clasificaciones dando lugar los siguientes cuatro tipos de costes:

- Costes directos y variables: Se trata de costes que se asocian directamente con el producto o proceso y que además varían en función del volumen de producción. Por ejemplo, en la fábrica de motocicletas, las ruedas, los motores, las pastillas de freno y demás componentes de la moto serían de este tipo.
- Costes directos y fijos: Son costes que, aunque asociados directamente al producto o proceso, se mantienen estables con el volumen de producción como, por ejemplo, las retribuciones del personal de control de calidad de esa línea de producción de motos o la amortización de la maquinaria que se usa en su ensamblado final.
- Costes indirectos y variables: Se trata de costes que no se pueden imputar únicamente a un solo producto, proceso o actividad, sino que se considera que una parte de este será la única que se deba imputar, repartiéndose le resto entre otras fuentes de costes. Por ejemplo, la electricidad de la fábrica, no se podrá imputar solo al coste de las motos, si por ejemplo se fabrican también coches u otros componentes. Es más, los gastos de electricidad, que se ven fuertemente aumentados en el caso de la producción con grandes máquinas, podrían

incluso considerase un gasto fijo para el personal de oficinas de esa misma empresa, ya que, al fin y al cabo, el aumento en el consumo de energía de cada nueva persona sería ínfimo en comparación con el de la maquinaria.

- Costes indirectos y fijos: Son aquellos que además de no poder imputarse directamente a la fuente de costes, se mantienen constante con el nivel de producción. Siguiendo con el ejemplo de la fábrica de motos, el alquiler del terreno será independiente de cuanto se produzca, pero deberá repartirse entre las diversas actividades. Por ejemplo, si la mitad son oficinas, podría tener sentido imputar solo la mitad del coste de alquileres al proceso productivo, en sí, y añadir el resto como costes de administración, aunque eso dependerá de los modelos de imputación que se consideren más adecuados.

Otros dos conceptos fundamentales en el análisis de costes son los conceptos de coste medio y coste marginal, los cuales provienen de la teoría microeconómica y son de aplicación en el control de costes. El coste medio o unitario, se podría definir como el cociente entre el coste total de un producto y las unidades producidas del mismo de la siguiente forma:

$$Coste\ unitario = \frac{Coste\ Total}{Unidades} = \frac{Coste\ Fijo}{Unidades} + \frac{Coste\ Variable}{Unidades}$$

Que además es igual a la suma del coste fijo medio y el coste variable medio. En este punto, conviene notar una de las propiedades más comunes de los costes unitarios. Y es que los costes fijos medios, tienden a cero con el aumento de la producción. Como las unidades en denominador crecen mientras que el numerador se mantiene constante, esta cifra se va reduciendo al aumentar los volúmenes. Aunque esta propiedad se considera que solo se da en el corto plazo, ya que, a largo plazo, todos los costes acaban siendo variables, por ejemplo, antes el crecimiento sostenido de la producción durante varios años, serán necesarias más inversiones en planta y equipos que harán que el coste fijo también aumente.

Además, el coste variable podrá tener diversos comportamientos, según se trate de costes proporcionales, en donde cada nueva unidad siempre requiere de los mismos costes, por ejemplo, 3 euros por unidad, o esta crece de forma más que proporcional o menos que proporcional a la producción. En el primer caso, se estará ante producciones típicas de los bienes de lujo como los diamantes, donde extraer sucesivos diamantes cuando tal vez el primero haya sido encontrado por suerte, tendrá un aumento en costes ya sea de personal minero o de maquinaria de excavación que difícilmente se verá compensado por un aumento al menos de la misma proporción en diamantes hallados. Por ejemplo, dada la naturaleza escasa de dicho mineral, tal vez los costes variables deberían aumentar en un 25% para obtener un 2% más de producción. Lo ideal, un muchas veces lo más común debido a la mejora en los procesos de producción debido al efecto aprendizaje o las economías de escala, es que haya ciertos niveles de producción óptimos en los que un aumento de la producción requiera solo aumentos de menor proporción en los costes variables.

Por otra parte, el coste marginal se asocia con el coste de la última unidad producida, y además también se pueden hallar costes marginales medios. En la teoría económica, se suele usar el cálculo diferencial para su análisis debido a la mayor simpleza y elegancia que conceptos matemáticos como el de derivadas aportan al análisis de los costes marginales. Sin embargo, una simple tabla en la que se vaya analizando como evoluciona el coste total con cada unida producida serviría, usando un método así, el coste marginal para un volumen de producción determinado sería:

$$Coste\ marginal = Coste\ total\ de\ producir\ (n)\ unidades - Coste\ de\ producir\ (n-1)\ unidades$$

Es interesante considerar como, el coste marginal solo se relacionará con el coste variable ya que, por definición, el coste fijo será igual en todos los niveles de producción. Así, si el coste de producir 100 motos en la fábrica es de 551 mil euros, y el coste de producir 99 es de 550 mil euros el coste marginal es de 1000 euros, concepto que sería diferente del coste medio el cual sería de 5.510 euros al producir 100 motos o de 5500 en caso de hacer 99 motos, es decir, como el coste marginal medio es de 10 euros, esta es la cantidad que aumentaría el coste medio al aumentar la cifra de motocicletas producidas.

Para un mejor entendimiento de estas dos magnitudes, a continuación, se propone un ejemplo de cómo se pueden usar para realizar un análisis básico de los costes de la empresa.

Figura 3.2. Ejemplo de cálculo de los costes medios y marginales

Supongamos una empresa productora de agua embotellada, esta realiza la producción de las botellas y los tapones de plástico además del propio líquido, mientras que las etiquetas de cada botella se adquieren a de un tercero, para luego ser ensambladas en las botellas semiacabadas. Además, del proceso de producción y operaciones, para producir, vender y distribuir las botellas de agua, la empresa necesita de los servicios de departamentos de administración y de marketing, los cuales son clasificados de forma interna como costes de estructura.

En base a esta información, y los datos de las diferentes transacciones que ha recogido la empresa usted encuentra la siguiente información sobre los costes de los procesos así como las proyecciones de costes para distintos niveles de producción

Figura 3.2. Ejemplo de cálculo de los costes medios y marginales (cont.)

Se sabe según los últimos informes del departamento de contabilidad y control de costes de la planta de ensamblado que aproximadamente el coste que tiene un millón de unidades de botellas de vidrio provenientes de otra planta es de 0,55 millones de euros, a su vez el coste de los tapones se estima en 0,15 millones de euros por cada millón de unidades y se cree que el coste del ensamblado es de 0,23 euros la unidad. Sin embargo, al depender de una empresa externa, el etiquetado no tiene un coste medio único, sino que según el volumen de compra nos cargarán 0,6 euros la unidad hasta cuatro millones de unidades compradas y posteriormente aplicarán dos descuentos por grandes compras siendo el coste de 0,4 euros la unidad hasta pedidos de 7 millones y a partir de ahí una tarifa mínima de 0,3 euros por botella producida. Finalmente, se estiman unos costes fijos de administración y estructura de 5 millones de euros. En base a la siguiente información se pueden construir las siguientes dos tablas:

	Millones de euros						
Producción (M Uds.)	**Coste vidrio**	**Coste tapones**	**Coste etiquetas**	**Coste ensamblado**	**Coste Variable**	**Costes Fijos**	**Coste Total**
1	0.55	0.15	0.60	0.23	1.53	5.00	**6.53**
2	1.10	0.30	1.20	0.46	3.06	5.00	**8.06**
3	1.65	0.45	1.80	0.69	4.59	5.00	**9.59**
4	2.20	0.60	2.40	0.92	6.12	5.00	**11.12**
5	2.75	0.75	2.00	1.15	6.65	5.00	**11.65**
6	3.30	0.90	2.40	1.38	7.98	5.00	**12.98**
7	3.85	1.05	2.80	1.61	9.31	5.00	**14.31**
8	4.40	1.20	2.40	1.84	9.84	5.00	**14.84**
9	4.95	1.35	2.70	2.07	11.07	5.00	**16.07**
10	5.50	1.50	3.00	2.30	12.30	5.00	**17.30**

En la primera tabla se puede notar como va en aumento cada una de las partidas de costes, en los casos donde las operaciones son internas a la empresa y el coste se mantiene con un crecimiento lineal, es decir, siempre crece la misma proporción que la producción, este va aumentando siempre lo mismo en cada nuevo millón de unidades que se producen. Sin embargo, el coste del etiquetado parece tener saltos en los que su coste total disminuye debido a la mejoría en los precios de adquisición. Como la oferta se aplica sobre el volumen total comprado y no sobre el extra, pasar de 4 a 5 millones de etiquetas parecería rentable ya que se podría recortar costes al beneficiarse de unos menores precios. Al agregar todos estos costes variables y sumarlos al total de costes fijos se obtendrían los costes totales como se ven en la última columna.

Una vez se conocen los datos anteriores se pueden estimar los costes unitarios u marginales tal y como se muestran en la siguiente tabla.

Producción (Uds.)	Euros		
	Coste Total	Coste Unitario	Coste Marginal
1	6.53	**6.53**	-
2	8.06	**4.03**	**1.53**
3	9.59	**3.20**	**1.53**
4	11.12	**2.78**	**1.53**
5	11.65	**2.33**	**0.53**
6	12.98	**2.16**	**1.33**
7	14.31	**2.04**	**1.33**
8	14.84	**1.86**	**0.53**
9	16.07	**1.79**	**1.23**
10	17.30	**1.73**	**1.23**

Figura 3.2. Ejemplo de cálculo de los costes medios y marginales (cont.)

Como se puede notar, los costes unitarios tienden una tendencia decreciente generando así economías de escala las cuales se pueden explicar debido al reparto de los costes fijos entre un mayor número de unidades y a la disminución de los costes variables de etiquetado en los tramos altos de producción.

De hecho, atendiendo al coste marginal, se pueden observar como estos se mantienen constantes entre cada tramo debido a que los costes variables crecen de forma líneas como antes comentamos. Sin embargo, en el momento de cambiar de una tarifa de etiquetado a otra, resulta beneficioso aumentar la producción ya que gracias al impacto del descuento, el coste producir el siguiente millón será mucho menor, el cual de nuevo crece aunque siendo menor, conforme el efecto del descuento se reduce y aumentan el resto de los costes derivados de una mayor producción.

Así, si el analista conociese la demanda esperada y los precios medios a los que vender podría realizar un correcto análisis coste-beneficio mediante el que saber si pasar de un tramo de descuento de etiquetado o no le compensaría o no, y que nivel de costes medios sería realista frente a la demanda esperada.

Finalmente, otra de las técnicas más comunes que se aplica en el análisis y control de costes se basa en el uso de presupuestos y la monitorización de sus variaciones. La principal utilidad de este tipo de análisis es que sirven para llevar un mejor control y gestión de los costes en proyectos que se preparan a futuro. Es decir, el análisis de variaciones respecto a presupuestos permite usar como baremo de comparación una serie de mediciones anticipadas por el equipo de dirección las cuales se considera ideales o normales para la empresa en un periodo determinado.

Así, un análisis de variaciones presupuestarias compararía mediante tablas o gráficas los costes presupuestados y los reales y trataría, primero de explicar cuál es la causa de los mismos y en segundo lugar, buscar soluciones a esas diferencias para poder aminorarlas cuando el coste real exceda el coste presupuestado. Para que el análisis sea lo más preciso posible se deberá partir de un presupuesto con una estimación de costes correcta y con sentido ya que si no el análisis de las variaciones con respecto al presupuesto carecería de sentido. Por ejemplo, si para abrir un restaurante en un local de más de 400 metros cuadrados en el centro de Madrid, se presupuestara que el alquiler sería de 600 euros, se estaría cometiendo un error de base al minusvalorar dicho coste, por ello, cuando los costes reales del alquiler siempre fueran superiores a los presupuestados, la razón no sería una mala selección del local, sino que simplemente se estimaron unos costes irreales.

Por tanto, en el análisis de costes mediante la comparación con presupuestos la elaboración del presupuesto será esencial. Así se recomienda usar información de costes históricos, de otros proyectos similares o información de mercado sobre el coste de diversos recursos. Además, se pueden distinguir dos tipos de presupuestación en la empresa. Los presupuestos incrementales y de base cero. Un presupuesto incremental usará de partida las cifras del presupuesto del año anterior y sobre este, deberán ajustarse las diferentes partidas de ingresos y costes en base a la información y proyectos que se tenga. El presupuesto de base 0, como su nombre indica parte de una cantidad cero en todas sus partidas. A pesar de que como desventaja tiene que es más complicado de elaborar ya que se debe hacer el ejercicio de estimar que se pretende gastar exactamente en cada partida presupuestaria, a la vez acaba siendo beneficiosos al eliminar el sesgo inercial que los presupuestos incrementales tienen y al ayudar a descubrir partidas olvidadas que podrían no estar siendo eficientes que justificarían su eliminación o reducción drástica en lugar de mantener su flujo de recursos constante. En resumen, según la magnitud del presupuesto y el nivel de reflexión que se pretenda lograr con dicho ejercicio, el analista de costes podrá seleccionar una forma u otra manteniendo siempre en mente la practicidad y economicidad de la información que precisaría.

Modelos avanzados de análisis de costes

Además de las simples diferenciaciones entre los tipos de costes, la Contabilidad de Costes ha ido creando a lo largo de los años una serie de modelos en base a los que se ha ido registrando, imputando y calculando los diferentes costes de cada una de las actividades productivas que realizaban las empresas. Así, se puede hablar de modelos base como el europeo y el anglosajón que nacieron más como elementos de contabilización y monitorización de costes y su evolución desde la década de los 80s hacia otros modelos como el ABC o el TDABC que apuestan por dar un paso más en registro y valoración de costes con el objetivo de que dichas técnicas sean de provecho para las tareas relacionadas con la planificación y control.

El modelo europeo se podría entender como un modelo de coste completo, es decir, en las diferentes fases del proceso por el que circulan los valores internos, se repartirán de forma progresiva los costes directos de cada fase, así como los costes indirectos que se deban imputar a la misma. Asimismo, el reparto de los costes será entre centros de actividad, también conocidos como centros de coste o centros de beneficio o inversión, según se tengan en cuenta otras variables como los ingresos y las inversiones.

La idea básica de lo que se puede entender como un centro de coste sería la de una subdivisión de la empresa que puede realizar actividades que suponen gastos con una cierta autonomía y cuyo nivel de análisis tiene sentido económico. Así ejemplos de centros de coste en una empresa fabril genérica podrían ser: compras, producción de piezas, ensamblado, pintura, envasado, control de calidad, reparaciones, administración y distribución entre otros. Cuando la empresa se dedique a los servicios o solo se dedique a la venta de los bienes, también se podrán realizar diferentes segmentaciones de centros de coste a través de los que los valores internos fluyen de una forma similar.

A partir de ahí, se deberá proseguir un proceso contable el cual tiene algunas actividades genéricas como la apertura, el recibo de los costes provenientes de cada centro, la determinación de los costes de compra, de producción, el cálculo del valor de las existencias en sus diferentes fases como materias primas, productos semiacabados, en proceso o terminados, determinación de los costes de distribución y marketing y el análisis del resultado de cada actividad.

Por su parte, el modelo anglosajón, tiene como principal diferencia con respecto al europeo que las valoraciones no se suelen hacer a coste completo en cada etapa. Es decir, se prioriza que en las diferentes fases del proceso se use un sistema de *Direct Costing* en el que por ejemplo, los costes indirectos de los inventarios o de los procesos de producción no se reparten en cada etapa, sino que se suelen llevar al resultado del periodo.

De esta forma, se pueden obtener dos resultados el conocido como margen de contribución, que sería la diferencia entre los ingresos y los directos imputados y el resultado neto que resta al margen de continuación los costes indirectos del periodo. Así, mientras que el método con coste completo permite conocer el efecto de los costes indirectos en cada centro de coste, el método de coste directo hace que resulte más fácil el cálculo de los costes de cada fase mientras que solo se añade al final el efecto de los indirecto, pudiendo evitar en un reparto que, muchas veces, puede resultar complejo.

Además, el modelo anglosajón clásico solía diferenciar ente el modelo basado en los costes por pedido o por órdenes en el que los pedidos serían lo equivalente a los centros de coste del modelo europeo. En este sentido, para realizar el control de costes se asociaban todos los costes en los que debía incurrir la empresa a un único pedido. Por ejemplo, este método era de utilidad para gestionar la contabilidad de pequeños talleres artesanos en los que se hacían los trabajos de uno en uno y por tanto cada pedido podría representar el total de la actividad económica de la empresa. Sin embargo, cuando la empresa comenzó a producir de cara al mercado, o a llevar a cabo una amplia diversidad de pedidos a la vez, este método parecería perder eficacia de ahí que surgiera un segundo modelo basado en la contabilidad por departamentos en la que los costes se irían asociando a cada uno de los departamentos funcionales de la empresa: producción, comercial, financiero, administración, distribución etc.

Por otra parte, desde los años 80s han surgido otras nuevas aproximaciones debido a la mejor dotación de herramientas digitales y de análisis de grandes cantidades de datos con las que comenzaban a contar las empresas y que han extendido modelos como el ABC (Activity Based Costing) o análisis de costes basado en actividades y el modelo TDABC (Time Driven Activity Based Costing) o modelo ABC basado en los tiempos de actividad. La causa de que estos surgieran se daba en que con los modelos de reparto de costes indirectos clásicos no se estaba obteniendo una imagen lo más fiel posible a los costes reales de las actividades que realizaba la empresa. Por ello, el modelo ABC trajo la idea de que los producto y servicios no eran consumidores de costes de forma directa, sino que consumían actividades las cuales a su vez consumían recursos.

En base a ello, la empresa debería definir el conjunto de actividades requeridas para realizar sus producto o servicios y así proceder a realizar el reparto de los diferentes recursos. Asimismo, estas actividades se pueden agrupar en lo que se llaman fuentes de coste o *cost dirvers* como podrían ser productos concretos, ordenes de clientes, centros de coste clásicos o departamentos. La idea es, que en lugar de repartir los costes en esas agrupaciones más grandes se separaran los costes entre actividades. Así, por ejemplo, la actividad "ensamblado del motor y la carrocería" en una fábrica de vehículos, daría lugar a una sería el lugar donde se podrían cargar costes como la mano de obra directa, la amortización de grúas para la elevación de la carrocería, el coste de los inventarios semiacabados como sería el motor la carrocería y el resto de las piezas necesarias entre otros recursos.

Sin embargo, este proceso podría llegar a ser demasiado complejo con lo que, aunque fuera de utilidad a nivel teórico, las empresas necesitarían importantes recursos, tiempo y capacidad de cálculo para medir y registrar los costes derivados de cada uno de los miles de actividades que realizan. Para solucionarlo, el modelo TDABC simplifica el modelo usando únicamente el tiempo como única fuente de coste, es decir, se imputa un coste por unidad de tiempo a cada una de las actividades que dan lugar al producto o bien final. De forma simplificada, por ejemplo, si el coste de tener un operario de ensamblado es de 10 euros la hora, y para una determinada actividad se requieren 5 horas/hombre, el coste de esa actividad sería de 50 euros.

Además de estos modelos generales, conviene comentar algunas de las principales técnicas de valoración de existencias en el momento de su salida del almacén por ser estas un elemento esencial de muchas empresas industriales y el más importante de las empresas de venta minorista o distribuidoras así, de entre los métodos para analizar el coste de las existencias más comunes se tienen:

- Método FIFO (First in First Out): Las mercancías se valoran al precio de coste de la primera que entró en el almacén. Es decir, si se tienen dos remesas de productos acabados, donde las primeras 500 tuvieron un coste de 5€ la unidad y la segundas 500 de 6€. Las primeras unidades en salir tendrán un precio de coste de 5€ y las segundas de 6€.
- Método LIFO (Last in First Out): Al contrario que en el caso anterior, se valoran las salidas con el precio de coste de la última entrada.

Método de media móvil: Se realiza una media móvil, por ejemplo, calculado sobre las 50 últimas unidades de inventario compradas, y se va valorando cada salida en base a ese precio medio móvil.

- HIFO (Highest in First Out): Simplemente se da el valor de cada salida al precio más alto que se tenga registrado en el almacén.

Otras técnicas para el control y optimización de costes

Además de todas las técnicas basadas en la contabilidad de costes y sus modelos de imputación, el control de costes también se puede usar desde un foco relacionado que va más allá de los análisis con el objeto de conocer el coste y tener un registro y conocimiento fiel del mismo, sino que además existen técnicas y métodos de carácter más operativo o de gestión, que se apoyan en el control de costes para la optimización de estos, es decir, con el objetivo de mejorar los márgenes.

A continuación, vamos a presentar algunas técnicas las cuales suelen usarse por las empresas a nivel interno además de por diversas consultoras en su labor de asesoramiento a las grandes empresas. Estas técnicas se basan en el principio de que para optimizar costes se deberá seguir un proceso lógico basado en tres pasos que son la identificación, el dimensionamiento y la evaluación de alternativas. Por ello, se proponen tres técnicas, una para cada fase que serán: el análisis de Pareto, los análisis dimensión/segmentación de costes, y los análisis de sensibilidad de costes.

Respecto a la identificación de los costes, su análisis tendrá como objetivo ubicar qué partida o partidas de coste son las principales en un determinado negocio debido a que será normalmente sobre estas sobre las que se deban tomar determinadas acciones para reducir costes y tratar de optimizar los márgenes. Para lograrlo, se debería partir de información de costes que al menos haya sido clasificada una primera vez, es decir, que de alguna forma pueda ser asociada con alguna actividad, producto o función, por ejemplo, gastos de personal, gastos en salarios o seguros sociales, el coste de las materias primas para cada producto que se necesite etc. El nivel de desglose de las partidas de costes dependerá del nivel de análisis que se desee, así respecto de los costes de materiales para cada producto, se puede tener información de los costes de cada transacción o de la suma de todas las transacciones para un determinado producto. Independientemente del nivel de análisis que se prefiera, es cierto que se deberá mantener constante para todos los centros de coste que se deseen analizar, por ejemplo, no tendría sentido que se comparasen los costes agregados de todas las materias primas necesarias para un producto con el coste a nivel transacción de un producto de esa misma línea.

Una vez se cuenta con la información, se puede crear la distribución acumulada de los costes totales, es decir, qué porcentaje de los centros de coste, representan qué porcentaje del coste total. Con un análisis así, se podría ver si para los costes de dicha empresa, se cumple o no el principio de Pareto. Es decir, según este principio, un 20% de las actividades serán las que acumulen el 80% de los costes. Por tanto, el objetivo de este análisis es comprender qué actividades son las que están generando la mayor parte de los costes dentro de la empresa para así poder concentrar el análisis de optimización de costes en dicho grupo de actividades. A continuación, se muestra un pequeño ejemplo de cómo se aplicaría este análisis.

Figura 3.3. Ejemplo de análisis de Pareto

Imagine que obtiene la siguiente tabla con un resumen de las actividades de su empresa y el coste total de cada una de ellas. Los cuales se acumulan hasta alcanzar los costes totales incurridos en el periodo de análisis.

ID	Actividad o fuente de coste	Coste Total Anual
1	Compra de materias primas	28.000.000
2	Mano de obra directa de producción	18.000.000
3	Energía y suministros industriales	12.000.000
4	Mantenimiento de maquinaria	7.500.000
5	Logística y transporte	6.200.000
6	Amortización de activos productivos	5.800.000
7	Servicios de proveedores externos	3.900.000
8	Costes de calidad y control	2.800.000
9	Costes de IT y sistemas	2.500.000
10	Marketing y publicidad	1.900.000
11	Formación y desarrollo del personal	1.200.000
12	Gastos administrativos generales	950.000
13	Costes legales y de cumplimiento	700.000
14	Investigación y desarrollo (I+D)	650.000
15	Seguridad y salud laboral	500.000
	TOTAL	92.600.000

A priori podrían parecer mucha información, pero es posible mejorar la tabla para que aporte más información, ya que solo sabemos que por orden lo que más costes genera es la compra de manterias primas y la mano de obra

Figura 3.3. Ejemplo de análisis de Pareto (cont.)

De esta forma se puede obtener la siguiente tabla, en la que solo se muestra el ID del coste para ahorra espacio:

ID	Coste Total Anual	Porcentaje del total	Porcentaje acumulado
1	28.000.000	30%	30%
2	18.000.000	19%	50%
3	12.000.000	13%	63%
4	7.500.000	8%	71%
5	6.200.000	7%	77%
6	5.800.000	6%	84%
7	3.900.000	4%	88%
8	2.800.000	3%	91%
9	2.500.000	3%	94%
10	1.900.000	2%	96%
11	1.200.000	1%	97%
12	950.000	1%	98%
13	700.000	1%	99%
14	650.000	1%	99%
15	500.000	1%	**100%**
	92.600.000	**100%**	

Ahora tenemos una mayor información ya que se puede ver como las dos fuentes de coste mayores, representan la mitad del coste total y que en conjunto con las tres siguientes como la energía, el mantenimiento de la maquinaria y la logística, se estarían alcanzando el 84% de los costes.

De esta forma, cuando se analicen medidas para reducir costes, lo más eficaz será abordar en primer lugar estas actividades antes que, por ejemplo, recortar los gastos en Seguridad y Salud Laboral que apenas representan un 1% del total. En resumen, la idea principal de este análisis consiste en identificar cuáles son las fuentes de costes más importantes para, a partir de ahí, seguir analizando más en detalle las formas de optimizarlos.

Una vez identificados los costes, se podría pasar a la segunda fase que se puede denominar de dimensionamiento, en esta, se deberá entender no solo qué porcentaje de los costes representa una partida en sí, sino como es su distribución o dimensión relativa respecto a diversos factores de la empresa. Por ejemplo, siguiendo con el caso anterior, podría ser de interés conocer como se reparten los principales costes empresariales identificados entre las diversas plantas de producción o por ejemplo en la elaboración de cada uno de los productos que se venden. Así, se podría tener una mayor información acerca de cómo la empresa está incurriendo en costes para realizar su actividad.

Una herramienta que se suele usar para ello es el análisis dimensión/segmento o también conocida como Matriz de Estructura de Coste, en este caso, se trata de segmentar los costes totales de forma que se entiendan como se forma en diversos centros o productos por cada actividad, teniendo como resultado una matriz cuyos totales serán la suma de los costes de cada actividad, de cada planta o producto y los costes totales de la empresa. Siguiendo con el ejemplo anterior. A continuación, se prosigue con el ejemplo anterior.

Figura 3.4. Ejemplo de análisis de mediante Matriz de Estructura de Costes

Imagine que la empresa que se esta analizando tiene tres plantas de producción, que son Norte, Centro y Sur. Entonces usted podrá crear la siguiente matriz de distribución de costes por planta (dimensión) y por segmento (actividades generadoras de coste):

ID	Actividad o fuente de coste	Norte	Centro	Sur	Coste Total
1	Compra de materias primas	11.000.000	9.500.000	7.500.000	28.000.000
2	Mano de obra directa de producción	6.500.000	6.000.000	5.500.000	18.000.000
3	Energía y suministros industriales	5.000.000	4.000.000	3.000.000	12.000.000
4	Mantenimiento de maquinaria	2.800.000	2.500.000	2.200.000	7.500.000
5	Logística y transporte	2.400.000	2.000.000	1.800.000	6.200.000
6-15	Otros	7.850.000	6.900.000	6.150.000	20.900.000
	TOTAL	**35.550.000**	**31.800.000**	**26.150.000**	**92.600.000**

A partir de esta información se podrían realizar dos tipos de análisis, el primero sería conocer como se distribuyen los costes por cada planta y el segundo, conocer qué planta es la que representan un mayor porcentaje de un determinado coste. La primera opción sería la más fácil de entender y es la que representaremos a continuación, sin embargo, como se vio en el otro ejemplo, los cinco primeros costes son las mas importantes, si por ejemplo se observara una disparidad, por ejemplo, que más de la mitad de los costes de mantenimiento vinieran de la planta Norte, ya tendríamos información muy interesante acerca de posibles causas de unos mayores costes y de dónde se debe seguir investigando.

Sin embargo, como se puede observar, se puede representar mediante un gráfico de Mosaico como se distribuye el coste entre estas categorías:

	Norte	Centro	Sur
	35.550.000	31.800.000	26.150.000
Otros	22%	25%	24%
Logística	7%	6%	7%
Mantenimiento	8%	8%	8%
Energía	14%	13%	11%
Mano de obra	18%	19%	21%
Materias primas	31%	30%	29%

Como se puede observar, el gráfico de mosaico ha permitido visualizar de forma clara cómo se distribuyen los costes principales entre las distintas plantas. Se aprecia que las dimensiones de costes en Norte, Centro y Sur son bastante homogéneas y con repartos muy similares entre materias primas, mano de obra, energía, mantenimiento y logística.

Esto indica que la gestión de los recursos es consistente en todas las instalaciones y no se observan anomalías relevantes. Además, la herramienta confirma su utilidad para comparar unidades, detectar desequilibrios potenciales y concentrar el control en las partidas que concentran la mayor parte del gasto.

Finalmente, una vez se han identificado y dimensionado correctamente cuáles son los principales costes de la empresa y se entiende cómo se relacionan estos con las diversas actividades y los centros de costes como podrían ser diferentes localizaciones, diferentes líneas de producción o por ejemplo diversos departamentos, convendría comentar de qué forma se puede realizar un análisis prospectivo de los costes. Es decir, enfocado al futuro. Así, una empresa que haya detectado algunas partidas de costes demasiado altas o que considera que puede mejorar, podría tratar de diseñar diferentes estrategias de reducción de costes y crear un modelo de costes el cual mida la sensibilidad de estos cambios.

Un modelo de análisis de sensibilidad de costes puede llegar a ser muy complejo ya que pueden intervenir diversas variables, tanto productivas como de mercado, (por ejemplo, como afectaría una reducción del coste en la demanda debido a una menor percepción de calidad) y además se pueden interrelacionar entre ellas, por lo que queda fuera del ámbito de este libro profundizar en estos modelos. Sin embargo, si se puede considerar los dos principales objetivos o resultados que se pueden obtener de estos.

En primer lugar, se podrá analizar como diversos cambios, por ejemplo, una reducción en costes logísticos y en costes y mantenimiento o ambas a la vez, hacen variar el coste total de la empresa. Así, el modelo podría presentar una serie de palancas de ahorro que se pueden ir activando y desactivando y observar como evoluciona el coste total y en que proporciones se reducen.

En segundo lugar, se podría relacionar el análisis con los ingresos y beneficios para crear un modelo de sensibilidad costes beneficios en los que, como elemento final, se podría tener una matriz en la que un eje fuera la reducción de costes y en el otra la variación de los ingresos, la cual podrá ser positiva o negativa dependiendo de los supuestos del modelo y de las condiciones estimadas de la demanda que serían externas al análisis de costes. De esta forma, se podría tratar de estimar diversos escenarios en los que cada palanca de ahorro tiene en efecto general sobre los beneficios de la empresa.

Además de los comentados, existen otras muchas técnicas de análisis y control de costes y con el desarrollo e integración de nuevas herramientas de ERP can una mayor capacidad de análisis y la aplicación de herramientas nuevas como el Big Data o la IA en el análisis de datos de la empresa, están haciendo cada vez más posible un análisis con datos de calidad al mínimo nivel posible como podría ser a nivel de unidad producida o servicio prestado, haciendo que la Contabilidad Interna de la empresa pueda avanzar en los próximos años en direcciones prometedoras.

3.2. EL CONTROL FINANCIERO

Es una cuestión ampliamente reconocida que el análisis que requiere un buen control financiero de la empresa será una condición necesaria pero no suficiente del mantenimiento del éxito en la empresa. Las actividades y análisis que realizarán los encargados del departamento financiero, principalmente el CFO o Director Financiero y el *Controller* Financiero, no tendrán por si solas la capacidad de generar un crecimiento en los ingresos o los beneficios o una rápida expansión de la imagen de marca, sin embargo, desde luego serán clave para mantener la salud financiera de la empresa, con un enfoque en el control del riesgo y en la gestión de la caja, la cuál muchas veces es comparada con el aire que respira la empresa o lo equivalente a la sangre en un organismo. Por tanto, una empresa que cuente con una mala gestión financiera y que no lleve un control efectivo de sus finanzas, estará abocada al fracaso, entrando en situaciones delicadas como la insolvencia, la incapacidad de cobrar sus deudas, la falta de liquidez o la pérdida de su credibilidad en el mercado y frente a sus acreedores.

A raíz de lo anterior, desde que la gestión empresarial comienza a sistematizarse debido al aumento en el tamaño de las empresas y al mayor volumen de transacciones que realizan, clientes, informes que crear, pagos impositivos que saldar y toda clases de transacciones que acaban por complejizar el nexo entre las operaciones del día a día de la empresa, su estrategia y sus contrapartidas financieras que en los departamentos de finanzas se empiezan a crear diversos puestos y roles cuyo principal objetivo no es otro que el del control financiero de la empresa.

Al igual, que hablamos de los controllers de costes o de gestión, los departamentos financieros de las empresas, muchas veces, descargan parte de la presión ejecutiva de los CFOs en la figura del Controller Financiero de la empresa quien se encargará de llevar las labores de análisis, control y preparación de informes, con la máxima exactitud y cumplimiento de las normas contables y las técnicas y modelos habituales. Si bien se suele afirmar que una de las principales diferencias entre el CFO y el Controller está en que el primero usa una metodología de análisis más "financiera" mientras que el segundo usa unas herramientas más "contables". En nuestra opinión, la realidad es más difusa y entre el conjunto de actividades que debe realizar el encargado del control financiero y las herramientas de análisis se pueden encontrar tanto herramientas más financieras o de planificación estratégica, lo que se conoce como FP&A (Financial Plannig and Analysis o Planificación financiera y análisis), junto a otras centradas en la supervisión de la preparación de la información contable o la gestión de auditorías internas.

Para adentrarnos en este concepto de análisis, se comenzará dando paso a la exposición del proceso de análisis que debe seguirse cuando se realiza un control financiero, y las áreas en las que debe estar presente principalmente para después pasar a comentar algunas de las herramientas basadas en los datos históricos o transacciones conocidas y las herramientas más relacionadas con las fases de planificación que todo control, ya sea financiero, de costes o de gestión requieren.

Proceso y áreas de análisis del control financiero

Como se ha comentado, las tareas y análisis relacionados con el control financiero acaban teniendo un efecto claro sobre el mantenimiento de la salud financiera de la empresa. Pero ¿qué actividades o análisis deben hacerse durante el proceso del control financiero? Una primera aproximación podría basarse en las tareas que normalmente tienen asignadas los encargados de estas diligencias en las empresas, los *controllers* financieros.

Así, en la mayoría de los casos, la realización del control financiero de la empresa requerirá actividades como la realización de auditorías internas y revisión de la veracidad de los datos que se presentan en los diversos informes que realiza el equipo de contabilidad. Asimismo, también se podrían incluir tareas como la comprobación del estado de activo inmovilizado declarado en el balance y si la depreciación registrada en los libros fuera realista. Además, un control financiero supondrá también tareas relacionadas con la presupuestación, ampliando o enfocando el presupuesto, no solo a las partidas operativas de negocio, sino añadiendo proyecciones sobre el pago de intereses, evolución prevista de la caja o la solvencia entre otros aspectos. Asimismo, el control financiero también deberá realizar análisis financieros periódicos para entender la situación de la empresa. Para ello se apoyará en las herramientas que se han comentado a lo largo del capítulo, por ejemplo, a través del cálculo y actualización de las ratios del negocio, el control de los gastos y los ingresos o los análisis de las posibles variaciones entre los resultados reales y los presupuestados conforme los datos se van actualizando.

Además, en muchas empresas el encargado de realizar el control financiero también deberá estar a cargo del equipo de contabilidad que realizará la preparación de la Contabilidad Financiera, es decir, de todos los libros contables que se presenten, así como de realizar las operaciones con la Hacienda Pública. Por último, de forma general, el encargado de realizar el control financiero de la empresa deberá, como es lógico, diseñar y supervisar que todas las tareas necesarias para su realización sean ejecutadas acorde al proceso establecido.

Asimismo, una vez conocidas las principales tareas que deben realizar los encargados del control financiero de la empresa, también podríamos delimitar cómo es el proceso del control financiero. Aunque no todas las empresas siguen unas mismas fases de forma general se pueden reconocer unos cinco pasos principales que se exponen en el siguiente diagrama.

Figura 3.5. Diagrama de fases del proceso de control financiero

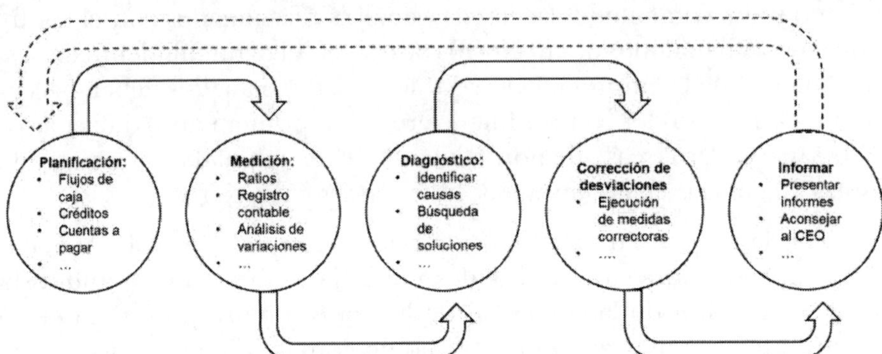

Además, como se observar el proceso de control financiero se trata de un proceso reiterativo, es decir, que una vez se completa un ciclo, se vuelve a realizar, o como comúnmente sucede en la empresa, muchas de las actividades se llevan a cabo de forma simultánea por los diferentes encargados del departamento de finanzas. El proceso en sí comenzaría con las fases de planificación en la que se deberían de predecir la evolución futura de diversas variables críticas del departamento financiero como la caja, el crédito, la gestión del capital de trabajo, o la evolución de los procesos de cobros y pagos. Tras ello, se comenzará un proceso de medición el cual se mantiene constante durante el resto del proceso de control, es decir, los análisis financieros principales y los indicadores clave serán constantemente actualizados conforme la información contable se vaya acumulando, así con el avance de los sistemas de información empresarial dichas medidas muchas veces se tienen en tiempo real, reduciendo así el tiempo que el equipo de control dedica a tareas más tediosas como el registro manual de la información en los sistemas.

Posteriormente, en caso de que existan incidencias, como fuertes desviaciones respecto a los presupuestos establecidos, se deberán realizar análisis diagnósticos para identificar las causas y las posibles medidas correctoras que podrá emprender directamente el departamento financiero o que deberán ser comunicadas a otros departamentos. Por ejemplo, si se detecta un aumento en los días de cobro o DSO, se podría comunicar al departamento de ventas la incidencia, ya que esta pudiera surgir de una ampliación del crédito comercial extraordinaria, que se haya hecho a algunos clientes y que podría estar fuera de los rangos establecidos en las políticas financieras de la empresa.

Finalmente, toda incidencia identificada debería ser corregida y comunicada a los grupos internos de interés. Por ejemplo, en muchos casos los informes de control financiero podrán ser de interés para diversos directivos intermedios y gestores de departamento hasta incluso el CFO o el CEO de la empresa, dependiendo de la profundidad del asunto en concreto.

Finalmente, además de las tareas y los procesos que rodean a la función de control financiero en la empresa, se deberían comentar cuáles son las áreas principales en las que esta actividad esta presente. Por áreas nos referimos a las diferentes partes de la vida financiera de la empresa que deberán ser controladas y que se pueden diferenciar de las áreas propias del control de costes y de gestión por tener un carácter marcadamente financiero. Así, una lista de las principales áreas que cubren los análisis que se realizan durante el proceso de control financiero sería:

- Control de tesorería o *Cash Management*: Para la realización de las tareas de control en esta área se deberán analizar los flujos diarios o semanales que entran y salen del negocio, así como la planificación de los flujos futuros de caja que se irán teniendo. En el primer capítulo se vio un ejemplo de cómo se podían realizar este tipo de proyecciones de caja en base al proceso de actividad normales en la empresa. Además, se podrán analizar como se realiza la gestión de los excedentes o "puntas" de tesorería en la empresa y si estas se destinan a inversiones financieras rentables, a inversiones en I+D o, por ejemplo, simplemente aumentar la tesorería neta en caso de que las necesidades de capital de trabajo aumenten. Asimismo, esta área, podrá incluir el control sobre los procesos de "*Cash Pooling*" o centralización de la caja en caso de que la empresa tenga esa estructura implantada. En esos, casos, de forma periódica las diferentes unidades de negocio deberán traspasar sus fondos a la sociedad matriz quien actuará como prestataria de la liquidez que cada unidad vaya necesitando.

- Control del crédito y del proceso O2C: Otra de las áreas más comunes sobre las que se aplica el control financiero tienen que ver con los procesos de cobro de la empresa o lo que se conoce como proceso O2C (*Order to cash*), es decir, de la orden al efectivo. Así, los análisis que se realizan para este tipo de control irán encaminados a optimizar todos los diferentes subprocesos que realiza la empresa como los tiempos de emisión de las facturas a los clientes, la tasa de facturas defectuosas o que han sido devueltas, e incluso el análisis podría llegar más atrás incluyendo dentro del área de control a las relaciones que tienen los equipos de venta con los clientes a la hora de fijar unas expectativas claras de qué cuantía y en qué plazos se deberán realizar los diferentes pagos.

- Control de las cuentas a pagar: De forma simétrica al área anterior, el control financiero de las cuentas a pagar se basará en el análisis de todos los procesos relacionados con los pagos de la empresa, realizando, por ejemplo, análisis de las variaciones entre los tiempos de pago fijados según la política empresarial y los reales. O, por ejemplo, monitorizando que no se realicen pagos extremadamente altos o que se salgan de los rangos normales que maneja la empresa sin una previa autorización.
- Control del ciclo de efectivo y del capital de trabajo: En conjunto con las dos áreas anteriores y con el análisis de los días de inventario entre otros aspectos, el control financiero también se centrará en analizar aspectos relacionados con los requisitos de capital de trabajo y la tesorería neta debido a que será de suma importancia llevar un seguimiento efectivo de estas partidas para poder realizar previsiones de flujos de caja mucho más realistas.
- Relaciones con los bancos: Otro aspecto en el que el área de control financiero despliega sus análisis es el de las relaciones bancarias, tanto para negociar y llevar al día los aspectos relacionados con las cuentas corrientes, procesos de cobros y transferencias diarias como para la negociación y seguimiento de las condiciones negociadas para los pasivos a corto y largo plazo. Así, el seguimiento de procesos de conciliación bancaria, el análisis de las diferentes líneas de crédito que tenga la empresa o el control de que se emitan los pagos de intereses de una deuda a largo plazo en la que ha incurrido la empresa serían ejemplos de análisis que se realizarían en esta área.
- Control de la solvencia: Además de las relaciones con los bancos, en general las personas encargadas del control financiero de la empresa, deberán también mantener un seguimiento constante de la posición financiera de la empresa, es decir, de su solvencia a corto y a largo plazo, de su liquidez, o de sus ratios de tesorería. Así, en base a la información que los diferentes sistemas de ERP, así como en base a los informes que la contabilidad interna va desarrollando, se deberán tener constantemente actualizados las principales ratios para medir la solvencia de la empresa de forma que se puedan detectar y prever posibles riesgos antes de que se materialicen.

- Cumplimiento y antifraude: Finalmente, como no podría ser de otra manera en un entorno que desde la crisis de 2008 viene estando mucho más regulado y donde los acreedores e inversores muestran una mayor preocupación por los riesgos derivados de los fraudes y el incumplimiento de la normativa legal/contable, sobre la función de control financiero recaerá la tarea de revisar y constatar la veracidad de los datos que se presentan y analizan así como de vigilar que ninguna persona externa o interna a la empresa realiza actividades que podrían ser delictivas como el lavado de dinero o la financiación del terrorismo.

Herramientas de control basadas en el análisis de datos históricos

A continuación, se comentarán algunos ejemplos de los análisis y herramientas que los encargados del control financiero de la empresa tienen a su disposición. Primero comentaremos aquellos que se basan en información proveniente de transacciones y operaciones del pasado. Es decir, aquella que utiliza como base datos reales y veraces ya conocidos por la empresa. Las herramientas basadas en datos a futuro o proyectados se comentará más adelante.

En primer lugar, se debe mencionar que la gran mayoría de las herramientas que tienen a disposición los encargados del control financiero, ya han sido comentadas en esta obra, concretamente en el capítulo sobre análisis financiero. Así, algunas herramientas a las cuáles se pueden hacer referencias serían el uso de ratios como los que analizan la liquidez (Ciclo de conversión de caja, días de pago, cobra e inventario, ratio de liquidez general o prueba ácida entre otros), la solvencia (ratios de endeudamiento, solvencia, apalancamiento, autonomía financiera o cobertura de intereses) además de otros análisis estructurales o de la generación de fondos de la empresa.

A pesar de ello, también existen otras herramientas complementarias que comentaremos como el análisis de segmentación de cuentas a cobrar por cohortes y exposición a riesgos de impago, análisis de la varianza en la generación de fondos entre lo real y lo predicho o incluso la aplicación de herramientas pertenecientes a la contabilidad forense como la Ley de Benford.

Si comenzamos con el análisis de cohortes, el cual aplicaremos a las cuentas a cobrar, aunque también es aplicable a las cuentas por cobrar, se basa en analizar las características internas del realizable de la empresa, ampliando así la información que se tendría solo del balance o de las notas en los estados contables. Así, un análisis de cohortes de cuentas a cobrar dividiría a todas las cuentas a cobrar en varios tramos según las fechas de vencimiento de las cuentas, así se podrían dividir las cuentas entre aquellas que vencen en 90, 60, 30 días, y aquellas ya vencidas con demora de 10, 20, 30, 60, días o más. Los tramos que se decidan indicar son arbitrarios y dependerá de las prácticas típicas de la industria, por ejemplo, si normalmente no se emiten pagos a crédito comercial a más de 30 días, carecería de sentido analizar cohortes de tramos superiores ya que no existiría datos para ellas.

De esta primera segmentación, se podrían realizar análisis como los siguientes el porcentaje de cuentas por cobrar antes de X fecha, lo que da información sobre futuros flujos de caja, el porcentaje del realizable en zona de riesgo, es decir, cercano a la fecha de pago o con varios días de retraso, así como el porcentaje que de cartera que está en zonas de demora o de larga demora y que podrían directamente darse de baja asumiendo la pérdida.

La utilidad de dicho análisis es en primer lugar, poder mejorar la automatización de la gestión de las cuentas a cobrar, por ejemplo, estableciendo una priorización de clientes a los que contactar, así como la fase de contacto en la que están respecto a la solicitud de pago, véase, envío de la factura, periodo de pago, demora, o larga demora. Además, el análisis se podría completar con el cruce de estos segmentos con otras variables relacionadas como el sector económico de los clientes, el tamaño de la empresa o principalmente, la solvencia o probabilidad de impago del cliente.

Por ejemplo, mediante esa técnica se podrían detectar patrones como que los clientes de un determinado sector que pudiera estar en crisis se demoran mucho con los pagos o que las empresas grandes suelen pagar de forma más sistemática debido a que tienen días de pago establecidos para sus proveedores, ejecutando pagos de forma automática.

Para visualizar esta información de forma sencilla, se podría recurrir a diagramas de puntos o matrices de concentración riesgo. En los diagramas se podrían combinar hasta cuatro categorías, según los dos ejes del plano, el tamaño de los puntos y su color. Así, por ejemplo, se podría resumir la información de las cohortes de las cuentas a cobrar según el valor de cada cuenta, su cohorte, el riesgo de impago, y el sector económico. Un ejemplo de ello se muestra en el siguiente diagrama:

Figura 3.6. Ejemplo de mapa de cohortes de cuentas a cobrar

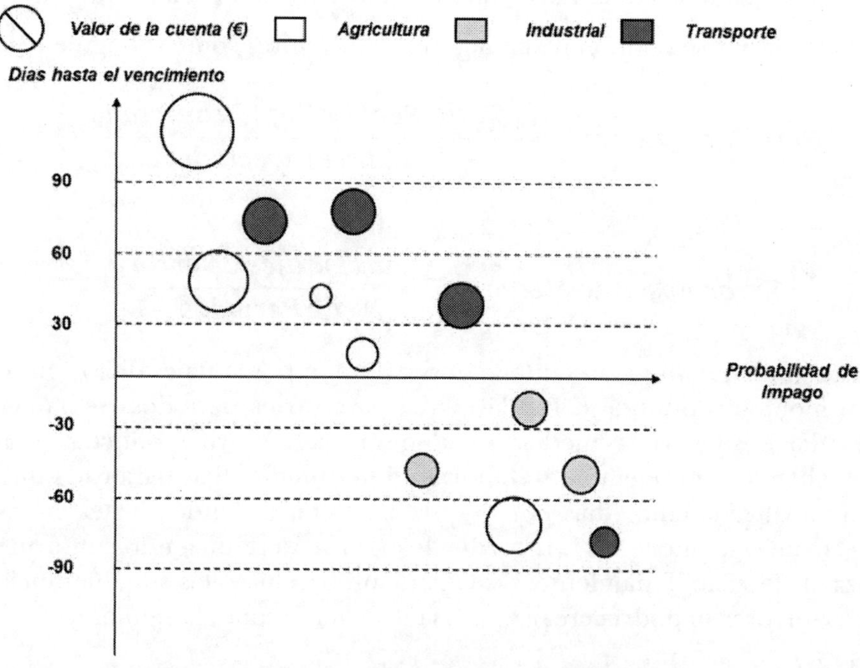

En este caso se puede observar como la probabilidad de impago va creciendo conforme avanzan los días de desde que se pasa la fecha de vencimiento, además se puede distinguir como el sector industrial es el que más frecuentemente genera situaciones de demora en el pago o que, por ejemplo, existe una cuenta de un cliente agrícola que tiene una alta probabilidad de impago además de tener más de 60 días de demora desde su fecha de vencimiento.

Otra herramienta útil para el control financiero tiene que ver con el análisis de las variaciones de los flujos de caja reales, diarios, semanales o mensuales que la empresa va generando con respecto a las predicciones de flujos de caja que se hayan realizado a corto plazo. Así, se podrán analizar, no solo las posibles causas de estas variaciones y su corrección, sino, lo que puede resultar más importante de cara al futuro, la exactitud de las proyecciones de caja. El control sistemático de los flujos de caja y la evaluación de las tasas de acierto de las predicciones pueden hacer que la empresa sea más consciente del funcionamiento de sus ciclos de generación de fondos y sea capaza de planificar la utilización de sus recursos de una forma más óptima pudiendo evitar que existan recursos ociosos que podrían ser empleados en inversiones más rentables o por el contrario evitando quebrantos de caja que hagan peligrar la solvencia a corto plazo de la empresa o que hagan que esta deba aumentar sus pasivos a corto plazo para sobrevivir.

De esta forma se podrían hallar algunos indicadores como los siguientes:

$$Porcentaje\ de\ error = \frac{Flujo\ Real - Flujo\ Proyectado}{Flujo\ Proyectado}$$

$$Error\ Absoluto\ Medio = \frac{\sum Porcentajes\ de\ error}{Nº\ de\ Periodos}$$

Así, se pueden observar, tanto la desviación en porcentajes de los flujos en un momento puntual como la media para varios periodos (semanas, meses, días). Además, las medias, pueden ser fijas o móviles, o incluso realizar ambas, así, por ejemplo, se podrían tener medias fijas para cada mes y otra móvil cada cinco días por lo que, si se van haciendo ajustes en las proyecciones, se puede ver si la media de error se va reduciendo conforme avanza el ejercicio. Finalmente, si se añade un baremo o tasa de tolerancia para los errores se podría crear una tasa de acierto como la siguiente:

$$Tasa\ de\ acierto = \frac{Nº\ de\ Perídos\ con\ un\ error\ menor\ a}{Nº\ de\ Periodos\ Total}$$

Así, se dice que se considera aceptable una variación del , si de 100 días, 80 se predicen con errores inferiores a este se tendrían una tasa de acierto del 80%. Por tanto, a media que mejoren las tasas de acierto, más estrecho podrá hacerse el margen de tolerancia para tener una optimización continua.

Finalmente, también puede resultar de interés comentar como a veces se usan técnicas de contabilidad forense en el control financiero para detectar, por ejemplo, errores en la contabilidad interna, o fallos en los sistemas como dobles contabilizaciones e un mismo pago o cobro. Muchas veces, no se suelen detectar grandes anomalías, o con un simple análisis financiero básico bastaría, pero en empresas con millones de transacciones con valores millonarios, este tipo de análisis basados también en la estadística son de amplia utilidad, imagine por ejemplo si una empresa como Apple, debido a un error humano, programara en su departamento de pagos, una serie de transferencias con un cero de más. Podría ser un error millonario, que, para empresas como Apple, no resulta una gran cantidad, pero aun así, acumular este tipo de errores acabaría erosionando sus cuentas por lo que la pronta detección de los mismo acaba siendo vital.

Así, por ejemplo, una de las propiedades más usadas en auditoría o control financiero sería la llamada Ley de Bendford, la cual parte de la idea de que estadísticamente existe una propiedad que afirma que los primeros dígitos de una cantidad, por ejemplo, facturas, cifra de ventas, cuentas a pagar, préstamos etc., no tienen una distribución totalmente uniforme, es decir no aparecen del 1 al 9 con 1/9 de probabilidad sino que los primero números, 1, 2 o 3, tienen una mayor probabilidad que el 8 o el 9. Así, se podría comparar las cifras registradas en los libros con las distribuciones teóricas para detectar posibles errores de contabilidad o incluso fraudes. La fórmula para hallar dichas proporciones puede resultar excesivamente compleja para una obra como esta, por lo que simplemente evitaremos su explicación, simplemente, quédese con la idea que afirma que, si las cifras contables se desvían muchos de los valores teóricos estimados con la fórmula, tal vez pueda haber algo erróneo que se esta pasando por alto, es decir, sería como una especie de alarma, te avisa de que algo paso, pero no se sabe exactamente el qué o el por qué.

Herramientas de control financiero para la planificación

Finalmente, se pueden realizar una serie de análisis que muchas veces, se basaran en proyecciones que se realizan de las diferentes variables financieras de interés, o que usan la información del pasado para tratar de proyectar el futuro. Independientemente de la información en la que se basen las herramientas, el nexo de unión de estas es que principalmente sirven o apoyan el proceso de control financiero en sus fases de planificación y lógicamente de su posterior seguimiento. En cierta medida, se podría hablar pues de un seguimiento proactivo o con vistas al futuro, ya que algunas de las herramientas de control que se van a comentar permiten poder ajustar ciertos patrones de comportamiento en la empresa y así cambiar la proyección futura, que como se ha comentado, se podrá cumplir con un menor o mayor éxito.

En este sentido, una de las principales herramientas y que más extensión ha tenido en mucha empresa, que incluso han iniciado proyectos con consultoras externas para realizar la correcta implementación de la misma es la presupuestación móvil o "*Rolling Forecast*". Dicha herramienta se diferencia de un presupuesto normal debido a que mientras que en los presupuesto tradicionales se predice un conjunto de meses o semanas concreto en un momento determinado y conforme se avanza en el tiempo, los mese predichos se van aminorando hasta que ha pasado completamente el período de proyección, en un Rolling Forecast siempre se predicen una misma cantidad de tiempo, por ejemplo 12 meses, de forma que la predicción es móvil avanza con el tiempo. Así, si en enero se hace una planificación de la evolución de las cuentas para diciembre mes a mes, en febrero, una proyección tradicional solo tendría ahora 11 meses por delante (incluido febrero) mientras que el Rolling Forecast mantendría doce ya que estaría haciendo la predicción del mes de enero del siguiente año. A continuación, se muestra un ejemplo, para la proyección de algunas partidas de la cuenta de resultados:

Figura 3.7. Comparación entre una proyección tradicional y un Rolling Forecast

Tradicional	A	P	P	P	P	P	P	P	P	P	P	P
Partida Cuenta de Resultados	Enero	Febrero	Marzo	Abril	Mayo	Junio	Julio	Agosto	Septiembre	Octubre	Noviembre	Diciembre
Ingresos	100.0	102.0	104.0	106.1	108.2	110.4	112.6	114.9	117.2	119.5	121.9	124.3
COGS	30.0	30.9	31.8	32.8	33.8	34.8	35.8	36.9	38.0	39.1	40.3	41.5
Margen Bruto	70.0	71.1	72.2	73.3	74.5	75.6	76.8	78.0	79.2	80.4	81.6	82.8
Margen bruto (%)	70%	70%	69%	69%	69%	69%	68%	68%	68%	67%	67%	67%
Gastos de explotación	40.0	40.4	40.8	41.2	41.6	42.0	42.5	42.9	43.3	43.7	44.2	44.6
EBITDA	30.0	30.7	31.4	32.1	32.9	33.6	34.3	35.1	35.8	36.6	37.4	38.2
Margen EBITDA (%)	30%	30%	30%	30%	30%	30%	30%	31%	31%	31%	31%	31%
Resultado financiero	- 15.0	- 14.9	- 14.7	- 14.6	- 14.4	- 14.3	- 14.1	- 14.0	- 13.8	- 13.7	- 13.6	- 13.4
BAI	15.0	15.9	16.7	17.6	18.4	19.3	20.2	21.1	22.0	22.9	23.8	24.8
BAI (%)	15%	16%	16%	17%	17%	18%	18%	18%	19%	19%	20%	20%
Impuestos	3.8	4.0	4.2	4.4	4.6	4.8	5.1	5.3	5.5	5.7	6.0	6.2
Beneficio Neto	11.3	11.9	12.5	13.2	13.8	14.5	15.2	15.8	16.5	17.2	17.9	18.6
Beneficio Neto (%)	11%	12%	12%	12%	13%	13%	13%	14%	14%	14%	15%	15%

Rolling Forecast	A	P	P	P	P	P	P	P	P	P	P	P	P
Partida Cuenta de Resultados	Enero	Febrero	Marzo	Abril	Mayo	Junio	Julio	Agosto	Septiembre	Octubre	Noviembre	Diciembre	Enero
Ingresos	100.0	102.0	104.0	106.1	108.2	110.4	112.6	114.9	117.2	119.5	121.9	124.3	126.8
COGS	30.0	30.9	31.8	32.8	33.8	34.8	35.8	36.9	38.0	39.1	40.3	41.5	42.8
Margen Bruto	70.0	71.1	72.2	73.3	74.5	75.6	76.8	78.0	79.2	80.4	81.6	82.8	84.1
Margen bruto (%)	70%	70%	69%	69%	69%	69%	68%	68%	68%	67%	67%	67%	66%
Gastos de explotación	40.0	40.4	40.8	41.2	41.6	42.0	42.5	42.9	43.3	43.7	44.2	44.6	45.1
EBITDA	30.0	30.7	31.4	32.1	32.9	33.6	34.3	35.1	35.8	36.6	37.4	38.2	39.0
Margen EBITDA (%)	30%	30%	30%	30%	30%	30%	30%	31%	31%	31%	31%	31%	31%
Resultado financiero	- 15.0	- 14.9	- 14.7	- 14.6	- 14.4	- 14.3	- 14.1	- 14.0	- 13.8	- 13.7	- 13.6	- 13.4	- 13.3
BAI	15.0	15.9	16.7	17.6	18.4	19.3	20.2	21.1	22.0	22.9	23.8	24.8	25.7
BAI (%)	15%	16%	16%	17%	17%	18%	18%	18%	19%	19%	20%	20%	20%
Impuestos	3.8	4.0	4.2	4.4	4.6	4.8	5.1	5.3	5.5	5.7	6.0	6.2	6.4
Beneficio Neto	11.3	11.9	12.5	13.2	13.8	14.5	15.2	15.8	16.5	17.2	17.9	18.6	19.3
Beneficio Neto (%)	11%	12%	12%	12%	13%	13%	13%	14%	14%	14%	15%	15%	15%

Como se ha comentado, la diferencia se halla en que una vez pasado el mes de enero, la proyección de Rolling Forecast se ampliaría un mes más. De esta forma se consigue un análisis sistemático con el que se puede tener un control de las diversas métricas financieras de interés de forma dinámica, teniendo así siempre presente qué se espera del futuro próximo. Además, estos análisis se podrían complementar con los análisis de variaciones respecto a lo presupuestado o proyectado, aplicando los mismas fórmulas de márgenes de error antes comentadas.

La principal complejidad que se encuentra a la hora de implementar estas herramientas en las empresas se basa principalmente en la dificultad que se tienen para estar constantemente recalculando las proyecciones. En muchas empresas, la creación del presupuesto anual es algo que se demora unas pocas semanas y que involucra a muchas personas de diferentes ámbitos (comercial, finanzas, dirección operativa etc.) el reto de esta herramienta se halla en sistematizar esos procesos de elaboración de proyecciones para poder automatizarlo todo en el máximo grado posible. Así, un elemento digital como programas de administración modernos muchas veces serán la llave para poder realizar estos análisis sin tener que recopilar infinitud de ficheros Excel de cada departamento, tratar la información en ellos incluida y poner de acuerdo a los implicados de cada una de las predicciones en que los cálculos les parecen realistas. Sin duda, una tarea bastante compleja al principio pero que tiene como efecto, un control mucho más dinámico y automatizado de la empresa.

Para una mejor comprensión de esta herramienta, a continuación, se presenta un ejemplo, para la proyección de los flujos de caja.

Figura 3.8. Ejemplo de uso de Rolling Forecast para la proyección de los flujos de caja

Si retomamos las predicciones de flujos de caja que se hicieron en el capítulo 1 en la Figura 1.13. Podremos observar una previsión de tesorería que recuperamos a continuación.

Mes	Saldo inicial	Cobros	COGS	Fijos + Salarios	Inversión	Saldo Final	Saldo Real	Error (%)
Enero	***12,000***	20,000	-10,000	-12,000		*10,000*		
Febrero	*10,000*	20,000	-10,000	-12,000		*8,000*		
Marzo	*8,000*	20,000	-10,000	-12,000		*6,000*		
Abril	*6,000*	20,000	-10,000	-12,000		*4,000*		
Mayo	*4,000*	20,000	-10,000	-12,000		*2,000*		
Junio	*2,000*	20,000	-10,000	-12,000		-		
Julio	-	20,000	-10,000	-12,000		*-2,000*		
Agosto	*-2,000*	20,000	-10,000	-12,000		*-4,000*		
Septiembre	*-4,000*	20,000	-10,000	-12,000	-15,000	*-21,000*		
Octubre	*-21,000*	20,000	-10,000	-12,000		*-23,000*		
Noviembre	*-23,000*	50,000	-25,000	-12,000		*-10,000*		
Diciembre	*-10,000*	90,000	-45,000	-12,000		*23,000*		

Imaginemos que ha pasado ya un semestre y que se obtienen los flujos reales hasta Junio, entonces, ahora el Rolling Forecast, debería realizarse hasta Junio del año siguiente, para ajustar el forecast a los cambios experimentados, por ejemplo, podríamos hallar el error medio y la tasa de acierto de los seis primeros meses, para entender si el desvío se produce por exceso o por defecto así:

Mes	Saldo inicial	Cobros	Cobros ajustados	COGS	Fijos + Salarios	Inversión	Saldo Final	Saldo Real	Error (%)
Enero	***12,000***	20,000		-10,000	-12,000		*10,000*	9,000	-10%
Febrero	*10,000*	20,000		-10,000	-12,000		*8,000*	8,400	5%
Marzo	*8,000*	20,000		-10,000	-12,000		*6,000*	6,300	5%
Abril	*6,000*	20,000		-10,000	-12,000		*4,000*	4,200	5%
Mayo	*4,000*	20,000		-10,000	-12,000		*2,000*	1,800	-10%
Junio	*2,000*	20,000		-10,000	-12,000		-	300	n.a.

Como vemos, el error ha sido superior al 5% que pusimos como tolerancia en 3 (contando con la desviación respecto de cero) de seis meses, por lo que tasa de acierto sería del 50%. Asimismo, aplicando la media aritmética antes expuesta para hallar el error medio se tendría un -5% de media, es decir, los valores reales, suelen ser un 5% inferiores a los estimados en término medio. Teniendo lo anterior en cuenta, podríamos tratar de disminuir los flujos previsto para los próximos doce meses.

Julio	-	20,000	19,000	-10,000	-12,000		*-3,000*		
Agosto	*-3,000*	20,000	19,000	-10,000	-12,000		*-6,000*		
Septiembre	*-6,000*	20,000	19,000	-10,000	-12,000	-15,000	*-24,000*		
Octubre	*-24,000*	20,000	19,000	-10,000	-12,000		*-27,000*		
Noviembre	*-27.000*	50,000	47,500	-25,000	-12,000		*-16,500*		
Diciembre	*-16,500*	90,000	85,500	-45,000	-12,000		*12,000*		
Enero	***12,000***	20,000	19,000	-10,000	-12,000		*9,000*		
Febrero	*9,000*	20,000	19,000	-10,000	-12,000		*6,000*		
Marzo	*6,000*	20,000	19,000	-10,000	-12,000		*3,000*		
Abril	*3,000*	20,000	19,000	-10,000	-12,000		-		
Mayo	*0*	20,000	19,000	-10,000	-12,000		*-3,000*		
Junio	*-3,000*	20,000	19,000	-10,000	-12,000		*-6,000*		

Por último, se podrían mencionar otras dos herramientas que ayudan a tener un mejor control financiero como serían las pruebas de estrés o "stress testing" para medir el riesgo de la empresa, por ejemplo su solvencia financiera o la robustez de su tesorería y que tienen una profunda y amplia aplicación en los bancos, especialmente en sus departamentos de tesorería e inversiones, donde expertos en finanzas cuantitativas evalúan continuamente el riesgo de sus posiciones. O herramientas mucho más simples como la elaboración de mapas del pool bancario para comprender de forma visual como se transmiten los diversos flujos acreedores y deudores entre la empresa y la contrapartida "bancos" con un mayor detalle.

Respecto a las pruebas de estrés, en el capítulo de análisis financiero, se comentó el uso del modelo VAR de valor en riesgo para hallar el riesgo de pérdida en las inversiones de la empresa. Además de este existen otros muchos test o pruebas que pueden servir para evaluar el riesgo financiero, no solo de las inversiones sino de otros aspectos de la empresa como su tesorería.

Así, se podrían encontrar herramientas como el cálculo de la caída máxima o "Max Drawdonw" la cual se define como la mayor pérdida que se podría tener o el peor escenario posible que se pudiera dar en una proyección concreta o en una inversión. Así, si por ejemplo, en unas inversiones que la empresa mantenga en productos del mercado monetario para rentabilizar sus fondos, un Max Drawdown del 5% significaría que en el peor de los casos la empresa se enfrentaría a pérdidas del 5%, respecto al valor de ese activo. Sin embargo, existe un matiz muy importante, esa caída máxima se halla como la máxima caída histórica o en un periodo concreto, de forma que se basa en los sucesos pasados completamente. Y como bien sabemos, el pasado no predice el futuro completamente por lo que la métrica podría verse alterada alcanzando un nuevo mínimo en un periodo posterior.

Otra prueba de estrés más efectiva, pero a la vez más compleja se basa en las simulaciones de escenarios con el método de Montecarlo. Este consiste en una herramienta estadística que permite simular miles o millones (dependiendo de la capacidad de cómputo de los ordenadores) de resultados posibles de una situación, por ejemplo, el quiebre o impago masivo de los créditos hipotecarios de un banco. Una vez hallado, permite obtener una distribución de probabilidad en donde se observa la probabilidad de diferentes niveles de riesgo de ese escenario, por ejemplo, el porcentaje de la cartera hipotecaria que haría impago, así conforme la mayor parte de la probabilidad de los sucesos se sitúe en la zona de escenarios buenos, mejores resultados tendrán la empresa. Así, si se observa que la empresa podría tener un impago masivo con un 30% de probabilidad, se puede afirmar que los sucesos se han distribuido en lado malo de la balanza y que la empresa en caso de que se presentasen esos malos escenarios estaría en una situación crítica.

Por último, conviene recalcar que la gestión y control de las relaciones bancarias de la empresa, acaba teniendo sin duda un efecto sobre las finanzas de la misma ya que en las economías actuales, exceptuando a las grandes empresas que pueden desintermediar los procesos de financiación a través de los mercados de capitales, la financiación de la empresa vendrá en su mayoría a través de los mismos. Así, una herramienta tan útil como el análisis del pool bancario de la empresa mediante la elaboración de mapas sería conveniente para tener controlado y actualizado en casi todo momento, las diferentes relaciones que cada una de las unidades de negocio tienen con los diferentes bancos con los que la empresa suela colaborar. Así, se podrá seleccionar a uno de los colaboradores y en todo momento tener presente, factores como las líneas de crédito abiertas con este, los prestamos adeudados, o por ejemplo el efectivo que está repartido en diferentes cuentas bancarias y de las cuáles la empresa podrá disponer todas las transacciones que precise. Respecto a la realización de estos mapas, se pueden usar diferentes herramientas, desde las más básicas como las hojas de cálculo, a herramientas basadas en la nube, o procesos más sofisticados que integren las plataformas de los bancos directamente con algún panel de control de la empresa.

En resumen, además de las múltiples herramientas de análisis financiero que vimos, otras nuevas o adaptaciones de estas se pueden usar de forma exitosa para mantener un correcto control financiero de la empresa, adaptando las herramientas y los análisis según las necesidades de la empresa y del área de control financiero de que se trate.

3.3. EL CONTROL DE GESTIÓN

Cuando en el capítulo sobre análisis estratégico se mencionó la importancia de que la empresa contara con una estrategia clara que le permitiera conseguir sus objetivos y misión. Se hacía alusión a una verdad a medias, ciertamente, para que una empresa tenga éxito, necesitará una buena estrategia que surja como respuesta a un correcto análisis estratégico, sin embargo, no es suficiente con ello. Para lograr dicho éxito, se debería hablar de la implementación de esa estrategia, es decir, de las actividades de gestión de las operaciones, relaciones comerciales y con el personal que la empresa realiza periódicamente. Es decir, con la gestión empresarial diaria. Es decir, para que la estrategia empresarial sea exitosa debe ir inevitablemente ligada a una gestión óptima.

En este punto, puede surgir la siguiente pregunta, ¿cómo saber si la gestión empresarial es óptima?, ¿cómo se si es buena? La respuesta a esta y a otras preguntas similares vendrá de la mano de las actividades de control de gestión. Por tanto, podríamos definir al control de gestión como el conjunto de actividades de análisis y acciones que revisan el funcionamiento de la empresa de forma general y el cumplimiento o no, de los diferentes objetivos estratégicos de la empresa. Es importante mencionar, que al igual que con los otros tipos de control explicados en este libro, el control de gestión debe basarse en análisis y acciones. Este par de conceptos deberán estar cohesionados ya que de nada sirve inundar a los equipos directivos de la empresa en un mar de datos estadísticos, si después no se podrá tomar una acción correctora, o en casos peores, si dicha información no indica claramente en qué partes o procesos de la organización empresarial deberían tomarse dichas medidas.

En este sentido, uno de los padres del control de gestión y de la gestión empresarial en general, Peter F. Drucker, comenta en su obra "*Management: Tasks, Responsibilities, Practices*" la diferencia entre los conceptos de controles y control. Ambos, aunque parecen ser conceptos parecidos, están claramente diferenciados y guardan una relación concreta. Así, el autor menciona que los controles deben estar al servicio del control y no al revés, es decir, que los controles son un medio y que el control (de la empresa y su actuación) es un fin. Un sencillo ejemplo, sería el del termostato de un frigorífico, el objetivo del electrodoméstico sería mantener la temperatura en su interior contante a unos grados concretos, digamos, 4 grados centígrados. El termostato, encargado de cumplir dicha función, deberá mantener el control de la temperatura para cumplir dicho objetivo, y para ello usará diversos controles, como por ejemplo un termómetro. En base a sus sencillos controles internos (medir la temperatura), el termostato, deberá observar que acción tomar, es decir, si aumentar o disminuir la potencia de enfriado según la temperatura sea superior o inferior al objetivo. De esta forma, mediante los controles, el termostato mantiene bajo control el cumplimiento del objetivo.

La idea principal que se propone detrás de esta distinción, y que en el ejemplo anterior parece obvia, sirve para señalar como en las empresas actuales, se sigue confundiendo el control de gestión, con la medición o la generación de informes. La idea clave es que, si bien la medición influye, ya que como se suele decir, "lo que se mide, se gestiona" el simple hecho de que estas mediciones existan, no serán de utilidad si a esta no le siguen acciones reales tomadas por el personal de la empresa. Teniendo siempre esta unión en mente, se logrará pues una actividad de control efectiva.

Otro matiz, digno de precisar, tiene que ver con el área de análisis que puede abarcar el control de gestión. Previamente se han comentado otras dos áreas de control como son los costes y el control financiero y se han señalado como áreas estancas. El control de gestión en cambio, y como veremos más adelante, el control estratégico y el uso de KPIs se podrían posicionar como a un nivel superior a estos dos, pero guardando una estrecha relación con ambos. Así, el control de gestión se centra en el control de la organización en general, y principalmente en su labor para con el cumplimiento de su estrategia, por ende, se centraría más en las áreas operativas, de la calidad o generación de valor o en aquellas tareas relacionadas con el personal que forma la organización. Esto no quiere decir, que el control de gestión ignore las diferentes métricas y análisis provenientes del área financiera o del control de costes, de hecho, muchas veces incluirá análisis típicos de estas áreas, la diferencia simplemente se hallará en grado de detalle que se tenga. La diferencia sería similar a la mantenida entre el CFO y el CEO de la empresa. Ambos deberán mantener una visión estrategia alineada, sin embargo, el CEO deberá tener una visión más global y no podrá entrar con tanto detalle del estado de las operaciones financieras como el CFO, sin embargo, muchas veces este último será un consejero altamente necesario, cuando el CEO se enfrente a decisiones importantes, las cuales requieran de un mayor detalle sobre el estado en el que los costes o demás transacciones financieras se vayan desarrollando.

Teniendo en cuenta la importancia que tiene el control de gestión para el éxito de la empresa, y como los controles o herramientas de análisis juegan un papel para mantener un correcto funcionamiento del sistema en general, Drucker menciona algunas características que toda herramienta de control debería satisfacer o especificar:

- Economicidad: En este caso la máxima será eficiencia, es decir, tener una mayor sensación de control con el menor número de tareas e información necesarias. Así, si el empresario es capaz de conocer el estado de las operaciones de su empresa con un solo indicador que se actualiza automáticamente, se será más competitivo que aquellas empresas que deban encargar costosos informes periódicamente, los cuales, además resultan complejos de alizar para acabar obteniendo la misma información. En resumen, cuando se trata de herramientas de control de gestión, menos, es más.

- Relevancia: Así, se deberá mantener una visión integral de la organización para conocer cuales son las herramientas o análisis que verdaderamente merecen la pena aplicar. De hecho, aquellos elementos que carezcan de dicha relevancia para el éxito no deberían ser examinados sistemáticamente, simplemente de forma extraordinaria.

- Presentación apropiada: Para facilitar el entendimiento de sus resultados, los diferentes análisis de control que se presenten deberán realizarse acorde al objetivo final que se desea controlar. Así, los resultados deberán estar bajo el mismo contexto que el aspecto organizacional que quieren controlar. Así, imagine que, si una máquina de imprenta debe hacer girar un rodillo con pintura 60 veces por cada página de un libro impreso de media y que cada libro tiene 100 páginas, decir que las rotaciones totales de rodillos crecieron en 3 millones en una semana, tal vez sea de interés para los expertos técnicos, pero seguramente el mensaje apropiado sería decir que la empresa ha sido capaz de producir 500 ejemplares más en el mismo tiempo de fabricación que la semana pasada.

- Coherencia: Se deberá mantener una coherencia respecto a la precisión de las diferentes actividades o factores que se deseen medir. Así, cuando se desea medir algo cuantificable como las horas de producción de un conjunto de activos físicos será coherente precisar cantidades concretas y hacer comparaciones con otras plantas. Sin embargo, cuando se trata de aspectos más difíciles de cuantificar, afirmaciones como que la satisfacción de los trabajadores es un 40% mejor que en un competidor, no parece muy coherente con la dificultad medir dicha satisfacción, en este caso es mejor afirmar que los trabajadores están contentos, o que al menos se percibe que suelen estar más contentos que los de la competencia.

- Conveniencia: Asimismo, será clave que los análisis para realizar un correcto control de gestión sean convenientes en tiempo y forma, es decir, deberán tenerse a tiempo, ya que de lo contrario no se puede reaccionar a posibles riesgos o desviaciones respecto a los resultados y además estos deberán ser lo suficientemente simples como para que todos los interesados en el asunto dentro de la organización puedan comprenderlo.
- Operabilidad: Finalmente, y volviendo la primera idea que se comentó, todo análisis realizado para llevar a cabo el control de la gestión empresarial deberá ir ligado a las posibles palancas o próximos pasos que deberán ser tomados en consonancia con los resultados obtenidos.

Habiendo comprendido ya el papel del control de gestión dentro de la organización empresarial, así como los requisitos clave que se deben esperar de un correcto análisis de control. A continuación, se pasará a comentar el papel del control en las diferentes metodologías de gestión empresarial, así como algunas herramientas prácticas en tres áreas críticas como son: las operaciones, la calidad y las personas.

El papel del control dentro de las principales metodologías de gestión

Desde finales del siglo pasado y hasta la actualidad se vienen desarrollando diferentes marcos teóricos, tanto desde el ámbito académico como desde el profesional, para lidiar con las tareas de administración y gestión de empresas. Estos marcos de actuación se pueden denominar como metodologías de gestión y todas ellas, tratan de abarcar el proceso empresarial completo de forma holística mientras aportan una serie de principios rectores con los cuales se va llevando a cabo la actividad y cumpliendo los objetivos, que muchas veces, han sido previamente plasmados bajo las directrices de estas mismas metodologías.

Así, dentro de cada una de estas diferentes metodologías de gestión, el control guardará un papel más o menos relevante y en todo caso podrá presentar diversos matices que los diferencien unos de otros, además de como es lógico algunas características esenciales comunes. Por ello, comentaremos cuatro metodologías principales las cuales destacan por haber tenido una amplia extensión tanto en los libros de administración como aplicaciones reales y cómo entienden estas la función de control de gestión. En concreto hablaremos del marco clásico basado en la gestión de proyectos o *Project Management*, la metodología Lean iniciada por Toyota, el método Six-Sigma o nuevas metodologías típicamente originarias de los sectores tecnológicos como la metodología Agile, Scrum o Kanban.

Si comenzamos por el análisis del marco clásico del Project Management, este además de ser de los más extendidos entre las diversas empresas de gestión de proyectos, es el que sigue un método más racional o deliberado constituyendo cada proyecto de cinco fases generales que de una forma u otra siempre deberán realizarse. Estas son: iniciación, planeación, ejecución, monitorización y control. Como se puede notar, coinciden con el clásico esquema por el se suele explicar las diferentes tareas que se deben realizar en el campo de la administración de empresas. En este caso, la metodología sigue un proceso de carácter bastante lineal, si bien la fase de control suele ser iterativa. Es decir, cada fase antecede de forma obligatoria a la anterior, por ejemplo, sin un plan no se considera que se pueda ejecutar, o sin una ejecución no se podría monitorizar y controlar.

A pesar de que es una de las metodologías más sencillas de aplicar y explicar a los equipos, puede presentar algunas debilidades que las siguientes metodologías tratarán de corregir como, por ejemplo, no valorar la posibilidad de que se puedan alterar el orden de las fases, que se pueda retroceder en dicho proceso o que este funcione de forma cíclica y no solo sea iterativa la fase de control. Asimismo, respecto a esta fase es interesante comentar como dividen al control de gestión en dos fases, monitorización y control en sí. Lo cual se relacionaría con lo que comentábamos sobre controles y control.

Dentro de este marco, el control de gestión será una función central que deberá analizar que el avance del proyecto en relación a su alcance, tiempos de ejecución, costes incurridos y calidad de los resultados. Así, el control se estructura en lo que viene llamándose Sistema de Control de Gestión o MCS (Management Control Systems) los cuales estructuran el proceso de control en base a diversas herramientas para primero realizar un análisis de datos relativos a la gestión y segundo tomar acciones de control concretas. Una de las principales ventajas de la visión separada entre monitorización y control consiste precisamente en cómo se evitan sesgos como la “miopía del control” en donde la empresa podría cegarse por la presentación constante de mediciones sobre la gestión sin desarrollar o tener en cuenta las respuestas necesarias.

Otra de las metodologías más influyentes en los últimos años, y que incluso se podría decir que inició un movimiento o escuela de pensamiento respecto a la administración y la gestión, especialmente en empresas del sector industrial es la metodología Lean. Aunque normalmente se asocia a este marco de gestión con las empresas industriales, sus principios son aplicables al resto de sectores y cada vez más se valoran los beneficios de dicha forma de gestionar las empresas fuera de las grandes plantas de fabricación.

La metodología Lean, la cual se puede aplicar a la fabricación, la gestión de empresas y proyectos o incluso a la creación de empresas surgió en la década de los noventa en base a los avances del sistema de producción de Toyota. Entre los conceptos clave de la metodología se encontraban el entendimiento de la empresa como sistemas de generación de valor y además se añadía conceptos como los de "Muda" y "Muri" y "Mura". El principio básico de la metodología Lean es pues encontrar las posibilidades de mejora para eliminar lo innecesario, las ineficiencias, los derroches es decir la Muda. Este tipo de "males" a eliminar del sistema podrían ser principalmente de dos tipos, Muri, que hace referencia a los problemas generados por la sobrecarga en algunas partes del sistema. Por ejemplo, términos de control de una planta de fabricación, podrían ser los conocidos como cuellos de botella. Por otra parte, otro de los defectos que se podrían solucionar, los Mura, tienen que ver con los problemas que generan las sobrecargas en el reparto de trabajos, por ejemplo, respecto a la planificación de tareas, podría representar los desequilibrios en el reparto de las actividades dentro de un equipo. En resumen, la idea de la gestión Lean es ir puliendo esos defectos de forma que pequeños cambios y mejoras vayan acumulándose, creando un efecto final que es capaz de cambiar la forma de gestionar la empresa y a la propia organización en sí.

Así, dentro de esta metodología de gestión, el control tendría un papel mas centra dentro de esta metodología de gestión, dentro de un proceso que se estructura desde la entrega de valor al cliente hacia atrás incluyendo todos los procesos necesarios para poder realizarlos. Así, el control de gestión, no solo se basaría en la revisión de diversas métricas de forma sistemática dentro de cada función de la empresa sino más bien de una revisión constante de sistema a través del que se genera valor para los clientes. Así, por ejemplo, acciones como el control de procesos mediante herramientas de control visual y que conectan las diversas fronteras por la que los bienes circulan son ejemplos de herramientas de control típicamente usadas bajo la metodología Lean.

En este sentido, una fase importante del control dentro de este marco de gestión sería el control de los procesos cíclicos y sus tiempos, los procesos de valor añadido y los procesos de salida. Los primeros son aquellos por los que los productos o servicios pasan constantemente, por ejemplo, encerado en una fábrica textil de cueros. Por su parte, el proceso o tiempo de valor añadido se refiere a las acciones y tiempo en los que verdaderamente se transforma el producto o se brinda parte del servicio, es decir, verdaderamente se añade valor. Por ejemplo, las prendas de cuero tendrán más valor por se enceradas, pero el tiempo que estas deben pasar secándose antes de poder ser trasladadas al siguiente proceso no añade valor de por sí. Finalmente, los procesos o tiempos de salida se refieren a un conjunto de ciclos y fases de adición de valor que los bienes o servicios de valor deben pasar antes de entrar en otra nueva fase o ser entregados. Por tanto, el diseño de las herramientas de control debería hacerse de forma coherente al sistema diseñado y de forma que las diferentes partes del sistema midan la efectividad de la gestión de forma parecida. Por ejemplo, un control miope que no tuviera en cuenta todo el sistema de valor evaluaría correctamente a un gestor de compras que ha reducido considerablemente los tiempos de espera para recibir los suministros, mientras que podría estar evaluando negativamente al gestor de almacenes que de repente esta mostrando unos niveles de stock de materias primas excesivo, aumentando peligrosamente el inventario permanente. Sin embargo, la visión Lean permitiría tener una perspectiva más amplia y comprender que el peor rendimiento en la gestión de almacenes estaría siendo causado por una gestión acelerada en los procesos de compras.

Con un enfoque similar a la metodología Lean, nace en los años 80 la gestión estilo Six-Sigma la cual sería popularizada por su aplicación en la empresa Estadounidense General Electric. Al igual que con Lean, la idea principal de Six-Sigma se basa en la mejora continua, mediante la reingeniería de procesos, el control de los defectos y su reducción, el control de costes y riesgos, la gestión de los tiempos de las operaciones o el calendario de los proyectos. Para realizar estas tareas de control, se diseñó un marco conocido como DMAIC, que son las siglas en inglés de definir, medir, analizar, mejorar y controlar. La popularidad de este marco de control se debe a la extensión que ha tenido el uso de diferentes métodos de análisis estadísticos para el control de la calidad y la reducción de la variabilidad de los procesos internos de las compañías. En este sentido, el control en Six-Sigma no se limita a la supervisión de resultados, sino que constituye la última fase del ciclo DMAIC y garantiza que las mejoras alcanzadas se mantengan en el tiempo. Para ello, se emplean herramientas como cartas de control, análisis de capacidad de procesos o sistemas de indicadores, que permiten vigilar de forma continua la estabilidad de los procesos y detectar de manera temprana cualquier desviación respecto a los estándares definidos. De este modo, el control se convierte en un mecanismo preventivo y correctivo a la vez, consolidando la disciplina de Six-Sigma como un sistema de gestión basado en la evidencia y la medición rigurosa, la cual propone un enfoque de control más proactivo que reactivo.

Finalmente, merece la pena comentar algunas de las llamadas metodologías ágiles como podría ser Scrum. Esta metodología de gestión nace con una terminología novedosa en el mundo de la gestión empresarial añadiendo conceptos como sprints, developers, scrum masters y producto onwers. En primer lugar debe entenderse que se trata de una metodología de producción iterativa, es decir, los procesos se van realizando una y otra vez y se va construyendo sobre los pasos anteriores. Así, los sprints, serían períodos de tiempo donde los equipos de Scrum, realizan las actividades planeadas. Lo interesante es que un sprint, incluirá todas las fases típicas de la gestión de proyectos que se deberán repetir y revisar constantemente. Así, se podría decir que con esta metodología el la medición y el control es continúo ya que al final de cada sprint, los fallos detectados retroalimentan la planificación del siguiente sprint, solucionando así los problemas conforme van surgiendo sin dejar que estos se acumulen. Los *developers*, o desarrolladores, serían los encargados de ejecutar las tareas, se trata de equipos idealmente pequeños y con múltples conocimientos de forma que todo el proceso pueda ser realizado por el equipo. Además, se cuenta con un *Product Owner*, que sería el equivalente al líder del proyecto y que se encarga de comunicar lo que se espera de cada persona, las tareas a realizar, los plazos además de llevar un control del cumplimiento de los objetivos. Finalmente, el *Scrum Master*, es el encargado de gestionar que se realice la gestión de los proyectos siguiendo las buenas prácticas presentadas por la metodología y de cooperar con diferentes equipos para reforzar el proceso.

La idea clave respecto al control de gestión bajo esta metodología sería pues la de control constante, es decir, el control ya no sería un proceso que se da de forma lineal al final de las operaciones de forma retrospectiva, tampoco sería algo que se da de forma iterativa para ir mejorando los proceso de entrega de valor de forma proactiva sino que el control formaría parte integrante de la propia ejecución de la estrategia siendo una función completamente dinámica y alineada con el propio proceso de gestión empresarial. En resumen, se puede observar una cierta tendencia en los sistemas de gestión hacia un modelo de control de gestión totalmente presente en el día a día y que lógicamente se apoya en las cada vez mayores capacidades de análisis de datos en tiempo real o el uso de la IA para sintetizar grandes cantidades de información en observaciones relevantes y con un alto grado de operabilidad.

Herramientas para el control de gestión de las operaciones

Una vez se ha comentado a nivel teórico como se enmarca el control de gestión cada una de las principales metodologías de gestión y las cualidades que el análisis del control de gestión debe cumplir, a continuación, se comentarán algunas de las principales herramientas para medir y controlar como es la gestión con respecto a las operaciones, la calidad y las personas.

Comenzando con el área de operaciones, entiendo estas en un sentido amplio y no solo en el área de fabricación ni únicamente para empresas productoras de bienes, sino incluyendo otras actividades o procesos clave en la entrega de valor y en las empresas de servicios, se pueden encontrar algunas métricas de interés como las que vamos a comentar a continuación. Es importante mencionar que no se trata de una lista exhaustiva y que precisamente esta será ampliada cuando se profundice en el capítulo de KPIs. Sin embargo, la selección que se muestra pretende dar una noción general de cómo controlar la gestión, independientemente del tipo de empresa o sector para el que se realice el análisis.

Así, conviene mencionar que ya en el capítulo primero de análisis financiero, se comentaron algunas métricas clave como el OTIF y el OEE los cuales hacían referencias a los términos *On Time In Full* y *Overall Equipment Efectiveness* respectivamente. Ambos son indudablemente de gran utilidad para entender de forma sencilla si, por ejemplo, las operaciones de producción de una empresa están funcionado de forma correcta. Así, el OTIF indica que porcentaje de todos los pedidos llegan a los clientes en el plazo establecido y sin defectos. Sin duda, un nivel alto para este indicador ya sería una importante señal de que el resto de las acciones y procesos en los que se divide el proceso de producción funcionan de forma coordinada y correcta, ya que, en caso contrario, el indicador comenzaría a señalar más defectos, o retrasos en las entregas. Por su parte, si recordamos, el OEE era el producto de la disponibilidad, el rendimiento y la calidad evaluando de forma conjunta, por ejemplo, como era la gestión interna de plazo, la capacidad a la que se estaba produciendo o la velocidad y la calidad con la que los productos finales se producían.

Además de estas herramientas tan generales, merece la pena comentar otras que profundizan más en determinados aspectos de las operaciones como los tiempos de producción o servicio, el análisis de sobrecargas de tareas en base a la capacidad utilizada, los análisis que cruzan información interdepartamental o directamente el análisis de los fallos o errores en los procesos.

El análisis de los tiempos de producción viene siendo usado desde que Taylor definió sus primeras teorías sobre la gestión científica de la empresa y desde entonces, este se ha ampliado a una gran variedad de funciones y sectores. Aunque, el análisis de tiempos destaca más en el sector industrial, también tienen aplicación en el sector servicios. Así, por ejemplo, se pueden hacer análisis como los siguientes:

- Lead times o tiempos de entrega: Estos análisis pueden consistir en ratios de tiempo de entrega real contra planificado o por ejemplo la evolución de medias móviles de los tiempos de entrega de los últimos pedidos. Por ejemplo, en el sector gastronómico, se trata de un análisis fundamental debido a que para que la satisfacción del cliente aumente, se deberían minimizar algunos tiempos críticos en el servicio como por ejemplo el de espera a la asignación de mesas o el de espera a ser cobrado o atendido. Para hallar media móvil del lead time se podría seguir la siguiente fórmula:

$$\textit{Lead time medio móvil} = \frac{\sum \textit{Tiempos de los últimos X pedidos}}{\textit{X Pedidos}}$$

Así, el número de pedidos incluidos en la media será mayor o menor en función del tipo de negocio, por ejemplo, en un restaurante serán más que en la fabricación naval, al existir más rotación de clientes, pero la idea es la misma.

- Tiempos de preparación: Dentro del análisis de los tiempos de un proceso de fabricación, puede ser importante comprender qué tiempo se destina a las actividades necesarias para poder comenzar a realizar una fase del proceso de producción. Por ejemplo, para poder fundir minerales, antes se debe esperar un tiempo determinado en el que los hornos se calientan. Conocer el porcentaje del tiempo de una fase del proceso que se dedica al preparado es una medida de la eficiencia y velocidad con la que se realizará la fabricación. Así:

$$\textit{Porcentaje de tiempo de preparación} = \frac{\textit{Tiempo no productivo}}{\textit{Tiempo total del proceso}} \times 100$$

Conforme más alto sea el rato, menos eficiente serán las operaciones. Lo ideal sería identificar las fases con mayores porcentajes, cuellos de botellas, y tratar de rediseñar el proceso de forma que se puedan reducir esos tiempos no productivos. Este tipo de proceso de control es lo que se conoce como Reingeniería de Procesos.

Además de los tiempos, puede ser esencial conocer el nivel de utilización de los diferentes activos de la empresa para la realización de diferentes tareas. Así, por ejemplo, se podría hablar de ratios de uso de capacidad calculados de la siguiente forma:

$$Porcentaje\ de\ uso\ de\ capacidad = \frac{Tiempo\ de\ producción\ real}{Tiempo\ máximo\ teórico} \times 100$$

Así, si en una fábrica se sabe que actualmente la ratio es cercana al 100% debería plantearse aumentar sus activos y superficie si prevé que la producción seguirá creciendo ya que, de lo contrario, los tiempos de producción comenzarían a aumentar, se provocarían retrasos y seguramente la calidad disminuiría. En este sentido, para el control de gestión de operaciones, convendría realizar análisis que crucen la información proveniente de diferentes departamentos de la empresa mejorando así la coordinación del proceso. Un ejemplo serían aquellos análisis que coordinan la información proveniente del departamento comercial con el de almacenes para mantener una correcta gestión de los inventarios. Para ello, se pueden realizar análisis de cobertura de la demanda proyectada con el inventario actual.

Finalmente, otra de las métricas principales de las que se puede servir un analista de control de gestión de las operaciones sería las tasas de fallos en diversos procesos. Así, se puede tener información sobre porcentaje de operaciones falladas en cada una de las fases del ciclo de producción. Por ejemplo, porcentaje de productos envasados de forma defectuosa sobre total de envasados, o materias primas defectuosas sobre el total de las compradas. De esta manera se podría analizar que partes del proceso de operaciones es la que mayor número de defectos genera y buscar soluciones a los mismo.

Además de todos los indicadores que se pueden usar para medir el rendimiento y la efectividad de las operaciones que se han presentado conviene comentar que lo más probable es que cada empresa acabe por diseñar los suyos propios o utilizar un conjunto concreto de entre los más generales que le pueden servir para su actividad específica. Así, un marco de análisis para el control de operaciones muy conocido es el de VSM (Value Stream Mapping), el cual se encarga de explicitar toda la cadena de valor de operaciones de forma más profunda que un simple análisis estratégico como los del capítulo anterior. Así, se podrá realizar un análisis retrospectivo desde que se entrega el bien o servicio al cliente hasta la entrada de las materias primas y factores de producción necesarios.

Asimismo, esta herramienta de análisis se podrá usa conjuntamente al resto de indicadores operativos antes comentados de forma se conozcan las interrelaciones entre procesos, los tiempos en los que se realiza cada uno, los flujos de bienes por cada proceso por unidad de tiempo, costes de energía, materias primas, etc. Para tener una mayor profundidad, a continuación, se muestra un ejemplo de como se puede usar este sistema para analizar la efectividad operaciones en una cafetería.

Figura 3.9. Caso de control de gestión a nivel operativo

Consideremos el caso de una cafetería de especialidad con un modelo de negocio similar al dę otras conocidas como Starbucks. Sus precios son bastante superiores a los de otras cafeterías por lo que uno de los factores clave que marcarán la calidad de su servicio es que dentro de la cafetería se mantenga un tiempo de servicio constante y óptimo para que el cliente se mantenga satisfecho.

Actualmente las operaciones de servicio se estructuran de la siguiente manera, el cliente hace la cola y espera a ser atendido para realizar su pedido, tardando de media unos 2 minutos, una vez atentado, el barista deberá registrar el pedido en la caja y cobrar al cliente. Tras ello se inicia el proceso de preparación, que requiere del molido del grano, y la dosificación que tarda 1,5 minutos de media, la extracción del café durante un 1 minuto aproximadamente y la vaporización y vertido de la leche que tarda unos 2,5 minutos adicionales y el montaje de la bebida haciendo decoraciones en la superficie de la taza de en torno a 1 minuto. Es decir, se tarda unos 6 minutos en preparar la bebida. Además de que se tarda entorno a medio minuto en entregar la bebida. Para entender mejor el proceso, a continuación, se muestra el mapa de procesos y el Lead Time actual:

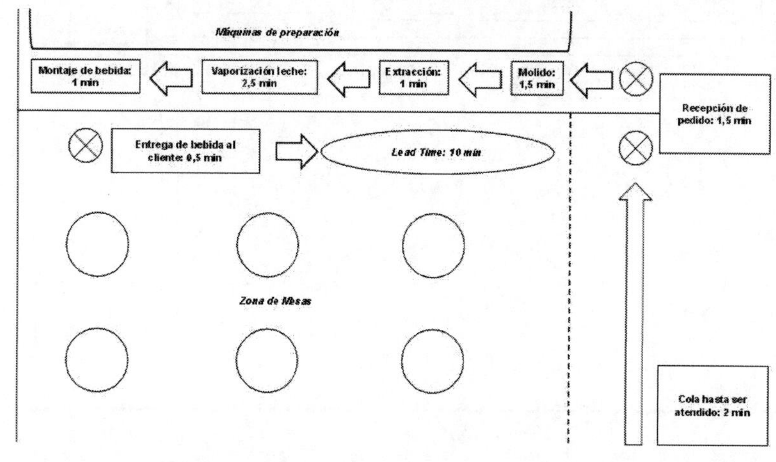

Figura 3.9. Caso de control de gestión a nivel operativo (cont.)

Aunque un Lead Time de 10 minutos tampoco sería algo descabellado, tal vez a mucha gente no le importase esperar 10 minutos hasta que le dieran su café, sin embargo, no debemos pensar en un solo cliente. Imagine el efecto acumulado que tendría en caso de que en una hora punta hubiese más clientes, solo con una cola de 10 clientes, el último podría dar un sorbo a su café tras 100 minutos, ¡más de una hora y media! Sin duda, la empresa tiene un problema, por lo que se podría rediseñar el modelo para tratar de reducir esos tiempos mejorando la rotación de ventas y los tiempos de espera.

De la observación del mapa de actividades se podrían implementar las siguientes mejoras:

- Reducción del tiempo de cola a 0,5 min debido a que se implementará una zona de recogida de café preparado donde los clientes podrán pedir online previamente sus cafés y pasarse a recogerlos a una hora preestablecida no debiendo esperar ninguna cola.
- Mantenimiento de la máquina de vaporización de leche activa de forma constante, reduciría el tiempo del proceso hasta los 0,5 min, aunque supondría un mayor coste de producción que se estima en un aumento de 50 euros diarios en media.
- Compras de café molido: Se deberían aumentar los costes de la materia prima si se quiere la misma calidad de café, pero ya molido directo para introducir en la máquina. Todo ello conllevaría aumentar los costes diarios en 100 euros haciendo el se elimine completamente la fase de molido.
- Contratación de un barista extra para realizar el montaje de las bebidas mientras otro atiende los pedidos y preparación del mismo hasta la fase de montaje, reduciendo el montaje y el tiempo de atención a 0,5 min, aunque supondría un coste adicional de 70 euros diarios.

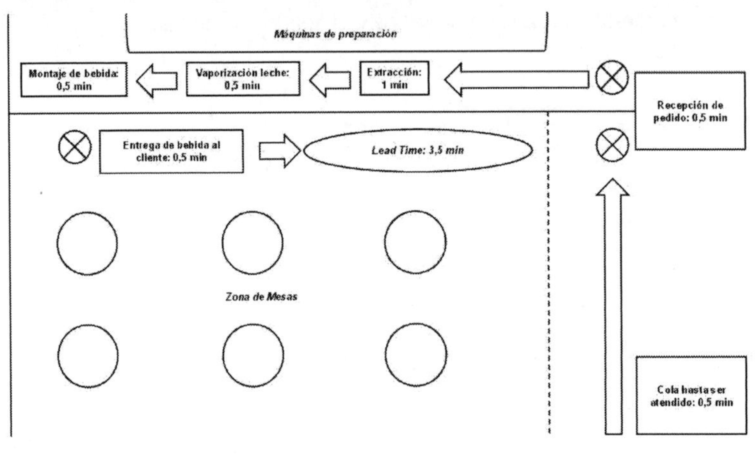

Figura 3.9. Caso de control de gestión a nivel operativo (cont.)

Tras el análisis del mapa de actividades, se han identificado cuellos de botella que elevaban el lead time promedio hasta los 10 minutos por cliente. Bajo este esquema, la capacidad diaria se veía fuertemente limitada, provocando pérdidas de ventas en horas punta y reduciendo la rotación de clientes.
Con el rediseño de operaciones y las medidas implementadas, el lead time total pasaría 3,5 minutos por cliente, lo que multiplica la capacidad de servicio y la satisfacción del cliente.

$$Clientes\ Antes = 60 \div 10 = 6\ clientes\ por\ hora\ \times 8\ horas = 48\ clientes\ de\ media$$
$$Clientes\ Después = 60 \div 3.5 = 17\ clientes\ por\ hora\ \times 8\ horas = 136\ clientes\ de\ media$$

Si se supone que el total de clientes a los que la empresa podría servir son de 1.000 clientes diarios que se distribuyen a lo largo de 8 horas, las capacidades de venta máxima para dicho tráfico antes y después serían:

Herramientas para el control de gestión de la calidad

Otro de los elementos principales en los que se debe enfocar el control de gestión además de ene la eficacia y eficiencia de los procesos productivos sería en la calidad con la se sirven los bienes y servicios finales a los clientes. De hecho, cuando las optimizaciones o ahorros en los procesos productivos se logran a base de reducir la calidad, muchas veces los beneficios acabarán siendo negativos si el coste de subsanar unos mayores defectos de fabricación, o simplemente, una pérdida progresiva de clientes superase a los ahorros generados.

Además de por esta razón, en como ya se vio anteriormente, muchas empresas optan por la calidad en sus procesos y productos como una forma de posicionamiento competitivo por lo que en este caso el control de gestión enfocado a la calidad estaría completamente alineado con la estrategia empresarial formando parte de su implementación directa. De hecho, en los últimos años han surgido visiones sobre el control de gestión basadas en lo que se conoce como Gestión Total de la Calidad o TQM (Total Quality Management) la cual se basa en que la calidad se convierte en un principio rector de todas las operaciones de la compañía, no solo de los procesos de producción sino de los servicios al cliente, los procesos a través se dan esos servicios, el plan de negocios y la estrategia y en general el resto de relaciones y funciones que realiza la empresa en su día a día. Es decir, según la visión del TQM no solo basta con ofrecer un servicio o calidad adecuado, siempre se deberá intentar superar las expectativas del cliente y brindar calidad en todas las áreas de la empresa, incluso aquellas que ni si quiera tienen contacto directo con los clientes.

Teniendo en cuenta la importancia que la medición y control de la calidad en la empresa está cobrando a nivel estratégico en los últimos años, convendrá comentar algunas de las herramientas de análisis de calidad más comunes y que se pueden aplicar a cualquier empresa de forma general. Así, algunos indicadores simples podrían ser el porcentaje de defectos o de devoluciones, que lleva a una mayor o menor brecha entre las ventas totales y las ventas netas, encuestas como el NPS (Net Promoter Score) para valorar la satisfacción del cliente, o análisis de costes de calidad o CoQ (Cost of Quality) para hacer comparaciones de coste-beneficio entre cuidar la calidad de algunos procesos o asumir los gastos de los desperfectos o devoluciones.

En primer lugar, se podrían analizar las tasas de devoluciones mediante ratios que midan el porcentaje tanto en número de pedidos como sobre las ventas:

$$Tasa\ de\ devoluciones = \frac{Pedidos\ Devueltos}{Pedidos\ Totales}\ o\ \frac{Gastos\ de\ devoluciones}{Ventas\ Totales}$$

Equivalentemente, se podrá analizar la brecha existente entre las ventas y las ventas netas, de forma que cuanto mayor sea la tasa de devoluciones en términos monetarios, mayor será dicha brecha, así:

$$Brecha\ de\ ventas\ netas = \frac{Ventas\ Netas}{Ventas\ Totales} - 1$$

La diferenciación entre el efecto monetario y el físico de las devoluciones es importante ya que por ejemplo, puede darse el caso de que una empresa tenga importantes tasas de devoluciones físicas, pero a nivel económico, si los gastos en los que debe incurrir para reparar los fallos o simplemente mandar otro producto en buen estado son bajos, la brecha entre las ventas netas y las ventas totales será mucho menor. Por norma general, cuanto menor rotación tenga la venta y más alto sea el ticket medio de compra, más coste generará una devolución y más impacto tendrá al reducir las ventas netas.

Por otra parte, muchas veces puede resultar conveniente consultar directamente a la base de cliente sobre su satisfacción con el servicio. De esta forma, el uso del NPS además de otorgar una puntuación a la calidad del bien o servicio media en base a las opiniones de todos los clientes ofrece información de hasta que punto estarían dispuestos a recomendar la empresa a otras personas. Así, un alto valor para este indicador significa que además de una base de clientes fiel, estos actúan como promotores mediante el marketing boca a boca creando un círculo virtuoso que haría llegar a más clientes.

Para calcular el NPS se debe dividir la muestra de encuestados en tres grupos, los promotores, aquellos que puntúan a la empresa y la posibilidad de recomendación con un 9 o 10, los pasivo, que puntúan entre 7 y 8 los cuales no se incluyen en la fórmula del NPS al ser el grupo de clientes que está satisfecho, pero piensa que la empresa simplemente cumple sus expectativas y los detractores que son aquellos que votan entre 0 y 6, por lo que se ve que es una medida bastante exigente. Así, el NPS se obtiene restando al porcentaje de promotores el porcentaje de detractores de la siguiente forma:

$$NPS = Porcentaje\ de\ Promotores - Porcentaje\ de\ Detractores$$

Por ejemplo, si una empresa tiene un 60% de promotores, un 20% de detractores y un 20% de pasivos su NPS sería de 40. Por tanto, lo máximo que se puede tener es un NPS de 100 y lo mínimo de -100, por ello, valores superiores a 50 o 60 se suelen considerar buenos.

Por su parte, respecto a la gestión de la calidad, siempre se deberá tener en cuenta un análisis coste-beneficio acerca de la utilidad de mantener su control. Por ello, se podrían analizar indicadores como el CoQ para conocer el beneficio que reportaría aplicar dicho control. Así:

$$Beneficio\ de\ la\ calidad = Ahorros\ Genrados - Aumento\ en\ costes\ de\ calidad$$

De esta forma siempre se debería mantener un enfoque basado en la economicidad de los controles tal y como hemos comentado al principio del apartado. Por ejemplo, carecería de sentido que una empresa incurriera en un amento del CAPEX para comprar una máquina de revisión de la calidad mediante tecnología infrarroja por valor de 500 mil euros si solo va a obtener un ahorro de 50 mil debido a que se trata de una línea de productos con bajas tasas de devoluciones.

Finalmente, también se pueden analizar los tiempos que se gastan en la gestión de la calidad, los cuales tendrán lógicamente una influencia clara en la eficiencia de las operaciones. En este sentido algunas métricas a tener en cuenta serían las tasas de retrabajos, tanto en unidades como en tiempo total de producción o el análisis del tiempo medio de resolución de incidencias. Ambos se podrían calcular de la siguiente forma:

$$Tasa\ de\ Retrabajos = \frac{Productos\ que\ requieren\ de\ retrabajos}{Producción\ Total}\ o\ \frac{Tiempo\ empleado\ en\ retrabajos}{Tiempo\ de\ Producción\ Total}$$

Así, el analista encargado del control de la empresa deberá entender primero cuáles son las causas de esos retrabajos, y una vez identificada, analizar la conveniencia de reducirlos siempre y cuando el coste necesario para realizar esa mejora de calidad sea inferior a los posibles ahorros generados al reducir el tiempo de producción de ese bien.

Asimismo, en cuanto al análisis de los tiempos promedio de resolución de incidencias, se puede aplicar tanto medias estáticas como móviles para ver como evoluciona en el tiempo la capacidad de respuesta del servicio postventa y de atención al cliente. Incluso, este tipo de análisis, desde un enfoque del control de la calidad total, se podría extender más allá del tiempo de resolución de incidencias para los clientes y aplicarlo a la resolución de incidencias internas de forma que la disminución en el tiempo de estos tiempos acabaría suponiendo una mayor calidad y eficiencia tanto en las actividades internas como en las dedicadas a generar valor para el cliente.

Herramientas para el control de gestión de las personas

El último punto donde se pueden aplicar las herramientas del control de gestión sería en la administración de los recursos humanos, también conocido como capital humano o gestión de personas. En la coyuntura en la que nos encontramos, donde la mayor parte de las economías avanzadas la ocupa el sector de los servicios y donde nuevas tecnologías de la información y la comunicación hacen a las personas más productivas, la correcta gestión de estos valiosos recursos será clave para mantener el posicionamiento competitivo.

Piense por ejemplo en las grandes firmas de servicios profesiones o lo bufetes de abogados, lógicamente tienen más recursos que otras firmas de tamaño mediano y cuentan con una mayor capacidad e influencia. Sin embargo, se puede afirmar que su mayor activo son los profesionales que trabajan dentro de ella. Al fin y al cabo, son estos los que van acumulando nuevos clientes en sus carteras y aunque trabajan en nombre de un despacho, muchas veces acaban por tener una marca personal que es capaz de generar una demanda adicional a la que tenga la propia empresa.

Por esta razón, el riesgo de que los mejores profesionales decidan irse a trabajar a la competencia por que tengan unas mejores condiciones o una mejor perspectiva de carrera profesional, puede representar un riesgo importante para la empresa al perder sus activos más valiosos. Además, aunque no se fueran de la empresa, mantener a profesionales desmotivados o no alineados con la estrategia y objetivos de la empresa haría que, usando la analogía de los activos, el valor de sus servicios se depreciara con el tiempo, debido a que serían menos productivos y su trabajo tendría una menor eficacia.

Viendo que la gestión de personas tiene tal importancia en cas todas las empresas, realizar un correcto control de esta será necesario para que las decisiones que se tomen respecto a los profesionales, (despidos, promociones, recompensas, subidas salariales etc.) estén justificadas y vayan en línea con el enfoque estratégico de la empresa. De hecho, para el éxito de la estrategia competitiva de la empresa se requiere de dos tipos de ajustes, el ajuste estratégico, es decir, que la estrategia se ajuste a la realidad resumida mediante el análisis DAFO, y el ajuste organizativo, es decir, que las personas y los departamentos estén completamente alineados en la consecución de estos.

Para lograr lo anterior, uno de los marcos de control de gestión más extendidos es aquellos que se basan en la gestión por objetivos y el análisis de los OKRs (Objectives and Key Results) para mantener el control de su cumplimiento. Esta metodología tiene como principio que para mantener en estado de implicación y motivación al personal de la empresa se debe medir su rendimiento, desde una perspectiva meritocrática basada en la consecución de una meta previamente comunicada. Además este tipo de control de gestión, deberá cumplir lo que se conoce como principios CFRs (Conversations, Feedback and Recogntion) los cuales señalan la importancia de mantener conversaciones con los equipos de forma vertical y transversal, realizar reuniones de retroalimentación o feedback constante tanto desde arriba abajo como al revés en la jerarquía empresarial y, finalmente, plantear unos sistemas de reconocimiento, no solo mediante incentivos económicos, que sea considerada justa por las personas de la organización.

Así, a la hora de elaborar los sistemas de control de personas, en un informe reciente de la famosa consultora McKinsey se menciona una serie de decisiones importantes que la empresa deberá tomar como las siguientes:

- Fijación de los objetivos: Se deberá estudiar si todas las personas tendrán unos objetivos equivalentes en la empresa, habrá varios sistemas según el departamento, será un modelo mixto o incluso los objetivos cambiarán de forma dinámica según cada proyecto.

- Foco de la medición: Asimismo, otra decisión que la empresa debería tener en cuenta al diseñar sus sistemas de medición de resultados del personal tiene que ver con el nivel de análisis, es decir, se evaluarán a individuos o a equipos.
- Fin vs Medios: Asimismo, la empresa debería decidir en qué basar sus evaluaciones, si únicamente será en base los resultados objeticos como serían cifras de ventas o número de clientes adquiridos o si además valorará la forma en lo que lo hace o el esfuerzo desempeñado.
- La forma de realizar el control: Otra cuestión será si el control lo llevará a cabo un comité, el jefe directo, o incluso habrá una evaluación 360 donde incluso los subordinados pueden aportar retroalimentación sobre la actuación de las personas.
- Diseño del sistema de incentivos: Además se deberá diseñar el modelo de incentivos, decidiendo si será puramente económico, tendrá un mayor enfoque en los beneficios no económicos como mayor libertad en la toma de decisiones o un mayor reconocimiento, una mezcla holística.

Finalmente, a pesar de que existen múltiples indicadores de control para la gestión de personas, habrá dos que resumirán de forma sencilla si la empresa tiene bajo control o no la gestión del personal, los cuales son las encuestas de satisfacción laborales y la tasa de rotación de personal.

El concepto de rotación ya se comentó en el primer capítulo, aunque volvemos a escribir su forma de cálculo a continuación:

$$\textit{Rotación laboral neta} = \frac{\textit{Nº de altas} - \textit{Nº de bajas}}{\textit{Nº medio de empleados}} = \textit{Rotación de altas} - \textit{Rotación bajas}$$

Como se comentó, a la empresa le interesará tener una baja rotación de personal, debido a que será capaz de ahorrar en costes de despido, o de formación para los nuevos empleados que deben cubrir los puestos que van siendo abandonados. Así, se puede analizar dos elementos clave de la gestión de personas, que son la adquisición de talento, es decir, en que proporción la plantilla de la empresa crece en profesionales que buscan una estabilidad en la empresa y que contribuirán al logro de los objetivos. Y, en segundo lugar, como de satisfecho está el personal y como ello se repercute en una mayor o menor tasa de rotación debido a las bajas del personal.

Además de este análisis cuantitativo, también se podrían incluir el uso de encuestas de satisfacción para conocer mediante diversas preguntas de tipo "valore del 1 al 10" o mediante el uso de escalas tipo Likert, cómo se sienten los empleados dentro de la organización, qué retos buscan o que valoran de su proyección profesional dentro de la empresa. De esta forma, se pueden trasladar las percepciones de los empleados en datos agregados y reales que permitan a la empresa corregir posibles desviaciones respecto a su política de recursos humanos, repercutiendo todo ello, en una organización más alineada y comprometida.

3.4. EL CONTROL ESTRATÉGICO (CUADRO DE MANDO INTEGRAL)

Hasta el momento se ha analizado el control de la empresa como si sus componentes fueran bloques separados e independientes, se ha visto pues el control de costes, el financiero y el de gestión. Sin embargo, como usted podrá saber en la realidad estos elementos a controlar no son independientes. Asimismo, conforme se sube en la jerarquía de la empresa, las responsabilidades comienzan a abarcar cada vez más áreas y departamentos, donde además se deberá controlar los efectos que las acciones en unos tienen en los demás. De esta forma, un jefe de planta en una determinada fábrica de la empresa tendrá como labor mantener bajo control el desarrollo de las fases de producción que queden a su cargo, de ahí el conjunto de áreas a analizar iría subiendo hasta llegar al CEO de la empresa, o del grupo, en caso de que existan diversas unidades de negocio independientes. Este, junto con el resto de los equipos directivos, deberían poder tener un control más integral de toda la organización, es decir, aquel que tuviera en cuenta todos los aspectos que sirven para medir el desempeño de la compañía y que además deberían estar alineados con la estrategia.

Como respuesta a esta necesidad, desde principios de los años 90, surge en Estados Unidos una teoría conocida como Cuadro de Mando Integral o Balanced Scorecard (BCS) la cual fue popularizada por los autores Robert S. Kaplan y David P. Norton cuya obra " *The Balanced Scorecard – Measures That Drive Performance*" publicada en 1992 es considerada seminal en el estudio de estas herramientas. Aunque normalmente se suele considerar esa fecha como inicio de la popularidad de este tipo de herramientas tanto a nivel académico como en el mundo empresarial, sería incorrecto comentar que sus orígenes se hallan exclusivamente ahí. Según diversos escritos sobre historia económica y de la empresa, parecería que las primeras señales de uso de esta herramienta o una equivalente se daría en Francia, a partir de los años 50s mediante el uso de las llamadas "*Tableaux de bord*" que se puede traducir como mandos de control.

Generalmente se suele afirmar que dicha herramienta fue inventada por ingenieros franceses del entorno de la empresa industrial para tener un conocimiento, lo más actualizado posible del desempeño de la empresa en todas sus facetas. Sin embargo, a pesar de ser esta la "leyenda" que se suele comentar, algunos autores especializados en historia económica y empresarial vienen comentando, a través del estudio de fuentes de información directas pertenecientes a grandes empresas industriales francesas con más de un siglo de antigüedad, que no parece tan claro que solo fueran ingenieros franceses quienes diseñaron los primeros modelos de esta metodología, sino que en muchos casos eran los gerentes o los encargados comerciales lo que comenzaron a proponer este tipo de medidas.

El estudio de cual teoría sobre el nacimiento del *Tableau de Bord* es correcta o incorrecta quedaría fuera de nuestros intereses actuales, sin embargo, algo que si tienen en común dichas teorías es la evolución que el conceto de control estratégico o control integral ha tenido a lo largo del Siglo XX y que sin duda puede ser interesante para conocer de dónde se partía y en el punto en el que se hayan las empresas actualmente. Así, en los años 20s muchas empresas carecían directamente de un sistema de control y análisis de datos sistemáticos. Lo más común era el boca a boca debido a que todavía las empresas seguían estando ciertamente centralizadas y los gerentes podían conocer la situación general mediante diversas conversaciones. Sin embargo, conforme el tamaño de la empresa comienza a crecer, y estas suelen estar más desperdigadas entorno a diversas localizaciones o, incluso comienzan a diversificarse hacia otros negocios alternos, va siendo cada vez más necesario mantener un mínimo flujo de información desde las operaciones de planta y los agentes de venta hasta los más altos directivos. Así comienzan a surgir una serie de informes, en muchos casos semanales, en los que se comunicaban las principales novedades sucedidas en el negocio, los problemas que se debían afrontar o cualquier otra incidencia como algún accidente laboral.

Más tarde, entre los años 30 y los 50, cuando surge el concepto de *Tableu de Bord*, comienza a verse como algo cada vez más esencial, la inclusión de medidas, no solo financieras, en los informes periódicos que se realizaban. Así, se comenzaba a reconocer que la información contable, si bien era claramente útil para los accionistas, no tenía tanta utilidad o practicidad para los gerentes de las operaciones o los gerentes comerciales que podrían estar interesados en otro tipo de mediciones de carácter mucho más táctico y estratégico. Así, se comienza a ver mediciones como los márgenes por producto y cliente, causas de pérdidas de los clientes, tiempos y calidades de diversos productos y fases de producción o datos relativos a la gestión de compras.

Así, con esa mayor inclusión de información más allá de la financiera surge el concepto de *Tableau de Bord* que para ser definido se suele usar la analogía del pilotaje o la navegación. Así, si se entiende al CEO de la empresa y a su equipo directivo como la tripulación del avión o del buque, el *Tableau de Bord* sería el conjunto de mandos, botones y cuadros de información que posee el capitán para poder pilotar o navegar. Así, cuando el tiempo es claro y se ve puede controlar perfectamente la ruta a seguir, apenas será necesario llevar un control exhaustivo del cuadro de mando. Es decir, cuando el entorno es favorable y predecible simplemente bastaría con seguir haciendo las cosas igualmente bien que antes para lograr unos resultados aceptables. Sin embargo, cuando el tiempo es cada vez peor y se dificulta la navegación, el uso y revisión constante del cuadro de mando sería esencial, ya que este actúa como una brújula que es capaz de guiar la ruta. Así, en tiempos convulso, por ejemplo, cuando la competencia en la industria es más feroz, o el entorno general se ve afectado por fuertes crisis económicas, se hace patente, contar con diversos controles que permitan tener una visión integral de la situación de la empresa.

Un concepto clave en el análisis del control estratégico, sería pues la idea de análisis integral. Un ejemplo sencillo le ayudará a entender por qué es necesario. Imagine de nuevo que usted es piloto de avión. Ahora imagine que de repente atraviesa una zona montañosa y, para colmo, las nubes y tormentas atmosféricas le nublan la visión. En ese punto, usted dependerá completamente de los sistemas de mediciones con los que cuenten los mandos de la aeronave. Así, no solo le bastará saber si cuenta o no con gasolina suficiente para llegar al destino, por ejemplo, necesitaría saber si la tormenta ha dañado los sistemas de giro, pero con eso tampoco estará seguro de hacia donde girar el avión, si resulta que no tiene información de la brújula o el GPS. Aunque los tenga, tampoco le será de utilidad si no cuenta con un altímetro, bien podría seguir la ruta sin saber que se acerca al pico de una montaña.

Podríamos seguir con dicho razonamiento a través de los cientos de herramientas e indicadores necesarios para poder volar un avión, pero la analogía con la empresa se ve clara. Así, a un CEO de una empresa de nada le servirá saber si las ventas de una determinada línea han crecido en un 30%, si no sabe el margen de esa línea, o si desconoce si existe capacidad para cubrir esa nueva demanda. Igualmente, de nada le sirve saber que en la producción de un nuevo producto que van a lanzar al mercado se ha mejorado el lead time, sin no sabe si el tiempo y la cantidad de dinero invertida en dicho I+D+i es razonable o incluso si en el mercado ya esa línea es obsoleta.

En este sentido, se puede comenzar a entender al control estratégico como el siguiente paso lógico que corresponde al análisis estratégico y al diseño e implementación de la estrategia empresarial. Así, el fin de las herramientas de control estratégico sería, pues, ayudar a los directivos de la empresa a recopilar las diferentes mediciones clave en las áreas de mayor calado estratégico identificadas de manera que se pueda medir, conocer y, en su caso actuar, sobre las variables directas que harán cumplir los objetivos de la empresa en largo plazo. Así, en este contexto y con este fin surge la herramienta que iremos comentando a lo largo de este apartado, el Cuadro de Mando Integral.

El Cuadro de Mando Integral y sus elementos constituyentes

Tal y como mencionaban Kaplan y Norton, "*lo que se mide es lo que se obtiene*" y ciertamente es de lo que trata su herramienta. El concepto de Cuadro de Mando Integral (en adelante CMI) tiene pues como primera característica el de ser una herramienta práctica que potencie la toma de decisiones por parte de los gerentes de la empresa. Así, ayuda no solo a informar y monitorizar, sino también a diagnosticar, remediar, y, en los casos de CMIs más completos, a prevenir a posibles problemas o retos que la empresa pueda enfrentar. La siguiente idea que se debe señalar es, de nuevo el concepto de integralidad del análisis, ya que se pasa de la confianza en exceso de una sola herramienta de información o de una sola medición, como podría ser el beneficio neto o el flujo de caja para pasar a analizar un conjunto de indicadores o KPIs que ayudarán a la empresa a entender de forma completa, sin riesgo de verse cegados de antemano por una sola medida o indicador.

Un CMI generalista estaría pues formado por cuatro ramas o perspectivas principales las cuales serían:

- Perspectiva Financiera: Esta primera sería la clásica que se suele suponer cuando se habla de control de la empresa. Respondería esencialmente a la pregunta sobre ¿cómo y cuánto valor se está generando para el accionista? y ¿cómo estos perciben a la empresa, su situación actual y sus perspectivas a futuro? En este sentido, se podrán presentar en primer lugar los indicadores clásicos del análisis financiero como, los márgenes de beneficio, ratios de resultado y de rendimiento como por ejemplo el ROIC (Retorno sobre el Capital Invertido) o el ROE (Retorno sobre el capital), además otras variables que estudien la solvencia o, especialmente mediante la evolución de los flujos de caja, la solvencia de la empresa.

- Perspectiva Interna del negocio u operativa: Esta perspectiva, nos acerca a los conceptos comentados del control de costes y del control de gestión en donde las cuestiones principales a resolver serían si ¿se está siendo operativamente excelente?, ¿en qué actividades se debe ser excelente para mantener un buen posicionamiento competitivo?, o incluso preguntas más profundas del tipo ¿qué se entiende y como se mide la excelencia en una determinada actividad? Por ello, muchas de las medidas a incluir ya se han visto como los análisis de lead times, de calidad, de devoluciones etc. De hecho, para responder a estas preguntas, muchas empresas han optado por introducir a sus CMI metodologías de gestión como Lean o TQM, ya comentadas, viendo por tanto el carácter complementario de dichas herramientas.

- Perspectiva de la innovación y el aprendizaje: Se refiere a las acciones que la empresa realiza para mantener su posición competitiva en el mercado como el lanzamiento de nuevos productos, el diseño de nuevos procesos óptimos y con potencial de reducir costes o, entiendo esta visión en su sentido más amplio, todas las acciones que la empresa realiza para responder a los cambios en la coyuntura estratégica de su entorno específico y general. Así, la información que se deba desgranar en esta rama del cuadro de mando respondería preguntas como ¿cuál es la mejor forma que tenemos para crear valor?, ¿cómo seguir creando valor de forma sostenible?, ¿qué se debe cambiar para crear valor? etc. En este punto, cuanta mayor coherencia estratégica y ajuste organizacional exista entre la estrategia, el cuadro de mando diseñado y las personas encargadas de lograr los objetivos de más utilidad será la inclusión de esta rama en el CMI, siendo, por tanto, un factor clave el alineamiento estratégico.

- Perspectiva del cliente: Finalmente, la cuarta rama que se propone para el análisis de la empresa mediante el CMI tiene que ver con la visión que los clientes, aunque se puede ampliar al resto de *stakeholders* no cubiertos con las otras ramas, tienen de la empresa y su actuación. Por ello, la información que se presente en esta rama del CMI debería responder a ¿cómo ven los clientes a la empresa actualmente?, ¿qué proyección creen que tendrá en el futuro?, ¿qué aspectos son los que valoran los clientes de la empresa?, ¿qué factores son los que valoran más los clientes en comparación con otras ofertas alternativas? o incluso, ¿cuáles son los principales motivos de rechazo o pérdida de clientes? Es decir, este apartado estaría compuesto por una mezcla de información interna de carácter comercial así como información externa que se puede recoger directamente de los clientes actuales o incluso de informes de mercado entre otras.

Los dos siguientes elementos con los que debería contar todo CMI son un conjunto de objetivos estratégicos, y mediciones de los mismos. Es decir, para cada una de las perspectivas del negocio que se han planteado arriba se debería aportar una lista con los elementos esenciales que se deben tener en cuenta para llevar a cabo el plan estratégico de la empresa. En el diseño de estos objetivos, se debe seguir la metodología SMART, que fue comentada en el capítulo de análisis estratégico. En este punto, para facilitar aspectos como la forma de medida, o los plazos de consecución, se recomienda que en las fases de diseño de la estrategia empresarial se trate de ser los más específico posible, para poder así, crear objetivos concretos. Por ello, si en la perspectiva de innovación y aprendizaje se afirma que un objetivos es “ser los más innovadores del mercado”, no se podría trasladar fácilmente a medidas específicas del cuadro de mando, así dicho objetivo podría mejorase de la siguiente manera, “ser los más innovadores del mercado, mediante una inversión anual objetivo del 3% de las ventas en I+D+i, condicionada al lanzamiento de, al menos 10 nuevas patentes al año”. Así, se estaría creando una relación causal (como si de una función matemática se tratara) entre aspectos fácilmente medibles como el número de patentes creadas y la cantidad de dinero invertido en I+D+i con la innovación.

Lógicamente, lo anterior es un ejemplo, pero también será labor del analista de empresas, conocer la calidad de las relaciones causa-efecto que se dan entre los objetivos y su forma de medición. De hecho, esa será una de las cuestiones donde más experiencia y conocimiento sobre el negocio y el sector se requiera ya que, aunque se tuvieran sistemas de medición excelente, de nada servirían si el objeto que se esta midiendo es incorrecto.

Además de los objetivos y las mediciones, el siguiente elemento que constituye a un cuadro de mando tiene que ver con su granularidad o profundidad de análisis, lo que además acabará redundando en la calidad del dato. Conforme más profundo sea un análisis, mayor granularidad tendrá, y por ende de mayor calidad serán los datos agregados. Por poner un ejemplo, una empresa, podría conocer las ventas de la empresa, simplemente mediante la observación de las cuentas anuales, es decir, ese sería el dato más agregado y por tanto menos granular. Para aumentar la granularidad, se podrían ver como se construyen esas ventas según, provengan de cada unidad de negocio, después de cada punto de venta al público dentro de cada una de ella, incluso, se podría extender a la venta de cada referencia en cada una de las tiendas. Más allá, se podría aumentar la granularidad si en lugar de analizar la suma de las ventas anuales se dividen en meses o incluso en días, siendo el punto de mayor profundidad la desagregación de todas las ventas en cada momento de cada artículo, es decir, cada una de las transacciones que se han realizado. Si la información contable es correcta, la suma de todas las transacciones de venta de cada uno de los días de apertura de las tiendas debería sumar las ventas totales de la cuenta de resultados.

La decisión que se deberá tomar respecto a la granularidad tendrá pues que ver con la relación coste-beneficio que una mayor profundidad aporta. Muchas veces, aumentar la profundidad del análisis conllevara dedicar más tiempo a recabar información, modelizarla y analizarla, lo que llevaría muchas horas de equipos enteros. Además, incluso si se tuvieran recursos ilimitados y se pudiera llegar al nivel más bajo de análisis, no sería inteligente plasmarla en un cuadro de mando ya que se perdería pues la esencia del mismo, la cual se basa en mediante la visualización de unos pocos indicadores tener una idea de la marcha del negocio. Así, lo ideal sería contar con una alta granularidad que esté conectada con todos los indicadores, de forma, que en el cuadro de mando solo se mostrasen los datos agregados de cada indicador, pero, si una medida llamase especialmente la atención, se pudiera revisar el origen de los datos más en profundidad.

El penúltimo de los elementos con los que cuenta el cuadro de mando es la periodicidad de los datos, es decir, la frecuencia con la que estos se van actualizando en el cuadro de mando. Así, se puede tener un espectro que va desde las actualizaciones en tiempo real hasta las semanales, mensuales o incluso trimestrales. Dependiendo del dato a estimar, tener una mayor frecuencia de cálculo, o incluso en tiempo real, puede ser muy sencillo, por ejemplo, los cobros que se realizan mediante tarjetas de crédito, o aquellos en metálico, en donde las cajas están informatizadas, puede ir directamente a una base de datos que se conecta además con las cuentas bancarias, para tener una visión real de la caja que se genera. Con la cada vez mayor informatización de los sistemas empresariales, y la llegada del "Internet de las cosas" IOT (Internet of Things) cada vez es más fácil que más elementos de la empresa puedan ser pasados directamente a las bases de datos en la nube, así, se podrían controlar el kilometraje de los camiones de reparto, las ventas en cada una de las tiendas que se tenga, la ubicación de las referencias en las estanterías de los almacenes, las horas de llegada y salida de los empleados, o cualquier otro aspecto medible de la empresa. De nuevo, la decisión acerca de la periodicidad será tomada de forma estratégica, así muchas empresas, prefieren tener un sistema mixto en el que además de la información en tiempo real, la cual puede tener errores, se analizan informes semanales o mensuales ya contrastados.

Finalmente, para que el cuadro de mando integral este completo, faltará lo más obvio, que su construcción, los objetivos, y las métricas que se dispongan tengan un sentido estratégico. Por ello, será de mucha utilidad incluir un elemento conocido como Mapas Estratégicos. Según esta teoría presentada por Kaplan y Norton en su obra "*Strategy Maps: Converting Intangible Assets into Tangible Outcomes*", los autores presentan la idea de que además de que los objetivos y del diseño de la estrategia empresarial estén alineados, deberían de poder comprenderse las relaciones que guardan entre si las perspectivas del CMI para con el cumplimiento de la visión estratégica. Según ellos, el mayor potencial de generación de valor, que se puede suponer como fin último de la estrategia, se debe principalmente a los activos intangibles, más difíciles de medir. Sin embargo, ellos afirman que existen un cierto orden o flujo, que iría de dichos activos intangibles (por ejemplo, el conocimiento o el capital humano de la empresa) a los resultados financieros los cuales serían un indicador retardado de lo bien o mal que lo está haciendo la empresa en largo plazo. Así, aunque pueda variar en cualquier empresa, un Mapa Estratégico genérico, iría uniendo los resultado de la perspectiva de innovación y aprendizaje con la mejora interna, que acabaría impactando en los clientes a través de un mayor valor percibido y que finalmente, se vería plasmada en unos mejores resultados, y una mayor valoración de la empresa en los mercados. Haciendo pues, que el valor para el accionista se maximizara. Por ejemplo, si volvemos a la estrategia anterior de ser los más innovadores, se podría tener como resultado el lanzamiento de un nuevo producto, que revolucionase el mercado y durante un tiempo, captará la gran mayoría de la cuota de mercado, haciendo pues que los ingresos y los beneficios de una tecnología con menor costes, hicieran aumentar el valor de la empresa. Para una mejor compresión de todos los elementos integrantes de un CMI, a continuación, se muestra un esquema que resume todas las ideas que se acaban de comentar.

Figura 3.10. Diagrama de los elementos y características del Cuadro de Mando Integral

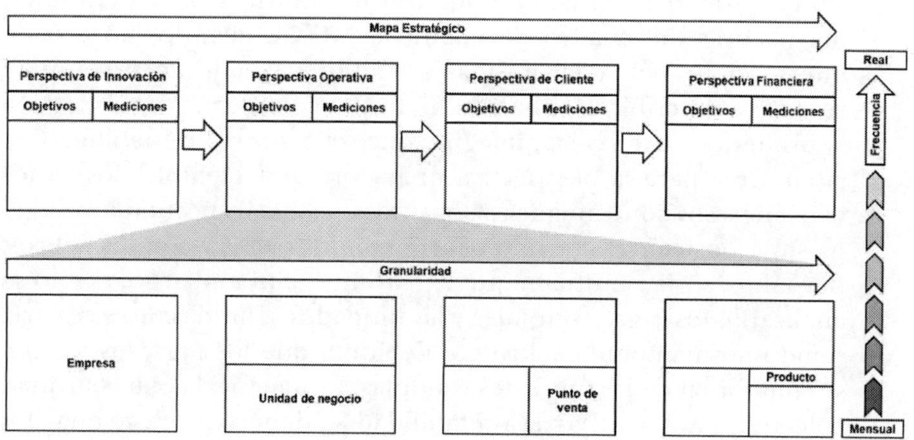

Diseño e implementación del Cuadro de Mando Integral

Una vez se conocen los elementos y características definitorias del Cuadro de Mando Integral, el siguiente paso para completar el control estratégico sería presentar la forma de diseñar e implementar la herramienta, así como un caso de aplicación del CMI que se expondrá a continuación. Para ello, se comentarán alguna de las mejores prácticas que se pueden seguir para su diseño, así como algunas de las principales métricas a incluir. Asimismo, comentaremos cuáles son las principales fases por las que se debe pasar para implementar correctamente un cuadro de mando y algunos errores comunes que suelen dar en las empresas.

En primer lugar, se pueden listar algunas de las mejores prácticas recomendadas tanto desde la academia como desde el mundo empresarial y cómo afectan a los diferentes elementos del cuadro de mando. De esta forma se pueden encontrar algunas como:

- Definición profunda de la estrategia empresarial: Como se ha comentado, para poder plasmar objetivos alineados con la estrategia, esta debe ser los más profunda y concreta posible. Idealmente, se debería poder subdividir la estrategia desde los niveles más grandes hasta una granularidad de nivel competitivo es decir de unidad de negocio. Asimismo, también puede ser interesante bajar la estrategia a aspectos más operacionales en caso de que estos sean de gran importancia, como por ejemplo en empresas donde la fase de producción tenga una importancia alta o sea la parte de la cadena de valor que más margen genere.

- Aplicar el método MECE para la fijación de objetivos: MECE hace referencia a Mutuamente Excluyente y Colectivamente Exhaustivo, en otras palabras, una selección de métricas para una de las perspectivas del cuadro de mando es MECE cuando, no existen intersecciones entre las mismas y cuando en conjunto sirven para resumir y describir la situación de forma completa. Así, respecto a la primera característica, imagine que se analiza la rentabilidad de la empresa para la perspectiva financiera, por ejemplo, los gastos y los ingresos son categorías separadas, es decir, no tienen ninguna superposición, lo mismo ocurre con los pagos y con los cobros, por tanto, serían mutuamente excluyentes. Sin embargo, si solo se analizaran los ingresos totales y las unidades vendidas, no se estaría siendo mutuamente excluyente debido a que los ingresos totales, se componen de las unidades vendidas. Respecto a la exhaustividad colectiva, para analizar la rentabilidad se deberían seleccionar los ingresos y los gastos de la empresa, para obtener el beneficio y alguna métrica de comparación, por ejemplo, los recursos propios si se quiere medir el ROE. En ese caso, el análisis sería colectivamente exhaustivo. En cambio, cuando falte una pieza para completar el puzle, por ejemplo, no incluir el efecto mix para analizar la evolución de las ventas, no se estaría siendo exhaustivo a la hora de saber si el aumento viene de un mayor precio por unidad, unas mayores unidades o un cambio en el mix de venta hacia productos más caros.
- Selección de métricas relevantes: Como ya hemos mencionado, un cuadro de mando se considerará más eficiente cuando aporte más o la misma información con el mismo número de indicadores. Así, por ejemplo, muchas veces, habrá que tomar decisiones respecto a que información incluir y de qué forma. Para cumplir dos objetivos, que sea de interés para medir el objetivo concreto al que va asociado y para que su presentación sea lo más entendible posible. Así, por ejemplo, en lugar todos los valores absolutos de algún concepto y sus porcentajes, se puede dar un solo valor el porcentaje que representa cada uno con respecto al anterior tal y como se hace cuando se usan análisis verticales para el balance o la cuenta de resultados.
- Evitar el exceso de métricas: Normalmente se recomienda el uso de unas dos o tres métricas relevantes por cada una de las perspectivas del cuadro de mando. Múltiples estudios vienen indicando que los seres humanos son mejores manteniendo la concentración en unos

pocos de objetos e indicadores a la vez, generando una especialización en dichas medidas, sus casusas y sus efectos.

- Señalización de las relaciones causa-efecto: Esta tal vez sea la práctica más compleja, pero a la vez la que más valor añade a la empresa. En cierto sentido, sería el culmen de la teoría de sistemas aplicada a la empresa, ya que, se tendría el potencial de, mediante un conjunto de relaciones causales simples, poder diagnosticar de dónde vienen ciertos problemas o que palancas se deben activar para conseguir ciertos objetivos. Para ello, será muy conveniente tener un mapa estratégico y un mapa de actividades muy desarrollado.
- No basar la gerencia completamente en CMI: Finalmente, y aunque suene paradójico, una de las principales recomendaciones es que, aunque, cada vez estén más basados los sistemas de gestión por objetivos en el uso de estos cuadros de mando, en la mayoría de las ocasiones, o no son perfectos, o su implementación es incorrecta, o simplemente no existe otra manera que dejar la pantalla y bajar al comercio o a la planta para traducir el número en un hecho económico real. Por ejemplo, por muchos datos que usted tenga y recoja, no resultará muy difícil analizar desde una oficina de dirección, todas las eventualidades que pueden suceder en el negocio. Imagine que su una de sus tiendas tiene perores valoraciones en la atención que el resto y además las ventas son menores. A priori podría pensar que el problema es de los vendedores que no ponen todo su empeño y no tratan al cliente como se debe. Sin embargo, ¿y si equivoca? ¿a lo mejor resulta que en el edificio ha habido una rotura de alguna cañería y es simplemente el mal olor de la tienda lo hace a la gente dejar de comprar? ¿habría pensado usted en añadir una pregunta sobre cañerías averiadas en su encuesta de satisfacción?

En general, la clave para un uso satisfactorio de una herramienta como esta, no deja de basarse en el sentido común y en aplicar lo necesario y relevante para cada empresa en su contexto. Al fin y al cabo, la gestión empresarial tiene algo de arte, y el uso de fórmulas generales o soluciones "para todo" si bien puede ser beneficiosos en un principio, no será lo que marque la diferencia entre un rendimiento mediocre y un rendimiento excelente. Teniendo esto en cuenta, en la siguiente tabla se pueden observar un listado de medidas que se pueden recoger en cada una de las perspectivas del CMI, así como los posibles objetivos a los que pueden ir ligados de forma generalizada.

Figura 3.11. Listado de principales indicadores para cada perspectiva del CMI

Perspectiva	Medida	Posibles Objetivos Asociados
Financiera	ROI Crecimiento de las ventas ROE Margen EBITDA Margen de beneficio Rotación de Activos Variaciones del FCL Liquidez Solvencia	Crecimiento del volumen de ventas Incremento del valor generado para el accionista Aumento de los márgenes operativos Supervivencia a corto plazo Supervivencia a largo plazo
De cliente	NPS Encuestas de satisfacción Cuota de mercado Life Time Value (LTV) Coste de adquisición Clientes (CAC) Evolución de la cartera de clientes Tasas de pérdida o Churn Rentabilidades por cliente Concentración de la cartera	Evolución de la satisfacción del cliente Causas de pérdida de clientes Poder de mercado Captación de mayor valor por parte de un mismo cliente Mejora de la rentabilidad por cliente Aumento de la evolución neta de clientes
Operativa	Lead times Calidad del producto Tasa de devoluciones Coste de las devoluciones Coste de la calidad Costes por unidad OTIF OEE	Mejora de los tiempos de entrega a cliente Reducir las entregas defectuosas Mejorar la calidad percibida Optimizar los costes de producción Mejorar la efectividad general
Innovación y aprendizaje	Satisfacción de los empleados Innovaciones en productos Innovaciones en proceso Horas de formación al empleado Inversión en I+D+i Inversión en sistemas Propuestas de innovación internas	Disminución de las tasas de rotación Mejora de la motivación en la empresa Aumento de la innovación Mejora de los sistemas de información Aumento de la participación en innovación

Finalmente, se puede comentar cuáles son las principales fases en las que se podría dividir la implementación de un CMI siguiendo las cuales, fueron expuestas por primera vez por Kaplan y Norton y posteriormente se han ido adecuando a las diferentes necesidades que los cambios del entorno en cada sector han ido requiriendo. Como ya se ha comentado, la principal diferencia entre los modelos de implementación que se presentaban en los inicios del uso de cuadros de mando, han evolucionado principalmente debido a la mejora en la tecnología y los sistemas de información empresariales que han hecho que acciones que antes requerían de amplios equipos durante varios días se puedan completar en segundos, ofreciendo así una mayor cantidad de información de calidad. De esta forma, a continuación, se pueden comentar algunas de las fases principales en las que se suele dividir la implementación de un cuadro de mando en la empresa.

- Selección de la profundidad de aplicación: El equipo directivo de la empresa deberá decidir a qué nivel quieren implementar el cuadro de mando: a nivel grupo, a nivel de unidad de negocio o inferior. Y además, debería decidir si se implementará en todas las unidades de negocio o solo en aquellas más importantes. Lo más apropiado es que se haga para una unidad de negocio que tenga un producto diferente, un unos clientes y fases de producción distintas y donde las finanzas y la innovación esté controlada de forma autónoma por la unidad de negocio.

- Primeras entrevistas y comité de implementación: La persona o personas encargada de implementar el CMI en la empresa deberá mantener reuniones con todas las personas que van a ser usuarios del cuadro y cuya información o resultados pertenecen a su área de responsabilidad para conocer cuáles son los elementos críticos que se deberán medir. Tras ello, suele ser comentable tratar de hacer una reunión con los interesados en donde todos ellos puedan discutir y decidir qué métricas deberán incluirse en cada una de las áreas del cuadro de mando. Además, en este punto conviene presentar información de mercado o directamente aportada por algunos de los principales clientes, así como disponer de una visión clara acerca de los intereses de los accionistas, ya sea invitando a miembros del consejo al comité o habiendo tenido reuniones previas con ellos.

- Segunda ronda de entrevistas y comité final de implementación: Tras haber creado un primer diseño del cuadro de mando, este se presenta en diversas entrevistas a los directivos y ejecutivos de mayor rango en cada una de las áreas de interés para conocer sus opiniones y principalmente detectar posibles defectos o huecos en el análisis. Tras ello, se presenta una versión mejorada en otro comité en el que además de los directivos podrán asistir personas de menor jerarquía como gerentes intermedios para que todos ellos puedan ver la versión final y reconocer si existe alguna otra métrica u objetivo por desarrollar.

- Comités estratégicos: Una vez diseñado el cuadro de mando, se deberá profundizar en las palancas de consecución de los diversos objeticos estratégicos mediante la relación de comités con el personal directivo, y en su caso los gerentes intermedios cuya área se vaya a comentar. Asimismo, se deberán desarrollar las relaciones causa-efecto esperadas entre los diferentes elementos del cuadro de mando para conseguir el alineamiento estratégico deseado.
- Implantación y revisiones periódicas: Finalmente, un equipo especializado es designado para la tarea de implementar el cuadro de mando con el resto de los sistemas y bases de datos de la empresa, así como de formar a los gerentes que deberán tener contacto con la herramienta. Tras ello, con una periodicidad específica, se deberán elevar los avances que se observar en el cuadro de mando a los más altos ejecutivos para poder realizar un seguimiento estratégico de la empresa.

En resumen, el Cuadro de Mando Integral trataría pues de actuar como una herramienta de síntesis de todos los diferentes procesos de control que se han mencionado en este capítulo, y, además, de nexo con el análisis estratégico y con el desarrollo en sí de la estrategia empresarial designada. Para terminar el capítulo, a continuación, presentamos un caso de aplicación del Cuadro de Mando Integral:

Figura 3.12. Caso de aplicación del Cuadro de Mando Integral

Imagine la empresa hipotética Palitransportes, la cual es una empresa española especializada en transporte de alimentos congelados (carnes de la sierra, mariscos, etc.). Sus operaciones requieren un alto grado de puntualidad, ya que los retrasos impactan directamente en la satisfacción de los clientes y pueden deteriorar la calidad del producto transportado.

En los últimos años, la compañía ha detectado tres desafíos estratégicos clave:

- Aumentar cuota de mercado en España, donde enfrenta fuerte competencia de otros operadores logísticos.
- Mejorar la satisfacción del cliente en sus encuestas, que se ve afectada por retrasos y entregas defectuosas.
- Incrementar la retención de clientes, ya que un porcentaje significativo abandona tras seis meses debido a problemas en las primeras entregas, mientras que los clientes de largo plazo muestran mayor fidelidad.

Como respuesta, Palitransportes se plantea integrar un sistema de inteligencia artificial conectado a bases de datos de tráfico y meteorología para optimizar rutas en tiempo real, liberar recursos de planificación y asegurar entregas más fiables. Este cambio se alinea con la necesidad de rediseñar su sistema de control mediante un Cuadro de Mando Integral (CMI).

Para ello, se considera que la respuesta más eficaz para controlar el avance estratégico en esa dirección pasa por realizar un correcto proceso de implementación del CMI, alineando los diferentes objetivos con medidas clave para evaluar su grado de consecución. Por ello, en base a la información precedente se puede construir el siguiente CMI:

Perspectiva de Innovación	
Objetivos	**Mediciones**
• Potenciar la digitalización del plan de rutas • Integración con IA	• Inversión en el desarrollo del sistema (% Ventas del 5%) • Horas de formación • +80% Rutas Optimizadas

Perspectiva Operativa	
Objetivos	**Mediciones**
• Optimizar los procesos de distribución • Reducción de los tiempos de entrega • Reducción de retrasos	• Lead time de 24 a 18 horas • Porcentaje de rotura de cadena de frío menor al 1% • Coste de €/km

Perspectiva de Cliente	
Objetivos	**Mediciones**
• Aumentar cuota de mercado en España • Mejorar satisfacción • Mejorar retención	• Cuota del mercado de transportes del 2% al 8% • NPS de 45 a 65 • *Churn* del 25% al 10%

Perspectiva Financiera	
Objetivos	**Mediciones**
• Incremento de la rentabilidad • Incremento del valor temporal de los clientes • Mejores márgenes	• Margen EBITDA del 10 al 20% • Aumentar el LTV en un 20% • ROI de +30% en tecnología

En base a dicho cuadro de mando, se pueden establecer además las siguientes relaciones causales que forman el mapa estratégico:

- Innovación y aprendizaje: la inversión en IA y la capacitación de los equipos refuerza capacidades digitales y analíticas.
- Procesos internos: con mejores herramientas, se optimizan las rutas, bajan los retrasos y se minimizan las incidencias en la cadena de frío.
- Clientes: reciben un servicio más fiable, rápido y consistente, lo que eleva la satisfacción (NPS), disminuye la tasa de abandono y aumenta la cuota de mercado.
- Finanzas: con clientes más fieles y una operación más eficiente, la compañía mejora sus márgenes y genera retorno sobre la inversión tecnológica.

En resumen, el CMI se convertiría en una herramienta de alineación estratégica, conectando los esfuerzos de digitalización e innovación con mejoras operativas, mayor satisfacción del cliente y resultados financieros más sólidos. El sistema no solo sirve para monitorizar el desempeño, sino también para tomar decisiones proactivas: por ejemplo, detectar un aumento del churn en clientes nuevos y reforzar procesos críticos de entrega, o evaluar si la inversión en IA está generando suficiente retorno.

De este modo, Palitransportes logra un círculo virtuoso: invertir en capacidades para optimizar procesos que llevan a fidelizar clientes y, por tanto, a crecer en ingresos y rentabilidad. El CMI, en este caso, no es un cuadro estático de indicadores, sino un verdadero mapa de causa-efecto que guía la estrategia hacia la ventaja competitiva sostenible.

Capítulo 4.

Análisis de KPIs Key Performance Indicador (Indicadores Clave de Efectividad)

Resumen: Aunque con unos orígenes de raíces dispersas, el uso de indicadores de rendimiento se podría decir que lleva existiendo desde los orígenes de la actividad económica empresarial. Sin embargo, dichas mediciones han ido evolucionando conforme las prácticas empresariales cambiaban e iban en aumento produciéndose los principales desarrollos sobre indicadores de efectividad en tiempos de la Segunda Revolución Industrial. Unos años después, en la década de los años 20s, el uso de este tipo de indicadores clave de efectividad o KPIs comenzó a ser popularizado dentro de las empresas industriales americanas y europeas, destacando las aportaciones del ingeniero Walter A. Shewhart, ingeniero y estadístico quien comenzó a popularizar este tipo de herramientas para analizar el rendimiento de diferentes procesos industriales. Más tarde, este tipo de indicadores comenzó a popularizarse y a usarse en diferentes áreas de la empresa como el marketing, las ventas, las finanzas o por ejemplo el análisis de la satisfacción del cliente.

En este capítulo, se abordará el concepto de KPI, adentrándonos en sus elementos definitorios, su utilidad, las ventajas que se pueden obtener de un correcto uso de los mismo, así como por ejemplo algunas visiones críticas sobre los KPIs como herramienta de análisis de la empresa. Asimismo, se comentará como los KPIs se pueden diferenciar según vayan dirigidos a niveles más o menos altos dentro de la jerarquía empresarial y entre los diferentes departamentos o funciones de la empresa.

Debido a la amplitud de KPIs que se han desarrollado con los años, provenientes tanto desde la practica empresarial real y la academia, conviene adoptar un marco de ordenación de los mismos dentro, usando para ello las funciones genéricas de cualquier empresa, ya que tratar de abordar la explicación de estos sin dicha diferenciación no llevaría a otro lugar sino a una mayor confusión respecto a un concepto tan de moda y actualidad como los KPIs.

Pero no solo eso, la confusión o diferencias entre los KPIs, no solo se darán entre los niveles jerárquicos y las funciones de la empresa, sino que estarán condicionados por el sector del negocio en el que se encuentren. En teoría, es algo lógico de entender, a nadie la parecería correcto que se utilizaran las mismas mediciones de control para un negocio de comunicación online que para un laboratorio farmacéutico. Factores como la intensidad con la que se requiere capital, la dependencia de la cadena de suministros, las valoraciones o comentarios de los clientes, la intensidad relativa del uso de personal o por ejemplo las condiciones de la competencia en la industria y el mercado condicionan los KPIs que se deberán utilizar. En cierta manera esto se relaciona con lo que ya se comentó en el capitulo anterior sobre el Control Estratégico, y es que los indicadores que sea más convenientes usar, en último lugar deberán estar adaptados al contexto interno y externo de la empresa para que estos aporten valor añadido.

Por esta razón, se finaliza el capítulo comentando algunos de los KPIs por sectores como el industrial, el energético, el de consumo, el de hospitalidad, el de la salud, el de las tecnologías de la comunicación y debido al fuerte aumento que dichos servicios y bienes están teniendo en la actualidad el sector digital o de alta tecnología. Para cada uno de ellos, se presentará una breve descripción del sector y los condicionantes que deben enfrentar y que marcan la elección de unos KPIs u otros, para posteriormente mostrar una lista de los KPIs más comunes de las empresas de esos sectores y su significado.

Palabras clave: KPIs, KPIs por función, KPIs, por sector, Control, Desempeño, Medición

4.1. ¿QUÉ SON Y QUÉ NO SON KPIS?

En los últimos años se ha tenido lugar una fuerte popularización del término KPI en la mayoría de las empresas, siendo adoptado cada vez más por las pequeñas y medianas empresas, muchas veces simplemente por seguir las prácticas de las grandes corporaciones internacionales que las usan. A pesar de ello, esta enorme extensión de la aplicación de este concepto al mundo empresarial no evita estar expuesto a múltiples errores de aplicación, muchas veces basados directamente en que desconoce una delimitación y definición precisas del término.

De esta manera, son comunes ejemplos de empresas que utilizan de forma equívoca el término, con directivos que predican aseveraciones como "ahora la empresa se encuentra completamente preparada para despegar debido a que se ha implementado una estrategia basada en los KPIs" u otros comentarios del tipo "desde que se implantaron los KPIs la empresa está completamente bajo control". A veces, incluso la implementación de complicados cuadros de mando llenos de indicadores lleva a complicaciones y malas prácticas haciendo que incluso algunos gerentes, decidan eliminar ciertas actividades o procesos por el simple hecho de que no se puede medir con un KPI.

Sin embargo, estos comentarios adolecen de un punto común, de una comprensión clara acerca de lo que es, y casi más importante de lo que no es un KPI. Así, podemos definir a los KPIs de la empresa como mediciones cuantificables y objetivas de aspectos críticos para el negocio, los cuales se espera que lleven a la empresa hacia el cumplimiento de sus objetivos. Es decir, se tratan de simples indicadores o mediciones de aspectos clave del negocio. Por tanto, teniendo en cuenta la anterior definición de lo que es un KPI se puede dar respuesta a lo que no es un KPIs, demostrando lo equivocado de los comentarios anteriores.

En primer lugar, se debe aclarar que un KPI no es una estrategia en sí, es decir, los KPIs no son ni objetivos a conseguir, ni un fin, sino un medio por el cual, mediante su observación para seguir el desempeño de la empresa, conseguir los verdaderos objetivos de la empresa. Así, cuando se dice que se tiene una estrategia basada en KPIs, es como si se dijera que un arquitecto tiene un proyecto de edificación basado en ladrillos, cementos y vigas, estos, al igual que los KPIs, son unas herramientas más pero no el proyecto ni la estrategia empresarial en sí.

En segundo lugar, un KPI no conlleva un control de aquello que mide, para ello, hacen falta personas encargadas, que lo interpreten, y sobre todo, que tengan la capacidad y los conocimientos para interpretar y responder correctamente ante ellos. Recuerde de nuevo el ejemplo de los mandos de un avión, por que el altímetro indique que se pierde altura, el avión no recuperará su trayectoria si no es por medio del piloto que acciona los mandos al interpretar la señal del altímetro. De igual forma, una empresa que es capaza de obtener y presentar una inmensa cantidad de datos sobre costes de producción no estaría verdaderamente controlándolos si ignora que, por ejemplo, los costes de sus materias primas se han disparado o que problemas en la seguridad de su almacén están haciendo que las tasas de productos semiacabados defectuosos se disparen.

Finalmente, y aunque parezca paradójico comentarlo en un capítulo que defiende la utilidad y el uso de esta herramienta, los KPIs no lo son todo, la estrategia o las practicas empresariales no deberían nunca someterse a estas. Es decir, muchas empresas y sus empleados realizan acciones que son o casi imposibles de medir, o hacerlo requeriría unos costes mucho mayores a los beneficios de ese conocimiento. Por ejemplo, en una empresa de comercio al por menor, un factor clave es la amabilidad de los asistentes de tienda. Aunque, cada vez se pueden medir más aspectos mediante encuestas directas a los clientes en los puntos de venta, por ejemplo, parecería poco realista medir si la persona que atiende a los clientes les ofrece una sonrisa mientras les habla. Seguramente, a la mayoría de los clientes les gustará ser recibidos con amabilidad y eso sin duda será un factor que aumentará la fidelidad de los clientes, sin embargo, muchas veces eso es algo persona y tratar de sistematizarlo o medir el número de sonrisas por vendedor, no parecería algo del todo lógico. Aunque esto es una exageración, existen casos intermedios como por ejemplo, la eliminación de detalles en ciertos productos o vienes porque el sistema por el que se miden los KPIs no ha tenido en cuenta ese paso o detalle cuando se implementó.

Una vez se tiene más delimitado el concepto de KPI, podemos pasar a comentar cuáles son sus elementos principales o como se pueden construir estos dentro de la empresa. Así, por ejemplo, se puede hablar de KPIs con un enfoque hacia el pasado u orientados hacia el futuro. Los primeros serían aquellos que usan los datos y la información de sucesos o transacciones empresariales pasadas para calcularse, mientras que los segundos, muchas veces se basan en información de previsiones de mercado, o de los propios presupuestos empresariales.

Asimismo, los KPIs pueden estar expresados en unidades físicas, por ejemplo, como los de producción y operaciones o en unidades monetarias, es decir, como el resultado que obtiene la empresa por la venta y las operaciones que realiza con las unidades físicas que produce o por los servicios que presta. Una precisión, que debe hacerse en este punto, es que cuando se usen unidades monetarias, deberán precisarse aspectos económicos como la moneda en la que se expresan las cantidades, así como, las tasas de inflación o los tipos de cambio que se hayan aplicado en su caso. Por ejemplo, en una empresa internacional que produzca telas de algodón para la venta mayorista, el KPI de producción como podrían ser los metros cuadrados de tela producidos en un mes, serían simplemente la suma de los metros producidos en cada una de sus plantas de fabricación. Sin embargo, si se quiere mostrar el KPI de ventas mensuales, se deberá tener en cuenta el efecto de los tipos de cambio, ya que en países con monedas más inestables pueden hacer que las cantidades finales varíen considerablemente.

Otros KPIs son especialmente usados para gestión de proyectos o para la implementación de planes estratégicos al estar usando mediciones base y aumentos con respecto a la misma. Así, en muchos planes estratégicos, cuando se comienza a implementar iniciativas de reducción de costes estos muchas veces se expresan como variaciones con respecto a una base, la cual podría ser el dato de dicha variable al inicio del plan. Además, tanto en el contexto de la implementación estratégica como en el curso corriente de las actividades empresariales, muchas veces los KPIs pueden usarse con el objetivo de realizar evaluaciones de competitividad frente al mercado o para evaluar el cumplimiento de objetivos. El primero del tipo sería conocido como KPIs de "*benchmarking*" los cuales tratan de comparar a la empresa y a sus competidores u otros líderes del mercado respecto a diferentes métricas. Por ejemplo, un KPI que es muy usado por los fondos de inversión para evaluar la posición competitiva de una empresa es el margen de EBITDA sobre las ventas, comparando a la de la empresa objetivo de inversión frente al resto de sus competidoras del mercado. Así, se puede conocer de forma relativa la eficiencia con la empresa completan operaciones de producción o servicios similares.

Además de estos elementos o características básicas de los KPIs, también podría convenir conocer cuales son las ventajas y las desventajas de estos. Así, respecto a las ventajas se pueden encontrar algunas como:

- Información clara sobre el cumplimiento de objetivos: Si están bien seleccionados, los KPIs serán los elementos prioritarios que los gestores empresariales deberán analizar para controlar el grado de cumplimiento de los objetivos. Además, lo harán con la menor información indispensable de forma que lograrían realizar esas acciones de control de la forma más eficaz posible.

- Mejoran la toma de decisiones: Cuando todos los miembros del equipo tienen acceso a una información igual y objetivos, se evitan sesgos como una confianza excesiva en la intuición, errores de interpretación o de cálculo o, por ejemplo, sesgos por ignorancia de todos los factores implicados. Así, mediante el uso de un conjunto óptimo de KPIs, la empresa puede potenciar un análisis basado en datos que mejore su toma de decisiones.

- Capacidad de ofrecer evaluaciones multidimensionales: Los KPIs permiten evaluar a la vez muchas dimensiones para un mismo aspecto de la empresa, así podrán incluir medidas de eficacia (cómo de rápido y directo es capaz la empresa de hacer el proceso), de eficiencia (necesita la empresa cada vez una menor proporción de recursos para producir cantidades adicionales), de calidad, de puntualidad, de cumplimiento normativo o de las expectativas de clientes, de comportamiento o de cualquier tipo de coste entre otras dimensiones.

- Alineación organizacional y comunicación interna: Los KPIs, cuando están bien diseñados, funcionan como un lenguaje común que facilita que todas las áreas de la empresa (desde el consejo de dirección hasta los equipos operativos) entiendan hacia dónde se dirigen los esfuerzos. Esto reduce fricciones y hace más visibles las prioridades estratégicas.

- Facilitan la mejora continua y la rendición de cuentas: Los indicadores permiten establecer una base objetiva para evaluar el progreso y responsabilizar a cada área o responsable de los resultados. Además, sirven para identificar rápidamente desviaciones y abrir espacios de mejora continua sin depender únicamente de percepciones subjetivas o de evaluaciones anuales las cuales pueden ser demasiado tardías para el momento en el que su necesidad es crítica.

Sin embargo, respecto al uso de KPIs no solo se pueden comentar ventajas, a pesar los muchos beneficios que esta herramienta tienen en las empresas, se puede reconocer algunas desventajas provenientes de algunas visiones críticas respecto a su uso, o al menos, respecto a su extensión como una solución hegemónica para el análisis de la empresa. Así, entre las principales desventajas reconocidas se pueden comentar:

- Sesgo de la miopía de la medición: Aunque es común el uso de la frase "lo que se mide se hace" para defender el uso de los KPIs, también se puede contraargumentar que también la empresa corre el riesgo de "gestionar lo que se mide en lugar de medir lo que verdaderamente importa". Es decir, se puede correr el riesgo de cometer un sesgo en el que la empresa, simplemente por medir múltiples aspectos de su negocio de forma constante y controlarlos, acaba ignorando otros, medibles o no medibles, que verdaderamente marcan la diferencia.
- Sobrecarga de indicadores: Muchas organizaciones cometen el error de desear medir cada uno de los aspectos de su negocio. Y por ello, acaban creando caos y confusión sobre los análisis a realizar y sobre que mediciones se debe mantener o no el foco estratégico. Precisamente, a esto se refería autores como Kaplan y Norton cuando se mencionó que la relevancia de los indicadores era una buena práctica en la creación de cuadros de mando en el capítulo anterior.
- Costes de transacción: No todas las organizaciones cuentan con los recursos y las capacidades de análisis sistemático que se requieren para mantener un correcto despliegue de KPIs con estimación en tiempo real o de alta frecuencia. Por ello, aquellas empresas que, sin contar con dichos recursos, deciden optar por la preparación de unos ambiciosos KPIs acaban generando costes de transacción, debido a la mayor burocracia y tareas de depuración y preparación de datos que serían necesarias.
- Generación de comportamientos oportunistas o malas prácticas: Especialmente en los KPIs que tratan de evaluar el rendimiento de los equipos o las personas se puede provocar cambios negativos en el comportamiento de las personas como, que solo se haga

aquello que va a ser medido, abandonando tareas importantes o que se dé una importancia excesiva a los resultados del corto plazo, obviando una visión a largo plazo o ética.

- Riesgo de desmotivación: Cuando los KPIs se perciben como imposiciones externas o como un sistema de control punitivo, pueden generar resistencia y minar la motivación de los equipos, sobre todo si estos no sienten que los indicadores reflejan su verdadero impacto en la organización.

Como vemos, no todo lo relacionado con los KPIs es positivo o ventajoso, sino que, como cualquier otra herramienta, puede acabar siendo un arma de doble filo dependiendo del uso que se le dé. Así, se pueden reconocer diferentes perspectivas respecto al uso de los KPIs que merece la pena mencionar. Por ejemplo, autores como Muller pueden ser clasificados como críticos respecto al uso excesivo de los KPIs. Este en su obra "*The Tyranny of Metrics*" señala que actualmente se está viviendo una obsesión por medir todos los aspectos de la empresa, lo cual tiende a burocratizar los procesos y a la posible creación de incentivos perversos. La crítica se basa en el hecho, de que cuando los KPIs se convierten en un fin, acaban convirtiéndose en parte del problema y no en la solución estratégica para la que se pretendía emplearlos.

Otras visiones como la de Doerr son mucho más optimistas. Por ejemplo, este autor en su obra "*Measure What Matters: How Google, Bono, and the Gates Foundation Rock the World with OKRs*" propone que bien utilizados, los KPIs pueden ser herramientas clave para la alineación estratégica, brindar transparencia respecto a los resultados o disciplinar a la organización. Aunque, si detecta un riesgo importante, el cuál se produce cuando la empresa pierde de vista la utilidad concreta de cada de una de los KPIs que está usando.

En resumen, lo que podemos aconsejar en esta obra, es que se adopte una visión pragmática respecto a los KPIs, donde se seleccionen unos pocos con alto impacto estratégico, se realicen revisiones periódicas de los mismo, y además siempre se conjunten con otros tipos de análisis o información, por ejemplo de carácter cualitativo que ayude a explicar y profundizar en los números acerco de los que se está discutiendo.

4.2. KPIS SEGÚN NIVEL Y FUNCIÓN

Una vez ya conocemos más en profundidad el concepto de KPI y sus diversas características podemos pasar a adoptar una perspectiva más práctica en este apartado y el siguiente donde comentaremos los principales tipos de KPIs según la función de la empresa que se analice o según el sector económico en el que esta se encuentre inmersa.

Respecto al primero de los objetivos, convienen adoptar la visión que afirma que los KPIs deberán ser entendidos en su concepto. En este caso según el área interna que desee medir. Así, no hablaremos de KPIs generales para cualquier empresa, que existen, y en muchos casos pueden ser calculados mediante muchas de las herramientas de análisis presentadas en este libro, sino que hablaremos de un marco de aplicación de los KPIs, en el que estos, a pesar de que en algunos casos puedan llegar a ser los mismo, serán interpretados bajo la mirada de dicha área.

Además, en este análisis puede ser conveniente incluir, una segunda dimensión, que tiene que ver con la jerarquía empresarial. Si pensamos en los KPIs como un mensaje, es decir, una herramienta que aporta información, los encargados de diseñarla o analizarla deberán tener siempre presente quién es su público objetivo, es decir, quién va a recibir el mensaje. Por esta razón, muchas veces los KPIs, a pesar de que sean de un área en concreto, serán diferentes según vayan dirigidos al CEO de la empresa, a los directivos de cada unidad o de cada función o a los gerentes intermedios que deben responsabilizarse de la operativa diaria de cada departamento. Por poner un ejemplo, con el departamento de ventas, al CEO, tal vez le interese simplemente conocer el valor de las ventas trimestrales y su variación con respecto al trimestre anterior y al mismo trimestre de año pasado. En todo caso, para tener un conocimiento mayor, le interesará tener una visión estratégica de qué productos, segmentos de clientes o geografías son donde la mayor parte de las ventas se ha generado. Si ahora bajamos a los directivos de función o área, a estos tal vez les interesen otras medidas como la efectividad de cada uno de los equipos de venta, para conocer en qué localizaciones o líneas de producto se debe poner más énfasis o cuales hay que controlar más. Finalmente, un gerente intermedio del departamento de ventas podría sumergirse en un mayor número de KPIs, por ejemplo, teniendo en cuenta, los relacionados con las ventas esperadas, la efectividad y coste de cada canal, o la evaluación de la cantidad de ventas cerradas por cada uno de los agentes comerciales.

Hecha esta diferenciación, a continuación, se irán comentando los principales KPIs para cada una de las áreas de la empresa. Para ello, presentaremos diferentes tablas con el nombre de los KPIs, la forma de medición y el objetivo para el que se suelen emplear.

Departamento de Finanzas

El objetivo de los KPIs usados en el área financiera de la empresa tienen en esencia las misma utilidades y funciones que la mayoría de las herramientas que se presentaron en el capítulo del análisis financiero. Por ello, dentro del departamento financiero de la empresa, se deberá realizar el seguimiento de múltiples factores y variables como las ventas, el margen bruto, los costes operativos o el beneficio neto en caso de que se analice la información correspondiente al estado de resultados. Además, también será de interés mantener el control de los flujos de caja ya que como se ha comentado estos acaban representando el potencial de supervivencia de la empresa en el corto plazo ya que si la empresa se quedase sin efectivo o equivalentes debería o suspender sus pagos, o retrasarlos o endeudarse en una posición de negociación débil frente a sus acreedores que podrían exigir mayores intereses o garantías debido al mayor riesgo que la empresa presenta.

Asimismo, también se podrán analizar una serie de métricas relacionadas con el balance de situación para estudiar aspectos como la liquidez y la solvencia de la empresa, además de la evolución o las variaciones en las posiciones de apalancamiento proyectadas y reales. Finalmente, la mayor parte de los KPIs del departamento financiero tendrán la forma de ratios en donde se mezclará información de diversas fuentes como los libros de la contabilidad financiera, información interna relativa a la contabilidad de costes, o incluso información añadida que brinden otros departamentos como el comercial, con quien se deberán coordinar y ajustar las cifras de ventas o el de operaciones y producción con quien se deberán cotejar las cifras de gastos incurridos.

Teniendo lo anterior en cuenta, a continuación se muestra una lista con algunos KPIs representativos del departamento de finanzas.

Figura 4.1. Principales KPIs del departamento de finanzas

KPIs	Forma de medición	Información que brinda
Cifra de ventas	• Volumen total de ventas en u.m. • Variación con respecto al periodo anterior o al mismo periodo del año anterior • División por segmentos de clientes, línea de producto, georgrafías	Sirve para obtener una visión clara acerca de la forma en la que empresa genera riqueza, y cómo evoluciona en el tiempo, así como los puntos en donde se debería enfocar al tener mayor potencial
COGS (Costes de los materiales) y Margen Bruto	• Volumen y evolución • Segmentación por tipo de materia prima • % Sobre ventas	Conocer cómo el coste de las materias primas y otros costes directamente imputables a la producción acaban reduciendo los beneficios de la empresa. Así se podrían identificar áreas de reducción de costes
Gastos Operativos y Margen de Explotación	• Evolución, volumen, variaciones % • % sobre ventas	Conocer el efecto que otros costes indirectos como el marketing o los costes indirectos de administración
Beneficios netos o beneficios por acción	• Volumen y evolución • % sobre ventas • Volumen total / Acciones en circulación	Comprender cómo el resto de deducciones sobre las ventas, acaban quedándose dentro de la empresa y en caso de cotice, como se dividen los beneficios para cada uno de los accionistas
Flujo de caja libre	• Volumen, variaciones • Variaciones de real vs proyectado • Variaciones mediante análisis de sensibilidad • Separando según flujos de financiación, o de inversión	Comprender como las actividades de la empresa se traducen al final de cada semana o mes en generación de fondos en efectivo, y como estos se diluyen entre fondos directos a reservas, a inversión en CAPEX o a la consecución de actividades de financiación. Además, se podrán comprobar las variaciones respecto a las proyecciones o al variar diversas suposiciones del plan de negocios.

DSOs (Days Sales Outstanding o días de cobro), DPOs (Days Payable Outstanding o días de pago) y Rotación de inventarios	• Días medios en que la empresa cobra las cuentas a cobrar y paga las cuentas a cobrar • Ventas / Inventarios	Permite conocer cómo es el ciclo de generación de caja de la empresa y detectar posibles incidencias en los procesos críticos de cobros, pagos o variación de existencias
Análisis de activos y pasivos	• Análisis vertical y horizontal de las partidas del balance • Análisis de rotación de activos • Cálculo de coste de la deuda y cobertura de intereses • Análisis horizontal de las partidas del balance • Comparación de la evolución real de las partidas con lo presupuestado	Sirve para conocer la evolución la posición financiera de la empresa así como del reparto de sus inversiones (activo) pudiendo analizar las variaciones que se producen en sus valores a lo largo del tiempo
Ratios de Solvencia, Liquidez, Tesorería y apalancamiento.	• Activo Total / Pasivo Total • Activo Corriente / Pasivo Corriente • Disponible / Pasivo Corriente • Pasivo Total / Patrimonio Neto • Evolución de los mismo en p.p.	Usados para conocer la capacidad de la empresa para mantener sus operaciones de forma sostenible pudiendo devolver sus préstamos en diferentes horizontes temporales
Métricas de CAPEX	• Volumen y variación del CAPEX mensual o anual • Análisis del ROI de cada proyecto • Variación % entre el CAPEX presupuesto y el real de cada proyecto	Así, la empresa puede tener un mayor detalle sobre las acciones que está emprendiendo para mejorar o mantener sus activos fijos
Ratios de rentabilidad	• ROI • ROE • ROCE • ROIC	Diversas medidas que permite conocer la eficiencia relativa con la que la empresa transforma unos determinados recursos en beneficios

Otros: Información sobre el servicio de la deuda o información sobre los tipos de cambio	• Información sobre las garantías otorgadas • Madurez de las deudas • Variaciones en los intereses y condiciones • Riesgos de tipos de interés o de mercado • Variación de los valores de las divisas operadas • Riesgo de tipos de cambio	Asimismo, también se pueden presentar otros datos sobre las posiciones de deuda que la empresa mantiene o sobre la exposición a riesgos financieros o de divisas según tengan estos una mayor o menor importancia para la empresa

En general, esta sería una lista bastante completa de métricas que los directivos de un departamento financiero deberían tener en cuenta, todavía existen muchas más y su uso tendrá mayor o menor importancia según la propia estrategia financiera de la empresa. Por ejemplo, no se han comentado, pero también podrían ser interés los KPIs relacionados con las ampliaciones de capital en para empresas tipo startup que conforme crecen van recibiendo aportaciones de, familia, amigos, inversores ángel, capital riesgo hasta hipotéticamente realizar una OPV (Oferta Pública de Venta) saliendo al mercado bursátil, es decir, pasando a ser de cotización pública. En este tipo de situaciones los inversores y los altos directivos de la empresa exigirían tener conocimiento de las ampliaciones de capital proyectadas, así como de los usos que tendrán.

De forma resumida, los KPIs deberían responde a esta serie de preguntas: ¿Genera mi empresa suficientes ventas para cubrir mis costes?, ¿crecen dichas ventas más que mis costes?, ¿qué cantidad de recursos (material, máquinas o dinero) estoy empleando por euro de benefico?, ¿son sostenibles mis beneficios?, ¿tendré efectivo para pagar mis gastos la próxima semana/mes/año? o, por ejemplo, ¿soy un perfil arriesgado para posibles acreedores o inversores por tener mucha deuda? En la medida que mediante un análisis de los KPIs financieros obtenga respuestas a estas u otras preguntas similares de forma inequívoca mayor calidad tendrán los indicadores seleccionados

Diseño de productos

Dentro del área de diseño de productos, se pueden incluir medidas que informen sobre diversos aspectos como los procesos de producción, las innovaciones añadidas en cada producto o con la creación de otros nuevos, así como otras actividades como la investigación y desarrollo que realiza la empresa para seguir liderando en el mercado. Así, algunos ejemplos de métricas clave podrían ser:

Figura 4.2. Principales KPIs el diseño de productos

KPIs	Forma de medición	Información que brinda
Lanzamiento de nuevos productos	• Nº de nuevos productos lanzados • Variaciones con respecto a otros años • Comparaciones con competidores • Volumen de nuevos clientes adicionales	Responde a las cuestiones relacionadas con la innovación dentro de la empresa mediante la creación de nuevas soluciones para sus clientes, comparando las cifras contra el pasado con otros competidores para una visión más completa
Creación de nuevos procesos	• Nº de nuevos procesos lanzados • Variaciones con respecto a otros años • Comparaciones con competidores • Ahorros esperados o puntos de mejora de calidad	Permite conocer como la empresa mantiene esfuerzos constantes para promover la mejora continua mediante procesos más optimizados o la generación de más valor mediante una mayor calidad
Mejoras en productos	• Nº de mejoras aplicadas • Impacto real vs potencial en ventas • Comparación con el mercado	Idem. Innovación en producto
Mejoras en procesos	• Nº de mejoras aplicadas Impacto real vs potencial en ventas • Comparación con el mercado	Idem. Innovación en proceso

I+D+i	• Volumen, y variaciones • % sobre las ventas • % sobre CAPEX • Presupuestado vs Real • Comparación con media del mercado	Sirve para conocer la intensidad en recursos que la empresa destina a las innovación y si esta se alinea o no con la importancia que se le otorgue en los planes estratégicos
Efectividad de la I+D+i	• ROI de la I+D+i	Sirve para evaluar con un criterio económico los proyectos de I+D+i y si estos ayudan a generar valor para los accionistas
Hoja de ruta de nuevos productos	• Nº de nuevos productos esperando aprobación o inversión	Sirve para tener una visión a futuro de la capacidad de innovación de la empresa
Estatus de los proyectos	• Avance real vs planificación • Personal dedicado a tiempo completo • Errores o problemas generados	Como otra actividad más, los proyectos de I+D+i deberán tener además vinculadas una serie de métricas para el control de gestión

Como se puede observar, la mayor parte de estos KPIs responden a la perspectiva de Innovación y Aprendizaje que se comentó para el Cuadro de Mando Integral, a pesar de tener una menor importancia en presente o el corto plazo, su seguimiento será de vital importancia si se pretende tener indicadores adelantados acerca del posible desempeño de la empresa en los mercados y frente a su competencia en el futuro. Ya que conforme los productos, servicios y procesos se vayan quedando obsoletos tecnológicamente o simplemente las modas cambien, solo las empresas que se adapten antes al cambio que incluso lo prevean o provoquen podrán sobrevivir o beneficiarse del mismo.

Marketing

A pesar de que muchas veces las métricas de marketing y ventas se suelen englobar bajo el departamento o área comercial, puede ser conveniente separar aquí su análisis debido a que, aunque siendo complementarias, las actividades que realizan ambas partes son muy distintas. Por así decirlo, si se menciona la teoría del *funnnel* o embudo de ventas, el marketing comprendería el conjunto de acciones que llaman la atención de las personas, sean clientes potenciales (*leads*) o no , es decir, es la actividad que dispone a la gente a entrar en la parte alta del embudo y a bajar los primeros escalones. Después será ya el departamento de ventas, aplicando muy diversas técnicas quien conseguirá ir moviendo al cliente a través varias fases hasta cerrar con éxito la venta y posteriormente dejar que el departamento de atención al cliente se preocupe por maximizar el valor y el tiempo que el cliente genere para la empresa.

A continuación, se muestran una serie de KPIs bastante comunes en la gestión diaria de los departamentos de marketing:

Figura 4.3. Principales KPIs el área de marketing

KPIs	Forma de medición	Información que brinda
TAM (Total Addressable Market) o Mercado Total Abordable y SAM (Serviceable Available Market) Mercado Accesible Disponible	• Tamaño de mercado en unidades • Tamaño de mercado en euros • CAGR proyectado del mercado • Evolución histórica del mercado	Cálculos basados en información externa a la empresa que puede ayudar a conocer el tipo de mercado en el que se va mover, por ejemplo, si es un mercado maduro y saturado o en crecimiento y con pocos competidores
Cuota de mercado	• % Ventas de la empresa sobre el valor de mercado • Variaciones en p.p.	Permite conocer el posicionamiento de la empres en un mercado determinado
Presupuestos	• Cantidades destinadas al departamento • Segmentación del presupuesto por campañas, merchandising, publicidad y otras acciones • Grado de cumplimiento del presupuesto	Permite conocer en qué se invertirá o se están invirtiendo los fondos que la empresa destina a captar la atención del público y generar nuevos clientes potenciales
Resultados	• Leads por acción o campaña • ROI de las iniciativas de marketing • Tráfico generado • Aumento de referencias	Son ejemplos de formas en las que se mide la eficiencia económica de las campaña y acciones de marketing. A veces su traducción a u.m. puede resultar complicado.

CAC (Costes de Adquisición de Clientes) y CAC Inorgánico	• Coste del marketing / nuevos clientes • Coste del marketing / nuevos clientes obtenidos de forma inorgánica	Sirve para medir el coste de adquisición de nuevos clientes, se puede hacer de forma general, o preferiblemente teniendo en cuenta únicamente a los clientes inorgánicos ya que son para los que se han realizado inversiones
LTV (Life Time Value) o Valor temporal del cliente	• Margen de contribución medio mensual * (1/Churn o tasa de abandono)	Reporta el valor medio que generan de beneficios los clientes (solo teniendo en cuenta los costes directos de sus órdenes) y los multiplica por el tiempo medio en meses que los clientes están activos
Churn o Tasa de pérdida de clientes	• % de clientes que abandonan el negocio por periodo de tiempo	Sirve para conocer si se trata de un modelo basado en la fidelidad o en la alta rotación de nuevos clientes, además afecta al LTV
Análisis coste beneficio de las acciones de marketing	• LTV / CAC en absoluto • Variaciones en el tiempo de la ratio	Sirve para ver la proporción en la que el valor total de los nuevos clientes supera su coste de adquisición, es decir, mide como las acciones de marketing pueden contribuir a generar mayores beneficios
Tráfico web	• Nº de visitas a las webs o redes sociales • Nº de clicks en los enlaces de compra • Nº de apariciones en motores de búsqueda	Métricas basadas en las metodologías de marketing digital conocidas como SEO o SEM que cada vez suponen un mayor porcentaje de la atracción de cliente

Otras medidas de presencia y *Community Management* (Gestión de la comunidad y grupos de interés)	• Apariciones en congresos y conferencias • Colaboraciones con influencers o famosos • Cobertura en prensa y televisión o radio • Me gustas en redes sociales	Son otros indicadores que se usan para medir el grado de expansión y alcance que tienen las diversas acciones de relaciones públicas de la empresa

Ventas

Una vez se han visto los KPIs que indican como se capta la atención de público y de los segmentos objetivos de mercado, las medidas para analizar el desempeño en el departamento de ventas tendrán como principal cuestión analizar las formas, efectividad y cantidad de nuevos clientes potenciales que efectivamente acabn comprando los bienes y servicios de la empresa. Además, será de interés qué clientes son los que más acaban comprando, a qué precios, o qué artículos para poder así crear y optimizar diversas estrategias de venta como las ventas cruzadas, el *bundling* o ventas por paquetes de artículos o estudiar y analizar las oportunidades de *upselling*, es decir, la capacidad de la empresa de aumentar el valor medio de las compras de los clientes. Así, una lista de algunas de las medidas más usadas sería:

Figura 4.4. Principales KPIs el área de ventas

KPIs	Forma de medición	Información que brinda
Tasa de conversión	• % de los leads o del tráfico que se termina convirtiendo en cliente • Análisis de la conversión por canal, segmento de cliente y geografía	Mide la efectividad de las acciones de ventas una vez el departamento de marketing ha generado los clientes potenciales y conocer qué áreas son más proclives a generar dicha conversión
Análisis de pedidos por ejecutar	• Volumen, variaciones y orígenes de los pedidos	Permite tener una visión clara acerca de las ventas futuras
Predicciones de venta	• Volumen y evolución • Análisis de variaciones respecto a proyecciones pasadas • Proyección vs real	En conjunto con la información de pedidos y el resto de información de mercado que se obtenga permite tener una clara visión de la evolución futura de la empresa

Ventas de los equipos	• Ventas por agente • Ventas por geografía • Ventas por la línea de producto • Nº de ordenes cerrada por agente o equipo	Sirve para medir el rendimiento de los diferentes equipos comerciales que la empresa tiene desplegados para los nuevos clientes y los actuales
Ticket medio	• Valor total de las ventas / Nº de Pedidos • Valor total de las ventas / Nº de clientes	Mide el valor media de cada una de las transacciones o clientes que la empresa realiza, a mayor sean estas mayor será el LTV de los nuevos clientes y mejores márgenes podría tener la empresa
Tiempos del ciclo de venta	• Tiempos medios totales y de cada una de las fases del embudo de ventas por las que pasan los clientes	Sirve para conocer desde otro punto de vista la rotación de ventas y además identificar puntos de mejora en el *Customer Journey*

Operaciones y cadena de suministro

Respecto a las operaciones de la empresa y la gestión de su cadena de suministros, se deberán tener en cuenta todas las medidas relacionadas con el control de los costes de producción y su optimización, la correcta gestión de los almacenes y la optimización de las compras para evitar roturas de stcok, o por ejemplo las diversas medidas que se comentaron para mejorar la calidad de las operaciones y de los productos finales como el OEE, OTIF etc. Como muchos de ellos ya han sido mencionados se comentarán alguno s otros KPIs para medir eficacia, eficiencia y calidad de las operaciones así como otros aspectos de interés.

Figura 4.5. Principales KPIs el área de operaciones y suministros

KPIs	Forma de medición	Información que brinda
Niveles de stock	• Volumen y evolución diaria del stock • Variaciones respecto a lo planeado • Momentos de entrada en zona de riesgos o rotura	Permite conocer el comportamiento que mantienen las existencias en la cadena logística de la empresa, identificando riesgos y los momento pico o valle donde pueden existir riesgo de exceso de materiales o roturas de stcok
Costes de materias primas	• Análisis de precios por unidad/Kg/m2 etc. • Análisis evolutivos de precios • Comparación de estrategia de compras vs *commodities* cotizadas en su caso	Un correcto análisis de los precios a los que la empresa compra sus materiales críticos permitirá reducir los costes desde el inicio. Muchas veces puede ser la única forma de disminuir costes cuando los procesos ya están muy optimizados
Gestión de almacenamiento	• Nº de almacenes operativos • Costes de los almacenes (total y medio) • Rotación por almacén	Son indicadores que permiten ver los costes y la actividad relativa de los diferentes almacenes que gestiona la empresa y también permitiría buscar ahorros y optimizaciones aumentando el volumen gestionado en aquellos que estén infrautilizados
Calidad de pedidos entregados	• OTIF • Pedidos a tiempo % • Pedidos sin defectos % • Lead times	Mediciones sobre el estado y tiempo con el que se procesan los pedidos de los clientes. Su análisis permite tener claro los puntos críticos de la empresa y donde se está generando un mayor valor para los clientes
Seguridad	• Nº de accidentes de fabricación y evolución • Medidas de seguridad añadidas • Estado de avance de las auditorías de seguridad en las plantas	Estos indicadores permiten llevar un control exhaustivo de la seguridad en las plantas ya que, sus defectos llevan a pérdidas derivadas de sanciones, indemnizaciones y una lógica pérdida de calidad de imagen

Conforme mejor se realizan estas actividades operativas, la empresa obtendrá unos superiores valores en todas las métricas anteriores repercutiendo además en unos clientes más fieles y que aprecian mucho más a la empresa. Así, muchos de los KPIs de esta área pueden servir de indicadores adelantados, de los que abarcan el análisis de los clientes, ya que mantienen una alta correlación entre sí.

Clientes

El análisis de los clientes se realizará en base a la observación de múltiples métricas que evalúen no solo como está compuesta la cartera de clientes y cualquier elemento que les corresponda como los niveles de satisfacción sino además como de efectiva es la gestión de la empresa en la relación con los mismos, la capacidad de que estos se mantengan fieles a la empresa y la percepción que estos tienen de la misma. Uno de los objetivos claves de esta área podría resumirse como hacer que los clientes respeten tanto a la marca que incluso para cuando van a comprar un producto que ni siquiera se produce, consulten la posibilidad de si también es fabricado por la marca. Algunos de los principales KPIs para gestionar a los clientes se muestran a continuación.

Figura 4.6. Principales KPIs para medir a los clientes

KPIs	Forma de medición	Información que brinda
Análisis de la calidad de servicio al cliente	• Tiempos de respuesta medio • Análisis de incidencias más comunes • Tasas de solución de incidencias • Valoración por el cliente del servicio de resolución de incidencias	Son un conjunto de medidas que hacen a la empresa capaz de conocer de primera mano como de rápidos y efectivos son al resolver los problemas de los clientes. Un correcto seguimiento de los mismos permitirá, pues, mejorar la calidad del servicio y la confianza de los clientes
Segmentación de la cartera de clientes	• Composición por tipo de productos • Por sector • Por tamaño • Por geografía • Por otras características sociodemográficas	Son medidas meramente descriptivas pero que permiten tener un mayor conocimiento estratégico que podría ser usado para optimizar la forma en la que dirigirse a los clientes en todos los puntos de contactos (marketing, ventas y atención al cliente)

Análisis de valoración de los clientes	• Nº de reseñas positivas y negativas • Nota media de las reseñas en buscadores web • NPS • Encuestas de satisfacción • Quejas modales • Valoración de KPCs (Key Purchasing Criterias) • Valoración de KSfs (Key Succes Factors)	Conjunto de análisis que provienen directamente de los clientes a través de diferentes métodos de recolección como encuestas online o conversaciones y que permiten entender mejor la percepción que tienen de la empresa.

Estos análisis se corresponden en muchos casos con las métricas tipo que podrían incluirse en el cuadro de mando integral, en concreto en la perspectiva relacionada con los objetivos estratégicos a conseguir de cara al cliente. Según se comentó al hablar de los mapas estratégicos, unas buenas valoraciones en estos KPIs suelen llevar a unos mejores resultados en los KPIs financieros debido a que al final se verán incrementados aspectos de mejora como las ventas, el valor del ticket medio, el crecimiento orgánico de clientes vía publicidad boca a boca o mediante reseñas online, haciendo que en general la empresa pueda aumentar su tamaño y su presencia. Por esta razón, es importante considerar puntos de vista como el que afirma que el mayor activo para una empresa no es interno, sino simplemente unos clientes satisfecho los cuales ven superadas sus expectativas de forma continua.

Recursos Humanos

Como ya se ha comentado antes en este libro, otro de los activos o recursos estratégicos clave que tienen todas las empresas, y que guarda cada vez una mayor importancia debido al aumento de la economía digital y de la automatización de tareas es el capital humano. Así, medir como evoluciona el persona, cuanto cuesta a la empresa atraer talento y retenerlo, la satisfacción de los trabajadores, entre otros aspectos, serán indicadores esenciales que deberá tenerse empresa en todas las fases del ciclo empresarial o de la cadena de valor, ya que como sabemos, en todas de una forma u otra, intervienen personas. Así, una lista de principales KPIs a analizar podría ser la siguiente.

Figura 4.7. Principales KPIs del área de recursos humanos

KPIs	Forma de medición	Información que brinda
Estructura laboral	• Nº de empleados total • Composición por área, función, línea de producto, geografía o clientes • Miembros por escala jerárquica	Ofrece una visión general de todo el personal que trabaja en la compañía y como están repartidos según las diferentes posiciones profesionales
Rotación laboral	• % Nuevas altas • % Bajas • % Rotación neta • Causas de las bajas	Mide la estabilidad del capital humano en la empresa
Costes de la rotación	• Costes medios de contratación • Costes medios del despido • Costes totales y medios de las indemnizaciones	Miden el impacto económico histórico y previsible que las diversas acciones que conllevan la rotación laboral pueden tener
Tiempos de adquisición de talento	• Tiempos medios de contratación • Tiempos para vacantes según jerarquía, área, localización • Costes de formación necesarios según puesto	Informa sobre los costes en tiempo y recursos que enfrenta la empresa para cubrir las diferentes vacantes que se van quedando libre, así por norma general, los puestos de mayor jerarquía o más específicos serán aquellos donde se deban destinar más recursos y tiempo.
Satisfacción de los empleados	• NPS para empleados o eNPS • Canales de denuncias / sugerencias	Miden la satisfacción del personal al realizar sus funciones, así como conocer de forma anónima qué aspectos les pueden estar generando problemas
Mediciones internas de rendimiento laboral	• Tasas de absentismo laboral % • Movilidad laboral interna % • % de objetivos completados (en caso de que se usen la DPO como	Asimismo, estas mediciones pueden aportar una visión general del cumplimiento que tienen los empleados para con sus compromisos laborales y objetivos de desarrollo de carrera

Participación en programas de I+D+i o RSC (Responsabilidad Social Corporativa)	• % de asistencia a dichos programas • Nº de sugerencias o iniciativas internas creadas	Además, si la innovación es factor clave de la competencia, estudiar el compromiso de los empleados con dichas medidas puede resultar en el descubrimiento de tendencias al respecto y la optimización del compromiso de los empleados con ellas.

De nuevo, estso KPIs estarán conectados con los de otras áreas, por ejemplo, una mejora de la motivación de los empleados y sus iniciativas innovadoras hará que mejoren los KPIs de productos y procesos o la calidad de las operaciones. Es decir, como vemos la mayoría de los KPIs están relacionados entre ellos por lo que se deberán seleccionar aquellos que verdaderamente estén conectados entre sí y que potencien un mayor alineamiento con la estrategia.

4.3. KPIS POR SECTOR ECONÓMICO

Finalmente, un matiz que se debería considerar siempre que se analicen o se seleccionen los KPIs de la empresa es que estos son muy sensibles al sector económico y al modelo de negocio que la empresa siga. Así, por ejemplo, parece claro que empresas de distintos sectores como podría ser el de la construcción o el energético medirán su éxito relativo en cada una de las áreas internas de su negocio de forma diferente. Normalmente, entre sectores, los KPIs financieros son los que más se suelen parecer mientras que aquellos relacionados con la productividad de las operaciones, los productos, el área comercial o incluso con la gestión de personas podrán presentar una mayor disparidad y variedad.

A pesar de que los factores que determinan la aplicación o no de determinados KPIs para cada negocio son únicos y se basan en su contexto, se pueden encontrar algunas variables de tipo general que podrán hacer que de forma más o menos general, los KPIs usados dentro de una industria tiendan a ser parecidos. Entre ellos se pueden situar los siguientes:

- Factores relacionados con la producción: Uno de los principales factores que influyen sobre la elección de los KPIs es el tipo de proceso industrial o el proceso que se deba seguir para brindar un determinado servicio. Así, se pueden encontrar industrias intensivas en capital, en trabajo o en conocimiento. La primera de ellas podrían ser los negocios de fabricación industrial de bienes simples como por ejemplo, materiales de construcción, para llevar a cabo la producción el factor crítico estará representando por la mayor o menor tenencia de activos físicos de calidad y más productivos que los demás competidores, en cambio otros sectores tendrán una mayor necesidad relativa de personal, por ejemplo, el sector hotelero o el hospitalario, además de una buenas instalaciones donde alojar a los huéspedes y pacientes, necesitarán de mucho personal, recepcionistas, equipos de limpieza, guías, camareros o en el otro caso, celadores, enfermeras, médicos y personal de administración que mantengan el correcto funcionamiento de las instalaciones. Finalmente, están los negocios intensivos en conocimientos, lo cual no significa que en los dos casos anteriores no se deba emplear conocimiento, sino que en este tipo, los conocimientos y las capacidades organizacionales que crean los trabajadores tienen más importancia que el resto de los factores, así, existen múltiples ejemplos, desde la escritura, o el sector cinematográfico, hasta las empresas de consultoría o los fabricantes de semiconductores.

- Factores relacionados con la industria: Como vimos al hablar del análisis estratégico los factores específicos de la industria descritos en herramientas como el análisis de las 5 Fuerzas Competitivas, no solo influye en las decisiones estratégicas de la empresa, sino que también marca la importancia de los KPIs con los que medir el avance en su consecución. Así, en industrias donde la competencia esté fuertemente marcada, la cuota de mercado será un KPI mucho más importante que en un mercado en expansión donde las empresas pueden seguir creciendo si hacer que el resto reduzca su cuota. O, por ejemplo, si es una industria donde la gestión de la cadena de suministros es crítica, ya que estos son difíciles de conseguir, y además están sujetos a una fuerte volatilidad en los precios, posiblemente los KPIs relacionados con la gestión de compras, serán casi más importantes que otros relacionados con la eficiencia de la producción.
- Factores de demanda: Estos incluyen el tipo de mercado en el que se encuentra la empresa, si opera en una sola geografía o no o, por ejemplo, el ciclo de vida del mercado en el que opera. Por ejemplo, si es un mercado que satisface a una necesidad muy generalista como el entretenimiento, los KPIs relacionados con el lanzamiento de nuevos productos o la mejora de los servicios, así como la medición de las satisfacción de los clientes serán claves ya que siempre pueden estar al acecho productos o servicios sustitutivos que hagan perder cuota

de mercado y reducir las ventas. Asimismo, la forma en la los clientes lleguen al bien, se atraiga su atención, las estrategias de venta, canales, precios y publicidad comunes, harán que también los KPIs comerciales sean diferentes. Por ejemplo, empresas como Ferrari, apenas necesitan hacer grandes esfuerzos en marketing porque ya cuentan con un productos reconocido y valorado a nivel global, por lo que deberán poner más empeñó a medir KPIs de calidad que a analizar KPIs relacionados con el número de campañas comerciales a realizar.

- Condicionantes del entorno general: Finalmente se puede hablar de aquellos factores que acaban cambiando la forma de trabajar y hacer negocios a casi todas las empresas, independientemente de la industria y el mercado en los que operen. Un ejemplo de ello es el considerable aumento que tuvieron los KPIs de marketing y ventas relacionados con la web y las redes sociales. Cuando ambos se convirtieron en auténticos canales de venta, las empresas comenzaron a crear diversas ratios o a medir aspectos que tenían que ver con la efectividad con la que la empresa utilizaba estas tecnologías en su propio beneficio. Así, otros factores como el aumento del precio del suelo, condicionará una mayor dedicación a la observación de los costes de las plantas y los almacenes o un cambio general hacia modelos de vida más saludable, habrá hecho que muchas empresas de alimentación hayan dado mayor importancia a la medición de la innovación en nuevas recetas saludables y al cumplimiento de esos programas.

Teniendo en cuenta lo anterior, a continuación, se van a comentar una serie de KPIs para los principales sectores económicos, así como la importancia de su medición en ese sector en específico. Si ya se comentó en el apartado anterior que las listas de KPIs ofrecidas no eran exhaustivas, con más razón, y por razones de espacio y profundidad del análisis, se remarcará lo mismo al comentar los KPIs por sector. Cada uno de ellos, presentará una innumerable lista de métricas específicas que se podrán a su vez multiplicar al profundizar en los subsectores, tarea que sin duda daría para una obra entera. Por ello, a continuación se presentan listas orientativas para cada sector, de forma que, si desease profundizar en el conocimiento de alguno, pueda remitirse a la literatura técnica o académica de ese sector en específico.

Industrial

En el caso del sector industrial, al ser típicamente intensivo en capital, muy dependiente de la maquinaria y de las materias primas además de que sus fases de producción suelen seguir un orden en cadena. Todos los KPIs que analicen los tiempos, las capacidades utilizadas, los riesgos de no tener materiales disponibles para producir o cualesquiera otros aspectos que represente un riesgo de parada, o disminución de la productividad de la planta serán de interés. Así, una lista de ejemplos podría ser:

Figura 4.10. KPIs clave para el sector industrial

KPIs	Forma de medición	Información que brida
Tasas de rotación de la maquinaria	• Ventas netas / Activos Fijos Neto	Mide la capacidad de generación de ingresos de la maquinaria y demás activos fijos industriales. A mayor valor esta ratio, más efectivo será el activo fijo.
MTTR (Mean Time To Repair) o Tiempos medios de reparación	• Análisis de los tiempos de reparación por maquina • Tiempos de reparación o solución por tipo de incidencia	Mide la capacidad de respuesta que el personal de la planta ha tenido frente a diferentes incidencias de seguridad o productivas
MTBF (Mean Time Between Failures) Tiempo medio entre fallos	• Periodo medio entre que una máquina o proceso es reparado y vuelve a genera fallos	Permite realizar predicciones sobre posibles fallos y reaccionar de forma preventiva, adelantando las revisiones antes de que se acerquen las fechas críticas
Eficiencia energética	• KwH Consumidos / Unidad Producida Análisis evolutivo de la eficiencia	Sirve para entender patrones de consumo energético durante la producción y suavizar así los picos donde se pierde mayor eficiencia
Tasa de merma de materiales	• Kg de materiales desechados / Kg de materiales usados	Mide el porcentaje de material desechado, igualmente puede ser expresado en unidades económicas

En general, se observa que muchas son medidas para medir la eficacia y eficiencia con la que usa la maquinaria durante los procesos de producción, además del uso relativo de otros recursos clave como el tiempo y la energía, además de analizar otros factores como el desperdicio de desechos.

Energético

De forma algo similar al sector industrial, el sector energético es intensivo en capital, con una muy fuerte inversión en activos fijos como plantas, redes de transporte o actividades de exploración. Además, suele ser un mercado regulado en la mayoría de las economías avanzadas por lo que medir factores como la disponibilidad y la seguridad energética, los costes de producción en cada momento del tiempo o la sostenibilidad con la se genera la energía. A continuación, se muestran algunos ejemplos:

Figura 4.11. KPIs clave para el sector energético

KPIs	Forma de medición	Información que brida
Factor de carga	• Energía Generada / Capacidad instalada por unidad de tiempo	Sirve para medir el grado de utilización de activos de producción de energía como plantas hidráulicas, aerogeneradores, centrales nucleares etc.
Coste Nivelado de la Energía (LCOE: Levelized Cost Energy)	• Coste total de la vida útil de la planta / Energía generada	Sirve para conocer el coste promedio de la energía producida por ejemplo (€/Kw/h) y es clave para después tomar la decisiones óptimas de fijación de precios
Tasa de fallos no programados	• % de interrupciones no programadas de la generación y suministro energético • Duración media de los fallos no programados	Supone una importante medida de control de la calidad de la generación de la energía. Puede servir para identificar tendencias y posibles riesgos.
Disponibilidad operativa de generación	• % de horas que los activos se mantienen generando energía	Sirve para analizar la capacidad de las diferentes fuentes energéticas, así, subsectores como el nuclear se caracterizan por presentar mayores porcentajes que las energías renovables al depender estas de factores meteorológicos

Consumo

El sector de consumo o *retail* es bastante amplia y alberga subsectores muy diversos, existiendo sectores como de la venta minorista de alimentación a otros centrados en la venta de joyas o alta moda, además de modelos concretos como el de las grandes superficies y centros comerciales. En general estos subsectores suelen tener en común la intensidad de la rotación de los inventarios que deben ser repuestos sistemáticamente, y salvo en los casos de los bienes de lujo, suelen operar a márgenes bajos. Por ello, serán esenciales medidas que indiquen el grado de eficiencia logística y de gestión de inventarios, las rentabilidades de los productos, y el comportamiento del cliente final, viendo como se deciden por comprar más o menos cantidad de un determinado producto o cuantos de los que pasan por los puntos de venta acaba realizando alguna compra.

Una lista con algunos KPIs de interés para el sector podría ser la siguiente:

Figura 4.12. KPIs clave para el sector de consumo

KPIs	Forma de medición	Información que brida
Rotación de inventario en puntos de venta	• Ventas / Inventario medio del punto de venta • Comparativas entre los puntos de venta, según productos, geografías, tipo de cliente etc.	Sirve para conocer la intensidad con la que se demanda un producto concreto o el total de bienes vendidos en las tiendas y poder hacer comparaciones internas
Sell-through rate o tasa de venta directa	• Unidades vendidas / Unidades recibidas en tienda • A nivel total, por productos, y diferenciando por punto de venta y localización	Es una medida clave en el sector de consumo ya que indica en tiempo que producto son los más vendidos y ofrece pistas a los encargados de la cadena de suministros de que productos priorizar
Tasa de repetición de compra	• % de clientes que repiten sus compras por periodo de tiempo	Así, se podrá analizar la fidelización y el ciclo de compra del cliente debido a las variaciones que la ratio presentará conforme el periodo de tiempo crezca. Es decir, un negocio de supermercados tenga sus tasas de repetición de compras más altas en un plazo mensual o cada dos semanas. Sin embargo, tiendas especializadas en moda de lujo, deban realizar el análisis para un periodo de tiempo superior.

Tasas de merma	• % de pérdidas generada por robos, caducidad o deterioro	Servirá para mantener controlados los riesgos de deterioro de productos con baja rotación ayudando a tomar decisiones como su eliminación de venta para generar ahorros
Trafico	• Nº de personas que pasan por la superficie de venta por unidad de tiempo	Sirve para medir si las actividades de marketing físico, como la decoración y atractivo del punto de venta, hacen que el tráfico de personas aumente en ella.
Tasas de conversión	• Personas que compran / Tráfico total por unidad de tiempo	Sirve para conocer la efectividad de los mecanismos de venta en el interior de las tiendas .

Hospitalidad

El sector de hospitalidad se compone principalmente de los servicios de hostelería turismo y gastronomía, siendo pues un sector intensivo en mano de obra y en activos inmobiliarios donde alojar a los clientes durante la entrega del servicio. Además, en todo caso, el buen uso que se haga de dichos factores influirá en la experiencia del cliente, la cual representa uno de los factores clave de éxito del sector. Así, se deberán medir de forma correcta elementos como la productividad del personal, los índices de ocupación además de otras medidas relativas a los costes del servicio o a las rotaciones y tiempo de uso de los mismos.

Para una mayor profundización acerca de que medidas se suelen utilizar en el sector, a continuación se muestra una lista con algunos de los KPIs más comunes:

Figura 4.13. KPIs clave para el sector de hospitalidad

KPIs	Forma de medición	Información que brida
Tasas de ocupación	• Habitaciones Ocupadas / Habitaciones disponibles • Lo mismo para mesas o asientos	Sirve para conocer el grado de utilización de la capacidad instalada de forma que si las tasas de ocupación se sitúan en cotas altas de forma sostenida, se podría plantear la expansión de la superficie

RevPAR (Revenue per Available Room) o Ingresos medios por habitación disponible	• Ingresos Totales / Habitaciones disponibles O • Ingresos por mesa / mesas disponibles	Es una forma de medir el ticket medio basándonos en un activo como las mesas en lugar de los clientes o los pedidos.
Coste por habitación/mesa disponible	• Costes totales / Habitaciones o mesas disponibles	Se dividirán tanto los costes directos como los indirectos entre el total de espacios donde los consumidores reciban el servicio. En este sentido, los anteriores análisis también pueden ser aplciados servicios de cuidad como las clínicas dentales, estéticas o incluso salones de belleza o peluquerías.
Tiempo medio de servicio o estancia	• Estancia media en días • Minutos medio de servicio en el local	Sirve para medir la capacidad de rotación y atención de nuevos clientes en un mismo periodo de tiempo, aumentando los ingresos diarios

Salud

El sector de la salud incluye tanto a los servicios hospitalarios y farmacéuticos como al resto de actividades y ciencias que en cierta medida ofrecen bienes o servicios para el cuidado de la salud. Aunque no siempre se suele incluir, también las actividades relacionadas con estética que requieran de desarrollo clínico adecuado o en el que intervengan métodos quirúrgicos o similares, podrían incluirse como es el caso de la medicina estética o maxilofacial.

En general, este sector es intensivo en recursos como el trabajo cualificado además de instalaciones y equipos estériles y en correcto estado. Piense por ejemplo en material sanitario de un solo uso o en las caras instalaciones y medidas de seguridad que se deben guardar cuando se están analizando medicamentos para combatir virus u otras cadencias de carácter infeccioso. Asimismo, se trata en muchos casos de un sector o muy regulado o directamente operado de forma pública por el estado por lo que medir la calidad y seguridad de los servicios, además de la efectividad de los procesos de innovación será primordial.

Por su parte, los análisis derivados con la experiencia del paciente también serán críticos al ser en muchos casos servicios que tienen un alto coste y que los clientes no suelen repetir de forma sistemática. Algunos ejemplos de KPIs comunes en el sector se presentan a continuación.

Figura 4.14. KPIs clave para el sector salud

KPIs	Forma de medición	Información que brida
Tasa de ocupación hospitalaria	• % de camas o quirófanos ocupados por unidad de tiempo	De nuevo representa una medida de utilización de capacidad instalada
Tiempos medios de espera de los pacientes	• Análisis de los tiempos de espera desde reconocimiento hasta ingreso • Entre citas médicas • De procesos como operaciones o revisiones etc.	Una mejora en los tiempos medios de atención y espera repercutirían en una mayor rotación de pacientes lo que hace que unos mismos espacios, se puedan atender a un mayor número de personas
Tasas de reingresos	• % de personas operadas/ tratadas que vuelven tras un periodo predefinido por complicaciones o quejas	Sirve para medir la calidad con la que se prestan los servicios
Costes por paciente (variables y totales)	• Costes operativos / Nº pacientes •Costes totales / Nº de pacientes	Es una medida de la distribución de costes y sirve para analizar si los procesos son más o menos escalables en caso de los costes medios disminuyan conforme se atienden más pacientes
Índices de seguridad	• Nº de pacientes con efectos secundarios adversos por cada 1000 o 10.000 pacientes tratados con un fármaco	Es una de las métricas clave en el sector farmacéutico debido a que la posesión de unos altos índices de seguridad es una condición necesaria para poder aprobar los ensayos clínicos y comercializar un nuevo producto

Tiempo medio de los ensayos clínicos	Análisis del tiempo que se dedica desde que se crea una fórmula en laboratorio hasta que se saca al mercado el producto	Mide la eficiencia de los procesos de I+D+i y la gestión de los requisitos legales

Tecnología y comunicación

El sector de tecnología y comunicaciones se caracteriza por su dinamismo y su enorme influencia en la transformación de prácticamente todos los demás sectores económicos. Las compañías de telecomunicaciones tradicionales han pasado de centrarse en redes de voz y datos a gestionar infraestructuras críticas para la conectividad global, como el 5G, el internet satelital o las plataformas de banda ancha. En este contexto, los KPIs de este sector suelen estar relacionados con la cobertura y disponibilidad de red, la calidad de los servicios, el rendimiento de las plataformas y la retención de usuarios, ya que el éxito depende tanto de la escalabilidad como de la fiabilidad del servicio.

A diferencia de los sectores más tradicionales, la tecnología y las telecomunicaciones combinan intensidad de capital físico con agilidad digital. Esto implica que, junto a métricas clásicas como el ARPU (ingresos medios por usuario) o el *churn*, cada vez tienen mayor relevancia los indicadores sobre el uso efectivo de los servicios, la experiencia del cliente, la velocidad de adopción de nuevas tecnologías y la eficiencia en el uso de redes. La medición de estos KPIs permite a las empresas equilibrar las decisiones entre amplitud y calidad de las redes. Un ejemplo de alguno de esto sería

Figura 4.15. KPIs clave para el sector de tecnología y comunicación

KPIs	Forma de medición	Información que brida
Tiempo medio de despliegue	• Tiempo que pasa desde que se desarrolla una idea de producto hasta que se saca al mercado	Mide la capacidad y efectividad de innovación de la compañía
Cobertura de red	• % de superficie o población con acceso a las redes de comunicaciones de la empresa	Sirve para conocer el alcance de los servicios y estimar el público objetivo o el TAM
Tasa de uso de ancho de banda de red	• Capacidad usada / Capacidad contratada	Sirve para medir el uso que los clientes hacen de media de los servicios de red y de telecomunicaciones como las conexiones wifi

Coste por visualización o por impresiones	• Coste total de emisión / Visualizaciones • Coste de la campaña / 1000 impresiones	Muy usado en televisión o campañas publicitarias online donde se puede ver los costes que suponen los usuarios que ven los servicios emitidos
Calidad de la latencia de red	• MBs de carga y descarga medios de la red	Sirve para analizar la calidad de los servicios prestados
Tasas de audiencia	• Porcentaje de personas viendo el programa / Porcentaje de personas conectadas a la red de emisión	Aplicable a la televisión clásica, la radio o incluso otros medios de emisión en directo online de reciente creación.

Digital

En el mundo digital, la medición del rendimiento y la salud de los negocios ha evolucionado radicalmente en la última década. Muchas de las métricas más relevantes hoy, como el CAC, el LTV, el *churn* o los ingresos recurrentes mensuales (MRR) apenas existían o tenían poca importancia fuera del ámbito online hace 15 años. Este tipo de KPIs surgió para capturar el comportamiento de los usuarios en entornos digitales y para analizar modelos de negocio centrados en la recurrencia, la escalabilidad y el coste marginal casi nulo, como los B2B SaaS (software como servicio), los *marketplaces*, el *e-commerce* o los creadores de contenido en redes sociales. En este sentido, el foco se pone menos en los activos físicos y más en el ciclo de vida del cliente, el coste de adquisición y la rentabilidad del tráfico digital. Un aspecto clave en estos modelos es la velocidad de iteración y crecimiento. Los KPIs digitales permiten a los equipos de producto y marketing detectar rápidamente los puntos de fricción, medir el impacto de las nuevas funcionalidades, optimizar los embudos de conversión y experimentar con precios, modelos de negocio o estrategias de retención. Al mismo tiempo, estos indicadores son fundamentales para los inversores que evalúan la sostenibilidad de las startups, algunos de los KPIs presentados tienen la capacidad de determinar la viabilidad de escalar el negocio y alcanzar la rentabilidad en mercados altamente competitivos.

Figura 4.16. KPIs clave para el sector digital

KPIs	Forma de medición	Información que brida
Disponibilidad del sistema o *uptime*	• % de tiempo en el que los servidores y el sistema están operando si caídas ni incidencias	Mide la calidad con la que se opera dando lugar a una mayor confianza por parte del cliente
Usuarios activos diarios o mensuales	• Nº de usuarios activos	Mide la capacidad de generar tracción y tráfico del bien o servicio
ARPU (Average Revenue Per User) o Ingreso medio por usuario	• Ingresos totales / Usuarios activos	Mide el ticket medio de los clientes que contratan servicios digitales
ARR (Annual Recurring Revenue) o Ingresos recurrentes anuales	• Ingresos anuales que proviene de actividades recurrentes como el pago de suscripciones	Mide la capacidad que tiene un servicio o plataforma digital de rentabilizar su tráfico, por ejemplo, cargando una comisión por uso o una tarifa plana
Recurring vs Non-Recurring revenue	• ARR / Resto de Ingresos	Esta ratio es usada por los inversores en el sector digital para evaluar si el negocio es más o menos escalable. Cuando mayor sea la ratio, más sistemático y reproducible es el modelo de negocio por lo que aumentar su volumen será más fácil.
Tasa de diferimiento de ingresos	• Ingresos diferidos / Ingresos Totales	Muchas empresas de servicios digitales suelen cobrar suscripciones anuales, pero, aunque haya ingresado la caja, no podrá reconocer los ingresos no devengados. Una tasa media alta de esta ratio indica que la empresa no tendrá problemas de caja al cobrar por adelantado, aunque se debe vigilar que los compromisos no superen la capacidad de producción

Financiero o bancario

Finalmente, el sector financiero ha sido históricamente uno de los más regulados y también de los más intensivos en activos físicos, con grandes redes de sucursales, sistemas de pago tradicionales y estructuras jerárquicas robustas. Durante décadas, los principales KPIs se centraban en la rentabilidad de los activos, el control del riesgo de crédito y las ratios de solvencia y liquidez exigidas por los reguladores, como el coeficiente de capital CET1. Estos indicadores permitían a bancos y aseguradoras gestionar el equilibrio entre la generación de beneficios y el cumplimiento normativo, protegiendo tanto a los clientes como a los accionistas frente a crisis financieras. Sin embargo, el sector viene experimentando una transformación estructural hacia el ecosistema *fintech*, donde la tecnología reduce la dependencia de los activos inmobiliarios y físicos y permite ofrecer servicios financieros más personalizados, rápidos y escalables. Esta transición ha incorporado nuevos KPIs que complementan a los tradicionales. En este nuevo contexto, los líderes financieros deben seguir evaluando con rigor el binomio rentabilidad-riesgo, pero a la vez integrar indicadores de innovación tecnológica, eficiencia operativa digital y experiencia del cliente, que definen la competitividad en la nueva era.

Figura 4.17. KPIs clave para el sector financiero

KPIs	Forma de medición	Información que brida
Ratio de morosidad	Préstamos en mora / Total cartera	Mide el riesgo que presentan las carteras bancarias, un disparo de este puede depreciar altamente el valor de los activos bancarios pudiendo hacer a la entidad entrar en situación de insolvencia
Diferencial de intereses	Interés medio de los activos – Interés medio de los pasivos	Así, en la medida que por cambios en las políticas monetaria o la situación financiera, el banco cobre más por sus préstamos e inversiones que lo que remunera a sus depositantes y acreedores, está obteniendo un diferencial positivo de intereses

Ratio de capital nivel o CET1	Capital de máxima calidad / Activos ponderados por riesgo	Ratio introducida por el Acuerdo de Basilea III y exige que al menos el capital de máxima calidad sea superior al 4,5%. A medida que mayor sea la ratio más solvente se considera la entidad.
Ratio de Sharpe	Se halla como la rentabilidad anual de la cartera menos la rentabilidad anual de los activos libres de riesgo, todo ello divido por la volatilidad de la cartera	Ratio usada mucho en el análisis de productos y fondos de inversión. Se considera que un fondo es competitivo cuando el diferencial de interés que consigue respecto a un activo de cero riesgos es superior al coste (mayor volatilidad o desviación típica) que se asume al aumentar el riesgo de la cartera.

Capítulo 5.

Estudio de anticipación de quiebras

Resumen: En la película *Margin Call* estrenada en 2011 se nos muestra de primera mano las vivencias de varios de los más altos ejecutivos de un banco de inversiones neoyorquino durante una noche previa al estallido de la gran crisis financiera e inmobiliaria de 2007-2008. La trama discurre a lo largo de una noche en la que uno de los protagonistas, Peter Sullivan experto matemático en análisis de riesgos, descubre gracias a la información de otro compañero que, según los modelos de anticipación de quiebras del banco, actualmente mantenían unas posiciones excesivamente arriesgadas. El riesgo era tal, que en caso de que en el mercado el valor de esos activos tóxicos se devaluara en unos pocos puntos porcentuales, las pérdidas en las que incurriría el banco alcanzarían un valor varias veces superior al de su capital actual.

Tras ello, la película discurre en un sinfín de reuniones frenéticas entre los diferentes directivos del banco, dónde evalúan que posibilidades tienen para actuar, cómo de éticamente correcto sería inundar los mercados financieros de esos activos tóxicos para salvarse y otras cuestiones relacionadas. Sin ánimo de desvelar más sobre la película, esta representa un ejemplo perfecto de la importancia que históricamente tiene el análisis de riesgos, y especialmente aquel centrado en la prevención y anticipación de quiebras. No solo bancarias o financieras, sino de cualquier otra empresa productiva. En dicho ejemplo, se muestra de primera mano cómo la excesiva asunción de riesgos y apalancamiento acabaría costando la caída del mercado financiero durante la crisis.

Pero, el apalancamiento excesivo y la toma de decisiones de inversión arriesgadas no son la única causa que pueden acabar provocando quiebras, como se verá en este breve capítulo, otras medidas, principalmente ratios financieras, pueden tener un importante poder predictivo para evaluar el riesgo y la posibilidad de que una empresa fracase. Aunque, puede existir algo de debate en, qué se considera que una empresa fracase, o cuándo se da por fracaso un proyecto empresarial. Sin duda, la mayoría de los autores así como practicantes del mundo de la empresa están de acuerdo, al afirmar que cuando una empresa es incapaz de pagar a sus acreedores con sus fondos actuales y su capacidad de generación de los mismos mediante sus activos, debe declararse en bancarrota y por tanto, acordar el cese de su actividad económica.

En este capítulo, pues, se presentarán diferentes métodos para el estudio de anticipación de quiebras, es decir, se comentarán algunas de las herramientas que los académicos han ido desarrollando con mayor o menor expansión y facilidad o complejidad de usos. Por ello, primero se describirá en que consisten los estudios de anticipación de quiebras y sus características básicas, tras ello, se comentará la evolución de las diferentes herramientas usadas para pasar a comentar una de las más extendidas, la Puntuación Z de Altman de 1968 (posteriormente revisada y actualizada por el autor), además de presentar y comentar algunas otras aproximaciones más recientes al estudio de los métodos de predicción de quiebras.

Palabras clave: Quiebra, Modelos de predicción, Ratios, Puntuación Z, Liquidez, Rentabilidad, Apalancamiento, Liquidez

5.1. ELEMENTOS DE UN MODELO DE ANTICIPACIÓN DE QUIEBRAS

Antes de comenzar el análisis de las diferentes herramientas en sí, convendrá realizar una serie de definiciones y matizaciones sobre los modelos para la predicción de quiebras de forma generalizada. De esta forma podremos plantear una serie de términos comunes que nos permitirán comprender de una forma más adecuada las suposiciones y razonamientos que abarcan los diferentes modelos y métodos de predicción que se comentarán.

En primer lugar, se debe definir el concepto de quiebra como elemento común a todos los modelos y que comprende lo que viene definiendo el fracaso de un proyecto empresarial. Así, se entiende por quiebra a la situación jurídica en la que una persona jurídica como una empresa (o física en caso de que se trate de autónomos) se declara de forma voluntaria o por petición de sus acreedores, cuando esta no puede hacer frente al pago de sus diferentes deudas ya que estas son superiores a sus recursos económicos actuales y a los que previsiblemente podría generar en un periodo de tiempo razonable, quedando también descartadas opciones de restructuración de deuda o de refinanciación de la misma, las cuales, muy posiblemente ya se hubieran intentado realizar con anterioridad. Por tanto, en el momento en que dicha declaración consta como válida, se puede afirmar que legalmente el proyecto empresarial es fallido.

A pesar de que el proyecto empresarial esté declarado fallido, no siempre suele coincidir en el tiempo el momento del cese de actividades y el de declaración de quiebras. Por ejemplo, pueden existir casos en los que la actividad (ingresos, beneficios, clientes, márgenes etc.) van teniendo un crecimiento cada vez menor para posteriormente pasar a reducirse, por lo que la empresa irrevocablemente debe reducir su tamaño hasta que prácticamente en el momento de la declaración de quiebra apenas se ejecuta ningún tipo de actividad. En cambio, en otro caso, las declaraciones pueden suceder de la noche a la mañana o en unas pocas semanas, por lo que, aunque se haya declarado la quiebra, la empresa deberá seguir realizando cierta actividad, principalmente para pagar sus deudas pendientes a los acreedores, según las normas aplicables al derecho de prelación de créditos.

Esta normativa de los concursos de acreedores, la cual puede tener variaciones según el sistema legal de cada país, tiene por objetivo ordenar la prioridad en la que la empresa deberá devolver los diferentes pasivos que haya contraído. De forma, que primero se usen los fondos de efectivo, o las ganancias de algunas últimas operaciones, para posteriormente, subastar o vender los activos de la empresa con cuyos ingresos se terminará de pagar lo que se deba. En los casos más graves, pueden existir acreedores que acaben sin recibir sus fondos debido a que la empresa podría haber sido totalmente liquidada antes de poder si quiera cobrar ninguna cantidad adeudada. Así, normalmente el orden de prelación exige que se salden las deudas con los acreedores en el siguiente orden: Administración Pública, trabajadores, tenedores de deuda senior, tenedores de deuda subordinada, poseedores de productos híbridos como las participaciones preferentes y finalmente los poseedores del capital de la empresa o accionistas. Profundizar en dichos conceptos, quedaría fuera de los intereses de este libro, sin embargo, se recomienda visitar las páginas web de instituciones como Comisión Nacional del Mercado de Valores (CNMV) donde se encuentra publicada una amplia cantidad de información sobre cada uno de estos títulos y los riesgos que conllevan.

Una vez comprendido el concepto de quiebra como definición del fracaso empresarial, se pueden comentar algunos de las principales características que todos los modelos de anticipación de quiebras suelen presentar, los cuales serán: uso o no de modelos econométricos y en su caso tipo de modelo, análisis univariantes o multivariantes, plazo temporal de análisis, uso de modelos estáticos o dinámicos o las fuentes de información.

Uso de modelos econométricos

Dentro del análisis económico y empresarial, se pueden usar métodos más o menos sofisticados según la naturaleza del problema a analizar, así como de las capacidades y recursos, especialmente en tiempo y conocimientos. La econometría, es una disciplina dentro del campo de las ciencias económicas que une los métodos de las matemáticas y la estadística avanzada con la teoría económica y empresarial. De hecho, su etimología viene de los términos *econo,* de economía y *metría,* de medir. Por tanto, se podría decir que la econometría es la disciplina encargada de medir los fenómenos económicos para potenciar el entendimiento de la teoría económica y poder, en muchos casos demostrarla.

En este sentido, la econometría será una gran aliada de la gran mayoría de análisis experimentales como los que se han realizado a lo largo de la historia del análisis de predicción de quiebras. Sin embargo, es importante mencionar que su principal ventaja en el mundo académico, es decir, su rigurosidad y profundidad en el análisis matemático de los fenómenos, constituye su principal desventaja en el mundo de su aplicación real dentro de la empresa. Muchas veces, porque los usuarios de la información no comprenden totalmente el uso de los métodos, o incluso por que no se requiere del tiempo necesario para calibrar y analizar dichos modelos. Por esta razón, salvo en las grandes empresas tecnológicas o en los grandes bancos o aseguradoras donde se usan modelos actuariales avanzados y se tiene equipos especializados en finanzas cuantitativas, que además cuentan con una importante capacidad de cómputo, el uso de avanzados modelos de riesgo queda fuera de la gran inmensa mayoría de las pequeñas y medianas empresas.

Por esta razón, desde el ámbito académico empresarial, se vienen además desarrollando otras metodologías de análisis mucho más simplificadas como el uso de ratios o KPIs financieros concretos con un alto potencial de predicción. Incluso, se vienen creando diferentes fórmulas basadas en métodos econométricos para que simplemente se puedan utilizar por parte de los equipos de la empresa y que tienen un alto potencial de acierto, como sería el caso de la Puntuación Z de Altman.

Análisis Univariantes y Multivariantes

Otros de los conceptos más interesantes respecto a los modelos para la anticipación del fracaso empresarial consisten en el uso de modelos univariantes o multivariantes. Ambos términos provienen del campo de la estadística y la probabilidad y viene a decir si la probabilidad de que la empresa entre en quiebra se basa en el análisis de una sola variable a la vez, (es decir, no tiene que ser una sola, sino que también pueden ser varias de forma independiente, es decir, sin tener en cuenta las interrelaciones entre dichas variables) o de un conjunto de variables empresariales.

Así, pongamos, por ejemplo, un análisis de tipo univariante podría afirmar que el margen de beneficio neto (beneficio neto / ventas) podría ser una variable clave de predicción de quiebras, de forma que cuando este tiene de cero o incluso a generar pérdidas, la probabilidad de que la empresa enfrente una situación crítica que la haga quebrar aumenta considerablemente. Por su parte, otros analistas, podrían también pensar que no solo la rentabilidad es influyente en el riesgo de quiebra, sino que, por ejemplo, una mayor ratio de endeudamiento puede provocar también una situación en la que la empresa declare insolvente. De esta forma, el modelo no solo tendría en cuenta los efectos separados de cada variable, sino que internalizaría los efectos entre dichas variables o ratios, así, por ejemplo, unos menores márgenes, podría llevar a un mayor endeudamiento, para tratar de cubrir gastos crecientes, o incluso para tratar de potenciar expansiones agresivas que ayuden a solucionar el problema.

Una condición econométrica interesante en este punto es la multicolinealidad, la cual de forma sencilla se puede definir como el grado en el que las variables del modelo de análisis de prevención de quiebras están relacionadas entre sí. Sin entrar en una explicación pormenorizada del término y su utilidad en el análisis de los modelos, conviene conocer que para que un modelo goce una mayor capacidad predictiva, debe ser eficiente, dicha eficiencia se logra usando el menor número de variables con mayor potencial de predicción y siendo lo más independientes entre ellas. Por ejemplo, basar el análisis de la predicción de quiebras dos ratios como el Fondo de Maniobra / Activo Total y la Ratio de Liquidez (Activo Corriente / Pasivo Corriente) , podría no ser tal vez lo óptimo ya que al fin y al cabo se está analizando el capital de trabajo neto desde dos perspectivas diferentes, aunque esencialmente sean las mismas variables. Así, un aumento de fondo de maniobra indiscutiblemente llevará a un aumento de la solvencia a corto plazo, con lo cual, tal vez analizar ambas no fuera lo más eficiente.

Plazos temporales de análisis

Otro de los elementos más discutidos en el campo de los modelos de análisis de quiebras tiene que ver con los plazos temporales para los que se realiza la predicción, así como el número de años en los cuales se suelen basar las muestras para estimar los diferentes modelos.

Aunque esta es una discusión de carácter más metodológico, conviene señalar que existen diferentes modelos los cuales, por ejemplo, se basan en la predicción de la quiebra a un año vista, mientras que otros pueden analizar el grado de probabilidad de quiebra desde mucho antes, por ejemplo 3 o 5 años antes de que la quiebra suceda.

Normalmente, conforme mayor sea el plazo de predicción más inexactas serán la predicción, por ejemplo, en el año quinto previo a una posible quiebra, la empresa podría tener unas ratios e indicadores financieras muy débiles. Sin embargo, los modelos no incluyen la posibilidad de que su equipo directivo, diseñe un plan de transformación empresarial totalmente rompedor que haga que la empresa no solo salga de la situación de debilidad inicial, sino que incluso obtenga mejores resultados que antes. Por el contrario, modelos a tan largo plazo, podrían señalar riesgos de quiebra mínimos un año antes de que sucedan y sin embargo, como efecto de una crisis financiera global, la empresa deba quebrar en cuestión de semanas porque muchos de sus activos financieros a largo plazo, deben declarase como tóxicos o con probabilidades nulas de impago, como les sucedió a muchos bancos o cajas de ahorro con sus activos inmobiliarios.

Modelos estáticos y dinámicos

Otra cuestión de importancia se basa en si el tiempo se incluirá o no como variable causal en el modelo. Es decir, cuando un modelo se considera dinámico, el tiempo, por ejemplo, los años, se incluyen como un elemento más en el modelo, por lo que conforme este avanza el resto de los elementos siguen una determinada trayectoria dentro del modelo, a menos que sucesos exógenos o externos cambien dichas trayectorias.

El origen de estos modelos, ni siquiera nación en el mundo de las ciencias económicas, sino que nace en el mundo de la física, así, con simples experimentos como el lanzamiento de una pelota desde una altura determinada, se puede conocer la trayectoria de la misma, y adivinar con una precisión exacta, donde se hallará la pelota en cada momento del futuro. Sin embargo, cuando se analizan a la empresa y a los diferentes elementos que rodean al comportamiento humano, el número de sucesos posibles que pueden cambiar las trayectorias de los elementos, hacen que se deban recurrir a modelos dinámicos basados en la probabilidad.

Estos son los más complejos y utilizan para su resolución conceptos matemáticas muy avanzados como el uso de ecuaciones diferenciales o conceptos abstractos como las Cadenas de Markov, el Movimiento Browniano o modelos de "Paseo aleatorio" o *Random Walk.* Dejamos el análisis y la profundización en estos y otros métodos para aquellos lectores interesados en esta metodología, en la revisión de diferentes manuales universitarios sobre econometría y métodos cuantitativos, los cuales se salen del alcance de la presente obra.

Al contrario que los modelos dinámicos, los modelos estáticos evalúan un único momento en el tiempo, por lo que puede ser mucho más sencillo de modelizar, aplicar y entender. Asimismo, estos modelos se pueden dinamizar si simplemente se aplican de forma reiterativa en cada uno de los años de análisis que se desean. Normalmente, serán los análisis estáticos, como aquellos basados en ratios los más comunes en el análisis empresarial, quedando los modelos dinámicos, en muchos casos, relegados al mundo académico.

Fuentes de información

Finalmente, otro punto de debate en la literatura sobre los modelos de anticipación de quiebras tiene que ver con los datos muestrales en base a los que se estiman y calculan los modelos. Y, por consiguiente, se hallan las predicciones posteriormente. En este sentido, muchas de los debates tienen que ver con el uso de información únicamente interna de la compañía, por ejemplo, la presentada en sus cuentas anuales o si además de podrían incluir otras informaciones externas o relativas al mercado (por ejemplo, en empresas que coticen en bolsa). Así, por ejemplo, se defienden variables como el precio de la acción, como elementos con capacidad de predicción ya que se afirma que el precio de la acción siempre está descontando los flujos de caja futuros de la empresa de forma que caídas del precio podrían significar caídas de los flujos de caja sistemáticos lo que llevaría a una posición cada vez más débil a la empresa.

A pesar, de ello, también existen perspectivas contrarias, entrando así en un debate sobre la causalidad (qué causa qué o mejor dicho "que fue antes el huevo o la gallina"). Así, por ejemplo, también se podría argumentar que unos menores resultados, una peor opinión por parte de sus clientes o un desempeño productivo más deficiente ha sido la causa de esas bajadas en los precios de las acciones. Otros debates, tienen que ver con el momento en el que se recoge la información, especialmente si se debería usar solo la información de la contabilidad externa o también de la contabilidad interna de la empresa, ya que, por ejemplo, existen innumerables casos de empresas que firman declaraciones de quiebra antes de publicar sus resultados a final de año, por lo que se podría introducir un sesgo de retraso en el análisis.

Finalmente, otra de las críticas que se hace de este tipo de análisis y de modelos es que para su cálculo siempre usan datos a posteriori y de empresas quebradas. Por lo que se correría el riesgo de caer en un riesgo de sesgo de autoselección, es decir, como siempre se escogen empresas de un mismo patrón que acaban quebrando, el modelo aprender que dicho patrón genera la posibilidad de quiebra, sin embargo, poco se puede saber de la posibilidad de quiebra de aquellas empresas que no han quebrado todavía y tienen patrones de comportamiento diferentes. Sin embargo, de momento no parece que existan soluciones prometedoras a frente a dicha problemática.

5.2. EVOLUCIÓN DE LOS MODELOS DE ANTICIPACIÓN DE QUIEBRAS

Desde comienzos del Siglo XX, el análisis sistemático de los diferentes elementos de la empresa, principalmente a través de la información de la contabilidad financiera fue extendiéndose en todos los ámbitos de análisis posibles como las rentabilidades o rendimientos de las inversiones, liquidez, generación de fondos, o también la posibilidad y riesgos de que sucediera una quiebra. Dichos esfuerzos, se verían además amplificados desde el mundo académico tras la Crisis del 29 en la que, ante la constatación de la debilidad que podía tener el sistema económico y empresarial, muchos autores comenzaron a evaluar diferentes indicadores acerca de la mayor o menor salud de las empresas y los riesgos o probabilidades que estas tenían de enfrentar situaciones de crisis que las llevases a la bancarrota.

De esta forma, existen estudios de la década de los años 1930 de Winakor – Smith, Fitzpatrick, Merwin además de otros estudiosos sobre este tema e instituciones como el departamento de investigaciones empresariales BBR (Bureau of Business Research de los Estados Unidos). Por ejemplo, esta última institución analizó un conjunto de 24 ratios diferentes para una muestra de 29 compañías, de esa muestra pudo comenzar a detectar como algunas medidas tenían un mayor potencial para predecir si la empresa llegaría a la quiebra que otras, así por ejemplo, en su estudio señalaban ratios como el Capital de Trabajo / Activos Totales, Activo Corriente / Pasivo Corriente, Patrimonio Neto / Activos Totales o Ventas / Activos Totales. Asimismo, Fiztpatrick estudió también el potencial de predicción de diferentes ratios, sobre grupos de empresas quebradas y no quebradas durante un mismo periodo de tiempo de análisis. Así, señaló que de entre las diferentes ratios que analizó, dos en concreto tendrían una mayor importancia como serían el Patrimonio Neto / Pasivos Totales y el Beneficio Neto / Patrimonio Neto, es decir el ROE, por lo que para el autor factores como el apalancamiento y la rentabilidad de los recursos propios podrían ser buenos predictores del riesgo de quiebra.

Más adelante, Smith y Winakor, apmliarían los análisis del BBR, señalando que la ratio de Capital de Trabajo / Activos Totales tenía un mayor poder de predicción que otras como la ratio de solvencia a corto plazo o la de Efectivo / Activos Totales. Además, hasta el momento, gran parte de los análisis se había centrado en empresas industriales de un tamaño medio o grande, por lo que poco se conocía acerca de la utilidad de dichas ratios para el caso de empresas pequeñas. En este sentido, el trabajo de Merwin puede ser considerado pionero, además añadiendo conclusiones interesantes como que con algunas de las métricas analizadas se podría llegar a observar señales de riesgo de quiebra hasta 5 años antes de que estas sucediesen.

Además, otros autores como Chudson o Jackendoff también realizaron importantes aportaciones, de nuevo siguiendo la metodología de análisis basada en la comparación de diferentes ratios entre empresas que había quebrado y aquellas que no para diferentes momentos del tiempo. Aunque el estudio más amplio fue el de Edward Altman, mejorando el análisis propuesto por W.H. Beaver basados fundamentalmente en la ratio Cash Flow partido por Pasivo Total, ratios de Estructura de Capital y ratios de Liquidez. Concretamente, William Beaver publicó en 1966 un interesante artículo acerca de cómo las ratios financieras podrían servir para predecir de forma correcta el fracaso de las empresas, es decir, su bancarrota. Para ello, aplicó diferentes ratios de los que se venían usando a una muestra de empresas que se habían declarado en bancarrota y otras que no, llegando a conclusiones interesantes acerca de cómo algunos de las ratios que se venía usando como la de Activo Corriente / Pasivo Corriente, tenía capacidad de predicción excepto en el año previo a la quiebra, por lo que no se trataría de un indicador muy eficaz de cara a la detección temprana de riesgos. A su vez, el autor señalaría como algunas ratios como Flujos de Caja / Activos Totales, Beneficio Neto / Activos Totales, Pasivo Total / Activo Total y, especialmente, debido a su capacidad de anticipación teórica de hasta 5 años, Flujos de Caja / Pasivo Total.

Finalmente, en 1968, Altman publica su artículo "*Financial Ratios, Discriminant Analysis and the prediction of corporate bankruptcy*" el cual puede ser considerado como el trabajo de mayor importancia y que con mayor extensión se ha trasladado del mundo académico al empresarial debido a la sencillez de su aplicación como se verá en el siguiente apartado. El cambio que su puso el trabajo de Altman con respecto a la mayoría de los anteriores se basa en que representa en cierta medida el comienzo de la utilización de modelos estadísticos y econométricos para el análisis de los riesgos de quiebra, usando un modelo de Análisis de Discriminantes Múltiple o MDA (Muliple Discriminant Analysis) en cual se basa en esencia en el cálculo de una puntuación, la puntuación Z, la cual hará que una empresa sea clasificada en riesgo de quiebra o no según se encuentre en un punto de concreto de dicho rango. Después de dicha publicación, Altman en conjunto con otros autores ha ido refinando su análisis, aplicándolo a otros sectores empresariales, a empresas de menor tamaño o incluso estimando nuevos parámetros de su modelo para las empresas de diferentes economías nacionales, las cuales presentan diferentes particularidades que hacen cambiar al modelo. Una descripción más pormenorizada del modelo de Altman se presenta en el apartado siguiente donde también aplicaremos sus métricas al análisis de algunos casos prácticos.

Desde dicho momento, el estudio de anticipación de quiebras como campo de investigación alcanzó su máxima popularidad, que se ha mantenido relativamente estable desde entonces, aunque desde los sucesos de la Crisis del año 2008, ha vuelto a ganar algo más de popularidad. Entre los principales desarrollos que han ido teniendo lugar, se destaca la ampliación de las herramientas de análisis más allá de los modelos MDA. Por ejemplo, diversos métodos de regresión como las regresiones logísticas (Modelos Logit) o las regresiones probabilísticas (Modelos Probit) comenzaron a usarse por diversos autores debido a la mayor facilidad para estimar modelos con un mayor número de variables y con grandes muestras. Asimismo, con la llegada de los modelos dinámicos otras técnicas más avanzadas se comenzaron a popularizar como el uso de redes neuronales o incluso de herramientas sofisticadas de *Machine Learning*. En este sentido, se pueden destacar los trabajos de autores como Robert C. Merton (Premio Nobel junto con Fischer Black y Myron Scholes por su famosa ecuación para valorar activos financieros) quien desarrolló modelos estructurales, no exactamente para el riesgo de quiebra sino para analizar los riegos de productos como los bonos, específicamente, aquellos riesgos ligados al incumplimiento de los pagos. Finalmente, se puede hablar de otras metodologías de análisis basadas en modelos dinámicos más novedosas como los Modelos de Supervivencia (Hazard Models) como el de Shumway.

Independientemente del grado de avance de uno u otro modelo, lo que si parece claro es que todos ellos tienen en común el uso de algún tipo de ratio financiera, basando, por tanto, una gran parte de las causas de quiebra en las señales que dichas ratios podrían transmitir. Así, según diversas recopilaciones bibliográficas, los indicadores que con más frecuencia aparecen mencionados en los diversos artículos y publicaciones académicas sobre predicción de quiebras serían: Beneficio Neto / Activos Totales, Solvencia a corto plazo o Activo Corriente / Pasivo Corriente, Capital de Trabajo Neto / Activos Totales, Ganancias No Distribuidas / Activos Totales o la Rotación de Activos.

5.3. EL MODELO DE ALTMAN (PUNTUACIÓN Z)

Como antes se ha comentado, el modelo de Altman puede ser quizá el más conocido y además el que con mayor facilidad se puede replicar para el estudio de la prevención de quiebras en cada empresa debido a que como se muestra a continuación solo se necesitará de la información financiera de los estados contables anuales para poder calcular los indicadores a partir de los cuales se construye la formula de la Puntuación Z.

El modelo, fue de los primeros en introducir un análisis multivariante, completando en cierto sentido los análisis de ratios hechos por Beaver. Concretamente, se basa en uso de modelos MDA o de análisis discriminante. Como su propio nombre indica, estos modelos se usan para discriminar o diferenciar elementos de una muestra en varios grupos. Por poner un ejemplo, un modelo MDA podría discriminar si una fruta es peras o manazas, para ello, se podría incluir como variables a analizar su tacto, tamaño, sabor, composición química etc. De forma que el modelo estimase unos parámetros (números que aparecen delante de cada variable) para poder clasificar correctamente la fruta. Estos análisis se pueden usar para clasificar en entre dos o más grupos predefinidos, sin embargo, conforme más grupos se pretenda clasificar, mayores muestras y capacidad de cómputo se necesitará.

En el caso del modelo Altman, se escoge la opción más sencilla, que es diferenciar entre el grupo de empresas que entran en bancarrota y aquellas que no. Así, mediante diferentes muestras, se puede refinar y calibrar un modelo, es decir, estimar un valor para sus parámetros. Cuando las acciones de estimación y calibración del modelo han sido correctamente realizadas, los parámetros serán significativos, lo que quiere decir que la variable o ratio a la que acompaña tiene un alto poder de predicción de quiebras.

Aplicando pues dicha metodología, Altman obtiene la siguiente expresión para hallar la Puntuación Z, la cual representa un valor que se mueve en una distribución estadística donde, a través de diversos métodos en los que no profundizaremos, Altman afirma que valores cercanos a 3 o superiores indican que la compañía muestra una posición sólida donde no se espera una previsible quiebra o crisis, mientras que valores inferiores a 1,81 indicarían unos mayores riesgos de quiebra. La zona intermedia, quedaría pues como zona de incertidumbre. Así, se obtienen la siguiente fórmula:

$$Puntuación\ Z = 1{,}2 \times \frac{Capital\ de\ Trabajo\ Neto}{Activo\ Total} + 1{,}4 \times \frac{Beneficios\ Retenidos}{Activo\ Total} + 3{,}3 \times \frac{BAII}{Activo\ Total} + 0{,}6 \times \frac{Valor\ de\ mercado\ del\ Patrimonio\ Neto}{Pasivo\ Total} + 1{,}0 \times \frac{Ventas}{Activo\ Total}$$

La expresión anterior consta pues de los siguientes elementos. En primer lugar, de la Puntuación Z que sería el resultado de la suma los valores a la derecha del signo de igualdad. En segundo lugar, se encontrarían los parámetros del modelo que serían las cifras que multiplican a cada una de las ratios. Dichos valores, fueron estimados por Altman como de aplicación general para cualquier tipo de empresas, aunque de realizar un análisis centrado en un sector o país concreto, estas cifras deberían cambiar. Finalmente, en tercer lugar, se tienen los valores de las ratios que actuaría como variables independientes del modelo, es decir, las diferentes ratios estimadas.

Como se puede observar, según el modelo de Altman, factores relacionados con el grado de actividad, la rentabilidad, el apalancamiento, la rotación y la liquidez son los que definen el nivel de riesgo que presenta una compañía frente a la posibilidad de declararse en quiebra. La justificación que este autor, y otros posteriormente hacen del uso de dichas métricas podría resumirse de la siguiente forma:

- Capital de Trabajo Neto / Activo Total: Se usaría como una medida de liquidez que evalúa las posesiones de activos líquidos netos de la compañía en proporción a su tamaño. Así, una empresa que esté generando pérdidas de forma sistemática, posiblemente, vea reducida la proporción que guarda su capital de trabajo neto respecto a sus activos totales. Por ejemplo, sería el caso de una fábrica que debido a las pérdidas, posee cada vez menos efectivo en sus cuentas bancarias, o bien se está endeudando a corto plazo, reduciendo el fondo de maniobra o incluso debido a su menor capacidad para financiar el activo corriente, ve reducidas otras partidas como el realizable (menos inventarios o menos cuentas a cobrar por tener menos actividad)
- Beneficios Retenidos / Activo Total: Se usa como una medida de la rentabilidad acumulada de la empresa, así por ejemplo empresas en crecimiento o de reciente creación no habrán acumulado una alta cantidad de beneficios en comparación con el tamaño de su estructura económica. Asimismo, empresas que presenten una mayor debilidad, deberán en muchos casos aumentar el porcentaje de ganancias que ofrecen en forma de dividendos para evitar que la acción disminuya de valor en grandes proporciones. Sin embargo, estas medidas acabarían repercutiendo en una mayor debilidad según esta ratio. Asimismo, algunos autores discuten el sesgo discriminatorio que dicha medida puede incluir sobre las empresas jóvenes, sin embargo, según Altman, esto sería justificable debido a que los primeros años de funcionamiento resultan ser críticos para la supervivencia de la empresa.
- BAII / Activo Total: Se puede entender como una medida de rendimiento o productividad operativa de la compañía antes de incluir los efectos del apalancamiento o los gastos impositivos. Al fin y al cabo, la empresa tendrá más valor en tanto en cuanto sea capaz de generar unos mayores beneficios con una inversión determinada por lo que, en caso de que los BAII se vean disminuidos, no solo se verá aumentado el riesgo de quiebra por ese menor flujo de beneficios, sino que el riesgo se verá acrecentado por ser insuficiente para una estructura

económica dada, que además tendrá una valoración decreciente de no recuperar su ritmo de generación de beneficios.

- Valor de mercado del PN / Pasivo Total: Se usaría como una medida del apalancamiento de la empresa, concretamente representa la inversa de la ratio de apalancamiento, es decir, mayores valores de esta ratio indican que la empresa tiene un menor nivel de apalancamiento. Además, servirá para medir en qué proporción pueden disminuir el valor de los activos de la empresa, antes de que estos sean inferiores a su pasivo y se entre en situación de insolvencia. Así, por ejemplo, una empresa que tenga un valor de 2 en dicha ratio, o por el contrario un apalancamiento de 0,5 podría perder hasta 2/3 del valor de sus activos antes de entrar en situación de insolvencia.
- Ventas / Activo Total: Finalmente, se incluye un elemento para medir la rotación de activos, la cual mide la efectividad con la que el uso de los activos de la empresa es capaz de generar nuevas ventas. Es decir, sería una medida de efectividad en el uso de la capacidad de la empresa.

Una vez comprendido el funcionamiento y los elementos clave del modelo de Altman, se presentará un caso de análisis con el que se podrá profundizar en su uso, aplicando dicho método a un caso ficticio:

Figura 5.1. Caso práctico de análisis del modelo de Altman

Para comprobar el funcionamiento de la Puntuación Z de Altman, se van a analizar los datos correspondientes a la empresa ficticia ElectroNova S.A. perteneciente al sector industrial y manufacturero, productora de material eléctrico. Para comprobar el funcionamiento del modelo Altman, se van a calcular las ratios y la Puntuación Z de los últimos tres años de forma que se observe un deterioro en la misma hasta el momento de la quiebra. Así, en la siguiente tabla se muestra las cantidades en millones de euros correspondientes a los últimos tres años.

Años	Activo Total	Pasivo Total	Patrimonio Neto	Capital de Trabajo Neto	Beneficios Retenidos	Ventas	BAII
Año T-2	1.000	400	600	150	200	900	120
Año T-1	1.000	600	400	50	150	880	60
Año T	1.000	1100	-100	-50	50	840	10

Nota: en este caso se considera que el Patrimonio Neto es igual al valor de mercado del capital debido a que se trata de una empresa no cotizada, en caso contrario, como ya sabemos la capitalización bursátil excederá al valor en libros del capital.

De esta forma se pueden hallar las ratios necesarias para cada uno de los años tal y como se muestra a continuación:

Años	CT / AT	Beneficios Retenidos / AT	BAII / AT	PN / PT	Ventas / AT
Año T-2	0,15	0,2	0,12	1,5	0,12
Año T-1	0,05	0,15	0,06	0,67	0,06
Año T	-0,05	0,05	0,01	-0,01	0,01

Como se puede observar, a priori, las ratios han ido empeorando, concretamente siendo cada vez inferiores por lo que al aplicar la fórmula de la puntuación Z, esta tenderá a disminuir, haciendo que el riesgo de quiebra sea cada vez superior, así aplicando la fórmula para cada año, se obtienen los siguientes valores:

$$Puntuación\ Z\ (Año\ T-2) = 1{,}2 \times 0{,}15 + 1{,}4 \times 0{,}2 + 3{,}3 \times 0{,}12 + 0{,}6 \times 1{,}5 + 1{,}0 \times 0{,}12 = 1{,}876$$
$$Puntuación\ Z\ (Año\ T-1) = 1{,}2 \times 0{,}05 + 1{,}4 \times 0{,}15 + 3{,}3 \times 0{,}06 + 0{,}6 \times 0{,}67 + 1{,}0 \times 0{,}06 = 0{,}93$$
$$Puntuación\ Z\ (Año\ T) = 1{,}2 \times -0{,}05 + 1{,}4 \times 0{,}05 + 3{,}3 \times 0{,}01 + 0{,}6 \times -0{,}01 + 1{,}0 \times 0{,}01 = 0{,}047$$

Tal y como se puede notar, en el primero de los años de análisis, dos años antes del momento en el que se produce la quiebra, o año T, la empresa ya presentaba unas ratios que le otorgaban una puntuación por la que debía estar en situación de incertidumbre. Sin bien, al estar más cerca del 1,81 que del 3, hubiera sido una importante señal de alerta para que los directivos de la empresa reaccionaran a una menor rentabilidad, efectividad, apalancamiento y fondo de maniobra.

El año antes de la quiebra, ElectroNova presentó ya claros indicios de que iba a quebrar, debido a que la puntuación Z se situó claramente por debajo del margen de 1,81. Además, en ese año, el pasivo aumento considerablemente lo que aumentaría el riesgo de impago de la empresa.

Finalmente, debido a que el valor del activo acaba siendo inferior al de los pasivos que se han ido acumulando por la mala gestión del negocio, se tiene que el patrimonio neto de la empresa es negativo, presentándose así a una puntuación Z extremadamente baja.

5.4. OTROS MODELOS ACTUALES

Finalmente, podría ser conveniente mencionar que además del modelo de Altman, también existen otras herramientas más actuales las cuales se suelen aplicar tanto en el ámbito académico como en ciertos casos en el ámbito de la empresa real. Así, una de las desventajas que presenta el modelo de Altman, no ser un modelo dinámico, quedaría solventado con otros modelos como el Modelo de Supervivencia de Shumway. Entre las conclusiones principales que encuentra el autor, se confirma como el uso de modelos dinámicos permite analizar mejor como se reparte el riesgo a lo largo de los periodos de análisis y no solo las variaciones estáticas que se podrían observar con los resultados de un modelo estático en diferentes momentos del tiempo. Asimismo, la implementación de dichos modelos dinámicos además permite deshacerse de algunos sesgos de selección los cuales son propios de los modelos estáticos tal y como se comento anteriormente.

El modelo de Shumway se basaría en un modelo de regresión logística el cual se estimaría por el método de máxima verosimilitud (que se trata de una forma específica de estimar los parámetros del modelo) y en lugar de ofrecer como resultado principal una puntuación como la Z, simplemente categorizaría a la empresa como en riesgo de quiebra o fuera de dicho riesgo. Es decir, la ventaja de usar dicho modelo logístico será que el resultado, o la variable dependiente, será siempre una variable de tipo cualitativo como entrar o no en bancarrota.

Las variables en base a las que se realizará la predicción del modelo serán las presentadas por Altman, además de las ratios de Beneficio Neto / Activo Total, Pasivo Total / Activo Total, Activo Corriente / Pasivo Corriente. Asimismo, otras de las particularidades de este modelo es que incluye, no solo información de la contabilidad financiera de la compañía, sino que además se basará en información de mercado para predecir el riesgo de quiebra, así el Modelo de Supervivencia también incluye (en caso de que la empresa esté cotizada) como la prima de riesgo, o el riesgo relativo de sus acciones medidos como la desviación estándar de los rendimientos de las acciones entre otras.

Además de estos modelos dinámicos, se encuentran los denominados modelos estructurales de predicción de quiebras. Estos modelos tienen su origen en la teoría de opciones de Merton, en la cual se interpreta el valor de la empresa como el valor de un activo subyacente y la deuda como una opción de compra sobre dicho activo. La lógica que hay detrás de este planteamiento es que los accionistas poseen, en esencia, el derecho, pero no la obligación de pagar la deuda a su vencimiento: si el valor de los activos es superior al valor de la deuda, ejercerán su derecho a mantener la empresa operativa, mientras que, si es inferior, los acreedores se apropiarán de los activos en un proceso de liquidación. Por ello, estos modelos estructurales relacionan de forma explícita el riesgo de quiebra con la volatilidad del valor de los activos y la estructura de capital, resultando especialmente adecuados para compañías que cotizan en mercados líquidos y permiten estimar la probabilidad de impagos por insolvencia de manera más directa a partir de la información de mercado.

Por otra parte, con los avances en el poder computacional y en las técnicas de análisis de datos, se ha extendido el uso de modelos de aprendizaje automático y de redes neuronales para la predicción de quiebras. Estos modelos permiten incorporar un número mucho mayor de variables, incluidas no solo las financieras, sino también indicadores cualitativos, señales derivadas de la comunicación corporativa, del entorno sectorial e incluso de datos alternativos como menciones en redes sociales o indicadores macroeconómicos en tiempo real. En particular, las redes neuronales profundas tienen la capacidad de capturar relaciones no lineales y complejas entre variables que los modelos tradicionales no alcanzan a representar. No obstante, uno de los principales retos que presentan es la interpretabilidad de sus resultados, lo que en muchos casos limita su adopción práctica en ámbitos en los que es necesario justificar de forma clara las decisiones propias de la empresarial.

Asimismo, existen herramientas de análisis de riesgo de quiebras propias de algunos sectores económicos. Por ejemplo, en el sector bancario y financiero, la medición y gestión del riesgo de quiebra está enmarcada en requerimientos regulatorios como los establecidos en los Acuerdos de Basilea II y III. Estos acuerdos internacionales, promovidos por el Comité de Supervisión Bancaria de Basilea, definen marcos normativos que obligan a las entidades financieras a mantener un nivel de capital regulatorio suficiente para cubrir los riesgos de crédito, de mercado y operacionales. De manera simplificada, Basilea II introdujo un enfoque más sensible al riesgo que el marco anterior, permitiendo a los bancos utilizar modelos internos para el cálculo de los activos ponderados por riesgo y, en consecuencia, para determinar los requerimientos de capital. Basilea III, a su vez, endureció estos requisitos tras la crisis financiera global de 2008, elevando las exigencias de capital de máxima calidad (capital ordinario de nivel 1 o CET1), introduciendo colchones de conservación de capital y requiriendo una mayor cobertura frente a riesgos sistémicos y de liquidez. De esta forma, en el caso de los bancos, el análisis de la solvencia y la estabilidad no se limita a modelos predictivos, sino que se somete a un marco normativo de carácter internacional que orienta la gestión del riesgo de quiebra.

En definitiva, el desarrollo de estas metodologías, desde los modelos estáticos iniciales hasta los modelos dinámicos, estructurales y basados en inteligencia artificial, ha proporcionado herramientas cada vez más sofisticadas para anticipar y mitigar el riesgo de quiebra empresarial. Sin embargo, ninguna de ellas sustituye el análisis financiero pormenorizado que se ha expuesto en el primer capítulo de este libro. Todas estas aproximaciones cuantitativas constituyen instrumentos complementarios que, al integrarse con un estudio detallado de los estados contables, de la estructura de negocio, del entorno competitivo y de los factores cualitativos propios de cada compañía, permiten alcanzar un diagnóstico más sólido y una gestión de riesgos más prudente. Reconocer sus limitaciones, como la dependencia de datos fiables, la posibilidad de cambios estructurales en la economía o la dificultad de interpretar modelos complejos, es esencial para emplearlas como soporte a la toma de decisiones y no como sustituto del juicio experto.

Bibliografía y escritos de interés

Bibliografía de interés – Apartado 1.1.

Leopold A. Berstein, ANÁLISIS DE ESTADOS FINANCIEROS, Editorial Irwin, 1995.

N. D. Stein, INTERPRETACIÓN DE ESTADOS FINANCIEROS Origen y Aplicación de Fondos, Ediciones Deusto,1998.

CNMV, Informes financieros anuales: INDUSTRIA DE DISEÑO TEXTIL, S.A..2024.

Cordobés M., De Vicente M., Molina H., Manual de preparación de estados financieros. Lo que el usuario debe saber. AECA, 2020.

FASB, Generally Accepted Accounting Principles. 2025

https://asc.fasb.org/105/10/showallinonepage

ICAC, Marco conceptual de la contabilidad financiera en España, comparabilidad internacional.1996.

IFRS, Accounting Standards. 2025

https://www.ifrs.org/issued-standards/list-of-standards/#accounting-standards

U.S. Securities and Exchange Commission, Non-GAAP Financial Measures. 2022.

https://www.sec.gov/corpfin/non-gaap-financial-measures.htm

Bibliografía de interés – Apartado 1.2.

Amat, O., Máster en Finanzas, Profit Editorial, 2018.

CNMV, Informes financieros anuales, 2025.

https://www.cnmv.es/portal/consultas/em_inffinanual?id=EE&lang=es

Ernst & Young, Cash and working capital. How Ernst & Young can help, 2013

Filbeck, G., Krueger, T., An analysis of working capital management results across industries. *American journal of business, 20*(2), 11-20, 2005.

Ross, A., Westerfield, R., Jaffe, J., Finanzas corporativas, McGraw Hill, 9ªEdición, 2010.

Bibliografía de interés – Apartado 1.3.

AECA, Evaluación de la solvencia empresarial: posición de riesgo de la empresa, AECA. 2022.

García, V., Viabilidad financiera de la empresa de negocios, Tirant lo Blanch. 2009.

Bibliografía de interés – Apartado 1.4.

Wild, J., Subramanyan, K., Halsey, R., ANÁLISIS DE ESTADOS FINANCIEROS, McGraw Hill, 9ªEdición, 2007

Gay de Liébana, J., Revolución tecnológica y nueva economía, Ediciones Deusto, 2020.

Bibliografía de interés – Apartado 1.5.

Martínez, E., Aguirreamalloa, J., Finanzas para directivos, McGraw Hill, 2ªEdición, 2013.

Bibliografía de interés – Apartado 1.6.

Lizcano, J., Catelló, E., Rentabilidad empresarial propuesta práctica de análisis y evaluación, Cámaras de Comercio, 2004.

Pindyck, R., Rubinfield, D., Microeconomía, Pearson, 9ªEdición, 2018.

Stobierski, T., 13 FINANCIAL PERFORMANCE MEASURES MANAGERS SHOULD MONITOR, Harvard Business School, 2020.

Stewart, G.B., The quest for value: A guide for senior managers, Stern Stewart & Co, 1991.

Bibliografía de interés – Apartado 1.7.

Agrawal, A., Grube, C., Herranz, J., Toward the long term: CFO perspectives on the future of finance, McKinsey & Company, 2025.

Eurostat, Formación bruta de capital fijo, volúmenes, Glosario, European Commission, 2025.

European Investment Bank, EIB Investment Report 2024/2025, EIB, 2025

Fernández, P., Métodos de valoración de empresas, IESE Business School, 2008.

Fernández, P., WACC: DEFINITIONS, MISCONCEPTIONS AND ERRORS, IESE Business School, 2011.

Goedhart, M., Koller, T., Wessels, D., The right role for multiples in valuation, McKinsey & Company, 2005.

Maboussin, M., Callahan, D., Valuation Multiples, What They Miss, Why they differ and the Link to Fundamentals, Morgan Stanley, 2024.

Bibliografía de interés – Apartado 2.1.

Ansoff, I., Corporate Strategy, McGraw-Hill, 1965.

Navas, J., Guerras, L., FUNDAMENTOS DE DIRECCIÓN ESTRATÉGICA DE LA EMPRESA, Editorial Aranzadi, SA, 2ªEdición, 2016.

REAL ACADEMIA ESPAÑOLA: Diccionario de la lengua española, Estrategia, 23.ª ed., 2025.

Ross, D., "Game Theory", The Stanford Encyclopedia of Philosophy, Edward N. Zalta & Uri Nodelman (eds.), 2024..

Porter, M., What is strategy? Harvard Business Review 74(6) 61–78, 1996.

Mintzberg, H., The Strategy Concept I: Five Ps for strategy, California management review 30(1) 11-24,1987.

Kahneman, D., Tversky, A., Prospect Theory: An analysis of decision under risk, Econometrica 47(2) 265-291, 1979

Kahneman, D., Pensar rápido, pensar despacio, DEBOLSILLO, 2013.

Schwart, B., The paradox of choice, Harper Perennial, 2004.

Sinek, S., Start with why: How great leaders inspire everyone to take action, Penguin Books, 2009.

Bibliografía de interés – Apartado 2.2.

Benson, R., Otto, S., Webster, G., Building capabilities for performance, McKinsey & Company, 2014.

Collis, D., Montgomery, C., Competing on resources: Strategy in the 1990s, Harvard Business Review, 1995.

Grant, R., Contemporary Strategy Analysis, Wiley, 10ªEdición, 2019.

Prahalad, C., Hamel, G., The Core Competence of the Corporation, Harvard Business Review, 1990.

Porter, M., Competitive advantage: creating and sustaining superior performance, New York: Free Press, 1985.

Bibliografía de interés – Apartado 2.3.

Abell, D., Defining the business: The starting point of strategic planning, Prentice Hall, 1980.

Aguilar, F., Scanning the business environment, Macmillan, 1967.

Delgado y Ugarte, J.I., Teoría de los negocios: análisis estratégico de los negocios, 2002.

Delgado y Ugarte, J.I., Benegas, A., Management estratégico actual, Formación Alcalá, 2018.

Easterly, W., The elusive quest for growth: Economist's adventures and misadventures in the Tropics, MIT Press, 2002.

Miller, D., The Icarus paradox: How exceptional companies bring about their own downfall: new lessons in the dynamics of corporate success, decline, and renewal, Harper Business, 1990.

Jhonson, G., Scholes, K., Whittington, R., Exploring Corporate Strategy, Prentice Hall, 8ª Edición, 2008.

Porter, M., How competitive forces shapes strategy, Harvard Business Review, 1979.

Porter, M., The competitive advantage of nations, Harvard Business Review, 1990.

Bibliografía de interés – Apartado 3.1.

Delgado y Ugarte, J.I., Giganto, M., El Controller de Empresa, GuíaBurros, 2018.

Horngren, C., Datar, S., Rajan, M., Cost accounting: A managerial emphasis, Pearson, 2012.

Kaplan, R., Anderson, S., Time-Driven Activity Based Costing, 2003.

Sáez, A., Fernández, A., Gutiérrez, G., Contabilidad de Costes y Contabilidad de Gestión

Simons, R., How new top managers use control systems as levers of strategic renewal, Strategic Management Journal, 15 169-189, 1994.

Bibliografía de interés – Apartado 3.2.

Delgado y Ugarte, J.I., Giganto, M., El Controller de Empresa, GuíaBurros, 2018.

Bragg, S., The controller's function: The Work of the Managerial Accountant, Wiley, 4ªEdición, 2011.

Shah, O., Gain transformation momentum early by optimizing working capital, McKinsey & Company, 2025.

PWC, Working Capital Management, Global Best Practices, s.f.

Bibliografía de interés – Apartado 3.3.

Alexander, J., Financial Planning and Analysis and Performance Management, Wiley, 2018.

Doerr, J., Page, L., Measure What Matters: How Google, Bono, and the Gates Foundation Rock the World with OKRs, Portfolio, 2018.

Drucker, P., Management: Tasks, Responsibilities, Practices, Butterworth-Heinemann, 1994.

Merchant, K., Van der Stede, W., Management Control Systems: Performance Measurement, Evaluations and Incentives, Pearson, 4ª Edición, 2017.

Otley, D., Performance management: a framework for management control systems research, Management Accounting Research, 10 363-382, 1999.

Rother, M., Shook, J., Larning to see: value stream mapping to add value and eliminate muda, Productivity Press, 1999.

Juran, J., Juran's Quality Handbook, McGraw Hill, 2000.

Simons, R., Levers of Control: How Managers Use Innovative Control Systems to Drive Strategic Renewal, Harvard Business Review Press, 1994.

Bibliografía de interés – Apartado 3.4.

Pezet, A., The history of the french tableau de bord (1885–1975): evidence from the archives, Accounting, Business & Financial History, 19 103-125, 2009.

Kaplan, R., Norton, D., The Balanced Scorecard – Measures That Drive Performance, Harvard Business Review, 1992.

Kaplan, R., Norton, D., Putting the Balanced Scorecard to Work, Harvard Business Review, 1993.

Kaplan, R., Norton, D., Strategy Maps: Converting Intangible Assets into Tangible Outcomes, Harvard Business School, 2004.

Bibliografía de interés – Capitulo 4

Muller, J., The Tyranny of Metrics, Princeton University Press, 2018.

PWC, Measuring Performance: KPIs and the link to strategic objectives, 2017.

Boer, E., et al., Transforming advanced manufacturing through Industry 4.0, McKinsey & Company, 2022.

Talebpour, A., et al., Crucial key performance indicators for hospital evaluation: A scoping review, Journal of Education and Health Promotion, 14, 195, 2025.

Bibliografía de interés – Capitulo 5

Altman, E., Financial Ratios, Discriminant Analysis and The prediction of corporate bankruptcy, The Journal of Finance, 23 4 589-609, 1968.

Beaver, W., Financial Ratios as Predictors of Failure, Journal of Accounting Research, 4 71-111, 1966.

Gissel, J., Giacomino, D., Akers, M., A review of bankruptcy predictions studies: 1930-Present, Marquette University, 2007.

Ohlson, J., Financial Ratios and the Probabilistic Prediction of Bankruptcy, 18 1 109-131, 2014.

Shumway, T., Forecasting Bankruptcy More Accurately: A Simple Hazard Model, The Journal of Business, 74 1 101-124, 2001.

Wilcox, J., A simple Theory of Financial Ratios As Predictors of Failure, MIT Press, 1970.

ANEXO:

Normativa contable a nivel internacional y en España

Para garantizar todas las propiedades que debe cumplir la información financiera sí como para solución de conflictos respecto a disputas, la normativa contable a nivel internacional ha ido sufriendo una cesión de legitimidades en entidades de calado internacional, siendo el IFRS (International Financial Reporting Standard) así como su órgano emisor de normas contables el IASB (International Accounting Standards Board) que a su vez es apoyado por el Comité de Interpretaciones de Normas Internacionales de Información Financiera (IFRIC por sus siglas en inglés). Dicho organismo, es el encargado de emitir todas las interpretaciones que ayuden a aclarar los posibles conflictos acerca de la aplicación de la Normas Internacionales de Información Financiera (NIIF).

Estas normas están compuestas por un conjunto de 19 NIIF (ver Figura 1.2.) que además pueden ser complementadas por simplificaciones o ampliaciones de las mismas, según se trate de entidades empresariales de interés público (aquellas que cotizan en las bolsas de valores oficiales), PYMEs o entidades sin ánimo de lucro. Asimismo, toda esta normativa contable tiene efectos directos sobre otras legislaciones de carácter mercantil o tributario.

Figura 1.2. Listado del contenido que abordan las NIIF

A continuación, se presenta un listado de las 19 NIIF actuales, así como del contenido de cada una de ellas:

NIIF 1: Sobre adopción por primera vez de las NIIF

NIIF 2: Sobre pagos basados en acciones

NIIF 3: Sobre combinaciones de negocios

NIIF 4: Sobre contratos de seguro (en proceso de reemplazo por la NIIF 17)

NIIF 5: Sobre activos no corrientes mantenidos para la venta y actividades interrumpidas

NIIF 6: Sobre exploración y evaluación de recursos minerales

NIIF 7: Sobre instrumentos financieros y su información a revelar

NIIF 8: Sobre segmentos de operación (divisiones, regiones geográficas o unidades de negocio)

NIIF 9: Sobre instrumentos financieros

NIIF 10: Sobre estados financieros consolidados

NIIF 11: Sobre acuerdos conjuntos

NIIF 12: Sobre revelación de participaciones en otras entidades

NIIF 13: Sobre la medición del valor razonable

NIIF 14: Sobre cuentas reguladoras diferidas

NIIF 15: Sobre ingresos de actividades ordinarias procedentes de contratos con clientes

NIIF 16: Sobre arrendamientos

NIIF 17: Sobre contratos de seguros (reemplaza progresivamente a la NIIF 4)

En España, todas estas normas quedan recogidas en el Plan General de Contabilidad (PGC) que es la adaptación de la normativa contable internacional y europea para las empresas españolas. Además, también se incluye el PGC PYME para las pequeñas y medianas empresas de carácter más reducido. El órgano responsable de sus emisión y actualización es el Instituto de Contabilidad y Auditoría de Cuentas (ICAC) el cual es un organismo autónomo adscrito al Ministerio de Economía, Comercio y Empresa. Además de la emisión del PGC, tiene la capacidad para emitir, resoluciones, consultas y guías técnicas que complementan y aclaran la aplicación del PGC.

Finalmente, dada la importancia del sector empresarial estadounidense en el mundo de los negocios, resulta de interés mencionar que su normativa contable se estructura en lo que se denomina Principios de Contabilidad Generalmente Aceptados o *Generally Accepted Accounting Principles* (GAAP) que son establecidos por el FASB (Financial Accounting Standards Board) y respaldado por la comisión del mercado de valores estadounidense conocida como la SEC. No obstante, como el lector podrá comprobar cuando lea los informes anuales (10K) o trimestrales (10Q) emitidos por las compañías observará que todas suelen realizar la práctica de emitir información Non-GAAP, que suele contener ajustes hecho por el comité de dirección de cara a representar una imagen más operativa de la compañía que no esté tan restringida por las normas de información contable.

Breve reseña biográfica de los autores

JOSU IMANOL DELGADO y UGARTE

Josu Imanol Delgado y Ugarte es Economista, Doctor en Administración de Empresas, Finanzas. Master in Business Administration y Master en Finanzas. Ha ampliado su formación en universidades americanas de primer nivel en áreas de Finanzas y Estrategia

Empresarial. En el año 2011, realizó una descripción clara de la manera de poder salir de la crisis económica que padecía España. En el año 2014, señaló que por causa de la Desigualdad y el Maquinismo, el crecimiento económico se vería negativamente afectado. En enero del año 2016, en el Foro Económico Mundial de Davos, señalaron, precisamente, estas causas, como peligros para la Economía Mundial. Expuso también, que por ello, la Ley de Okun se encuentra distorsionada y no funciona en estos momentos. Es autor de otros 39 libros más sobre Finanzas, Economía y Administración de Empresas como: «Teoría de los Negocios, Estrategias con Opciones Financieras, Manual Práctico de Gestión de Tesorería de Empresas, La Economía Aplicada, El Análisis Técnico Bursátil, El Análisis Bursátil Fundamental, La Renta Fija, La Valoración de Empresas, El Crash del 2007, Economía Fácil, El Liderazgo en la Dirección de Empresas, La Economía Actual, Economía Fácil para Bachillerato y Secundaria, Finanzas Fáciles para bachillerato y Secundaria, La Transformación Social, Política y Económica de Nuestro Mundo, El Cambio Social, político y económico que viene, Management Estratégico Actual, Los Estilos de Dirección y El Liderazgo, La Asignación Óptima de los Recursos, El Informe Económico Financiero, El Controller de Gestión de Empresa, Estados Contables, Criptomonedas, El Plan de Marketing Digital Estratégico, Indicadores de la Tendencia de la Economía, Ciclo Económico y sus Indicadores, Poder y Pobreza, Libre Mercado, Economía y Sociedad, La Mente Económica, El Liderazgo en la Dirección de Empresas, Conversaciones entre Javier Sádaba y Josu Imanol Delgado y Ugarte, Manual de Heráldica, La Ciencia del Blasón, Manual de Genealogía, Estrategia y Marketing en un entorno Digital, La Economía y el Objetivo Público, Dirección Financiera Manual del Tesorero de Empresas, El cambio Social, Político y Económico que viene y Economía desde el corazón». Ha publicado más de 200 artículos de opinión en la más prestigiosa prensa especializada y general. Sus artículos publicados, principalmente, en el diario Cinco Días y El Economista sobre el «Crash del 2007», son un referente, en los momentos en los que éstos fueron escritos. En 1997, definió los 7 Factores Generales, que son los que determinan las inversiones (Tamaño de la inversión, horizonte temporal, grado de aversión al riesgo, rentabilidad mínima exigida, flujos intermedios de retorno, inversiones complementarias, liquidez a la hora de salir de la inversión) y que todo Inversor debe tener en cuenta en su decisión de inversión. En el año 2014, definió los 4 Factores Fundamentales de la Excelencia en el trabajo (Capacidad Mental, Formación, Experiencia y Motivación); en el año 2015, definió las 5 partes en las que se divide el trabajo (Función, Tarea, Proceso, Método y Labor) y en el año 2021 expuso el Análisis INGRESO – SALARIOS mediante las siguientes ratios

$$JIDU\,1 = \frac{Ingreso\ Total\ Anual}{Masa\ Salarial\ Anual} \text{ y } JIDU\,2 = \frac{Generación\ de\ Fondos\ Anual}{Masa\ Salarial\ Anual}.$$

En el año 2024 describió que el Marco del Salario del Trabajo lo establece el valor que añade el Trabajador y la Productividad que logra alcanzar. Es el implantador del término «Maquinismo», para aludir a la robotización existente en todos los órdenes de nuestras vidas. 2015 Premio Estrella de Oro a la Excelencia Profesional. Por su aportación al Desarrollo de la Economía y de la Sociedad, a través de sus trabajos publicados. Instituto para la Excelencia Profesional. Madrid

En el año 2016, fue candidato al Premio de Investigación Social Realizada, de la Fundación para el Fomento de Estudios Sociales y de Sociología Aplicada (FOESSA), Madrid. En el año 2017, fue Candidato al Premio Rey Jaime I de Economía. Fundación Premios Rey D. Jaime. Valencia. En el año 2017, premio Medalla de Oro Europea al Mérito en el Trabajo. Asociación Europea de Economía y Competitividad. Madrid. En el año 2018, fue candidato al Premio Novia Salcedo, otorgado por la Fundación Novia Salcedo, de Bilbao.

En el año 2019, se le otorgó el Premio al Mérito Económico de la Academia Internacional de Ciencias, Tecnología, Educación y Humanidades. En el año 2020 fue galardonado con el premio LEE KUAN YEW, de la Escuela de Líderes de las Américas para la Excelencia en la Gobernanza. En el año 2022, candidato al Premio Príncipe de Viana de la Cultura. Gobierno de Navarra. En el año 2022, premio El Mundo Financiero de Economía. Periódico El Mundo Financiero

En el año 2022, candidato al premio nacional de Economía Rey de España, otorgado por la Fundación José Celma Prieto , con la colaboración del Banco de EspañaEn el año 2023, Premio Lluis de Santángel. Associació Valenciana Mosatros. Año 2024. Premio a propuesta de la Comisión Ejecutiva para América Latina de la Academia Internacional de Ciencias, Tecnología, Educación y Humanidades, AICTEH, A las estrategias de Innovación en las dinámicas sociales a la luz del Siglo XXI. En 2025 Premio APORTACIONES otorgado por el Instituto Europeo de Estudios Sociales y políticos. Actualmente es asesor económico y consultor de empresas de estrategia, inversiones, reingeniería y cultura empresarial.

Josu Imanol Delgado y Ugarte

www.jidelgadoyugarte.wordpress.com

ALEJANDRO CRUZADO REY

Alejandro es titulado en Economía por la Universidad Loyola de Andalucía, y actualmente trabaja como consultor en una conocida firma de consultoría estratégica donde tiene contacto continuo con empresas de muy diversos sectores a las cuales ayuda en los diferentes retos de carácter estratégico cuyos consejos de administración y equipos directivos deben enfrentar constantemente.

Anteriormente, ha trabajado como ayudante de investigación en el LoyolaBehLab centrándose en el estudio de la economía experimental y teoría de juegos que tanto se relaciona con la toma de decisiones empresariales además de con aspectos más amplios a nivel social. Asimismo, también ha colaborado con fundaciones de investigación como la Fundación Cotec para la Innovación, en la que ha investigado sobre la voluntad de emprendimiento entre los jóvenes universitarios españoles.

Además, es miembro de la sociedad global de honores jesuita Alpha Sigma Nu, donde destaca por su rendimiento académico y compromiso con el servicio. Se considera una persona genuinamente curiosa, cualidad que cultiva con pasión mediante la investigación, la resolución de problemas y el aprendizaje continuo, compartiendo con otros miembros de la sociedad el deseo de aprender, servir y liderar con propósito.

https://www.linkedin.com/in/alecruzadorey/